禮記注疏長編

王鍔 井超 主編

曲禮注疏長編

叁

廣陵書社

王鍔 編纂

曲禮注疏長編卷十五

一·六一　〇**兵車不式。**尚威武，不崇敬。**武車綏旌，**盡飾也。綏，謂垂舒之也。武車，亦兵車。〇綏，耳隹反。**德車結旌。**不盡飾也。結，謂收斂之也。德車，乘車。

【疏】「兵車」至「結旌」[一]。〇正義曰：此一節明德車、兵車旌旗之異。〇兵車，革路也。兵車尚武猛，宜無推讓，故不爲式敬也。

〇「武車綏旌」者，武車，亦革路也。取其建戈刃，即云兵車。取其威猛，即云武車也。綏，謂舒垂散之也[二]。旌，謂車上旗幡也。尚威武，故舒散旗幡垂綏然。何胤云：「垂放旌旗之旒以見於美也。」

〇「德車結旌」者，德車，謂玉路、金路、象路、木路，四路不用兵，故曰德車。德美在

[一] 兵車至結旌　惠棟校宋本無此五字。〇鍔按：「兵車」上，阮校有「兵車不式節」五字。
[二] 綏謂舒垂散之也　閩本同，惠棟校宋本同，監、毛本「舒垂」二字倒。

内，不尚赫奕，故結纏其旒，著於竿也。何胤云：「以德爲美，故略於飾。此坐乘之車也。」鄭前云「乘車必正立」，此云是「乘車」，則非坐乘也。

【衛氏集説】鄭氏曰：兵車尚威武，不崇敬。武車，亦兵車。綏旌，盡飾也。綏，謂垂舒之也。德車，乘車。結旌，不盡飾也。結，謂收斂之。

孔氏曰：此一節明德車、兵車旌旗之異。兵車、武車，皆革路也。取其建戈刃，即云兵車。取其威猛，即云武車。旌，謂車上旗旛也。尚威武，故舒散旗幡垂綏然。德車，謂玉路、金路、象路、木路，四路不用兵，故曰德車。德美在内，不尚赫奕，故結纏其旒，著於竿也。

嚴陵方氏曰：少儀又言「武車不式」者，對言之則如此，獨言之則如彼也。夫兵車言武之器，戎車言武之事，革車言武之飾，廣車言武之備，其所以爲武車則一也。路車言德之美，齊車言德之和，道車言德之辨，斿車言德之純，其所以爲德車則一也。周官：「道車載旞，斿車載旌。」此則武車、德車並言旌者，猶司常通謂之九旗也。

藍田吕氏曰：綏，上車繩也。御者升車，正立執綏，則垂曳於下也。「綏旌」者，其旒垂曳，如車之綏也。「結旌」者，斂旒於杠。發揚者，武之事也，故旌之垂曳象之；斂藏者，德之事也，故旌之收結象之。

長樂陳氏曰：武欲有爲以顯仁，故綏旌；德欲無爲以藏用，故結旌。攷之於詩，車攻曰「悠悠旆旌」，出車曰「彼旟旐斯，胡不旆旆」，六月曰「白旆央央」，長發曰「武王載旆」，凡此言兵車之所建，故皆曰旆，以其綏旌故也。庭燎曰「言觀其旂」，采菽曰「其旂淠淠」，泮水曰「其旂茷茷」，載見曰「龍旂陽陽」，閟宫曰「龍旂承祀」，凡此言德車之所建，故不曰旆，以其結旌故也。春秋傳曰「辛未治兵，建而不旆，壬申旆之」，是武車之旌以綏爲主也。周官「王乘以朝，謂之道車」，而此謂之德車，是朝祀賓封之車以德爲主故也。又曰：武不可覿，欲其隱也，綏而蔽之，所以藏不測之用；文不可匿，欲其昭也，揭而示之，所以顯可見之仁。建大白於革路，則受之以義；建大麾於木路，則服之以智。王之飾是車則爲武，於武車言綏旌以蔽之，非神武而何？建大常於玉路，則格之以道；建大旂於金路，則接之以仁；建大赤於象路，則示之以禮。王之飾是車則爲德，於德車結旌以示人，非顯德而何？然則結旌、綏旌，取其隱顯之理而已。

廣安游氏曰：古之制禮者，有屈伸之義。當其伸也，於人無所屈；當其屈也，於己有所不伸。夫有美而見之泰也，隱之謙也。乘車而不式，泰也；式，敬也。君子於己德之美常隱常謙，而於人也無往而不敬焉。今夫德車結旌，所以爲謙也；盛服而襲，所以爲晦也。君子之道，有所自足於内，則無待汲汲以求見乎其外。故其見人也，常謙常敬，常儉常遜，有若無，實若虚，此禮樂之至，文所從而生也。此由於所當屈，而以屈爲禮焉。若夫用兵禦侮之事，獨異於此。衆車皆式，兵車獨不式。衆車皆結其旌，兵車獨垂綏其旜。服他服則皆有温然之容，而介冑獨有不可犯之色。常人以拜爲敬，而介冑以不拜爲敬。此由於所當伸，而以伸爲禮也。

李氏曰：古者，王有戎田之事，則乘兵車，而無所式。威天下不以兵革之利，而至於乘兵車，非先王之所謂武也，故於不式則曰兵車。王有宗廟祭祀之事，則乘德車，而兵車綏旜以從，示有威而不用，有備而不行，則聖人之所謂神武也，故於綏旜則曰武車。

【吴氏纂言】鄭氏曰：兵車尚威武，不崇敬。武車，亦兵車。綏，謂垂舒之盡飾也。德車，乘車。結，謂收斂之，不盡飾也。

孔氏曰：兵車，革路。武猛，宜無推讓，故不爲式敬也。武車亦革路，建戈刃云兵車，取其威猛云武車。旜，謂車上旗旛。尚威武，故舒散旗旛垂綏然。何胤云：「垂放旜旗之旒，以見美也。」德車，謂玉輅、金輅、象輅、木輅，四路不用兵，故曰德車。德美在内，不尚赫奕，故纏結其旒，著於竿也。何胤云：「以德爲美，故略於飾。」

吕氏曰：綏，上車繩也。綏旜者，其旒垂曳，如車之綏。結旜者，斂藏於杠。發揚者武，故旜垂曳；斂藏者德，故旜收結。

【陳氏集説】疏曰：兵車，革路也。尚武猛，無推讓，故不式。武車，亦革路也。取其建戈刀，即云兵車。取其威猛，即云武車也。旜，車上旜旛也。尚威武，故舒散若垂綏然。玉、金、象、木四路，不用兵，故曰德車。德美在内，不尚赫奕，故纏結其旜於竿也。

【欽定義疏】正義 鄭氏康成曰：兵車尚威武，不崇敬。武車，亦兵車。緌旌，盡飾也。緌，謂垂舒之也。德車，乘車。結旌，不盡飾也。結，謂收斂之。

孔氏穎達曰：此明德車、兵車旌旗之異。兵車、武車皆革車也。取其建戈刃，即云兵車。取其威猛，即云武車。旌，謂車上旗幡也。尚威武，故舒散旗幡若垂緌然。德車，謂玉路、金路、象路、木路，四路不用兵，故曰德車。德美在内，不尚赫奕，故結纏其旒，著於竿也。

游氏桂曰：古之制禮者有屈伸之義。君子於己德之美常隱常謙，而於人也無往而不敬焉。德車結旌，所以爲謙也；盛服而襲，所以爲晦也。此禮樂之至，文所從而生也，此以屈爲禮也。若夫用兵禦侮之事，獨異於此。衆車皆式，兵車獨不式。衆車皆結其旌，兵車獨垂緌其旌。服他服皆有温然之容，而介冑獨有不可犯之色。常人以拜爲敬，而介冑以不拜爲敬。此以伸爲敬也。

通論 方氏慤曰：兵車言武之器，戎車言武之事，革車言武之飾，廣車言武之備，其爲武車則一也。路車言德之美，齊車言德之和，道車言德之辨，斿車言德之純，其爲德車則一也。周官：「道車載旞，斿車載旌。」此則武車、德車並言旌，猶司常通謂之九旗也。

陳氏祥道曰：武欲有爲以顯仁，故緌旌；德欲無爲以藏用，故結旌。考之於詩，車攻曰「悠悠旆旌」，六月曰「白旆央央」，長發曰「武王載旆」，兵車之所建皆曰旆，以其緌旌故也。庭燎曰「言觀其旂」，采菽曰「其旂淠淠」，泮水曰「其旂茷茷」，載見曰「龍旂陽陽」，閟宫曰「龍旂承祀」，德車之所建不曰旆，以其結旌故也。春秋傳曰「辛未治兵，建而不旆，壬申旆之」，是武車之旌以綏爲主也。周官「王乘以朝，謂之道車」，而此謂之「德車」，是朝祀賓封之車以德爲主故也。

【杭氏集説】姜氏兆錫曰：兵車，革路也。兵取威猛，故不式。又曰：武車，亦謂革路。革言其制，兵言其用，武言其象也。尚武，故車上旌旛舒散若垂綏然。德車，蓋玉、金、象、木四輅之總稱，德美在内，故纏結其旌於干也。

【孫氏集解】鄭氏曰：兵車不式，尚威武，不崇敬。綏旌，盡飾也。綏，謂舒垂之也。武車，亦兵車。結旌，不盡飾也。結，謂收斂之也。德車，乘車。

孔氏曰：兵車，革路也。兵車尚武猛，宜無推讓，故不爲式敬。武車，亦革路。取其建戈刃，即云兵車。取其威猛，即云武車也。旌，謂車上旗旛。尚威武，故舒旗旛之旒以見爲美也。德車，謂玉路、金路、象路、木路，四路不用兵，故曰德車。德美在内，不尚赫奕，故纏結其旒，著於竿也。

方氏慤曰：周官：「道車載旞，斿車載旌。」此武車、德車並言旌，猶司常通謂九旗也。

愚謂王之玉路建大常則不結旌，而使人維之，故節服氏「朝覲，六人維王之大常」。

維之，亦結之之意也。左傳晉人「辛未治兵，建而不旆，壬申旆之」。旆與不旆，即綏旌、結旌之事。是兵車亦有時結旌，但德車以結旌爲常耳。

【朱氏訓纂】兵車不式。注：尚威武，不崇敬。武車綏旌，注：盡飾也。綏，謂垂舒之也。武車，亦兵車。正義：兵車、武車，革路也。取其建戈刃，即云兵車。取其威猛，即云武車。旌，謂車上旗旛也。何胤云：「垂放旌旗之旒，以見美也。」德車結旌。注：不盡飾也。結，謂收斂之也。德車，乘車。正義：德車，謂玉路、金路、象路、木路，不用兵，故曰德車。德美在内，不尚赫奕，故結纏其旒，著於竿也。何胤云：「以德爲美，故略於飾。」

一·六二 ○**史載筆，士載言。**謂從於會同，各持其職以待事也。筆，謂書具之屬。言，謂會同盟要之辭。**前有水，則載青旌；前有塵埃，則載鳴鳶；前有車騎，則載飛鴻；前有士師，則載虎皮；前有摯獸**[一]**，則載貔貅。**載，謂舉於旌首以警衆也。禮，

[一] 前有摯獸　各本同。石經「摯」，初刻作「鷙」，改刻從手。釋文出「有摯」。案：儒行正義云：「獸摯從執下著手，鳥鷙從執下著鳥。」此「摯獸」，正義本當亦從執下手。○鍔按：「前有」上，阮校有「史載筆節」四字。

君行師從，卿行旅從。前驅舉此，則士衆知所有。所舉各以其類象[一]。青，青雀，水鳥。鳶鳴則將風[二]。鴻，取飛有行列也。士師，謂兵衆。虎，取其有威勇也。貔貅，亦摯獸也。書曰：「如虎如貔。」士，或爲「仕」。○載，音戴，本亦作「戴」，下及注同。埃，烏來反。鳶，悦專反，鴟也。騎，其寄反。摯，音至。貔，婢支反，徐扶夷反，孔安國云：「貔，執夷反，虎屬，皆猛健。」貅，本亦作「貅」，許求反，又虚虯反。貔貅，摯獸。警，音景。從，才用反，下同。行，户剛反。**行，前朱鳥而後玄武，左青龍而右白虎。招摇在上，急繕其怒，**以此四獸爲軍陳，象天也。急，猶堅也。繕，讀曰勁。又畫招摇星於旌旗上，以起居堅勁軍之威怒，象天帝也。招摇星在北斗杓端，主指者。○招摇，並如字，北斗第七星。繕，依注音勁，吉政反。陳，直覲反。杓，敷招反，徐必遥反。**進退有度，**度，謂伐與步數。**左右有局，各司其局。**局，部分也。○分，扶問反。

【疏】「史載」至「其局」[三]。○正義曰：此一節明君以軍行之禮，各隨文解之。○史，謂國史，書録王事者。王若舉動，史必書之。王若行往，則史載書具而從之也。不言

[一] 所舉各以其類象　各本同，通典七十六「象」下有「之」字。
[二] 鳶鳴則將風　各本同，通典七十六作「鳶鳴則天將風風生埃起」。
[三] 史載至其局　惠棟校宋本無此五字。

簡牘而云「筆」者，筆是書之主，則餘載可知。爾雅云：「不律謂之筆。」郭云：「書筆名四方之異言也。」

○「士載言」者，士，謂司盟之士。言，謂盟會之辭，舊事也。崔靈恩云：「必載盟會之辭者，或尋舊盟，或用舊會之禮，應須知之，故載自隨也。」

○「前有水，則載青旌」者，王行宜警衛，善惡必先知之，故備設軍陳行止之法也。軍陳卒伍，行則並銜枚，無諠聲，若有非常，不能傳道，且人衆廣遠，難可周徧〔一〕，故前有變異，則舉類示之，故宣十二年左傳云「前茅慮無」是也。青旌者，青雀旌，謂旌旗。軍行若前值水，則畫爲青雀旌旗幡上舉示之。所以然者，青雀是水鳥，軍士望見，則咸知前必值水而各防也。

○「前有塵埃，則載鳴鳶」者，鳶，今時鴟也。鴟鳴則風生，風生則塵埃起。前有塵埃起，則畫鴟於旌首而載之，衆見咸知以爲備也。不直言鳶，而云「鳴」者，鳶不鳴則風不生，故畫作開口如鳴時也。不言旌，從可知也。

○「前有車騎，則載飛鴻」者，車騎，彼人之車騎也。鴻，鴻鴈也。鴈飛有行列，與車騎相似。若軍前忽遥見彼人有多車騎，則畫鴻於旌首而載之，使衆見而爲防也。然古人

〔一〕難可周徧　閩、監、毛本作「徧」，此本「徧」誤「偏」，今正。

不騎馬，故經但記正典，無言「騎」者。今言「騎」者，當是周末時禮。

○「前有士師，則載虎皮」者，士師，兵衆也。虎是威猛，亦兵衆之象。若見前有兵衆，則舉虎皮於竿首，使兵衆見以爲防也。

○「前有摯獸，則載貔貅」者，摯獸，猛而能擊[一]，謂虎狼之屬也。貔貅是一獸，亦有威猛也。若前有猛獸，則舉此貔貅使衆知爲備也。但不知爲載其皮，爲畫其形耳。通有二家：一云與虎皮並畫，作皮於旌也，一云並載其皮。

○注「載謂」至「如貔」。○正義曰：載，謂舉於旌首以警衆也。文並爲「載」，而鄭今云「舉於旌首」，是明諸物並在旌旗首也。

云「禮，君行師從，卿行旅從」，此是定四年祝佗之辭。此嘉好之事，若爲其出軍征伐，則隨軍多少，與此不同。

云「書曰：如虎如貔」者，此尚書牧誓引證虎、貔同是猛獸也。此武王伐紂時於牧野作誓，誡士卒爲戰之辭也，令士衆皆如虎貔然也。鄭注尚書云：「其威當如獸之將攫搏也。」貔，一名曰豹，虎類也。爾雅云：「貔，白狐也。」

「行，前朱鳥而後玄武，左青龍而右白虎」者，前明軍行逢值之禮也，此明軍行象天

[一]猛而能擊　閩、監、毛本作「擊」，衛氏集説同。此本「擊」誤「摯」，今正。

文而作陳法也。前南後北，左東右西[一]。朱鳥、玄武[二]、青龍、白虎，四方宿名也。軍前宜捷，故用鳥；軍後須殿捍，故用玄武。玄武，龜也。龜有甲，能禦侮用也。左爲陽，陽能發生，象其龍變生也。右爲陰，陰沈能殺，虎沈殺也。軍之左右，生殺變應，威猛如龍虎也。何胤云：「如鳥之翔，如蛇之毒，龍騰虎奮，無能敵此四物。」鄭注「四獸爲軍陳」，則是軍陳之法也，但不知何以爲之耳。今之軍行，畫此四獸於旌旗，以標左右前後之軍陳[三]。

○「招搖在上」者，招搖，北斗七星也。北斗居四方宿之中，以斗末從十二月建而指之，則四方宿不差。今軍行法之，亦作此北斗星在軍中，舉之於上以指正四方，使四方之陳不差，故云「招搖在上」也。然並作七星，而獨云「招搖」者，舉指者爲主，餘從可知也。

○「急繕其怒」者，嚮明軍陳之法，此舉士卒之用也。急，堅也。勁，利也。其怒，士卒之怒也。軍行，既張四宿於四方，標招搖於中上，象天之行，故軍旅士卒起居舉動，堅勁奮勇，如天帝之威怒也。然若類前而論，四宿之陳，畫旌爲勝。且鄭云「又畫招搖於旌

[一] 左東右西　閩、監、毛本同，惠棟校宋本「西」下有「也」字。
[二] 朱鳥玄武　惠棟校宋本同。閩、監、毛本「鳥」作「雀」，衛氏集説同，下「故用鳥」同。
[三] 以標左右前後之軍陳　閩、監、毛本同。惠棟校宋本「左右前後」作「前後左右」，衛氏集説同。

上」，則知四物是畫，故星約言云「又畫」也[一]。崔靈恩云：「此謂軍行所置旌旗於四方以法天，此旌之旒數皆放其星，龍旗則九旒，雀則七旒，虎則六旒，龜蛇則四旒，皆放星數以法天也。皆畫招摇於此四旗之上。」案崔並畫四旗皆爲北斗星，於義不安。何者？天唯一斗以指四方，何用四斗乎？

○注「以此」至「指者」。○正義曰：此朱雀是禽，而總言「獸」者，通言耳。言「爲軍陳」者，則四獸各有軍陳之法。故昭二十一年，宋人與華亥戰，云「鄭翩願爲鸛，其御願爲鵝。」又兵書云：「善用兵者似率然。」率然者，常山蛇，擊其首則尾至，擊其尾則首至，擊其中則首尾俱至。是其各有陳法也。知招摇在北斗杓端者，春秋運斗樞云：「北斗七星：第一天樞，第二旋，第三機[二]，第四權，第五衡，第六開陽，第七摇光。第一至第四爲魁，第五至第七爲標。」案此摇光，則招摇也。在下云「端」者，明魁以上爲首[三]，標則以下爲端也。

○注「度謂伐與步數」。○正義曰：牧誓武王誓衆云：「今日之事，不愆于六步七步，乃止，齊焉。四伐五伐，乃止，齊焉。」一擊一刺爲一伐。鄭注尚書云：「伐，謂擊刺

[一] 故星約言云又畫也　閩、監本同，毛本「星」作「皇」。
[二] 第三機　閩、監本同，毛本「機」作「璣」，衛氏集説亦作「機」。
[三] 明魁以上爲首　閩、監本同，惠棟校宋本同，毛本「上」誤「此」。

也。始前既敵〔一〕，六步七步當止，齊正行列。及兵相接，少者四伐，多者五伐，又當止，齊正行列也。」

○「左右有局」者，局，部分也。軍之在左右，各有部分〔二〕，不相濫也。

○「各司其局」者，軍行須監領，故主帥部分，各有所司部分也。爾雅云：「局，分也。」郭云「謂分部」也。

【衛氏集説】史載筆，士載言。前有水，則載青旌；前有塵埃，則載鳴鳶；前有車騎，則載飛鴻；前有士師，則載虎皮；前有摯獸，則載貔貅。

鄭氏曰：史、士，從於會同，各持其職以待事也。筆，謂書具之屬。言，謂會同盟要之辭。載，謂舉於旌首以警衆也。禮，君行師從，卿行旅從。前驅舉，此則士衆知所有。所舉各以其類象。青，青雀，水鳥。鳶鳴則將風。鴻，取飛有行列也。士師，謂兵衆。虎，取其有威勇也。貔貅，亦摯獸也。書曰：「如虎如貔。」士，或爲「仕」。

孔氏曰：自此至「各司其局」，明君以軍行之禮。史，謂國史，書録王事者。王若舉動，史必書之。王若行往，則史載書具而從之也。不言簡牘而言「筆」者，筆是書之主，則餘載可知。士，謂司盟之士。言，謂舊事也。王行宜警衛，善惡必先知之，又軍陳卒伍，

〔一〕始前既敵　閩、監、毛本同。惠棟校宋本「既」作「就」，是也，衛氏集説同。

〔二〕軍之在左右各有部分　閩、監、毛本作「部」，此本「部」誤「步」，今正。

行則並銜枚，無喧聲，若有非常，不能傳道，且人衆廣遠，難以周徧，故前有變異，則舉類示之，左傳云「前茅慮無」是也。青旌，謂畫爲青雀旌，上舉示之，軍士望見，則知前值水也。鳶，今時鵄也。鵄鳴則風生，風生則塵埃起，故前有塵埃則畫鵄，爲開口，如鳴時，於旌首而載之，不言旌，從可知也。鴻，鴻鴈也。鴈飛有行列，與車騎相似，故前有車騎則畫鴻於旌首而載之。古人不騎馬，經典無言「騎」者，今言「騎」是周末時禮。虎亦兵衆之象，若前有兵衆，則舉虎皮於竿首。摯獸，猛而能擊，謂虎狼之屬。貔貅是一獸，亦有威猛。若前有猛獸，則舉此貔貅，欲使衆見以爲防也。或云：與虎皮並畫作皮於旌也，一云並載其皮。貔，一名豹，虎類也。爾雅云：「貔，白狐也。」

崔氏曰：士必載盟會之詞者，或尋舊盟，或用舊會之禮，應須知之，故載自隨也。

藍田呂氏曰：史，國史掌爲辭命者也。士，史之有司也。國史撰述，故載筆以書其辭命也；有司藏書，故載言以備其討論也。二者皆以職從君者也。師行號令，非可以言傳也。使衆易聞者，莫如金鼓；使衆易見者，莫如旌旗。師行之前，必遠爲斥堠，以備不虞，故爲物色旌旗之上，舉而示衆，使爲之戒。自青旌而下，皆以物色之類表其事也。木色青，水之所生也。故有水，則以青旌象之。

嚴陵方氏曰：載，謂建之於車而警衆於後也。周官言「析羽爲旌」，此言「青旌」，則以青雀之羽爲之也。上言「旌」，則下之「鳴鳶」「飛鴻」，皆析羽爲之也。車以人乘焉，故曰乘。馬以人騎焉，故曰騎。卑者之行以馬，馬在前，車在後，車騎之行，最爲有序。士貴而卒賤，師衆而旅寡。上言士，則舉貴以該賤；下言師，則舉衆以兼寡也。

山陰陸氏曰：青雀，水鳥，無所取之，取諸己也。青主水，則知水在前也。言鳴鳶，義在鳴也。言飛鴻，義在飛也。古稱黄帝以車戰，蚩尤以騎戰，又齊、魯相遇，以鞍爲几，則軍之有騎尚矣。

廬陵胡氏曰：載，猶載質之義。士，謂命士。孔云「司盟之士」，恐非。水屬青者，如青龍之類多矣，不必水雀也。載，抗也。所謂載旆，舊並音戴，非也。春秋之時，左師展以昭公乘馬而歸，此騎之漸。此言「騎」，知禮記出周末。漢世虎摯、猛獸，軍旅之象，故舉其皮於旌首，舊云「畫其皮」，恐非也。

行，前朱鳥而後玄武，左青龍而右白虎。招摇在上，急繕其怒，進退有度，左右有局，各司其局。

鄭氏曰：以四獸爲軍陳，象天也。急，猶堅也。繕，讀曰勁。又畫招摇星於旌旗上，以堅勁軍之威怒，象天帝也。度，謂伐與步數。局，部分也。

孔氏曰：前明軍行逢值之禮，此明軍行象天文而作陳法也。前南後北，左東右西也。朱鳥、玄武、青龍、白虎，四方宿名也。軍前宜捷，故用鳥；軍後宜殿，故用玄武。玄武，龜也。龜有甲，能禦侮用也。左爲陽，陽能發生，象其龍變生也。右爲陰，陰沈能殺，虎沈殺也。軍之左右，生殺變應，如龍虎也。此雖陳法，但不知如何爲之。今之軍行，畫此四獸於旌旗，以標前後左右之軍陳。朱雀是禽，而云「獸」者，通言耳。招摇，北斗第七星也。春秋運斗樞云：「北斗七星：一天樞，二璇，三機，四權，五衡，六開陽，七摇光也。一至四爲魁，五至七爲標。」案此摇光，即招摇也。在下云「端」者，魁以上爲首，標以下爲端也。北斗居四方宿之中，以斗末從十二月建而指之，則四方之宿不差。今軍行法之，亦作此北斗星在軍中，舉之於上以指正四方，使四方之陳不差，故云「招摇在上」也。並作七星而獨云「招摇」者，舉指者爲主也。勁，利也。其怒，士卒之怒也。軍行，既張四宿於四方，標招摇於中上，象天之行，故軍旅士卒起居舉動，堅勁奮勇，如天帝之威怒也。鄭云「畫招摇星於旌旗上」，則四物皆畫，可知矣。牧誓武王誓衆云：「不愆于六步七步，乃止，齊焉。四伐五伐，乃止，齊焉。」一擊一刺爲一伐。鄭注尚書云：「伐，謂擊刺也。始前就敵，六步七步當止，齊正行列。及兵相接，少者四伐，多者五伐，又當止，齊正行列也。」「左右有局」者，軍之在左右，各有部分，不相濫也。「各司其局」者，軍行須監領，故主帥各有所司部分也。

藍田呂氏曰：青龍在左，左，東方也，壽星、大火、析木之分主之。白虎在右，右，西方也，降婁、大梁、實沈之分主之。朱鳥在前，前，南方也，鶉首、鶉火、鶉尾之分主之。玄武在後，後，北方也，星紀、玄枵、娵訾之分主之。以是四物畫之於旗，立於軍之左右前後，以象天體之周旋也。周官司常「掌九旗之物名」。所謂「交龍爲旂」者，象青龍也；「熊虎爲旗」，象白虎也；「鳥隼爲旟」，象朱雀也；「龜蛇爲旐」，象玄武也。四方之旗，九旗之遺象也。置招摇於旗首，以象斗之回旋。旂之所指，則伐之，如天之怒也。急，迫之也。繕，脩也，言作而致其怒也。各司其局，離局姦也。

馬氏曰：軍之耳目在旗鼓，故以朱玄青白以别其方色，所以用象也。先王之征伐，非私怒也，致天討而已，故繪四方之星，所以見奉天討之義也。「急繕其怒」者，王赫斯怒是也。進退有度，以一衆也。書曰：「左不攻于左，右不攻于右，汝不恭命。御非其馬之正，汝不恭命。」荀子曰：「將死鼓，御死轡，士大夫死行列。」則可謂有局矣。君子有不戰，戰必勝，凡以此也。

朱氏曰：龍者，陽之中而能變者，故能潛而能飛；虎者，陰之中而能化者，故能伏而能躍。鳥者，陽之極，故能飛而不能潛；龜者，陰之極，故能伏而不能躍。此所以名四方之宿也。「招摇」者，冬夏寒暑，以其所建而後成然，非所以成寒暑冬夏者也。有冬有夏，其以日月之行乎軍旅者，所以飾怒也。故「招摇在上，以繕其怒」而已。王建日月之大常，軍師所以爲疾徐進退之節，而武功所由成也。先王爲天吏，致天討，故「行，前朱雀而後玄武，左青龍而右白虎，招摇在上」，以應乎天。然其得天下也以民，故又以交龍爲旂，熊虎爲旗，鳥隼爲旟，龜蛇爲旐，以順乎人。聖人之兵，應乎天、順乎人而已矣。

廬陵胡氏曰：先儒以「招摇」爲北斗星，以指四方，使軍陳不差，此緯書不經也。經意蓋謂主兵者，以四獸之旌招摇指揮耳。繕，完也。春秋傳云「征繕」，又鄢陵戰云「繕甲兵」。急繕其怒，謂完師以出，不喪其威，鄭以「繕」爲「勁」，恐非。

山陰陸氏曰：行，讀如字。王行，前朱雀，旟是也；後玄武，旐是也；左青龍，旂是也；右白虎，旗是也；招摇在上，大常是也。居中以名四方，招摇在斗柄端。急繕，急之，繕之。夫怒，所以威衆。急或易竭，無以繕之，後將不繼。

【吴氏纂言】史載筆，士載言。

鄭氏曰：史、士，從於會同，各持其職以待事也。筆，謂書具之屬。言，謂會同盟要之辭。

孔氏曰：史，謂國史，書録王事者。王若舉動，史必書之。王若行往，則史載書具而從之也。不言簡牘而言筆者，筆是書之主，則餘載可知。士，謂司盟之士。言，謂舊事。若尋舊盟，或用舊會之禮，應須知之，故載以自隨也。

前有水，則載青旌；前有塵埃，則載鳴鳶；前有車騎，則載飛鴻；前有士師，則載虎皮；前有摯獸，則載貔貅。

鄭氏曰：載，謂舉於旌首以警衆也。禮，君行師從，卿行旅從。前驅舉此，則士衆知所有。所舉各以其類象。青，青雀，水鳥。鳶鳴則將風。鴻，取飛之有行列也。士師，謂兵衆。虎，取其有威勇也。貔貅，亦摯獸。

孔氏曰：王行宜警備，善惡必先知之。又軍陣卒伍，行則並銜枚，無喧聲，若有非常，不能傳道，且人衆廣遠，難可周徧，故前有變異，則舉類示之，左傳云「前茅慮無」是也。青旌，謂畫爲青雀旗旛上舉示之，軍士望見，則知前值水也。鳶，鴟屬，鳴則風生，風生則塵埃起。故前有塵埃，則畫鴟爲開口如鳴時於旌首而戴之。不言旌，從可知也。鴻，鴻雁也，雁行列與車騎相似，故前有車騎，則畫鴻於旌首而戴之。古人不騎馬，經典無言「騎」者。今言騎，是周末時禮。虎威猛，兵衆之象。若前有兵衆，則舉虎皮於竿首。摯獸猛而能擊，謂虎狼之屬。貔貅是一獸，亦有威猛。若前有猛獸則舉此貔貅，皆欲使衆見以爲防也。或云與虎皮並畫，作皮於旌也，一云並戴其皮。貔，一名豹，虎類也。爾雅云：「貔，白虎也。」

行，前朱鳥而後玄武，左青龍而右白虎。招摇在上，急繕其怒。

鄭氏曰：以四獸爲軍陳，象天也。招摇星在北斗杓端，主指者。急，猶堅也。繕，讀曰勁。又畫招摇星於旌旗上，以堅勁軍之威怒。

孔氏曰：前明軍行逢值之禮，此明軍行象天文而作陳法也。前南後北，左東右西也。朱雀、玄武、青龍、白虎，四方宿名也。軍前宜捷，故用鳥；軍後須殿捍，故用玄武。玄武，龜也。龜有甲，能禦侮用也。左爲陽，陽能發生，象其龍變生也。右爲陰，陰沈能殺，虎沈殺也。軍之左右，生殺變應，威猛如龍虎也。此陳法，但不知如何爲之。今之軍行，畫此四獸於旌旗，以標前後左右之軍陳。招搖，北斗第七星也。七星：一天樞，二旋，三機，四權，五衡，六開陽，七摇光。一至四爲魁，五至七爲杓。招摇，即摇光也。北斗居四方宿之中，以斗末從十二月建而指之，則四方之宿不差。今軍行法之，亦作此北斗星舉之於上，在軍中指正四方，使四方之陳不差，故云「在上」。並作七星而獨云「招摇」者，舉指者爲正也。勁，利也。其怒，士卒之怒也。軍行，既張四宿於四方，標招摇於中上，故軍旅士卒起居舉動，堅勁奮怒，象天之行也。

進退有度，左右有局，各司其局。

鄭氏曰：度，謂伐與步數。局，部分也。

孔氏曰：牧誓云「不愆于六步七步，乃止，齊焉，四伐五伐，乃止，齊焉」。一擊一刺爲一伐。始前就敵，六步七步當止，齊正行列。及兵相接，少者四伐，多者五伐，又當止，齊正行列也。軍之在左在右，各有部分，不相濫也。軍行須監領，故主帥部分，各有所司部分也。

【陳氏集説】史載筆，士載言。疏曰：不言簡牘而曰筆者，筆是書之主，則餘載可知。言，謂盟會之辭，舊事也。　方氏曰：史，國史也。載筆將以書未然之事，載言欲以閲已然之事。**前有水，則載青旌；**疏曰：王行宜警備，故前有變異，則舉類示之。青旌者，青雀也，是水鳥。**前有塵埃，則載鳴鳶。**鳶，鴟也。鴟鳴則風生，風生則塵埃起。**前有車騎，則載飛鴻。**鴻，鴈也。鴈飛有行列，與車騎相似。**前有士師，則載虎皮。**虎威猛，亦士師之象。士師非所當警備者，而亦舉類以示衆，或者禁止暴横之意歟？**前有摯獸，則載貔貅。**摯獸，虎狼之屬。貔貅亦有威猛，舉此使衆知爲備。但不知爲載其皮，爲畫其形耳。**行，前朱鳥而後玄武，左青龍而右白虎。招摇在上，急繕其怒，**行，軍旅之出也。朱鳥、玄武、青龍、白虎，四方宿名也，以爲旗章，其旒數皆放之。龍旗則九旒，雀則七旒，虎則六旒，龜蛇則四旒也。招摇，北斗七星也，居四方宿之中。軍行法之，作此舉之於上以指正四方，使戎陣整肅也。舊讀繕爲勁，今從吕氏説，讀如字。其怒，士卒之怒也。吕氏曰：急，迫之也。繕，言作而致其怒。先儒以繕爲勁，不必改也。**進退有度，左右有局，各司其局。**疏曰「進退有度」者，牧誓云：「不愆於六步七步，乃止，齊焉。四伐五伐，乃止，齊焉。」一擊一刺爲一伐。少者四伐，多者五伐，又當止，而齊正行列也。「左右有局」者，局，部分也。軍之左右，各有部分，不相濫也。「各司其局」者，軍行須監領也。

【納喇補正】急繕其怒。

集説　吕氏曰：「急，迫之也。繕，言作而致其怒。」

竊案　左傳：「征繕以輔孺子。」杜氏云：「繕，治也。」莊子「繕性」亦訓爲治，故柳子厚詩云「繕性何由熟」。此「急繕其怒」，謂以四宿指正四方，又標招摇其中，而舉之於上，使戎陣整肅，急治士卒之怒，以同敵王愾耳。鄭氏讀「繕」作「勁」，吕氏不從，謂「繕，修也」，得其義矣。集説采吕氏之説，而削「繕」字之訓，不知何意也。

【方氏析疑】士載言。

周官土訓：「掌道地圖，以詔地事。道地慝，以辨地物。」誦訓：「掌道方志，以詔觀事。道方慝，以詔辟忌，以知地俗。王巡狩，則夾王車。」所謂「載言」，應主此類。其不指名何官之屬而統之曰「士」者，如朝覲會同，太史協禮事，太師抱天時，師有功，大司馬執律以先愷樂，士師掌軍旅會同之誓誥，王巡狩殷國，大行人辨其位、正其等、協其禮，其屬士必皆載故籍以待事。疏專以盟會之辭，釋恐未安。

前有車騎，則載飛鴻。

趙武靈王變服以習騎射，則要荒二服之有騎法舊矣。周官「四翟之隸」於王官者，使各服其服，執其兵，則王巡狩，征伐戎夷，君長散處，并雍、河、淮間者，必與庶邦君同。會時事有車有騎，宜也。朝會者衆，必各以其班序之，故載飛鴻以示其義。

前有士師，則載虎皮。

士師在前，無警備之理，蓋太師之誤也。注、疏皆以士師爲兵衆，或爾時尚未訛。雖天子征巡，或所過之地，正值蒐閲築城鑿池而衆聚焉，或諸侯奉王命討不庭而師屯焉，亦宜舉類以示衆。

招摇在上，急缮其怒。

偏戰必備三軍，有主有輔，決機制勝，挫鋭乘瑕。或先用左右，或先用前軍，招摇所指，則將士奮勇，推鋒而前，或敦陳鏖戰以守，所謂「急缮其怒」也。

【江氏擇言】急缮其怒。

按：吕氏讀「缮」如字，陳氏集説從之。舊讀爲「勁」，音義太遠。

【欽定義疏】史載筆，士載言。

正義 鄭氏康成曰：史、士從於會同，各持其職以待事也。筆，謂書具之屬。言，謂會同盟要之辭。

孔氏穎達曰：自此至「各司其局」，明君以軍行之禮。史，謂國史，書録王事者。王若舉動，史必書之。王若行往，則史載書具而從之。不言簡牘而言筆者，筆是書之主，則餘載可知。士，謂司盟之士。言，謂舊事也。

崔氏靈恩曰：士必載盟會之辭者，或尋舊盟，或用舊會之禮，應須知之，故載自隨也。

吕氏大臨曰：史，國史掌爲辭命者。士，史之有司也。國史撰述，故載筆以書其辭命；有司藏書，故載言以備其討論。二者皆以職從君者也。

前有水，則載青旌。

正義　鄭氏康成曰：載，謂舉於旌首，以警衆也。禮，君行師從，卿行旅從。前驅舉此，則士衆知所有。所舉各以其類象。青，青雀，水鳥。

孔氏穎達曰：王行宜警衛，善惡必先知之。又軍陳卒伍行，則並銜枚，無喧聲，若有非常，不能傳道，且人衆廣遠，難以周徧，故前有變異，則舉類示之，左傳云「前茅慮無」是也。青旌，謂畫爲青雀旌上舉示之，軍士望見，則知前值水也。

呂氏大臨曰：師行號令，非可以言傳也。使衆易聞者，莫如金鼓；使衆易見者，莫如旌旗。師行之前必遠，爲斥堠以備不虞，故爲物色旌旗之上，舉而示衆，使爲之戒。自青旌而下，皆以物色之類表其事也。木色青。青雀，水之所生也，故有水，則以青旌象之。

辨正　胡氏銓曰：載，謂載旆，舊並音戴，非也。

存疑　方氏慤曰：載，謂建之於車而警衆於後也。周官言「析羽爲旌」，此言「青旌」，則以青雀之羽爲之。下之「鳴鳶」「飛鴻」，皆析羽爲之也。案：析羽，謂析羽而注於竿旌之首，非謂以羽爲旌也。此言「青」，舉其色，下言「鳴」，言「飛」，肖其形，亦互文也。或青亦飛而鳶旌蒼、雁旌白與？

前有塵埃，則載鳴鳶。

正義　鄭氏康成曰：鳶鳴則將風。

孔氏穎達曰：鳶，今時鴟也。云「鳴鳶」者，鳶鳴則風生，風生則塵埃起。不鳴則風不生，故畫作開口，如鳴時。下「飛鴻」亦作「飛象」，不言「旌」，從可知也。

前有車騎，則載飛鴻。

正義 鄭氏康成曰：鴻，取飛有行列也。

孔氏穎達曰：鴈飛有行列，與車騎相似，畫飛鴻於旌首而載之，使衆見而爲防也。古人不騎馬，經典無言「騎」者。今言「騎」，是周末時禮。

通論 陸氏佃曰：古稱黄帝以車戰，蚩尤以騎戰。又齊、魯相遇，以鞍爲几，則軍之有騎尚矣。

案 春秋傳昭公二十五年，左師展將以公乘馬單騎也，此騎馬之漸，見於經傳者。

前有士師，則載虎皮。

正義 鄭氏康成曰：士師，謂兵衆。虎，取其有威勇也。

孔氏穎達曰：虎亦兵衆之象，若前有兵衆，則舉虎皮於竿首。

方氏慤曰：士貴而卒賤，師衆而旅寡。言士則舉貴以該賤，言師則舉衆以兼寡。

案 所過之地，或當蒐狩城築，師衆聚焉。或他國兵旅，假道於此。古者君行師從，卿行旅從，則凡君、卿出行，亦未嘗無師、旅之從也。陳澔謂士師非所當警備，或者禁止暴横之意，是以士師爲刑官也，誤矣。

前有摯獸，則載貔貅。

正義 鄭氏康成曰：貔貅，亦摯獸也。書曰：「如虎如貔」。孔疏：尚書牧誓文。

孔氏穎達曰：摯獸，猛而能擊，謂虎狼之屬。貔貅是一獸，亦有威猛。若前有猛獸，則舉此貔貅，欲使衆見以爲防也。或謂與虎皮並畫作皮於旌也，一云並載其皮。貔，一名豹，虎類也。爾雅云：「貔，白狐也。」

行，前朱鳥而後玄武，左青龍而右白虎。招摇在上，急繕其怒。

正義 鄭氏康成曰：以此四獸爲軍陳，又畫招摇星於旌上，象天也。

孔氏穎達曰：前明軍行逢值之禮，此明軍行象天文而作陳法也。前南後北，左東右西也。朱雀、玄武、青龍、白虎，四方宿名也。軍前宜捷，故用雀；軍後宜殿，故用玄武。玄武，龜也。龜有甲，能禦侮也。左爲陽，陽能發生，象龍變生也。右爲陰，陰沈能殺，虎沈殺也。軍之左右，生殺變應，如龍虎也。軍行，畫此四獸於旌旗，以標前後左右之軍陳。崔靈恩云：「龍旂九旒，雀七旒，虎六旒，龜蛇四旒。」招摇，北斗第七星也。北斗：一天樞，二旋，三機，四權，此四星爲魁；五衡，六開陽，七摇光，此三星爲杓。招摇，即摇光也。獨云「招摇」，舉指者爲主。

馬氏晞孟曰：先王之征伐，非私怒也，致天討而已，故繪四方之星，所以見奉天討之義也。

朱子曰：龍者，陽之中而能變者，故能潛而能飛；虎者，陰之中而能化者，故能伏而能躍。鳥者，陽之極，故能飛而不能潛；龜者，陰之極，故能伏而不能躍。此所以名四方之宿也。「招摇」者，冬夏寒暑，以其所建而後成然，非所以成寒暑冬夏也。有冬有夏，其以日月之行乎軍旅者，所以飾怒也。故「招摇在上，以繕其怒」而已。王建日月之大常，軍師所以爲疾徐進退之節，而武功所由成也。先王爲天吏，致天討，故「行，前朱雀而後玄武，左青龍而右白虎，招摇在上」，以應乎天。然其得天下也以民，故又以交龍爲旂，熊虎爲旗，鳥隼爲旟，龜蛇爲旐，以順乎人。聖人之兵，應天順人而已矣。

陸氏佃曰：急繕，謂急之繕之。夫怒，所以威衆。急或易竭，無以繕之，後將不繼。

通論 吕氏大臨曰：青龍在左，左，東方也，壽星、大火、析木之分主之。白虎在右，右，西方也，降婁、大梁、實沈之分主之。朱雀在前，前，南方也，鶉首、鶉火、鶉尾之分主之。玄武在後，後，北方也，星紀、玄枵、娵訾之分主之。以是四物畫之於旗，立於軍之左右前後，以象天體之周旋也。周官司常：「掌九旗之物名。」所謂「交龍爲旂」，象青龍也；「熊虎爲旗」，象白虎也；「鳥隼爲旟」，象朱雀也；「龜蛇爲旐」，象玄武也。四方之旗，九旗之遺象也。置招摇於旗首，以象斗之回旋。旗之所指，則伐之，如天之怒也。急，迫之也。繕，修也，言作而致其怒也。

胡氏銓曰：繕，完也。春秋傳云「征繕」，又鄢陵戰云「繕甲兵」。急，完師以出，不喪其威。

存疑 鄭氏康成曰：繕，讀曰勁。孔疏：急，堅也，利也。

案　東七宿有龍形，南七宿有鳥形，西七宿有獸形，北七宿有龜蛇形，故各舉其象而配以方色，以爲前後左右軍之標識。詩所謂「彼旟旐斯，旆旐央央」，旟前朱雀，旐後玄武，旆左青龍。詩言「旐」不言「旗」，豈王者之兵以守爲重，不以殺爲尚歟？鄭讀「繕」爲勁，於他書無據，如胡、陸二説，讀本字可也。

進退有度，左右有局，各司其局。

正義　鄭氏康成曰：度，謂伐與步數。孔疏：牧誓武王誓衆云：「不愆於六步七步，乃止，齊焉。四伐五伐，乃止，齊焉。」一擊一刺爲一伐。鄭注尚書云「伐，謂擊刺也。始前就敵，六步七步當止，齊正行列。及兵相接，少者四伐，多者五伐，又當止，齊正行列也。」局，部分也。孔疏：軍之左右各有部分，軍行須監領，故主帥各有所司部分也。

呂氏大臨曰：各司其局，離局姦也。

通論　馬氏晞孟曰：進退有度，以一衆也。書曰：「左不攻于左，右不攻于右，汝不恭命。御非其馬之正，汝不恭命。」荀子曰：「將死鼓，御死轡，士大夫死行列。」則可謂有局矣。君子有不戰，戰必勝，凡以此也。

【杭氏集説】姚氏際恒曰：載筆、載言，春秋會盟之事。騎，始見于春秋，漸行于戰國，皆後世之説也。以四獸爲招摇星畫旗，尤緯稗之説，無與禮事，可删也。

朱氏軾曰：此節一首絶好古詩，「急繕其怒」四字，摹寫入神。予嘗閲兵，壁壘森嚴，旌旗四匝中建大纛，鼓静金停，寂無人語，已而風動纛揚，如驚鴻乍起，急不可，又如雷聲殷殷，山鳴谷應，奔濤駭浪，澎湃衝激，乃知「急繕其怒」四字之妙。又曰：必部伍整齊，而後步伐不亂。然所以整齊步武者，賴有司其局者也。

陸氏奎勳曰：舊説騎射始趙武靈王，觀春秋傳，齊、魯相遇，以鞍爲几，左師展欲以公乘馬歸，魯昭時業有之矣。

姜氏兆錫曰：史，史氏也。士，謂司盟之士。言，謂盟會之言。方氏曰：「載筆，將以書未然之事。載言，欲以閲已然之事也。」下所載者，王行警備，有變異則以示軍衆，代號令也。青旌，青雀之旌也。鳶，鴟也，鳶鳴則風生塵埃起。鴻，雁也，飛有行列，與車騎相似。此皆畫於旌而載之也。士師，謂師衆。虎皮威猛，亦師衆之象，故戴其皮於旌。摯獸，總謂虎狼之屬，貔貅象之，亦畫於旌也。獨虎載其皮者，蓋軍中自有虎旗，而不可混與？行，軍行也。朱雀、玄武、青龍、白虎，二十八宿之總名。南朱雀七宿，北玄武七宿，東蒼龍七宿，西白虎七宿。軍前行取迅捷，後取鎮捍，左取變動，右取沈猛，故各以象爲旗也。招摇，北斗杓端星也。北斗居四方宿之中，而杓運指四方，故軍中象爲旗，以指揮行陳也。急，迫之也。繕之言緝也、治也，吕氏謂作而致其怒也。度，法也。牧誓：「不愆於六步七步，四伐五伐，乃止，齊焉。」今夏官司馬，其遺法也。局，謂步分也。司，猶掌也。如立左和門，以左司馬掌之；立右和門，以右司馬掌之是也。言左右，則前後在其中矣。繕怒而法無或失者，承招摇在上而言；設局而部各有屬者，承前後左右而言也。　又曰：此章言軍行之制。

方氏苞曰：周官土訓「掌道地圖，以詔地事。道地慝，以辨地物。」誦訓：「掌道方志，以詔觀事。道方慝，以詔辟忌，以知地俗。王巡狩，則夾王車。」所謂「載言」，應主此類。其不指名何官之屬而統之曰「士」者，如朝覲會同，太史協禮事，大師抱天時，師有功，大司馬執律以先愷樂，士師掌軍旅會同之誓誥，王巡狩殷國，大行人辨其位、正其等、協其禮，其屬士必載，皆故籍以待事。疏專以盟會之辭釋，恐未安。　又趙武靈王變服以習騎射，則要荒二服之有騎法舊矣。周官「四翟之隸」於王官者，使各服其服，執其兵，則王巡狩，征伐戎夷，君長散處，并雍、河、淮間者，必與庶邦君同。會時事有車有騎，宜也。朝會者衆，必各以其班序之，故載飛鴻以示其義。　又士師在前，無警備之理，蓋大師之誤也。注、疏皆以士師爲兵衆，或爾時尚未訛。　雖天子征巡，或所過之地，正蒐閲築城鑿池而衆聚焉，或諸侯奉王命討不庭而師屯焉，亦宜舉類以示衆。　又偏戰必備三軍，有主有輔，決機制勝，挫鋭乘瑕，或先用左右，或先用前軍，招摇所指，則將士奮勇，摧鋒而前，或敦陳鏖戰以守，所謂「急繕其怒」也。

齊氏召南曰：繕，陳氏集説讀如字，引呂氏解，云「繕，言作而致其怒，不必讀爲勁」。

【孫氏集解】史載筆，士載言。

鄭氏曰：謂從於會同，各持其職以待事也。筆，謂書具之屬。言，謂會同盟要之辭。

孔氏曰：史，謂國史，書録王事者。王若舉動，史必書之。王若行往，則史載書具而從之也。不言簡牘而云筆者，筆是書之主，則餘載可知。士，謂司盟之士。言，謂盟會之辭，舊事也。崔靈恩云：「必載盟會之辭者，或尋舊盟，或用舊會之禮，應須知之也。」

愚謂史，謂大史、内史之屬。周禮大史「大朝覲會同，以書協禮事」，「内史掌書王命」。士，大史、内史之士。周禮「大史，下大夫二人，上士四人」，「内史，中大夫一人，下大夫二人，上士四人，中士八人，下士十有六人」。君出，則大史、内史載筆以從，以備紀載。其士又載舊時紀載之言，以備徵考也。

前有水，則載青旌；前有塵埃，則載鳴鳶；前有車騎，則載飛鴻；前有士師，則載虎皮；前有摯獸，則載貔貅。

鄭氏曰：載，謂舉於旌首，以警衆也。禮，君行師從，卿行旅從。前驅舉此，則士衆知所有。所舉各以類象。青，青雀，水鳥。鳶鳴則將風。鴻，取飛有行列也。士師，謂兵衆。虎，取其有威勇也。貔貅，亦摯獸也。書曰：「如虎如貔。」

孔氏曰：軍行銜枚，若有非常，不能傳道，且人衆廣遠，難可周徧，故前有變異，則象類示之，左傳云「前茅慮無」是也。青雀，水鳥，畫於旌上，軍行值水則舉示之，軍士望見，則知前必值水而防之也。鳶，鴟也。鴟鳴則風生，風生則塵埃起。前有塵埃，則畫鳶於旌首而載之。不直言鳶而云鳴者，鳶不鳴則風不生，故畫作開口如鳴時也。不言旌，從可知也。車騎，彼人之車騎也。鴻，鴻鴈。鴈飛有行列，與車騎相似，軍行見彼人車騎，則畫鴻於旌首而載之也。然古人不騎馬，經記正典，無言「騎」者。今言「騎」，當是周末時禮。士師，兵衆。虎威猛，亦兵衆之象。若見兵衆，則舉虎皮於竿首也。摯獸，猛而能擊，虎狼之屬。貔，一名白豹，虎類。爾雅曰：「貔，白狐也。」貔貅是一獸，亦有威猛，若前有猛獸，則舉此貔貅也。一云與虎皮並畫作皮於旌，一云並載其皮。

方氏愨曰：載，謂建之於車而警衆於後也。

愚謂既言車騎，又言士師，則士師謂徒兵也。

行，前朱鳥而後玄武，左青龍而右白虎。招搖在上，急繕其怒。

鄭氏曰：以四獸爲軍陳，象天也。急，猶堅也。繕，讀曰勁。又畫招搖星於旌旗上，以起居堅勁軍之威怒，象天帝也。招搖在北斗杓端，主指者。

孔氏曰：前明軍行逢值之禮，此明軍行象天文而作陳法也。前南後北，左東右西。朱雀、玄武、青龍、白虎，四方宿名。軍前宜捷，故用朱雀；軍後宜殿，故用玄武。玄武，龜也。龜有甲，能禦侮也。左爲陽，陽能發生，象龍變生也。右爲陰，陰沈能殺，虎沈殺也。軍之左右，生殺變應，如龍虎也。軍行，畫此四獸於旌旗，以標前後左右之軍陳。招搖，北斗第七星。春秋運斗樞云：「北斗七星：一天樞，二璇，三機，四權，五衡，六開陽，七搖光。一至四爲魁，五至七爲標。」搖光，即招搖也。北斗居四方宿之中，以斗末從十二月建而指之，則四方之宿不差。今軍行法之，亦作此北斗星在軍中，舉之於上以指正四方，使四方之陳不差，故云「招搖在上」也。並作七星而獨云「招搖」者，舉指者爲主也。勁，利也。其怒，士卒之怒也。軍行，既張四宿於四方，標招搖於中上，象天之行，故軍旅士卒起居舉動，堅勁奮勇，如天帝之威怒也。鄭云「畫招搖星於旌旗上」，則四物皆畫可知矣。

呂氏大臨曰：周官司常：「掌九旗之物名。」所謂「交龍爲旂」，象青龍也；「熊虎爲旗」，象白虎也；「鳥隼爲旟」，象朱雀也；「龜蛇爲旐」，象玄武也。急，迫之也。繕，脩也，言作而致其怒也。

陸氏佃曰：前朱雀，旟是也；後玄武，旐是也；左青龍，旂是也；右白虎，旗是也；招搖在上，大常是也。

胡氏銓曰：招搖，蓋謂主兵者以四獸之旌招搖指揮耳。繕，完也。春秋傳云「征繕」，又云「繕甲兵」。鄭以繕爲勁，恐非。

愚謂行，謂軍行也。朱雀、玄武、青龍、白虎，皆畫之於旌以表軍陳者。朱雀，鶉也。師曠禽經云：「赤鳳謂之鶉。」南方七宿，有朱雀之象，故前軍之旗畫爲朱鳥以象之。玄武，龜蛇也。北方七宿，有玄武之象，故後軍之旗畫爲玄武以象之。東方七宿，有青龍之象，故左軍之旗畫爲青龍以象之。西方七宿，有白虎之象，故右軍之旗畫爲白虎以象之。考工記曰：「龍旂九斿，以象大火也。鳥旟七斿，以象鶉火也。熊旗六斿，以象伐也。龜蛇四斿，以象營室也。」六月之詩曰：「織文鳥章，白旆央央。元戎十乘，以先啓行。」鳥章，鳥隼之章也，而以啓行，此前朱雀也。出車之詩曰：「我出我車，于彼牧矣。」又曰：「我出我車，于彼郊矣，建此旐矣。」在牧者爲前軍，則在郊者爲後軍。而建旐，此後玄武也。招摇，陸氏以爲大常是也。左傳：「三辰旂旗，昭其明也。」杜預云：「三辰，日月星也。」疏云：「九旗之物，日月爲常。」不云「畫星」，蓋大常之上又畫星也。穆天子傳稱「天子葬盛姬，建日月七星」。戰國策：「建九斿，從七星之旟，此天子之位也。」大常兼畫日月七星，此獨言「招摇」，取其居四旗之中，以指正四方也。胡氏解招摇爲指揮之義，義亦可通。史記孔子世家：「招摇市過之。」漢書郊祀歌：「體招摇，若永望。」上，謂車上。招摇在上，所謂緌旌也。謂四旗垂其旒縿，飛動於兵車之上，所以急振起其士卒之怒氣，此所以晉人旆而諸侯畏之也。

進退有度，左右有局，各司其局。

鄭氏曰：度，謂伐與步數。局，部分也。

孔氏曰：牧誓云：「今日之事，不愆於六步七步，乃止，齊焉。四伐五伐，乃止，齊焉。」一擊一刺爲一伐。爾雅云：「局，分也。」郭璞云：「謂部分也。」「左右有局」者，軍在左右，各有部分，不相濫也。

愚謂此謂戰時之法也。軍之或進或退，各有度數。大司馬：「中軍以鼙令鼓，鼓人皆三鼓，司馬振鐸，羣吏作旗，車徒皆作。鼓行，鳴鐸，車徒皆行，及表乃止。三鼓，摝鐸，車徒皆坐。又三鼓，振鐸，作旗，車徒皆作。鼓進，鳴鐲，車驟徒趨，及表乃止，坐作如初。乃鼓，車馳徒走，及表乃止。鼓戒三闋，車三發，徒三刺。乃鼓退，鳴鐃且却，及表乃止，坐作如初。」所謂「進退有度」是也。左傳：「欒書欲載厲公，欒鍼曰：『書退！離局，姦也。』」是軍之左右各有部分也。左右之帥各司其局，則部分明而進退亦聽之矣。○自「前有水」至此，記人君出師、車騎軍陳之法。

【王氏述聞】⊙載青旌

前有水，則載青旌。

鄭注曰：載，謂舉於旌首以警衆也。青，青雀，水鳥。

引之謹案：鄭志王贊問曰：「舉於旌首，當皆以皮邪，畫之也？」鄭答曰：「皆俱舉皮置於首，不畫也。」見初學記武部，太平御覽兵部七十一。是鄭注「舉於旌首」，謂舉皮置於旌首。蓋以下文言「載虎皮」，故並青與鳶、鴻皆謂置皮也。其實青旌乃畫青雀於旌，鴻與鳴鳶亦然。正義皆以爲畫。考工記所謂「畫繢之事」，鳥獸蛇也。唯虎與貔貅，則以其皮飾旌，故青與鳶、鴻皆不言皮，至虎始言皮也。貔貅不言皮者，蒙上虎皮而省也。經文界畫甚明，不得因虎皮之文，遂謂青與鳶鴻亦是皮也。正義釋「載鴻鳶」云：「畫作開口如鳴時。」此説是也。若但置其皮，何鳴之有？實不當如鄭志所釋。載，如左傳「載其旌以先」之「載」，不當讀爲「戴」。「載」之言植也，立也。「載青旌」者，植此畫青雀之旌於車上，非謂置皮於旌首也。若置皮於旌首，則當言「載青於旌」，不當言「載青旌」矣。下文鴻與鳴鳶之載，義與此同。「載鳴鳶」者，植鳴鳶之旌也，不言「旌」者，亦蒙上青旌而省，後放此。虎皮、貔貅之載，則以獸皮所飾之旌植於車上耳。二者雖不同，而同爲植旌於車上，故皆謂之載。周官司常曰「王建大常」，大司馬曰「王載大常」，建也，載也，皆立也，以是明之。

青，水鳥也，一名青雀，一名青鳥，字或作「蜻」。呂氏春秋精諭篇：「海上之人有好蜻者，每朝居海上從蜻游，蜻之至者數百。」列子黄帝篇載此事，蜻作漚。漚，與鷗同，亦水鳥也。文選江淹雜體詩「青鳥海上遊」，李善注引阮籍詠懷詩曰「誰云不可知，青鳥明我心」，又引呂氏春秋「海上人有好青者」云云，然則呂氏春秋之蜻即青鳥也，作「蜻」者，借字耳，高注呂氏春秋蓋亦以蜻爲鳥名，故李善引「海上人好蜻」云云，以釋青鳥。而今本高注乃云「蜻，蜻蜓，小蟲，細腰四翅」，此殆後人誤以蜻爲蜻蜓，而輒改注文也。蜻蜓隨處皆有，何必海上邪？太平御覽蟲豸部「蜻蛉」下，引呂氏春秋「海上人有好蜻者」云云，則所見高注已同今本。

⊙載飛鴻

前有塵埃，則載鳴鳶。前有車騎，則載飛鴻。

引之謹案：「飛」字涉注文而衍，注云「鴻，取飛有行列也」，此釋載鴻之義，非經文有「飛」字也。下「載虎皮」注云「虎取其有威勇也」，亦是釋載虎皮之義，經文豈有「威勇」字邪？正義釋「載鳴鳶」云「不直言鳶而云鳴者，鳶不鳴則風不生，故畫作開口，如鳴時」，此專釋「鳴」字之義也。若「鴻」上有「飛」字，則正義亦必專釋之。而正義云「前有車騎，則載鴻者，今本「鴻」上有「飛」字，乃後人依已誤之經文增之，與下文不符，今删。鴻，鴻鴈也。鴈飛有行列，與車騎相似。若軍前遥見有車騎，則畫鴻於旌首而載之，使衆見而爲防也。」但言「畫鴻」而不言「畫飛鴻」，則所見本無「飛」字可知。左傳宣十二年正義引此有「飛」字，與本疏不合，明是後人依俗本禮記增之。藝文類聚鳥部上、通典禮三十六、白帖五十八引此有「飛」字，亦後人所增。案郭璞注爾雅「錯革鳥曰旟」云「此謂全剥鳥皮毛，置之竿首，即禮記云載鴻及鳴鳶」，是古本無「飛」字也。鈔本北堂書鈔武功部八引作「則戴鴻」，戴，與載同，陳禹謨本增「飛」字。車部上引作「則載鴻」，陳禹謨删去。足證隋唐閒舊本尚不誤，唐石經始衍「飛」字。

⊙朱鳥

前朱鳥而後玄武。

家大人曰：朱鳥，本作「朱雀」，此後人以他書改之也，自開成石經已然，而各本皆從之。開成以前書引此有作「朱鳥」者，亦是後人所改。案正義述經文正作「朱雀」，又「朱雀」字正義凡三見，「雀」字一見，又引崔靈恩説亦作「雀」，又堯典「日中星鳥」正義引曲禮「前朱雀後玄武」，而釋之云「雀，即鳥也」，則曲禮自作「朱雀」明矣。後漢書張衡傳注，北堂書鈔帝王部十三十六、武功部五，太平御覽兵部三十七引此並作「朱雀」。衛湜禮記集説作「朱雀」，則宋時本尚有不誤者。

【朱氏訓纂】**史載筆，士載言**。注：謂從於會同，各持其職以待事也。筆，謂書具之屬。言，謂會同盟要之辭。　説文：史，記事者也。　正義：史，謂國史，書録王事者。王若舉動，史必書之。王若行往，則史載書具而從之。不言簡牘而云筆者，筆是書之主，則餘載可知。士，謂司盟之士，言謂盟會之辭。崔靈恩云：「必載盟會之辭者，或尋舊盟，或用舊會之禮，應須知之，故載自隨也。」**前有水，則載青旌；前有塵埃，則載鳴鳶；前有車騎，則載飛鴻；前有士師，則載虎皮；前有摯獸，則載貔貅**。注：載，謂舉於旌首以警衆也。禮，君行師從，卿行旅從。前驅舉此，則士衆知所有。所舉各以其類象。青，青雀，水鳥。鳶鳴則天將風，風生埃起。鴻，取飛有行列也。士師，謂兵衆。虎，取其有威勇也。貔貅，亦摯獸也。書曰：「如虎如貔。」　正義：王行宜警衛，善惡必先知之，故備設軍陳行止之法也。軍陳卒伍，行則並銜枚，無諠聲，若有非常，不能傳道，且人衆廣遠，難可周徧，故前有變異，則舉類示之。青旌者，青雀旌。鳶，今時鴟也。不直言鳶而云鳴者，鳶不鳴則風不生，故畫作開口如鳴時也。不言旌，從可知也。車騎，彼人之車騎也。鴻，鴻雁也。雁飛有行列，與車騎相似。畫鴻於旌首，使衆見而爲防也。虎是威猛，亦兵衆之象。貔貅是一獸，亦有威猛。

王氏引之曰：謹案鄭志王贊問曰：「舉於旌首，當皆以皮邪？畫之也？」鄭答曰：「皆俱舉皮置於首，不畫也。」是鄭注「舉於旌首」，謂舉皮置於旌首。蓋以下文言「載虎皮」，故並青與鳶、鴻皆謂置皮也。其實青旌乃畫青雀於旌，鴻與鳴鳶亦然。考工記所謂「畫繢之事」，鳥獸蛇也。唯虎與貔貅，則以其皮飾旌，故青與鳶、鴻皆不言皮，至虎始言皮也。貔貅不言皮者，蒙上虎皮而省。正義釋「載鳴鳶」云「畫作開口如鳴時」，是也。若但置其皮，何鳴之有？載，如左傳「載其旌以先」之「載」，不當讀爲戴。載之言植也，立也。「載青旌」者，植此畫青雀之旌於車上也。下文鴻與鳴鳶之載，義與此同。虎皮、貔貅之載，則以獸皮所飾之旌植於車上耳，故皆謂之載。

行，前朱鳥而後玄武，左青龍而右白虎。招摇在上，急繕其怒。注：以此四獸爲軍陳，象天也。急，猶堅也。繕讀曰勁。又畫招摇星於旌旗上，以起居堅勁，軍之威怒。招摇星在北斗杓端，主指者。

正義：前明軍行逢值之禮，此明軍行象天文而作陳法也。前南後北，左東右西。朱鳥、玄武、青龍、白虎，四方宿名也。軍前宜捷，故用雀。軍後須殿捍，故用玄武。玄武，龜也。龜有甲，能禦侮也。左爲陽，陽能發生，象龍變生也。右爲陰，陰沈能殺，虎沈殺也。軍之左右，生殺變應，威猛如龍虎也。何胤云：「如鳥之翔，如蛇之毒，龍騰虎奮，無能敵此四物。」招摇，北斗七星也。北斗居四方宿之中，以斗末從十二月建而指之，則四方宿不差。今軍行法之，亦作此北斗星，舉之以指正四方。獨云「招摇」者，舉指者爲主，餘從可知也。勁，利也。其怒，士卒之怒也。崔靈恩云：「此旌之旒數，皆放其星。龍旗則九旒，雀則七旒，虎則六旒，龜蛇則四旒，皆放星數以法天也。」　王氏念孫曰：朱鳥，本作「朱雀」，開成石經已誤。正義述經文正作「朱雀」，又引崔靈恩説亦作「雀」。　劉氏台拱曰：繕，持也。怒，勇氣也。氣輕發則易竭，故堅持之，進退有度，即此意也。**進退有度**，注：度，謂伐與步數。　正義：牧誓：「不愆於六步七步，四伐五伐，乃止，齊焉。」鄭注尚書云：「伐，謂擊刺也。始前就敵，六步七步當止，齊正行列。及兵相接，少者四伐，多者五伐，又當止，齊正行列也。」　劉氏台拱曰：數語似引古兵書中語，以武、虎、怒、度爲韻。「前朱鳥」三句，亦見吴子。**左右有局，各司其局**。注：局，部分也。　正義：軍行須監領，故主帥部分，各有所司也。

【郭氏質疑】史載筆，士載言。

鄭注：「筆，謂書具之屬。言，謂會同盟要之辭。」孔疏：「史，謂國史，書録王事。士，謂司盟之士。」而引崔靈恩云：「必載盟會之辭者，或尋舊盟，或用舊會之禮，應須知之。」

嵩燾案：儀禮聘禮「史讀書」，是諸侯、卿、大夫出，史皆從。周禮「内史掌書王命」「外史掌書外令」，即其職也。「士載言」，言即簡策也。周禮土訓：「道地圖，以詔地事。道地慝，以辨地物。」誦訓：「道方志，以詔觀事。道方慝，以詔辟忌。巡守，則夾王車。」凡所至山川物類及古今土俗之宜，具之簡策。所謂「言」者，即此類土訓、誦訓，皆中士也。鄭注專以盟會之辭言之，疑有未盡。

一·六三　○**父之讎，弗與共戴天。**父者，子之天。殺己之天，與共戴天，非孝子也，行求殺之乃止。○讎，常由反。**兄弟之讎，不反兵。**恒執殺之備。○**交遊之讎，不同國。**讎不吾辟，則殺之。交遊，或爲「朋友」。

【疏】「父之」至「同國」[一]。○正義曰：此一節論親疏復讎之法，今各依文解之。

○「父之讎，弗與共戴天」者，父是子之天，彼殺己父，是殺己之天，故必報殺之，不可與共處於天下也。天在上，故曰戴。又檀弓云：「父母之仇，寢苫枕干，不仕[二]，弗與共天下也。遇諸市朝，不反兵而鬭。」並是不共天下也。而調人云「父之讎，辟諸海外」，

[一] 父之至同國　惠棟校宋本無此五字。○鍔按：「父之」上，阮校有「父之讎節」四字。

[二] 寢苫枕干不仕　閩、監、毛本同，衞氏集説同，是也。惠棟校宋本「干」作「士」，誤。

則得與共戴天。此不共戴天者，謂孝子之心不許共讎人戴天，必殺之乃止。調人謂逢遇赦宥王法，辟諸海外，孝子雖欲往殺，力所不能。故鄭答趙商云「讎若在九夷之東、八蠻之南、六戎之西、五狄之北，雖有至孝之心，能往討之乎」是也。

○「兄弟之讎，不反兵」者，兄弟，謂親兄弟也。有兄弟之讎，乃得仕而報之。不反兵者，謂帶兵自隨也。若行逢讎，身不帶兵，方反家取之，比來則讎已逃辟，終不可得，故恒帶兵，見即殺之也。檀弓云：「父母之讎，不反兵。」兄弟之仇，仕弗與共國。」而此云「兄弟不反兵」者，父母不反兵於普天之下也。兄弟不共國，謂不同中國也。而亦不反兵者，父母仇讎，則不仕、不辟市朝，兄弟仇讎，則猶仕而辟市朝也。而亦同不反兵，則同體重之也。而調人云「兄弟之讎，辟諸千里之外」，二文不同者，調人亦謂會遇恩赦之法，辟諸千里之外。檀弓又云「銜君命而使，雖遇之不鬬」，雖同不反兵，與父母讎異也。

○「交遊之讎，不同國」者，交遊，朋友也。爲朋友亦報仇也。故前云「父母存，不許友以死」，則知父母没，得爲朋友報也。此云「不同國」者，謂不共五等一國之中也。而調人云「從父母兄弟之讎不同國」，與此同。又調人云「主友之讎，視從父兄弟」，是主友亦同此與?調人皆謂會赦，故不同國。雖不同國，國外百里二百里則可。其兄弟仕不與共國者，必須相去千里之外，故調人云「兄弟之讎，辟諸千里之外」是也。但從父兄弟及交遊、主友報讎之時，不自爲首。故檀弓云：「從父兄弟之仇，不爲魁。主人能，則執兵而陪其後」也。其君之讎，調人云「視父」。「師長之讎視兄弟」，則姑、姊妹、伯叔皆視兄弟。異義：公羊説「復百世之讎」，古周禮説「復讎之義，不過五世」。許慎謹案：「魯桓公爲齊襄公所殺，其子莊公與齊桓公會，春秋不譏。又定公是魯桓公九世孫，孔子相定公，與齊會於夾谷，是不復百世之讎也。從周禮説。」鄭康成不駁，即與許慎同。凡君非理殺臣，公羊説子可復讎。故子胥伐楚，春秋賢之。左氏説「君命，天也」，是不可復讎。鄭駁異義稱：「子思云：『今之君子，退人若將隊諸淵，無爲戎首，不亦善乎！』子胥父兄之誅，隊淵不足喻。伐楚〇使吳首兵[一]，合於子思之言也。」是鄭善子胥，同公羊之義也[二]。

【衛氏集説】鄭氏曰：父者，子之天。殺己之天，與共戴天，非孝子也，必求殺之乃止。兄弟之讎，常執殺之備。交遊之讎，不吾辟，則殺之。交遊，或爲「朋友」。

孔氏曰：此一節論親疏復讎之法。天在上，故曰戴，言不可與共處於天下也。檀弓云「父母之讎，寢苫枕干，不仕，弗與共天下也。遇諸市朝，不反兵而鬭」是矣。而調人云「父之讎，辟諸海外」者，謂孝子之心不許共讎人戴天，必殺之乃止。調人謂逢遇赦宥

[一] 伐楚使吳首兵　惠棟校宋本如此。此本「楚」下誤隔「〇」，閩、監、毛本同。
[二] 同公羊之義也　惠棟校宋本此下標「禮記正義卷第四終」，又記云「凡二十四頁」。

王法，辟諸海外，孝子雖欲往殺，力所不能也。兄弟，謂親兄弟也。不反兵者，帶兵自隨也，見即殺之。檀弓云「父母之讎，不反兵；兄弟之讎，仕弗與共國」，而此云「兄弟不反兵」者，蓋父母不反兵於普天之下，兄弟則不同乎國而已，而亦不反兵者，則以同體重之也。而調人云「辟諸千里之外」者，亦謂會遇赦之法。檀弓又云「銜君命而使，雖遇之不鬭」，雖同不反兵，與父母之讎異矣。朋友亦報讎。不同國者，謂不共五等一國之中也。

藍田吕氏曰：殺人者死，古今之通刑也。殺之而義，則殺之者無罪，故令勿讎。讎之則死，調人之職是也。殺之而不義，則殺之者當死，宜告于有司而殺之，士師之職是也。二者皆無事乎復讎也。然復讎之文，雜見於經傳之間，考其所以得復者，必其讎人之勢甚盛，緩之則不能及，故遇之則殺之，不暇告於有司也。亦有法之所已赦，或罪不麗於法，有司莫得而辟者，仁人孝子不得已而行，王法亦不得不從而許也。然調人猶和之而使辟，弗辟，然後執之，不失法之信，且伸仁人孝子之義。父之讎，報之之意，誓不與讎同生死，所以弗共戴天也。寢苫不仕，以喪禮自處也。手不捨兵，雖寢不忘，故枕戈也；雖市朝不避，故不反兵而鬭也。居兄弟之讎，則殺於父矣。仕而不共國，則猶可以仕也。銜君命而使，雖遇之弗鬭，猶有所避也。所與居父讎同者，不反兵而已。居從父兄弟之讎，則又殺於兄弟矣，不爲魁。主人能，則執兵而陪其後。主人者，其子也。從主人而殺之，不爲戎首也。復讎輕重之義，不越是三等而已，此皆天屬之讎。若以義推之，則君之讎眂父，師長之讎眡兄弟，主友之讎眡從父兄弟而已。主者，大夫之臣稱其君也。友者，吾同志也。此篇所稱「交遊之讎」，蓋友也。言交遊而不言從父兄弟，亦互文也。

長樂劉氏曰：先王復讎之法，特施於不辟者而已。世亂吏污，而先王之法不行。凡有辜罪，乃罔恒獲，小民方興，相爲敵讎。由是殺人之父者，人亦殺其父；殺人之兄者，人亦殺其兄。兵戈相尋，莫之或息，則其所復，豈特不辟者而已哉？

嚴陵方氏曰：周官調人之法，則使之辟而不得讎。經之所言，則使之讎而不容辟。使之辟而不得讎者，上之法；使之讎而不容辟者，下之情。周官所主者法，經所主者情。既不可廢法以徇情，又不可忘情而徇法。處之者，欲適中而已。

馬氏曰：先王以恩論情，以情合義。其恩大者其情厚，其情厚者其義隆。是故父也、兄弟也、交遊也，其爲讎則一，而所以報之者不同。或弗與共戴天，將死之而恥與之同生也；或不反兵，將執殺之而爲之備也；或不同國，將遠之而惡其比也。嗚呼，聖人不能使後世之無讎，亦不能使之釋讎而不報，惟稱其情義而已矣。若夫公羊論九世之讎，則禮失於太過，而所報非所敵矣。漢之時，孝子見讎而不敢復，則法失於太嚴，而孝弟之情無所伸矣，非曲禮之道也。

廬陵胡氏曰：公羊説「復百世之讎」，古周禮説「復讎之義，不過五世」，許氏云「魯莊與齊會，是不復百世之讎也」。案春秋書莊公事，皆深責其同讎狩、娶讎女，何不譏乎？

又夾谷之會，書至以危之，豈許其不復讎也？但百世之説太迂耳。

講義曰：所謂復讎者，以其冤而已，非冤則不當復也。且復讎乃人之情，而非有司之法。昔之議者曰：子復父讎，丁寧其義。於經，而深著其文。於律，以爲不許復讎則傷孝子之心，許復讎則傷有司之法，專殺無以止其端矣，此至論也。若公羊言「父不受誅，子復讎可也」，則以臣而讎其君，可以爲訓乎？

廣安游氏曰：古之治天下也，求以禁天下之暴亂，而使之相安於斯世。公法行於上，私義伸於下。使天下而有暴亂之人，則以公法治之。苟限於公法，則以私義制之。聖人之治天下，常有自視歉然不及之心，而爲廣求所以濟其不及之道，不以爲制之在己而皆得也。以爲制之公法而不足，則由於私義而制之。夫是以暴亂者無所逃其罪，而人安其生，此三代治天下之通道也。夫所謂讎，皆王法之所不及，公法有時而失之者，聖人因禮而爲之法。曰某讎也是其子，弗與共戴天者也；某讎也是其兄弟，所必報而不反兵者也；某讎也是其交遊，之所不同國者也。反兵，謂反家取兵。不反兵者，謂志在復讎，須臾不忘，常執兵自隨，以爲備也。三讎者，皆以殺人而言，人之子、弟、交遊，皆得報而殺之。弗戴天者，辟諸海外。若在海内，則是讎不吾辟，爲同戴天，人子得殺之。兄弟之讎，辟諸千里之外，讎不吾辟，而在千里之内，則得殺之。交遊之讎不吾辟，而與吾同國，則得殺之。凡此，皆聖人所許也。夫不共戴天，則世之暴者不敢害人之父母矣；不反兵，則世之暴者不敢害人之兄弟矣；不同國，則世之暴者不敢害人之交遊矣。一説主友之讎，視從父兄弟，説者主友，謂主宰師友，則是從父兄弟、師友、交遊，皆不同國也。傳曰：「人倫明於上，小民親於下。」人倫者，以君臣、父子、朋友言也。聖人之意，以爲無故而殺人者，君誅之；君誅之不得，則子報；子報之不得，則兄弟報之；兄弟報之不得，則交遊報之。古者於五典之中而爲之朋友，非苟然也。自秦以來，謂生殺不可假諸他人，而私讎皆不許復，其弊起於秦、漢之際遊俠之士，睚眦殺人，椎剽成俗，時君世主不堪其暴，於是一切禁止，而不爲之區別。公法不明於上，私義不伸於下，强凌弱，衆暴寡，孝子、順弟、賢人、義士熟視而無如之何，蓋自秦漢以來，下之私相殘殺而無告者不知其幾何人矣。自漢以來，子報讎以其獄上者，有司常不知所以處之。至唐，而陳子昂、韓愈、柳宗元之議於是起焉。子昂之議，報父讎者誅之，而旌其閭。柳宗元固已闢之，然初無一定之説。韓愈之言曰：「子報父母讎，以其獄上尚書省，使百官集議聞奏。」自漢至唐，惟愈此説，粗爲得之。然愈疏於經學，亦不能明先王之教。然復讎之事，苟欲從古，則其所以爲天下之道，舉必如三代而後可。三代之時，上焉者，皇極立而公法行，治不一出於法，而私義得以參乎其間，此古所以能使人復讎者，此其一也。次焉者，以天下爲家，自天子、諸侯之國，皆爲比閭族黨之制以域其民，吏與民相親如其家人，則其比閭族黨之間，德怨美惡交相知之，而明於其讎，民不轉而之他，則無越國而殺人者。殺人而不知其主名，與雖知其主名而不知其積怨之所自，則雖有實怨，而不知有初無怨而假怨以殺人，亦不可得而報。今也，民得轉而之他，則其復讎之際，其故焉可得而考？若此者，古之所以復讎者，亦其一也。下焉者，人倫之義不明，而所謂交遊者，比於途之人，使後世如古焉復交遊之讎，則是途之人妄相殺也而可乎？夫交遊不得報，而兄弟之報因以輕，兄弟之報輕，而子之報因以不行，人之情勢，積靡使然，此後世所以不如古，而古之所以許人復讎者，亦其一也。此三者，古可以許人復讎，而後世不可之故。今欲依古之道許人復讎，則爲有司者道法交有所不備。不許人復讎，則傷孝子、順弟、賢人、義士之心。嗟夫，後世所以不能復古，其弊豈可縷數哉？

新定顧氏曰：二禮載復讎事，向頗疑之。治平盛世，井井有綱紀，安有私相報讎之事？然天下事，亦不可知。四海至廣，事變萬端，豈可以一律論？成周所以存此一條，亦是緣人之情。如父母出於道，忽被强寇劫盜殺害，其子豈容？但已在旁，必力鬬，與之俱死；不在旁，必尋探殺之而後已。此乃人子之至痛，追思殆不欲生，縱彼在窮荒絶域，亦必欲尋殺之，以雪父母之寃，故不與共戴天也。不共戴天者，不使之偷生，俾與我共戴天也。然又看輕重如何，讎亦非一端。父母因事被人擠陷，爲人子者，亦當平心自反，不可專以報復爲心。或被人挾王命以矯殺，雖人子之至恨，然城狐社鼠不可動摇，又當爲之飲恨，而不容以必報爲心也。凡此之類，皆宜隨事斟酌。儻不顧事之曲直、勢之可否，各挾復讎之義以相搆害，則是刑戮之民、大亂之道也。答問。

【吴氏纂言】鄭氏曰：父者，子之天。殺己之天，與共戴天，非孝子也，行求殺之乃止。兄弟之讎，常執殺之備。交游之讎，不吾辟，則殺之。

孔氏曰：天在上，故言戴，言不與同處於天下也。兄弟，謂親兄弟。不反兵者，舉兵自隨也，見即殺之。朋友亦報仇。不同國者，謂不共五等一國之中也。

吕氏曰：父之讎，報之之意，誓不與讎俱生，此所以弗共戴天也。寢苫不仕，以喪禮處也。手不舍兵，雖寢不忘，故枕戈也；雖市朝不辟，故不反兵而鬭也。居兄弟之讎，則殺於父矣。仕而不共國，則猶可以仕也。銜君命而使，雖遇之弗鬭，猶有所辟也。所與居父讎同者，不反兵而已。居從父兄弟之讎，則又殺於兄弟矣，不爲魁。主人能，則執兵而陪其後。主人者，其子也。從主人而殺之，不爲戎首也。復讎輕重之義，不越是三等而已，此皆天屬之讎。若以義推，則君之讎眂父，師長之讎眂兄弟，主友之讎眂從父兄弟也。主者，大夫之臣稱其君也。友者，吾同志也。此篇所稱「交游之讎」，蓋友也。言交游而不言從父昆弟，亦互文也。

游氏曰：聖人之治天下，常有自視歉然不及之心，而爲廣求所以濟其不及之道，不以爲制之在己而皆得之也。暴亂之人，上以公法治之。苟制之於公法而不足，則由於私義而制之。是以暴亂者無所逃罪，而人安其生。夫所謂讎，皆王誅所不及，公法有時而失之者，聖人因禮而爲之法。曰某讎也是其子弟，弗與共戴天者也；某讎也是其兄弟，所必報而不反兵者也；某讎也是其交游，之所不同國者也。三讎者，皆以殺人而言，人之子、弟、交游，皆得報而殺之。弗戴天者，避諸海外。若在海内，則是讎不吾避，爲同戴天，人子得殺之。兄弟之讎，避諸千里之外，讎不吾避，而在千里之内，則得殺之。交游之讎不吾避，而與吾同國，則得殺之。弗共戴天，則世之暴者不敢害人之父母矣；不反兵，則世之暴者不敢害人之兄弟矣；不同國，則世之暴者不敢害人之交游矣。自秦以來，私讎皆不許報復，下之私相殘死而無告者不知其幾何。子報仇而以其獄上者，有司常不知所以處之。至唐，而陳子昂、韓愈、柳宗元之議起。陳之議，報父仇者誅之，而旌其閭。柳固已闢之，雖闢之而初無一定之説。韓之言曰：「子報父母仇，以其獄上尚書省，使百官集議聞奏。」此説粗爲得之，然亦不能明先王之故。復讎之事，苟欲從古，則其所以爲天下之道，舉必如三代而後可。三代之時，皇極立而公法行，治不一出於法，而私義得以參乎其間。今欲依古許人復讎，則爲有司者道法交有所不備。不許復讎，則傷孝子、順弟、賢人、義士之心。

顧氏元常曰：禮載復讎事，向頗疑之。治平盛世，井井有綱紀，安有私相報讎之事？然事變萬端，豈可以一律論？存此一條，亦是沿人之情。如父母出於道，忽被彊寇劫盜殺害，其子豈容？但已在旁，必力鬭，與之俱死；不在旁，必尋探殺之而後已。此乃人子之至痛，追思殆不欲生，縱彼在窮荒絶域，亦必欲尋殺之，以雪父母之冤，不使之偷生，與我共戴天也。然讎非一端，又看輕重如何。如父母因事被人擠陷，爲人子者亦當平心自反，不可專以報復爲心。或被人挾王命以矯殺，雖人子之至恨，然城狐社鼠不可動揺，又當爲之飲恨，而不容以必報爲心也，皆宜隨事斟酌。儻不顧事之曲直、勢之可否，各挾復讎之義以相搆害，則是刑戮之民、大亂之道也。

【陳氏集説】不反兵，謂常以殺之之兵器自隨也。呂氏曰：殺人者死，古今之達刑也。殺之而義，則無罪，故令勿讎，調人之職是也。殺而不義，則殺者當死，宜告於有司而殺之，士師之職是也。二者皆無事乎復讎也。然復讎之文雜見於經傳，考其所以，必其人勢盛，緩則不能執，故遇則殺之，不暇告有司也。父者，子之天，不能復父讎，仰無以視乎皇天矣。報之之意，誓不與讎俱生，此所以弗共戴天也。

【方氏析疑】父之讎，弗與共戴天。

周官調人有「辟諸海外」之法。蓋過誤而殺傷，或在八議，不得已而宥之以遠者。然正其名曰「辟」，則孝子必伸其志，亦不復加罪也。

【江氏擇言】交遊之讎，不同國。

鄭注：讎不吾辟，則殺之。

按：大戴禮曾子制言上篇云：「父母之讎，不與同生；兄弟之讎，不與聚國；朋友之讎，不與聚鄉；族人之讎，不與聚鄰。」盧辨注「不與聚鄉」云：「曲禮曰『朋友之讎，不同國』，失厚矣。」彼注優於此注，二戴所記亦以彼爲優。又周官調人云「從父兄弟之讎，不同國。主友之讎視從父兄弟」，與此文似合。然曰主友，與主並言之，亦謂友之有恩者，非若泛常之交遊也。

【欽定義疏】正義　鄭氏康成曰：父者，子之天。殺己之天，與共戴天，非孝子也，必求殺之乃止。兄弟之讎，恒執殺之備。交遊之讎，不吾避，則殺之。交遊，或爲「朋友」。

游氏桂曰：不共戴天，則暴者不敢害人之父母矣；不反兵，則暴者不敢害人之兄弟矣；不同國，則暴者不敢害人之交遊矣。聖人之意，以爲無故而殺人者，君誅之；君誅之不得，則子報之；子報之不得，則兄弟報之；兄弟報之不得，則交遊報之。古者，於五典之中而爲之朋友，非苟然也。反兵，謂反家取兵。不反兵者，謂志在復讎，須臾不忘，常執兵自隨，以爲備也。

通論　孔氏穎達曰：此論親疏復讎之法。天在上，故曰戴，言不可與共處於天下也。檀弓云「父母之讎，寢苫枕干，不仕，弗與共天下也。遇諸市朝，不反兵而鬬」是矣。而調人云「父之讎，辟諸海外」者，謂孝子之心不許共讎人戴天，必殺之乃止。調人謂逢遇赦宥王法，辟諸海外，孝子雖欲往殺，力所不能也。檀弓云「兄弟之讎，仕弗與共國」，而此云「兄弟不反兵」者，蓋父母不反兵於普天之下，兄弟則不同乎國而已，而亦不反兵者，則以同體重之也。而調人云「辟諸千里之外」者，亦謂會遇赦之法。檀弓又云「銜君命而使，雖遇之不鬬」，雖同不反兵，與父母之讎異矣。朋友亦報讎。不同國者，謂不共五等一國之中也。

吕氏大臨曰：殺人者死，古今之通刑也。殺之而義，則殺之者無罪，故令勿讎，讎之則死，調人之職是也。殺之而不義，則殺之者當死，宜告於有司而殺之，士師之職是也。二者皆無事乎復讎也。然復讎之文雜見於經傳，考其所以得復者，必讎人之勢甚盛，緩之則不能及，故遇即殺之，不暇告於有司也。亦有法之所已赦，或罪不麗於法，有司莫得而辟者，仁人孝子不得已而行，王法亦不得不從而許也。然調人猶和之而使避，弗避，然後執之，不失法之信，且伸仁人孝子之義。報父之讎，誓不與讎同生死，所以弗共戴天也。寢苫不仕，以喪禮自處也。手不捨兵，雖寢不忘，故枕戈也；雖市朝不避，故不反兵而鬬也。居兄弟之讎，則殺於父矣。仕而不共國，則猶可以仕也。銜君命而使，雖遇之不鬬，猶有所避也。所與居父讎同者，不反兵而已。居從父兄之讎，則又殺於兄弟矣，不爲魁。主人能，則執兵而陪其後。主人者，其子也。從主人而殺之，不爲戎首也。復讎輕重之義，不越是三等而已，此皆天屬之讎。若以義推之，則君之讎眡父，師長之讎眡兄弟，主友之讎眡從父兄弟而已。主者，大夫之臣稱其君也。友者，吾同志也。此篇所稱「交遊之讎」，蓋友也。言交遊而不言從父兄弟，互文也。

顧氏元常曰：二禮載復讎事，向頗疑之。治平盛世，井井有綱紀，安有私相報讎之事？然天下事亦不可知，四海至廣，事變萬端，豈可以一律論成？周所以存此一條，亦是沿人之情。如父母出於道，或被强寇劫盜殺害，其子豈容？但已在旁，必力鬬，與之俱死；不在旁，必尋探殺之而後已。此乃人子之至痛，追思殆不欲生，縱彼在窮荒絶域，亦必欲尋殺之，以雪父母之冤，故不與共戴天也。然又看輕重如何，讎亦非一端。如父因事被人擠陷，爲人子者亦當平心自反，不可專以報復爲心。或被人挾王命以矯殺，雖人子之至恨，然城狐社鼠不可摇動，又當爲之飲恨，而不容以必報爲心也。倘不顧事之曲直、勢之可否，各挾復讎之義以相搆害，是亂也。

案 古周禮説復讎不過五世，所以止殺也。公羊復百世之讎，就人子而原其心之痛也。蓋謂父母之讎，歷久難忘，要當存此必報之意耳，非果百世也。

【杭氏集説】馬氏端臨曰：先王以恩論情，以情合義。報讎之道，惟其稱而已。公羊論九世之讐，則失之太過，而報非所敵。漢法不得報讎，則失之太嚴，而無以伸孝弟之情，皆非禮也。

顧氏元常曰：如人矯王命而殺，雖人子之至恨，然城狐社鼠未易摇動，且王命在焉，亦當隱忍。若不顧理之曲直、勢之可否，輕相搆害，此刑僇之民、大亂之道也。

姚氏際恒曰：此亦衰世之習，非先王之法也，聖人以直報怨之旨謂何？交游之讎，更人游俠，尤不可訓。

朱氏軾曰：交游之讐不同國，謂不與同仕一國也。蓋公道既不行于上，私義又莫伸于下，惟有推而去之或避而遠之，庶此耿耿不自由之苦衷，可質吾友于地耳。若鄭注云「不吾避，則殺之」，此與朱家、郭解之椎剽亂禁，何以異乎？或云子不能報，故兄弟報之；兄弟不能報，故交遊報之。朋友無所歸，死于我殯，讎于我復，是或一道也。然檀弓論居從父、昆弟之讎，不爲魁。主人能，則執兵而陪其後。是主人不能報，雖從父昆弟之讎，亦付之無可如何。今于交游之讎，儼然稱兵，爲戎首，不亦惑乎？

姜氏兆錫曰：「弗與共戴天」者，誓不俱生也。「不反兵」者，常以兵器自隨，不反而求兵也。「不同國」，則各居一方而已。蓋復讎之義如此。又曰：吕氏曰：「殺人者死，古今之達刑也。然殺之而義則無罪，故令勿讎，調人之職是也。其殺之而不義者，則告殺者於有司而殺之，士師之職是也。二者皆無事乎復讎也。而復讎之文雜見於經傳者，豈其人聲勢盛赫，故讐者遇則殺之，而不暇告有司與？」

方氏苞曰：周官調人有「辟諸外海」之法，蓋過誤而殺傷，或在八議，不得已而宥之以遠者。然正其名曰「辟」，則孝子必伸其志，亦不復加罪也。

任氏啟運曰：按檀弓：孔子言：「父母之讎，不反兵；兄弟之讎，仕不同國。」大戴禮：「父母之讎，弗與共生；兄弟之讎，弗與聚國；朋友之讎，弗與聚鄉；族人之讐，弗與聚鄰。」春秋胡傳：「兄弟之讐，不與同國；九族之讎，不同鄉黨；朋友之讐，不同市朝。」則此記者過也。

不反兵，恒執殺之備。不同國，讎不吾避，則殺之。

【孫氏集解】鄭氏曰：父者，子之天。殺己之天，與共戴天，非孝子也，行求殺之乃止。

孔氏曰：「父之讎，弗與共戴天」者，不可與共處於天下也。天在上，故曰戴。檀弓云：「父母之讎，寢苫枕干，不仕，弗與共天下也。遇諸市朝，不反兵而鬭。」並是不共天下也。而調人云「父之讎，辟諸海外」，則得與共戴天者，謂孝子之心不許共讎人戴天，必殺之乃止。調人謂逢遇赦宥王法，辟諸海外，孝子雖欲往殺，力所不能也。兄弟，謂親兄弟也。不反兵者，謂帶兵自隨，見即殺之也。檀弓云「父母之讎，不反兵」；兄弟之仇，仕不與共國」，而此云「兄弟不反兵」者，父母不反兵於普天之下。兄弟不共國，謂不同中國也。父母仇讎，則不仕、不辟市朝；兄弟仇讎，則猶仕而辟市朝也。而亦同不反兵，則同體重之也。而調人云「兄弟之讎，辟諸千里之外」者，亦謂會遇恩赦之法也。檀弓又云「銜君命而使，雖遇之不鬭」，雖同不反兵，與父母讎異也。「交遊之，不同國」者，交遊，朋友也。爲朋友亦報仇。故前云「父母存，不許友以死」，則知父母没，得爲朋友報也。不同國者，謂不共五等一國之中也。調人云「從父兄弟之讎，不同國」，與此同。又調人云「主友之讎視從父兄弟」，是主友亦同此與？調人皆謂會赦，故不同國。

雖不同國，國外百里二百里則可。其兄弟仕不與共國，必須相去千里之外也。但從父兄弟及交遊、主友報讎之時，不自爲首。故檀弓云「從父兄弟之仇，不爲魁。主人能，則執兵而陪其後」也。其君之讎，調人云「視父」。「師長之讎視兄弟」，則姑、姊妹、伯叔皆視兄弟。

賈氏公彦曰：兄弟、從父兄弟等之讎，皆謂無子復無親於己者，故據己親疏爲遠近。若有子及有親於己者，則自從親爲斷。

愚謂殺人者死，人之父兄見殺，不治以士師之法，而使其子弟自復焉，何也？考之調人所謂讎者，則「過而殺傷人者」，乃司刺所謂「不識」「過失」「遺忘」，而法之所宥也。雖然，宥之者朝廷之法，而爲子弟者，不能以其父兄之過而見殺，而遂已焉。夫是以和之而使辟，不可，則與之瑞節而執之。若此者，皆無事乎復讎者也。讎之有事乎復者，蓋其和之而不聽，辟之而不可，執之而不能者，此非吏之有所徇，則勢之有所格也。於是孝子弟弟，迫於不得已之情，起而剸刃讎人之胸，先王亦原其情而聽之，不以爲法之所已宥而禁之也。雖然，徇乎人之情，而其端既開，將不可復止，故又爲之權之以理，而著爲令曰：「凡殺人而義者，令勿讎，讎之則死。」蓋法也，情也，理也，參校而歸於輕重之平，先王之權衡審矣，爲慮深矣。

【朱氏訓纂】父之讎，弗與共戴天。注：父者，子之天。殺己之天，與共戴天，非孝子也，行求殺之乃止。**兄弟之讎，不反兵。**注：恒執殺之備。**交遊之讎，不同國。**注：讎不吾避，則殺之。交游，或爲「朋友」。大戴禮曾子制言上：「父母之讎，不與同生；兄弟之讎，不與聚國；朋友之讎，不與聚鄉；族人之讎，不與聚鄰。」盧辯注：「朋友之讎不同國，失厚矣。」

曲禮注疏長編卷十六

一·六四　○四郊多壘[一]，此卿大夫之辱也。辱其謀人之國不能安也。壘，軍壁也[二]。數見侵伐則多壘。○壘，徐力軌反，又力水反。辟，本又作「壁」，布狄反。數，色角反。地廣大，荒而不治，此亦士之辱也。辱其親民不能安。荒，穢也。

【疏】「四郊」至「辱也」[三]。○正義曰：此明食禄所宜任其事也。「四郊」者，王城四面並有郊，近郊五十里，遠郊百里。諸侯亦各有四面之郊，里數隨地廣狹，故云四郊也。壘，軍壁也。言卿大夫尊高，任當軍帥，若有威德，則無敢見侵。若尸禄素餐，則寇戎充斥，數戰郊坰，故多軍壘。罪各有所歸，故爲卿大夫之恥辱也。

[一]　四郊多壘節　惠棟校宋本自此節起至「去國三世爵禄無列於朝」節止爲卷五，首題「禮記正義卷第五」。
[二]　壘軍壁也　閩、監、毛本同，岳本、嘉靖本同。釋文出「軍辟」云：「本又作『壁』。」正義本作「壁」。
[三]　四郊至辱也　惠棟校宋本無此五字。

○「地廣大，荒而不治，此亦士之辱也」者[一]，地，采地也。荒，廢穢也。士，邑宰也。士爲君邑宰，必宜地民相得，若使土地廣大而荒廢，民散而流移，亦邑宰之恥辱也。而云「亦」者，今謂非但大夫之辱，亦是士之辱。言四郊多壘，獨爲大夫之辱[二]，士則職卑位下，爲君邑宰，勸課耕稼，故地荒爲士之辱也。

【衛氏集説】鄭氏曰：壘，軍壁也。數見侵伐則多壘荒穢。

孔氏曰：此明食禄所宜任其事也。「四郊」者，王城四面皆有郊，近郊五十里，遠郊百里。諸侯亦各有四面之郊，里數隨地廣狹，故云四郊。卿大夫尊高，任當軍帥，若有威德，則無敢見侵。尸禄素餐，寇戎充斥，數戰郊坰，故多軍壘。罪各有歸，故爲卿大夫之恥辱。地，采地。士，邑宰。爲君邑宰，必宜地民相得，若使地廣而荒廢，民散而流移，亦邑宰之恥辱也。

藍田吕氏曰：立乎人之本朝者，卿大夫也，大夫則謀人之國矣。有常職以食於上者，士也，士則任人之事矣。謀人之國，國危則任其責。任人之事，事不治則任其責。

馬氏曰：先王之時，賢者使之出長，而國之謀議繫焉。能者使之入治，而民之事功

[一] 此亦士之辱也者 閩、監、毛本如此，此本「也者」二字誤倒。

[二] 獨爲大夫之辱不云士辱者但大夫官尊入則與君同謀出則身爲將帥故多壘爲大夫之辱 惠棟校宋本如此，此本「不云」至「之辱」三十字脱，閩、監、毛本同。

繫焉。卿大夫之辱，以國之謀議繫焉，不能折衝禦侮故也。士之辱，以民之事功繫焉，不能使之樂事勸功故也。昔衛發在衛，社稷不辱；季梁在隨，楚兵不加；子罕在宋，晉覘知其不可伐；莊子在下，齊人忌而不敢過，蓋賢者之在人國也。有智以先人，而鄰國之兵不能至；有仁以感人，而鄰國之兵不忍至；有勇以服人，而鄰國之兵不敢至。如此，則四郊豈其多壘乎？郎之戰，公叔禺人曰：「君子不能爲謀也，士不能死也。」則四郊多壘，亦士之辱也。蔿掩爲政於楚，書土田，井衍沃；子産爲政於鄭，民歌之曰：「我有田疇，子産闢之。」則地荒不治，亦卿大夫之辱也。記所言，特其所主者而已。言亦士之辱，則卿大夫之辱可知。

長樂陳氏曰：國亡大縣邑，公、卿、大夫、士皆厭冠，哭於太廟，則四郊多壘，雖士亦辱也。特言卿大夫之辱者，以責重者爲言故也。不言國君之辱者，蓋主危臣辱，主辱臣死。言國君之辱，則臣之罪不特辱而已。

山陰陸氏曰：國功曰功，今如此，愧於食功。治功曰力，今如此，愧於食力。士，食力者也。

永嘉戴氏曰：謀人之國，而四鄰謀動，其國家則亦焉用是卿大夫爲也。受人民之寄，而地荒民散，自鄉遂之吏，皆有責焉。天下之患，莫大於任人責者偃然自大、晏然自如，國有禍患，而恬然不以爲辱也。主憂臣辱，主辱臣死，爲卿大夫者，皆自知其辱，必求去是辱也，不能一朝居矣。

李氏曰：文王之興也，有四夷之難，則城于朔方，而以南仲。宣王之起也，有諸侯之患，故城於東方，而以仲山甫。至幽王之時，則西戎、東夷交侵，師旅並起，故大夫閔時曰「知我如此，不如無生」。然則四郊多壘，士不可以慮乎？曰：師，所以毒民也，惟士不可爲也。然「地廣大，荒而不治」者，卿大夫不可以不憂，故曰「亦士之辱」。推而言之，則陰陽之不變，天工之不亮，其公孤之辱歟？

【吴氏纂言】鄭氏曰：壘，軍壁也，辱其謀國不能安也。荒，穢也，辱其親民不能安也。

孔氏曰：「四郊」者，王城四面皆有郊，近郊五十里，遠郊百里。諸侯亦各有四面之郊，里數隨地廣狹。卿大夫尊高，任當軍帥，若寇戎充斥，數戰郊坰，四郊多軍壘，爲卿大夫之恥辱。地，采地也。士，邑宰也。士職卑位下，爲民宰邑，勸課耕稼，若民散流離土，地廣大而荒廢不治，亦爲士之恥辱。

澄曰：按聘禮注謂「天子遠郊百里，差之則上公五十里，侯伯四十里，子男十里，近郊各半之」。蓋四鄰數侵，故築壘於四郊，屯軍以備寇戎。老子云：「天下無道，戎馬生於郊。」或謂郊者，兩國之境相交處也。地，蓋諸臣采地。外有餘地者爲公邑，天子使大夫治之。士，謂其下之親民者。諸侯之都邑，戰國時亦有靈丘、平陸之大夫。若大夫之采地，則春秋之費宰、郈宰之類皆士也。

【陳氏集説】「四郊」者，王城之外四面，近郊五十里，遠郊百里。侯國亦各有四郊，里數則各隨其地之廣狹而爲遠近也。「壘」者，屯軍之壁。卿大夫不能謀國，數見侵伐，故多壘。土廣人稀，荒穢不理，此二者固皆卿大夫之責。士卑，不與謀國，而田里之事，則其職也，故言亦士之辱。

【郝氏通解】國君撫式，大夫下之；大夫撫式，士下之。禮不下庶人，刑不上大夫。刑人不在君側。兵車不式，武車綏旌，德車結旌。史載筆，士載言。前有水，則載青旌；前有塵埃，則載鳴鳶；前有車騎，則載飛鴻；前有士師，則載虎皮；前有摯獸，則載貔貅。行，前朱雀而後玄武，左青龍而右白虎。招摇在上，急繕其怒，進退有度，左右有局，各司其局。父之讎，弗與共戴天。兄弟之讎，不反兵。交遊之讎，不同國。四郊多壘，此卿大夫之辱也。地廣大，荒而不治，此亦士之辱也。

撫，俯憑也。式，車中較下横木。有所致敬，則俛而以手撫之，如過宗廟之類。君所撫式，大夫過則下。大夫所撫式，士過則下。朝廷之禮論爵，庶人無爵，故禮無下逮庶人者。大夫近君，有罪則議。周禮有八議，不可議同姓則刑于甸師，勿使人見。異姓則刑于朝，不棄市，以重有爵也。有罪被刑之人，不使近君側，防懷怨也。兵車尚威猛而不讓，故不式。武車即兵車，旌載于車上。綏、緌通，散垂貌。詩曰「淑旂綏章，武容飛揚」，故散其旌，垂緌然也。德車，文車。貴安恬，故纏結其旌。史載筆，謂君行，史官載筆，隨以記事也。士掌故官屬，言謂訓典。前謂前驅。君行師從，前驅遇變，必舉類示後，使知備也。載，舉之車上也。青，青雀，水鳥。旌，畫青雀于旌上。塵埃起，則前有衆伏，風能揚塵，鳶鳴多風，故舉鳴鳶也。見車騎成行，則舉飛鴻，鴻飛成列也。士師，掌刑殺之官。在前，謂爲先鋒。舉虎皮以張威武也。前遇猛摯之獸，則舉貔貅之象，使衆知備也。此四者略舉其類，蓋師行，人衆有急未可言傳，但舉旗幟以齊三軍之耳目也，下文因以五方旗色承之。行，謂行師。凡軍前爲南。鳥，南方七宿。朱，火色。前建鳥旟七斿以象鶉火，鳥宿之屬有星，星凡七星也。武，北方七宿。玄，水色。後建旐四斿以象營室，武宿與東壁連體四星也。軍東爲左。龍，東方七宿。青，木色。左建龍旂九斿以象大火，龍宿之屬有尾，尾九星也。軍西爲右。虎，西方七宿。白，金色。西建熊旗六斿以象伐，虎宿與伐參連體六星也。招搖，天中北斗七星。上，謂中軍。北斗杓轉，衆星隨之，故居中央。軍行爲五方之旗，法五星以指揮士卒，而招搖在上者，將帥居中，舉招搖之旗，督作三軍之武。怒也急，猶督也。繕，猶作也。度，謂進止之律。局，謂部分。皆所謂軍禮也。下文因以敵讎承之。不共戴天，猶言不與同生也。不反兵，謂不待還取兵，兵常自隨也。四郊，城外四郊。壘，屯軍之壁。卿大夫不能謀國，致寇納侮，士未遠於庶人，食祿代耕而不勤民事，各以爲辱也。

按：「父讎」三語，言帥臣分闔敵愾之義。「四郊」二語，言人臣謀國任事之忠。或古聖有爲而言，猶速死、速朽之類，如春秋魯莊公忘父讐，爲齊諸兒主婚，儒者矯其非，遂以報讐爲大義，後儒遂緣飾大復讐之例要之，非通論也。傳記成于後儒手，非先聖之舊，而此一節，多春秋諸侯盟會征伐之事，非先王巡狩朝會太平之文物。所述前載後備，皆倉卒道路、掩薄權宜之術，青龍、白虎、招摇等名，後世緯稗小説，非聖人雅言，所執之禮，鄭康成輩每屈經從緯，禮壞經訛，由訓詁始也。

【欽定義疏】正義 鄭氏康成曰：壘，軍壁也。數見侵伐則多壘。荒，穢也。

孔氏穎達曰：明食禄宜任其事也。「四郊」者，王城四面皆有郊，近郊五十里，遠郊百里。諸侯亦各有四面之郊，里數隨地廣狹，故云四郊。卿大夫任當軍帥，若有威德，則無敢見侵。尸禄素餐，寇戎充斥郊坰，故多軍壘。罪各有歸，故爲卿大夫之耻辱。地，采地。士，邑宰。爲君邑宰，必宜地民相得，若使地廣而荒廢，民散而流移，亦邑宰之耻辱也。

陳氏祥道曰：不言國君之辱者，蓋主危臣辱，主辱臣死。言國君之辱，則臣之罪不特辱而已。

通論 馬氏睎孟曰：先王之時，賢者使之出長，而國之謀議繫焉。能者使之入治，而民之事功繫焉。卿大夫之辱，以不能折衝禦侮故也。士之辱，以不能使之樂事勸功故也。昔衛發在衛，社稷不辱；季梁在隨，楚兵不加；子罕在宋，晉覘知其不可伐；莊子在卞，齊人忌而不敢過，蓋賢者之在人國也。有智以先人，仁以感人，勇以服人，鄰國之兵自不敢至，四郊豈其多壘乎？郎之戰，公叔禺人曰：「君子不能爲謀，士不能死。」則四郊多壘，亦士之辱。蔿掩爲政於楚，書土田，井衍沃；子産爲政於鄭，民歌之曰：「我有田疇，子産殖之。」則地荒不治，亦卿大夫之辱。記所言，特其所主者而已。

【杭氏集説】姜氏兆錫曰：四郊，城外四面之郊。軍壁曰壘。荒，猶穢也。不能謀國，數見侵伐，故多壘。土廣人稀，經理無法，故棄而不治。二者固皆卿大夫之責。士卑，不與謀國，而田里亦其職也，故其言如此。又曰：此章言大夫、士當思遠辱之道。

【孫氏集解】鄭氏曰：卿大夫之辱，辱其謀人之國不能安。壘，軍壁也。數見侵伐則多壘。士之辱，辱其親民不能安。荒，穢也。

孔氏曰：王城四面並有郊，近郊五十里，遠郊百里。諸侯之郊，里數隨地廣狹。卿大夫尊高，任當軍帥，若尸禄素餐，則寇戎充斥，數戰郊圻，故多壘，爲卿大夫之辱。士爲君邑宰，勸課耕稼，若使地土廣大而荒廢，民散而流移，亦邑宰之恥辱也。云「亦」者，非但大夫之辱，亦是士之辱。

【朱氏訓纂】注：壘，軍壁也。數見侵伐則多壘。荒，穢也。正義：大夫官尊，入則與君同謀，出則身爲將帥，故多壘爲大夫之辱。士則職卑位下，爲君邑宰，勸課耕稼，故地荒爲士之辱。

一·六五 ○**臨祭不惰。**爲無神也。○爲，于僞反，下「爲不」「爲其」「爲有」皆同。**祭服敝則焚之，祭器敝則埋之，龜筴敝則埋之，牲死則埋之。**此皆不欲人褻之也。焚之，必已不用。埋之，不知鬼神之所爲。○埋，徐武乖反。褻，息列反，慢也。○**凡祭於公者，必自徹其俎。**臣不敢煩君使也。大夫以下，或使人歸之。祭於公，助祭於君也。○使，色吏反。○

【疏】「臨祭」至「其俎」[一]。○正義曰：此一節明接神及歸俎之禮。

○「臨祭不惰」者，祭如在，故臨祭須敬，不得怠惰，故鄭注云「爲無神也」。鬼神享德，祭若怠惰，則神不歆，是無神也。既謂其不敬，亦是無神之心也。

○注「此皆不欲人褻之」。○正義曰：若不焚埋，人或用之，爲褻慢鬼神之物。所以焚之、埋之異者，服是身著之物，故焚之。牲器之類，並爲鬼神之用，雖敗，不知鬼神用與不用，故埋之猶在，焚之則消，故焚埋異也。

○注「臣不」至「君也」。○正義曰：此謂士助君祭也。若大夫以上，則君使人歸之於俎。而禮本並云：大夫以下，或人歸之[二]。是鄭因君以明臣言，大夫以下自祭其廟，則使人歸賓俎。故曾子問云「攝主不歸俎」，明正主則歸也。

[一] 臨祭至其俎 惠棟校宋本無此五字。○鍔按：「臨祭」上，阮校有「臨祭不惰節」五字。
[二] 或人歸之 閩、監、毛本同，惠棟校宋本「人」上有「使」字。

之，必已不用。埋之，不知鬼神之所爲。祭於公，助祭於君也。

【衛氏集説】鄭氏曰：惰，爲無神也。祭服、祭器、龜筴并牲，皆不欲人褻之也。焚

孔氏曰：此一節明接神及歸俎之禮。臨祭須敬，鬼神饗德，怠惰，則神不歆也。焚之、埋之異者，服是身著之物，故焚之。牲器之類，並爲鬼神所用，雖敗，不知鬼神用與不用，故埋之。若不焚埋，人或用之，是褻慢也。祭於公，謂士助君祭。鄭因君以明臣，言大夫以下自祭其廟，則使人歸賓俎。故曾子問曰「攝主不歸俎」，明正主則歸也。

新安朱氏曰：注云「無神」，謂神不在也。

馬氏曰：事鬼神者，以敬爲主，故臨祭不惰，敬之存於心也。焚之、埋之，敬之見於物也。孔子於齊則慎周之，諸侯在廟則肅肅，則臨祭不惰可知矣。君子雖貧，不鬻祭器；雖寒，不衣祭服，則焚之、埋之可知矣。特牲饋食禮「賓出之後，佐食徹胙俎。堂下俎畢出」，鄭康成謂「兄弟及衆賓自徹而出俎，惟賓俎有司徹歸之」。夫衆賓已祭於士，猶自徹其俎，則大夫出祭於公，其自徹可知矣。大夫、士祭於公自徹，則大夫祭於大夫，不必自徹也。孔子之於魯，膰肉不至，蓋於是時，自徹之禮廢矣。

講義曰：事神以敬爲主，故臨祭欲無惰容。語曰「祭如在」，記曰「有司跛倚以臨祭」，其爲不敬也大矣。祭於公，祭已則自徹其俎，蓋不以勤君之執事而忘盡臣職也。

横渠張氏曰：祭器、祭服以其常用於鬼神，不敢褻用，故有焚埋之理。至於衰絰冠

屨，不見有所以毀之文，惟杖則棄諸隱者，不免有時而褻，何以不焚埋？毀喪服者必於除日，其毀也，散諸貧者，或於守墓者可也。蓋古人不惡凶事，而今人以爲嫌，留之於家，人所不悦，故不如散之。若焚埋之，乃似惡喪服。

藍田呂氏曰：祭服者，服以事鬼神，人之所御也。牲器、龜筴，鬼神之物，非人之所用也。人之所御則焚之，焚之陽也；鬼神之所用則埋之，埋之陰也。君祭而臣與執事，毋敢視賓客，故自徹其俎以出。

長樂劉氏曰：四物皆用之，以交於神明者也。不焚不埋，則移於他用，不已瀆於神明哉。

山陰陸氏曰：言「凡」，則豈特士而已？蓋俎，大夫亦自徹以歸，則主人使歸之。據「大饗，卷三牲之俎歸於賓館」，蓋曰「賓館」，則主人之辭。

【吴氏纂言】臨祭不惰。

鄭氏曰：惰，爲無神也。

孔氏曰：祭如在，故臨祭須敬，不得怠惰。鬼神饗德，祭若怠惰，則神不歆。

祭服敝則焚之，祭器敝則埋之，龜筴敝則埋之，牲死則埋之。

鄭氏曰：祭服、祭器、龜筴並牲，皆不欲人褻之。焚之，必已不用；埋之，不知鬼神之所爲。

孔氏曰：服是身著之物，故焚之。牲器之類，並爲鬼神之用，雖敗，不知鬼神用與不用，故埋之。埋之猶在，焚之則消，所以焚之、埋之異也。若不焚埋，人或用之，爲褻慢鬼神之物也。

凡祭於公者，必自徹其俎。

鄭氏曰：祭於公，助祭於若也。自徹其俎，臣不敢煩君使也。大夫以下，或使人歸之。

孔氏曰：此謂士助君祭，大夫以下自祭其廟，則使人歸賓俎。

【陳氏集説】臨祭不惰。祭服敝則焚之，祭器敝則埋之，龜筴敝則埋之，牲死則埋之。呂氏曰：人所用則焚之，焚之陽也；鬼神所用則埋之，埋之陰也。**凡祭於公者，必自徹其俎。**疏曰：此謂士助君祭也。若大夫以上，則君使人歸其俎；若大夫以下自祭其廟，則使人歸賓俎。呂氏曰：執臣子之敬，毋敢視賓客，故自徹其俎以出也。

【郝氏通解】不惰，祭如在也。祭服祭器敝壞，以他用則褻神，故焚而埋之。牲，犧牲。未用死，與犬馬之屬，皆是人臣助祭于君。有獻俎，祭畢各歸之。臣必自徹者，不敢當賓也，鄭謂獨士當自徹，亦拘也。

【欽定義疏】臨祭不惰。

正義　鄭氏康成曰：惰，爲無神也。朱子曰：無神，謂神不在也。

孔氏穎達曰：臨祭須敬。鬼神饗德，怠惰則神不歆。

通論 馬氏晞孟曰：孔子於齊則慎周之，諸侯在廟肅肅，則不惰可知。

祭服敝則焚之，祭器敝則埋之，龜筴敝則埋之，牲死則埋之。

正義 鄭氏康成曰：焚之，必已不用。孔疏：服是身著之物，故焚之。埋之，不知鬼神之所爲。孔疏：牲器之類，並爲鬼神所用，雖敗，不知鬼神用與不用，故埋之。皆不欲人褻之也。孔疏：埋之猶在，焚之則消，所以異也。若不焚埋，人或用之，是褻慢鬼神之物也。

呂氏大臨曰：祭服，人之所御則焚之，陽也。牲器、龜筴，鬼神所用則埋之，陰也。

餘論 馬氏晞孟曰：君子雖貧，不鬻祭器；雖寒，不衣祭服，則焚之、埋之可知矣。

凡祭於公者，必自徹其俎。

正義 鄭氏康成曰：祭於公，助祭於君也。

呂氏大臨曰：執臣子之敬，無敢眂賓客，故自徹其俎以出也。

通論 孔氏穎達曰：祭於公，謂士助君祭。若大夫以上，則君使人歸其俎。若大夫以下，自祭其廟，則使人歸賓俎。故曾子問云「攝主不歸俎」，明正主則歸也。

馬氏晞孟曰：特牲饋食禮「賓出之後，佐食徹阼俎。堂下俎畢出」，康成謂「兄弟及衆賓自徹俎而出，惟賓俎有司徹歸之」。夫衆賓祭於士，猶自徹其俎，則大夫、士祭於公，其自徹可知。大夫、士祭於公自徹，則大夫祭於大夫，不必自徹也。

陸氏佃曰：言「凡」，則豈特士而已？蓋大夫亦自徹俎以歸，則主人使歸之。據「大饗，卷三牲之俎歸於賓館」，曰「賓館」，則主人之辭。

【杭氏集説】臨祭不惰。祭服敝則焚之，祭器敝則埋之，龜筴敝則埋之，牲死則埋之。

朱氏軾曰：鬼神所用之物，埋而不焚，敬之至也。鄭孔謂不知鬼神用不用，謬甚。

姜氏兆錫曰：惰，懈也。又曰：吕氏曰：「人所用則焚之，焚之，陽也。鬼神所用則埋之，埋之，陰也。」

凡祭於公者，必自徹其俎。

姚氏際恒曰：疏言謂士，非。

姜氏兆錫曰：俎必自徹以出者，不敢視賓客過也。疏曰：「此謂士助君祭也。若大夫以上助君祭，則君使人歸其俎。若大夫以下自祭，則使人歸賓俎。」又曰：此章類言喪祭之禮也。

【孫氏集解】臨祭不惰。

鄭氏曰：爲無神也。

孔氏曰：祭如在。怠惰，則神不歆。

祭服敝則焚之，祭器敝則埋之，龜筴敝則埋之，牲死則埋之。

鄭氏曰：此皆不欲人褻之也。焚之，必已不用。埋之，不知神之所爲。

凡祭於公者，必自徹其俎。

鄭氏曰：臣不敢煩君使也。大夫以下，或使人歸之。祭於公，助祭於君也。

孔氏曰：此謂士助君祭也。若大夫以上，則君使人歸其俎。鄭因君以明臣言，大夫以下自祭其廟，則使人歸賓俎。

愚謂此疏有二義，前説乃經注之本義。故曾子問云「攝主不歸俎」，明正主則歸俎也。史記孔子世家「魯郊不致燔俎於大夫」，是大夫助祭於君，當歸其俎。此「自徹其俎」者，謂士也。

【朱氏訓纂】臨祭不惰。注：爲無神也。　正義：鬼神享德，祭若怠惰，則神不歆。**祭服敝則焚之，祭器敝則埋之，龜筴敝則埋之，牲死則埋之。**注：此皆不欲人褻之也。焚之，必已不用。埋之，不知鬼神之所爲。　正義：若不焚埋，人或用之，爲褻慢鬼神之物。所以異者，服是身著之物，故焚之。牲器之類，並爲鬼神之用，不知鬼神用與不用，故埋之。**凡祭於公者，必自徹其俎。**注：臣不敢煩君使也。大夫以下，或使人歸之。祭於公，助祭於君也。　正義：此謂士助君祭也。

【郭氏質疑】**凡祭於公者，必自徹其俎。**

孔疏：祭於公，謂士助君祭。大夫以上，則君使人歸其俎。大夫以下，自祭其廟，則使人歸賓俎。

嵩燾案：疏意據公食大夫禮「有司卷三牲之俎，歸於賓館」，遂以通之祭禮。據特牲禮「佐食徹阼俎。堂下俎畢出」，鄭注「兄弟及衆賓自徹而出，惟賓俎有司徹歸之」。然鄭注特牲禮，賓在有司中，特牲記有祝俎、阼俎、主婦俎、佐食俎，賓及長兄弟、宗人如佐食俎，似祝俎爲最尊。而特牲禮云「祝執其俎以出」，有司徹云「祝告利成，乃執俎以出」，是雖士、大夫之祭，助祭者皆自徹俎，惟尸俎、阼俎，佐食徹之。而有司徹禮云「司士歸尸」「侑之俎」「祝執俎出」「有司受，歸之」，則自尸俎以下，皆宜有司歸之，又不必大夫以上矣。孔疏於此似未分明。

一・六六　○**卒哭乃諱**，敬鬼神之名也。諱，辟也。生者不相辟名。衛侯名惡，大夫有名惡[一]，君臣同名，春秋不非。○辟，音避，下皆同。○**禮不諱嫌名，二名不偏諱**[二]。爲其難

[一]　大夫有名惡　各本同，通典一百四作「大夫有石惡」。按：疏引熊氏云：「『石』字誤，當云『大夫有名惡』。」據此，是注本作「石惡」。○鍔按：「大夫」上，阮校有「卒哭乃諱節」五字。

[二]　二名不偏諱　各本同。毛居正云：「偏，本作『徧』，與『遍』同。作『偏』誤。」正義云：「『不偏諱』者，謂兩字不一一諱之也。」此義謂二字爲名，同用則諱之，若兩字各隨處用之，不於彼於此一皆諱之，所謂「不偏諱」也。按：舊杭本柳文載，柳宗元新除監察御史，以祖名察躬，入狀奏：「奉敕，新除監察御史以祖名察躬，準禮，二名不遍諱，不合辭遜。」據此，作「遍」字是，舊禮作「偏」字明矣。今本作「偏」，非也。若謂二字不獨諱一字，亦通，但與鄭康成所注文意不合，可見傳寫之誤。然仍習既久，不敢改也。

辟也。嫌名，謂音聲相近，若禹與雨、丘與區也。偏，謂二名[一]不一一諱也。孔子之母名徵在，言「在」不稱「徵」，言「徵」不稱「在」[二]。○禹與雨，並于矩反。一讀雨音于許反。丘與區，並去求反。一讀區音羌虯反，又丘于反。案漢和帝名肇，不改京兆郡；魏武帝名操，陳思王詩云「脩阪造雲日」。是不諱嫌名。**逮事父母，則諱王父母；不逮事父母，則不諱王父母。**逮，及也。謂幼孤不及識父母，恩不至於祖名。孝子聞名心瞿[三]，諱之由心。此謂庶人。適士以上廟事祖，雖不逮事父母，猶諱祖。○逮，音代，一音大計反。瞿，本又作「懼」，同俱附反。適，丁歷反。○**君所無私諱，**謂臣言於君前，不辟家諱，尊無二[四]。○**大夫之所有公諱。**辟君諱也。**詩、書不諱，臨文不諱，**爲其失事正。**廟中不諱。**爲有事於高祖則不諱曾祖以下，尊無二

[一] 偏謂二名　各本同，通典一百四作「偏諱二名」。

[二] 言在不稱徵言徵不稱在　閩、監、毛本同，岳本同，嘉靖本同，考文引古本上「稱」字作「言」。案：二「稱」字俱當作「言」，方與疏合。通典一百四引「言徵不言在」句。

[三] 孝子聞名心瞿　各本同，嘉靖本「瞿」作「懼」，通典一百四引亦作「懼」，釋文出「心瞿」云：「本又作『懼』」。

[四] 不辟家諱尊無二　惠棟校宋本同，宋監本同，岳本、嘉靖本同。閩、監、毛本「二」下有「也」字。通典一百四引無「也」字。

也。於下則諱上。**夫人之諱，雖質君之前，臣不諱也。**臣於夫人之家，恩遠也。質，猶對也。○**婦諱不出門。**婦親遠，於宫中言，辟之。○**大功、小功不諱。入竟而問禁，入國而問俗，入門而問諱。**皆爲敬主人也。禁，謂政教。俗，謂常所行與所惡也。國，城中也。○竟，音境。惡，烏路反。

【疏】「卒哭」至「問諱」〔一〕。○正義曰：此一節論諱與不諱之事，各依文解之。○古人生不諱，故卒哭前，猶以生事之，則未諱。至卒哭後，服已受變，神靈遷廟，乃神事之，敬鬼神之名，故諱之。諱，避也。生不相避名，名以名質，故言之不諱。死則質藏，言之則感動孝子，故諱之也。

○注「衛侯」至「不非」。○正義曰：證「生不相諱」也，時君臣同名，春秋不譏。案魯襄公二十八年，衛石惡出奔晉。二十九年，衛侯衎卒。衛侯惡乃即位，與石惡不相干。熊氏云：「『石』字誤，當云大夫有名惡。知者，昭七年衛侯惡卒，穀梁傳云：『昭元年有衛齊惡，今衛侯惡，何謂君臣同名也？君子不奪人親所名也。』是衛齊惡不得爲石惡也。」

○「禮不諱嫌名」，注「若禹與雨，丘與區」。○正義曰：今謂禹與雨，音同而義異；

〔一〕卒哭至問諱　惠棟校宋本無此五字。

丘與區，音異而義同。此二者各有嫌疑，禹與雨有同音嫌疑，丘與區有同義嫌疑，如此者不諱。若其音異義異，全是無嫌，不涉諱限，必其音同義同，乃始諱也。

○「二名不偏諱」。注「孔子之母名徵在，言『在』不稱『徵』，言『徵』不稱『在』」。○正義曰：不偏諱者，謂兩字作名，不一一諱之也。「孔子言『徵』不言『在』，言『在』不言『徵』」者，案論語云「足，則吾能徵之矣」，是言徵也，又云「某在斯」，是言在也。案異義：「公羊説譏二名，謂二字作名，若魏曼多也。左氏説：二名者，楚公子弃疾弑其君，即位之後，改爲熊居〔一〕，是爲二名。許慎謹案云：文、武賢臣有散宜生、蘇忿生，則公羊之説非也，從左氏義也。」

「逮事王父母」者〔二〕，逮，及也。王父母，謂祖父母也。若及事父母，則諱祖也。何以然？孝子聞名心瞿，祖是父之所諱，則子不敢言，既已終不言，若父母已亡而已言，便心瞿憶父母，故諱之也。

○「不逮事父母，則不諱王父母」者，孝子若幼少孤，不及識父母，便得言之，故不諱祖父母。庾云：「諱王父母之恩，正應由父。所以連言母者，婦事舅姑，同事父母，且配

〔一〕改爲熊居　惠棟校宋本同，閩、監、毛本「居」誤「君」。○按：惠棟云：「熊居謂熊姓居名。」

〔二〕從左氏義也逮事王父母者　閩、監本同。毛本「逮」上有墨丁，惠棟校宋本無「者」字，此本「王」誤「至」，今正。

夫爲體，諱敬不殊，故幼無父而識母者，則可以諱王父母也。」

○注「此謂」至「諱祖」。正義曰：「適士已上廟事祖」者，祭法云「適士二廟」，祖之與禰各一廟。其中士、下士亦廟事祖，但祖、禰共廟，則既夕禮一廟是也。熊氏云：「此適士者，包中、下士，對庶人府史亦稱適也。」

○「大夫之所有公諱」者，今謂人於大夫之所，正得避公家之諱〔一〕，不得避大夫諱。所以然者，尊君諱也君諱也〔二〕。若兼爲大夫諱，則君諱不尊也。不言士之所諱者，士卑，人不爲之諱故也。或可大夫所有公諱者〔三〕，君及大夫諱耳，亦無己之私諱。玉藻云：「於大夫所，有公諱，無私諱。」但此文上承「君所無私諱」之下，唯云「大夫之所有公諱」，故略之，不云無私諱耳。

○「詩、書不諱」，何胤云：「詩、書，謂教學時也。臨文，謂禮執文行事時也。」案論語云「詩、書執禮」，是教學惟詩、書有誦，禮則不誦。惟臨文行事，若有所諱，則並失事正，故不諱也。

○「廟中不諱」者，謂有事於高祖廟，祝嘏辭說，不爲曾祖已下諱也。爲尊無二上

〔一〕正得避公家之諱　閩本同。監、毛本「正」作「止」，衛氏集説同。
〔二〕尊君諱也君諱也　毛本同，閩、監本「君諱也」三字不重。
〔三〕或可大夫所有公諱者　惠棟校宋本作「可」，閩本同。此本「可」誤「何」，監、毛本誤「云」。

也。於下則諱上也。若有事於禰，則諱祖已上也。

○「夫人之諱，雖質君之前，臣不諱也」者，夫人，君之妻。質，對也。夫人本家所諱，臣雖對君前而言語，不爲諱也。臣於夫人之家恩遠，故不諱也。

○「婦諱不出門」者，門，謂婦宫門。婦家之諱，但於婦宫中不言耳，若於宫外，則不諱也。故臣對君不諱也。

○注「婦親遠，於宫中言，辟之」之，陳鏗問云[一]：「雜記『母之諱，宫中諱。妻之諱，不舉諸其側』也。此則與母諱同，何也？」田瓊答曰：「雜記方分尊卑，故詳言之。曲禮據『不出門』，大略言之耳。母諱遠，妻諱近，則亦宜言也，但所辟者狹耳。」

○「大功、小功不諱」者，古者期親則爲諱。陳鏗問曰：「亦爲父乎？自己親乎？」田瓊答曰：「雜記云：『卒哭而諱。王父母、兄弟、世父、叔父、姑、姊妹，子與父同諱。』父諱齊衰，親也，然則大功、小功不諱矣。」熊氏云：「大功亦諱，小功不諱。若小功與父同諱，則亦諱之。知者，雜記云：『王父母、兄弟、世父、叔父、姑、姊妹，子與父同諱。』是父之世、叔父及姑、姊妹以下，皆爲之小功。父爲諱，故已從父爲之諱。」

○「入境而問禁」者，此以下並爲敬主人也。竟，界首也。禁，謂國中政教所忌。凡

[一] 言辟之之陳鏗問云　閩、監、毛本下「之」字作「○」。

至竟界，當先訪問主國何所禁也。

「入國而問俗」者，○國，城中。城中，如今國門内也。俗，謂常所行也。入主人之城内，亦先問風俗常行也。

○「入門而問諱」者，門，主人之門也。諱主人祖先君名，宜先知之，欲爲避之也。問諱而以門爲限者[一]，主人出至大門外迎客，客入門，方應交接，故於門爲限也，故注云「皆爲敬主人也」。

【衛氏集説】卒哭乃諱，禮不諱嫌名，二名不偏諱。逮事父母，則諱王父母；不逮事父母，則不諱王父母。

鄭氏曰：諱，辟也。生者不相辟名。衛侯名惡，大夫有名惡，君臣同名，春秋不非。卒哭乃諱，敬鬼神之名也。嫌名，謂音聲相近，若雨與禹、丘與區也。偏，謂二名不一一諱，皆爲其難辟也。孔子之母名徵在，言「在」不稱「徵」，言「徵」不稱「在」也。逮，及也。謂幼孤不及識父母，恩不至於祖名。孝子聞名心瞿，諱之由心。此謂庶人。適士以上廟事祖，雖不逮事父母，猶諱祖。

孔氏曰：自此至「問諱」一節，論諱與不諱之事。古人生不諱，故卒哭前，猶以生事

[一] 問諱而以門爲限者　惠棟校宋本作「限」。此本「限」誤「即」，閩、監、毛本誤「節」，今正。

之。至卒哭後，服已受變，神靈遷廟，乃神事之，且言之則感動孝子，故諱其名也。鄭注「嫌名」，引「雨與禹」音同而義異，「丘與區」音異而義同，二者各有嫌疑，禹與雨有同音嫌疑，丘與區有同義嫌疑，如此者則不諱。必其音同義同，乃始諱也。孔子之母名徵在，案論語云「足，則吾能徵之矣」，是言徵也，又云「某在斯」，是言在也。王父母，謂祖父母也。若及事父母，則諱祖也。若幼少不及識父母，故不諱祖父母也。

庾氏曰：諱王父母之恩，正應由父。所以連言母者，婦事舅姑，同事父母，且配夫爲體，諱敬不殊，故幼無父而識母者，則可以諱王父母也。

馬氏曰：始死而諱，是之死而致死之，不仁也。卒哭而不諱，是之死而致生之，不智也。聖人知其然，故將葬則有賜謚易名之禮，卒哭則有舍舊諱新之令，以明生事於此畢，鬼事於此始也。禮不諱嫌名，若曾子不以諱「晳」而不稱「昔者」「裼裘」之類是也。

長樂劉氏曰：死而不諱，則安忍而忘親。二名而均諱，則易犯而難辟。聖人知其然，爲之諱名之禮，使之卒哭而諱，所以盡愛敬之心。二名不偏諱，所以適言語之便。

藍田吕氏曰：父之所諱，子亦諱之。雜記曰「王父母、兄弟、世父、叔父、姑、姊妹，與父同諱」是也。

嚴陵方氏曰：父母之言，則子之所當從者也。逮事父母，則親聞父母之言矣，故諱王父母；不逮事父母，則不聞父母之言焉，故不諱王父母。

橫渠張氏曰：言「不逮事父母，則不諱王父母」，此尤非義。禮雖合諸人情，然未有不諱祖者也。又如以木鐸徇于廟曰「舍故而諱新」，如此，則此説又不用也。又如先君以「獻」「武」諱二山，則是雖數世祖，猶諱也。是難於盡信書。

君所無私諱，大夫之所有公諱。詩、書不諱，臨文不諱，廟中不諱。夫人之諱，雖質君之前，臣不諱也。婦諱不出門。大功、小功不諱。入竟而問禁，入國而問俗，入門而問諱。

鄭氏曰：無私諱，謂臣言於君前，不辟家諱，尊無二也。大夫之所，則辟君諱也。詩、書、臨文不諱，爲其失事正。廟中，謂有事於高祖則不諱曾祖以下，亦尊無二也。於下則諱上。臣於夫人之家，恩遠則不諱。質，猶對也。婦親遠，於宮中言，則辟之。問禁、問俗、問諱，皆爲敬主人也。禁，謂政教。俗，謂常所行與所惡也。國，城中也。

孔氏曰：人於大夫之所，止得辟公家之諱，不得辟大夫之諱，所以尊君諱也。玉藻云：「於大夫所，有公諱，無私諱。」此承上「君所無私諱」，故略之。廟中，謂祝嘏辭説，有事於禰，則諱祖已上。夫人，君之妻。夫人本家所諱，臣雖對君前言語，不爲諱也。婦諱，謂婦家之諱，但於婦宮中不言耳。門，謂婦宮門。若於宮外則不諱，故臣對君前則不諱也。竟，界首也。禁，謂國中政教所忌。國，如今國門内也。門，主人之門也。主人祖先君名，宜先知之，欲爲辟之也。

何氏曰：詩、書，謂教學時也。臨文，謂執禮文行事時也。案論語云「詩、書執禮」，是教學惟詩、書則誦，禮則不誦。臨文行事，若有所諱，則並失事正，故不諱也。

田氏曰：雜記：「母之諱，宮中諱。妻之諱，不舉諸其側。」此婦諱與母諱同者，雜記分尊卑。此據「不出門」，大略言之耳。

熊氏曰：大功亦諱，小功不諱。若小功與父同諱，則亦諱之。故雜記云：「王父母、兄弟、世父、叔父、姑、姊妹，與父同諱。」是父之世、叔父及姑、姊妹以下，皆爲之小功。父爲諱，故已從父爲之諱。

藍田呂氏曰：君所無私諱，廟中不諱，謂君前臣名、父前子名也。大夫之所有公諱，廟中下則諱上，其義同也。玉藻云：「於大夫所，有公諱，無私諱。」此所謂私諱，大夫之私諱也。不辟之，嫌於君。「君所無私諱」者，謂己之私諱也，有所尊也，不得伸私恩也。教學必以詩、書，有所諱，則學者終有惑也。文字所以示於衆，有所諱，則失事之實，必有害也。夫人之諱，與「婦諱不出門」同。大功、小功不諱者，恩輕也。禁，若孟子言「問國之大禁，然後敢入」是也。俗，謂其國之禮俗有與他國不同者也。問諱，賓爲主人諱也。私諱不出門，門之內，雖賓，亦得諱之，所以敬主人也。

廬陵胡氏曰：君所無私諱，欒鍼於晉君之前，名其父書是也。詩、書不諱，誦詩、讀書時也。臨文不諱，文謂文章也，舊云禮文，恐非。故玉藻云：「教學、臨文不諱。」大功、小功不諱，記禮叢脞，其説不一。問俗，知風俗好尚。問諱，敬地主。

嚴陵方氏曰：公所無私諱，則私之尊不伸於公故也。私所有公諱，則公之尊無往而不伸故也。范獻子聘於魯而不知先君之諱，則入門可以不問其諱乎？

講義曰：凡言於大夫之所，則衆所當諱者皆諱也。玉藻云：「士於君所言大夫，没矣，則稱謚若字，名士。與大夫言，名士，字大夫。於大夫所，有公諱，與私諱。」然則大夫之名，亦固有衆所當諱者，是所謂公諱也。言公諱，則君與大夫凡所當諱者，皆在其中矣。

馬氏曰：曲禮言「王父母」，則於己爲祖者也。雜記言「王父母」，則於父爲祖者也。於父爲祖，則於己爲曾祖，而其服則小功；於父爲世父、叔父、姑，則於己爲從祖、祖姑，而其服亦小功；於父爲姊妹，則於己爲姑，而其服則期與大功。凡此以父爲之諱而諱之，是大功、小功有所謂諱也。大功、小功不諱，言其不與父同諱者而已。

李氏曰：詩、書不諱，臨文不諱。詩云「駿發爾私」，箕子爲武王陳洪範而曰「邦其永昌」是也。

臨川王氏曰：邑國皆有竟，竟内各有禁。俗繫於國，國殊則有異俗。國非特城中而已也。

【吴氏纂言】卒哭乃諱。

鄭氏曰：敬鬼神之名也。諱，辟也。生者不相辟名。衛侯名惡，大夫有名惡，君臣同名，春秋不非。

孔氏曰：古人生不諱，故卒哭前，猶以生事之，則未諱。至於卒哭後，服已受變，神靈遷廟，乃神事之。言之則感動孝子，故諱其名也。

禮不諱嫌名，二名不偏諱。

鄭氏曰：嫌名，謂音聲相近。若禹與雨、丘與區也。偏，謂二名不一一諱也。孔子之母名徵在，言「在」不稱「徵」，言「徵」不稱「在」。

逮事父母，則諱王父母；不逮事父母，則不諱王父母。

鄭氏曰：逮，及也。謂幼孤不及識父母，恩不至於祖名。孝子聞名心瞿，諱之由心。此謂庶人。適士以上廟事祖，雖不諱事父母，猶諱祖。

庾氏蔚曰：諱王父母之恩，正應由父。所以連言母者，婦事舅姑，同事父母，且配夫爲體，諱敬不殊，故幼無父而識母者，則諱王父母也。

張子曰：先君以「獻」「武」諱二山，是雖數世，猶諱也。

澄曰：鄭注以此爲庶人禮，謂適士以上諱祖，則諸侯卿大夫諱祖可知矣。

君所無私諱，大夫之所有公諱。

鄭氏曰：無私諱，謂臣言於君前，不辟家諱，尊無二也。大夫之所，則辟君諱也。

孔氏曰：人於大夫之所，止得辟公家之諱，不得辟大夫諱也。所以尊君也。

廟中不諱，詩、書不諱，臨文不諱。

鄭氏曰：廟中，謂有事於高祖則不諱。曾祖以下尊無二也。於下則諱上。

何氏曰：詩、書，謂教學時也。臨文，謂執禮文行事時也。論語云「詩、書執禮」，是教學唯詩、書有誦，禮則不誦。唯臨文行事，若有所諱，則並失事正。

胡氏曰：詩、書，謂誦詩、讀書時。臨文，謂文章，舊云禮文，恐非。

李氏曰：箕子爲武王陳洪範曰「邦其昌」，臨文不諱也。

夫人之諱，雖質君之前，臣不諱也。

鄭氏曰：質，猶對也。臣於夫人之家，恩遠也。

孔氏曰：夫人，君之妻。夫人本家所諱，臣雖對君前而言語，不爲諱也。

婦諱不出門。

鄭氏曰：婦親遠，於宮中言，辟之。

孔氏曰：門，謂婦宮門。婦家之諱，但於婦宮中不言爾，若於宮外則不諱也。故臣對君前，不諱夫人之諱。

田氏瓊曰：雜記：「母之諱，宮中諱。妻之諱，不舉諸其側。」此婦諱與母諱同者，雜記分尊卑。此據「不出門」，大略言之爾。

大功、小功不諱。

孔氏曰：古者期親則爲諱。

田氏瓊曰：雜記：「卒哭乃諱。王父母、兄弟、世父、叔父、姑、姊妹，子與父同諱。」父諱齊衰，親也，然則大功、小功不諱矣。熊氏云：「大功亦諱，小功不諱。若小功與父同諱，則亦諱之。」

馬氏曰：曲禮言「王父母」，則於己爲祖者也。雜記言「王父母」，則於父爲祖者也。於父爲祖，則於己爲曾祖，而其服則小功；於父爲世父、叔父、姑，則於己爲從祖、祖姑，而其服亦小功；於父爲姊妹，則於己爲姑，而其服則期與大功。凡此以父爲之諱而諱之，是大功、小功有所謂諱也。大功、小功不諱，言其不與父同諱者而已。

入竟而問禁，入國而問俗，入門而問諱。

鄭氏曰：皆爲敬主人也。禁，謂政教。俗，謂常行與所惡也。國，城中也。

孔氏曰：竟，界首也。凡至竟界，當先訪問國中政教何所禁忌。入國門内城中，亦先問風俗所常行也。門，主人之門。諱主人祖先君名，欲爲避之，宜先知之。主人出至大門外迎客，客入門，方應交接，故問諱以門爲限也。

吕氏曰：問禁若孟子言「問國之大禁，然後敢入」是也。問俗，謂其國之禮俗有與它國不同者也。問諱，賓爲主人諱也。私諱不出門，門之内，雖賓，亦得諱之，所以敬主人也。

王氏曰：邑國皆有竟，竟内各有禁。俗繫於國，國殊則有異俗。國非特城中而已。

【陳氏集説】**卒哭乃諱，禮不諱嫌名，二名不偏諱。** 葬而虞，虞而卒哭。凡卒哭之前，猶用事生之禮，故卒哭乃諱其名。嫌名，音同者。不偏諱，謂可單言。**逮事父母，則諱王父母；不逮事父母，則不諱王父母。** 逮，及也。庶人父母早死，不聞父之諱其祖，故亦不諱其祖。有廟以事祖者，則不然也。**君所無私諱，大夫之所有公諱。** 私諱不避於公，朝大夫則諱其先君也。**詩、書不諱，臨文不諱。** 不因避諱而易詩、書之文，改行事之語，蓋恐有惑於學者、有誤於承用也。**廟中不諱。** 廟中之諱，以卑避尊，如有事於高祖，則不諱曾祖以下也。**夫人之諱，雖質君之前，臣不諱也。婦諱不出門。大功、小功不諱。** 質，猶對也。夫人之諱與婦之諱，皆謂其家先世。門者，其所居之宫門也。大功以下，恩輕服殺，故亦不諱。**入竟而問禁，入國而問俗，入門而問諱。** 馬氏曰：問禁，慮得罪於君也；問俗，慮得罪於衆也；問諱，慮得罪於主人也。

【納喇補正】**大夫之所有公諱。**

集説　大夫則諱其先君也。

竊案　公諱，謂公家之諱。人於大夫之所，止得避公家之諱，不得避大夫之諱。所以然者，尊君諱也。若兼爲大夫諱，則君諱不尊，而國有二上矣。故玉藻云「於大夫所，有公諱，無私諱」，謂無大夫私家之諱也。注、疏甚明，陳氏諱大夫先君之説，非是。

臨文不諱。

集説　不因避諱而改行事之語，蓋恐有誤於承用也。

竊案　臨文不諱，鄭氏云：「爲其失事正。」孔氏引何胤之説，謂「臨文，謂執禮文行事時也。若有所諱，則並失事正，故不諱」。此集説取以爲解者也。然經意實不然，蓋謂爲文章時不避君親之諱耳，如箕子爲武王陳洪範曰「邦其昌」，周公作頌曰「克昌厥後」「駿發爾私」，孔子作春秋，書同盟、書壬申、書黑肱、書庚午、書宋公之類是也。陸菊隱元輔曰：「唐人最嚴於諱，以『世』爲『代』，以『民』爲『人』，以『治』爲『理』，而昌黎作文獨不諱，凡遇『世』『治』等字，皆正言之，深合禮意。」

大功、小功不諱。

集説　大功以下，恩輕服殺，故亦不諱。

竊案　集説所云，尚有當詳辨者。案雜記：「卒哭而諱。王父母、兄弟、世父、叔父、姑、姊妹，子與父同諱。」在父爲王父母者，在子則爲曾祖父母，其服小功；在父爲世父、叔父、姑者，在子爲從祖、祖姑，其服亦小功；在父爲姊妹者，在子爲姑，其服期與大功。子與父同諱，則大功、小功皆有所諱也。何以曲禮云「不諱」？蓋諱者，以父之諱而諱之；不諱者，不與父同諱者也。故熊氏云：「大功亦諱，小功不諱。若小功與父同諱，則亦諱之。」集説初無分晰，不免疏漏矣。

【郝氏通解】卒哭，謂朝夕哭也。未葬，哭不絶聲，既葬，返而三虞，惟朝夕哭，思至哭，故謂之卒哭。卒哭，則祔主于廟，乃有謚以易名。名所以名其質也，人死質藏，則名隱。孝子聞名思親，不忍舉也。鄭謂生不諱名，非也。人子于親生死同，死不忍聞，生亦不敢斥，但生則名有必用，不可盡諱，死則名不復用，謚方新而名可釋矣，故諱自卒哭始。卒哭之日，生事終而死事初也。嫌名，名不同而音相近。二名，二字爲名，偏舉一字，則不諱。蓋禮至諱名，而尊崇哀敬之情極矣。惟三年之喪爲然，期以下無此禮。期喪有諱惟王父母，而王父母之諱亦以父之所諱諱之。荀子幼孤，不及見事父母，未嘗聞父之諱祖，則已亦可不諱矣。凡諱惟在家則然，在朝廷君前，雖子不得諱父，在大夫之家，國之所諱者則諱之，亦無私諱也。不以諱改詩、書之語，不以諱易記載之文，恐其害義理也。廟中有先祖在，則尊無踰者，故皆舉名，如雝詩禘太祖，則文王之名，亦不諱也。君夫人之諱，即君夫人之名。質，猶當也。雖當君前，臣亦不諱，其非君前與非臣可知，何也？婦人尊貴者之名，惟諱於閨門中，門外非婦人得預也。大功、小功服殺分輕，故不諱。孔氏謂大功、小功亦當從父之諱，是拘于「逮事父母，則諱王父母」之文，而失其解者也。蓋禮至于諱，事愈輕而情愈重，非君父，無是豈可槩施乎？入竟，入國之界首。入國，入城中。入門，入主人大門。亦略言其義，如必待入城而後問俗，及人之門而後問諱，亦迂矣，是鄭康成之禮也。

【方氏析疑】逮事父母，則諱王父母；不逮事父母，則不諱王父母。

此即子與父同諱之禮，蓋諱王父母所諱也。王父之諸父兄弟、王母之父母兄弟，皆父母所諱，而己所不必諱也。故於父母之前，亦不敢舉其名。若王父母，則恩隆義重，豈以父母之存没間哉！大功、小功不諱，則旁期皆諱矣，況王父母乎？

大功、小功不諱。

大功、小功，以同等言，如外祖父母之小功則諱矣，與從祖昆弟名同則諱，豈國俗或有異耶？

【欽定義疏】卒哭乃諱，禮不諱嫌名，二名不偏諱。

正義 鄭氏康成曰：諱，避也。生者不相避名。衛侯名惡，大夫有石惡，君臣同名，春秋不非。卒哭乃諱，敬鬼神之名也。嫌名，謂音聲相近，若雨與禹、丘與蓲也。偏，謂二名不一一諱。孔子之母名徵在，言「在」不稱「徵」，言「徵」不稱「在」。

孔氏穎達曰：自此至「問諱」一節，論諱與不諱之事。古人生不諱，故卒哭前猶以生事之。至卒哭後，服已受變，神靈遷廟，乃神事之。且言之則感動孝子，故諱其名也。

劉氏彝曰：死而不諱，則安忍而忘親。二名而均諱，則易犯而難避。聖人知其然，爲之諱名之禮，使之卒哭而諱，所以盡愛敬之心。二名不偏諱，所以適言語之便。

是也。

通論　馬氏晞孟曰：禮不諱嫌名，若曾子不以諱「晳」而不稱「昔者」「裼裘」之類

逮事父母，則諱王父母；不逮事父母，則不諱王父母。

正義　鄭氏康成曰：逮，及也。謂幼孤不及識父母，恩不至於祖名。孝子聞名心瞿，諱之由心。此謂庶人。適士以上廟事祖，雖不逮事父母，猶諱祖。

庾氏蔚之曰：諱王父母，正應由父。所以連言母者，婦事舅姑，同事父母，且配夫爲體，諱敬不殊，故幼無父而識母者，則可以諱王父母也。

孔氏穎達曰：王父母，謂祖父母也。若及事父母，則諱祖也。若幼少不及識父母，則不諱祖父母也。

方氏慤曰：父母之言，則子之所當從者也。逮事父母，則親聞父母之言矣，故諱王父母；不逮事父母，則不聞父母之言焉，故不諱王父母。

通論　吕氏大臨曰：父之所諱，子亦諱之。雜記曰「王父母兄弟、世父、叔父、姑、姊妹，與父同諱」是也。

存疑　張子曰：言「不逮事父母，則不諱王父母」，此尤非義。如先君以「獻」「武」諱兩山，雖數世祖，猶諱也。是難於盡信書。

案 「聞名而心瞿」者，哀心感，故父母之名必諱也。其餘諱皆由父母生也，故曰「子與父同諱」。母之諱不舉諸其側，不諱王父母。惟庶人無廟，則然。身事其廟而可不重其名乎？故天子諸侯於始祖亦諱，爲吾逮事其廟，則敬心生也。

君所無私諱，大夫之所有公諱。

正義 鄭氏康成曰：無私諱，謂臣言於君前，不避家諱，孔疏：大夫之諱。尊無二也。大夫之所，則避君諱也。

孔氏穎達曰：玉藻云：「於大夫所，有公諱，無私諱。」此承上「君所無私諱」，故略之。

方氏慤曰：公所無私諱，私之尊不伸於公也。私所有公諱，公之尊無往而不伸也。

通論 胡氏銓曰：君所無私諱，欒鍼於晉君之前，名其父書是也。

陳氏祥道曰：玉藻云：「士於君所言大夫，没矣，則稱謚若字，名士。與大夫言，名士，字大夫。」則大夫之名，亦有衆所當諱者，亦公諱也。言公諱，則君與大夫凡所當諱者，皆在其中。

案 公諱，固謂君諱。然大夫易名之典出之於君，則亦君所諱矣。故大夫之祖父而非大夫，則不諱。大夫之祖父嘗爲大夫而君賜謚者，則於君前亦稱謚。去位未謚而君字誄之，則後於君前亦可稱其字。諸侯之大夫，雖有謚而稱於天子，則亦名。如欒盈之稱陪臣書，以天子未嘗謚之也。陳氏補義甚圓。

詩、書不諱，臨文不諱。

正義 鄭氏康成曰：不諱，謂其失事正。

吕氏大臨曰：教學必以詩、書，有所諱，則學者終有惑也。文字所以示於衆，有所諱，則失事之實，必有害也。

通論 李氏格非曰：詩云「駿發爾私」，箕子爲武王陳洪範云「而邦其昌」，是文、武之名，詩、書不諱也。

廟中不諱。

正義 鄭氏康成曰：廟中，爲有事於高祖則不諱曾祖以下，尊無二也。於下則諱上。

孔氏穎達曰：謂祝嘏辭説，有事於禰，則諱祖以上。

吕氏大臨曰：廟中不諱，父前子名也。

夫人之諱，雖質君之前，臣不諱也。婦諱不出門。大功、小功不諱。

正義 鄭氏康成曰：臣於夫人之家，恩遠則不諱。質，猶對也。婦親遠，於宫中言，則避之。

孔氏穎達曰：夫人，君之妻。夫人本家所諱，臣雖對君前言語，不爲諱也。婦諱，謂婦家之諱，但於婦宫中不言耳。門，謂婦宫門。若於宫外則不諱，故臣對君前則不諱也。

吕氏大臨曰：大功、小功不諱者，恩輕也。

陳氏澔曰：夫人之諱與婦之諱，皆謂其家先世。

通論 田氏瓊曰：雜記：「母之諱，宫中諱。妻之諱，不舉諸其側。」此婦諱與母諱同者，雜記分尊卑。此據「不出門」，大略言之耳。

存異 馬氏晞孟曰：曲禮言「王父母」，則於己爲祖者也。雜記言「王父母」，則於父爲祖者也。於父爲祖，則於己爲曾祖，而其服則小功；於父爲世父、叔父、姑，則於己爲從祖、祖姑，而其服亦小功；於父爲姊妹，則於己爲姑，而其服則期與大功。凡此以父爲之諱而諱之，是大功、小功有所謂諱也。大功、小功不諱，言其不與父同諱者而已。

案 禮，爲曾祖父齊衰三月，其齊衰，尊尊也。小功、緦，旁親之服，不可施於高、曾，馬説誤矣。

入竟而問禁，入國而問俗，入門而問諱。

正義 鄭氏康成曰：問禁、問俗、問諱，皆爲敬主人也。禁，謂政教。俗，謂常所行與所惡也。

孔氏穎達曰：竟，界首也。禁，謂國中政教所忌。國，如今國門内也。門，主人之門也。主人祖先君名，宜先知之，欲爲辟之也。

王氏安石曰：邑國皆有竟，竟内各有禁。俗繫於國，國殊則有異俗。國非特城中而已也。

通論　呂氏大臨曰：禁若孟子言「問國之大禁，然後敢入」是也。俗，謂其國之禮俗有與他國不同者也。問諱，賓爲主人諱也。私諱不出門，門之內，雖賓，亦得諱之，所以敬主人也。

方氏慤曰：范獻子聘於魯而不知先君之諱，則入門可以不問其諱乎？

【杭氏集説】卒哭乃諱，禮不諱嫌名，二名不偏諱。逮事父母，則諱王父母；不逮事父母，則不諱王父母。君所無私諱，大夫之所有公諱。詩、書不諱，臨文不諱，廟中不諱。

萬氏斯大曰：謂二字爲名者，不偏主一字諱之也。若主定一字諱，一字不諱，是爲偏諱。

姜氏兆錫曰：葬而虞，虞而卒哭，至此乃諱者，其前猶用事生之禮也。嫌名，謂字不同而音同者。二名，謂名有二字者。偏，皆也。「嫌名」「偏諱」二句錯簡，當在「詩、書不諱」之前。逮，及也。諱王父母者，推父母之心也，故父母没不諱。然此亦謂庶人而已，若有廟以事祖者，不然也。私諱不避于公家，私家宜諱其先君也。臨文，何氏謂執禮文行事時也。二者一恐惑于學習，一恐誤于承用也。一云臨文謂爲文章也。廟中之諱，以卑避尊，如有事于高祖，則不諱尊祖以下是也。

方氏苞曰：此即子與父同諱之禮，蓋諱王父母所諱也。王父之諸父兄弟、王母之父母兄弟，皆父母所諱，而已所不必諱也。故於父母之前，亦不敢舉其名。若王父母，則恩隆義重，豈以父母之存没間哉？大功、小功不諱，則旁期皆諱矣，況王父母乎？

任氏啟運曰：外諸侯之大夫，不諱天子所諱，遠也。大夫之士在大夫所，亦諱諸侯所諱，同在一國，近也。若天子之廟諱，則諸侯之大夫士皆諱。又曰：廟中不諱，下而諱上，若祭祖則必諱曾祖。

夫人之諱，雖質君之前，臣不諱也。婦諱不出門。大功、小功不諱。

陳氏澔曰：夫人之諱與婦之諱，皆謂其家先世。

姚氏際恒曰：卒哭乃諱，古禮與今異，今生時已諱矣。二名不偏諱，或云「偏」當作「徧」，如是，文義更明。不逮事父母，則不諱王父母，其言亦有滲漏處，若不逮事父母，而王父母撫之者，亦將不諱乎？鄭氏以其未可通，謂「此爲庶人。適士以上廟事祖，雖不逮事父母，猶諱祖」，又非。按，中、下士祖禰共一廟，庶人祭寢，亦共事祖禰，豈以有廟無廟而分諱不諱乎？此何禮也？君所無私諱，則公諱自可知。大夫之所有公諱，辟君諱。則私諱亦可知也。此古人立言之妙，或因有「大夫」字，遂于玉藻「士於君所，言大夫没矣」之文，謂言公諱，則君與大夫凡所當諱者，皆在其中，此不諳文義而作爲支蔓也。凡諱，至期而止，「大功、小功不諱」是也。雜記下云：「王父母、兄弟、世父、叔父、姑、姊妹，子與父同諱。」按王父母于父爲祖，于己爲曾祖，服小功；于父爲兄弟，于己爲世父、叔父，服期；于父爲世叔、叔父、姑，于己爲從祖、從姑，服小功；於父爲姊妹，于己爲姑，服期與大功。則是大、小功皆諱矣。繁縟難行，禮言之不同也。馬彦醇執雜記之文，爲雜記言「以父之諱而諱之」，是大功、小功有所謂諱也。大功、小功不諱，言其不與父同諱者而已。按此但言大、小功不諱，未嘗有所分別，如上文「逮事父母」「不逮事父母」之例，何必强爲紐合乎？皆執禮解禮之謬。

朱氏軾曰：大功以下，恩輕服殺，故不諱。田氏、馬氏所云，謂若父之所諱，己雖功服，亦必從父諱之。

姜氏兆錫曰：質，猶對也。婦諱不出門，釋「臣不諱夫人之諱」之義。蓋夫人諱，亦應不出宫門也。宫門以内，婦寺之屬諱之而已。又曰：恩輕服殺故也。

方氏苞曰：大功、小功以同等言，如外祖父母之小功則諱矣，與從祖昆弟，名同則諱，豈國俗或有異耶？

入竟而問禁，入國而問俗，入門而問諱。

姜氏兆錫曰：馬氏曰：「問禁，慮得罪於君也；問俗，慮得罪於衆也；問諱，慮得罪于主人也。」又曰：此章言諱尊諱親之禮。

【孫氏集解】卒哭乃諱。

鄭氏曰：敬鬼神之名也。諱，辟也，生者不相辟名。衛侯名惡，疏云：「昭七年，衛侯惡卒。

穀梁傳云：『昭元年有衛齊惡，今衛侯惡，何謂君臣同名也？君子不奪人親之所名。』」大夫有名惡，君臣同名，春秋不非。

孔氏曰：卒哭前，猶以生事之，則未諱。至卒哭後，服已受變，神靈遷廟，乃神事之，故諱之。

愚謂周人以諱事神，卒哭之明日祔於廟，則以鬼神之禮事之，故諱辟於是乎始。

禮不諱嫌名，二名不偏諱。

鄭氏曰：爲其難避也。嫌名，謂音聲相近，若禹與雨，丘與區也。疏云：「禹與雨音同而義異，丘與區音異而義同，二者各有嫌疑。」愚謂丘、區二字，並音去求反，顏師古曰：「古語區、丘二字音不別。」疏説非是。偏，謂二名不一一諱也。孔子之母名徵在，言「在」不言「徵」，言「徵」不言「在」。

逮事父母，則諱王父母；不逮事父母，則不諱王父母。

鄭氏曰：逮，及也。謂幼孤不及識父母，恩不至於祖名。孝子聞名心瞿，諱之由心。此謂庶人。適士以上廟事祖，雖不逮事父母，猶諱祖。

孔氏曰：庾云：「諱王父母之恩，正應由父。所以連言母者，婦事舅姑，同事父母，且配夫爲體，諱敬不殊，故幼無父而識母者，則諱王父母也。」

愚謂禮不下庶人，此謂士之禮也。凡諱之禮，惟及其有廟者而止，廟遷則諱避之所不及也。士惟一廟，適士雖二廟，其一乃别子爲祖者之廟，而王父母亦無廟，故皆不諱王父母。惟逮事父母者，父爲王父母諱，子從而諱之，雖父没，不忍變也。

君所無私諱，大夫之所有公諱。

鄭氏曰：君所無私諱，臣言於君前，不辟家諱，尊無二也。大夫之所有公諱，辟君諱也。

孔氏曰：大夫之所有公諱者，謂於大夫之所，止得避公家之諱，不得避大夫諱。

愚謂入門而問諱，在大夫所，自當爲大夫諱，但不得避己之私諱耳。疏説非是。然此亦謂士禮，若兩大夫相與言，則各得避己私諱，以其尊敵也。

詩、書不諱，臨文不諱。

鄭氏曰：爲其失事正。

孔氏曰：詩、書，謂教學時也。臨文，謂執禮文行事時也。

愚謂臨文，凡官府文書、國史紀載皆是，非惟禮文而已。魯定公名宋，春秋不諱宋。

廟中不諱。

鄭氏曰：有事於高祖，則不諱曾祖以下，尊無二也。於下則諱上。

孔氏曰：謂祝嘏辭説，有事於禰，則諱祖以上。

夫人之諱，雖質君之前，臣不諱也。

鄭氏曰：臣於夫人之家，恩遠也。質，猶對也。

婦諱不出門。

鄭氏曰：婦親遠，於宮中言，辟之。

田氏瓊曰：雜記：「母之諱，宮中諱。妻之諱，不舉諸其側。」此婦諱與母諱同者，雜記分尊卑，故詳言之。此大略言之耳。

陳氏澔曰：夫人之諱、婦諱，皆謂其家先世。門者，其所居之宮内也。

愚謂婦諱，謂婦人之所諱，母之諱、妻之諱皆是也。母之諱於己爲小功親，妻之諱於己爲緦親，皆不在應諱之限。但以母尊而妻親，故不敢舉其諱於宮中，出宮則不諱矣。

大功、小功不諱。

孔氏曰：期親則爲諱。熊氏云：「大功亦諱，小功不諱。若小功與父同諱，則亦辟之。雜記：『王父母、兄弟、世父、叔父、姑、姊妹，子與父同諱。』父之世、叔父及姑、姊妹皆小功。父爲諱，故己從父爲之諱。」

愚謂記言「大功不諱」，而熊氏謂「大功亦諱」者，謂姑、姊妹降服大功也。然姑、姊妹本期親，降服大功，故諱。若本服大功，則不諱也。

入竟而問禁，入國而問俗，入門而問諱。

鄭氏曰：皆爲敬主人也。禁，謂政教。俗，謂所常行與所惡也。國，城中也。

孔氏曰：竟，界首也。禁，謂國中政教所忌。國，國門内也。門，主人之門也。問諱以門爲節，主人出至大門外迎客，客入門，方應交接，故於門爲限也。○自「卒哭乃諱」至此，明諱避之法。

【朱氏訓纂】卒哭乃諱。注：敬鬼神之名也。諱，辟也。生者不相辟名。衛侯名惡，大夫有名惡，君臣同名，春秋不非。　正義：古人生不諱，故卒哭前，猶以生事之。至卒哭後，服已受變，神靈遷廟，乃神事之，故諱。**禮不諱嫌名，二名不偏諱**。注：爲其難辟也。嫌名，謂音聲相近，若禹與雨，丘與區也。偏，謂二名不一一諱也。孔子之母名徵在，言「在」不稱「徵」，言「徵」不稱「在」。**逮事父母，則諱王父母；不逮事父母，則不諱王父母**。注：逮，及也。謂幼孤不及識父母，恩不至於祖名。孝子聞名心瞿，諱之由心。此謂庶人。適士以上廟事祖，雖不逮事父母，猶諱祖。　正義：庾云：「諱王父母之恩，正應由父。所以連言母者，婦事舅姑，同事父母，且配夫爲體，諱敬不殊，故幼無父而識母者，則可以諱王父母也。」**君所無私諱**。注：謂臣言於君前，不辟家諱，尊無二也。　盧注：但爲公家諱，不得爲私家諱也。**大夫之所有公諱**。注：辟君諱也。**詩、書不諱，臨文不諱**，注：爲其失事正。　盧注：詩、書，典籍教訓也。臨文，謂禮文。詩、書執禮，皆雅言，故不諱。禮執文行事，故言文也。　何胤云：詩、書，謂教學時也。臨文，謂禮執文行事時也。**廟中不諱**。注：謂有事於高祖，則不諱曾祖以下，尊無二也。於下則諱上。**夫人之諱，雖質君之前，臣不諱也。**注：臣於夫人之家，恩遠也。質，猶對也。**婦諱不出門。**注：婦親遠，於宮中言，辟之。　正義：陳鏗問云：「雜記『母之諱，宮中諱。妻之諱，不舉諸其側』。此則與母諱同，何也？」田瓊答曰：「雜記方分尊卑，故詳言之。曲禮據『不出門』，大略言之耳。母諱遠，妻諱近，則亦宜言也，但所辟者狹耳。」**大功、小功不諱。**正義：古者期親則爲諱。陳鏗問曰：「亦爲父乎？自已親乎？」田瓊答曰：「雜記：『卒哭而諱。王父母、兄弟、世父、叔父、姑、姊妹，子與父同諱。』父諱，齊衰親也。然則大功、小功不諱矣。」熊氏云：「大功諱，小功不諱。若與父同諱，則亦諱之。知者，雜記云：『王父母、兄弟、世父、叔父、姑、姊妹，子與父同諱。』父之世父、叔父、姑、姊妹，皆爲之小功。父爲諱，故已從父爲之諱。」**入竟而問禁，入國而問俗，入門而問諱。**注：皆爲敬主人也。禁，爲政教。俗，謂常所行與所惡也。國，城中也。盧注：鄰國之君，猶吾君也。　正義：竟，界首也。門，主人之門也。諱，主人祖先君名。宜先知之，欲爲避之也。

【郭氏質疑】逮事父母，則諱王父母；不逮事父母，則不諱王父母。

鄭注：不及識父母，恩不及於祖。此謂庶人。適士以上廟事祖，雖不逮事父母，猶諱祖。

嵩燾案：下文「大功、小功不諱」，則凡期親以上皆諱也，王父母正服，無不諱之理。

此與下「夫人之諱」「婦諱不出門」同義。雜記：「母之諱，宮中諱。妻之諱，不舉諸其側。」惟子與父同諱，父母所嘗諱者則亦諱之。如世父母、叔父母期當諱，從父母小功可以不諱矣。而及見父母之諱之，則亦不敢舉其名。雜記「王父母、兄弟、世父、叔父、姑、姊妹，子與父同諱」是也。經言「王父母」，正謂「王父母、兄弟」，喪服「從祖祖父母」小功，即此王父母也。從父昆弟大功已不諱，從祖祖父母於父爲期，及見父母之諱之，則雖小功亦諱也。準此而言，知諱之所及，皆仁之至、義之盡也。「禮不下庶人」，鄭注以庶人爲説，疑未安。

一·六七〇**外事以剛日**〔一〕**，**順其出爲陽也。出郊爲外事。春秋傳曰：「甲午祠兵。」○**内事以柔日。**順其居内爲陰。**凡卜筮日，旬之外曰「遠某日」；旬之内曰「近某日」。**旬，十日也。○筮，市制反。○**喪事先遠日，吉事先近日，**孝子之心。喪事，葬與練、祥也。吉事，祭、祀、冠、取之屬也。○冠，古亂反。○**曰：「爲日，假爾泰龜有常，假爾泰筮有常。」**命龜筮辭。龜、筮於吉凶有常。大事卜，小事筮。○假，古雅反，下同。**卜筮不過三。**

〔一〕外事以剛日節　惠棟云：「『外事』節『龜爲卜』節，宋本合爲一節。」

求吉不過三。魯四卜郊，春秋譏之。○卜筮不相襲。卜不吉則又筮，筮不吉則又卜，是瀆龜筴也。晉獻公卜取驪姬，不吉，公曰「筮之」是也。○瀆，徒木反。驪，力知反。○

【疏】「外事」至「相襲」[一]。○正義曰：此一節明卜筮及用日之法，各依文解之。

○「外事以剛日」者，外事，郊外之事也。剛，奇日也。十日有五奇五偶，甲丙戊庚壬五奇爲剛也。外事剛義，故用剛日也。

○注「順其」至「祠兵」。○正義曰：以出在郊外，故順用剛日也。公羊莊公八年正月，師次於郎，以俟陳人、蔡人。甲午祠兵。傳云：「祠兵者何？出曰祠兵。」何休云：「禮，兵不徒使，故將出兵，必祠於近郊。」此鄭所引，直取甲午證用剛日事耳，其祠兵之文，鄭所不用。故異義：「公羊説以爲甲午祠兵。左氏説甲午治兵。」鄭駁之云：「公羊字誤也。以治爲祠。」因爲作説。引周禮四時田獵，治兵振旅之法，是從左氏之説，不用公羊也。

○「内事以柔日」者，内事，郊内之事也。乙丁己辛癸五偶爲柔也。然則郊天是國外之事，應用剛日，而郊特牲云「郊之用辛」，非剛也，又社稷是郊内，應用柔日，而郊特牲云「祀社日用甲」，非柔也。所以然者，郊社尊，不敢同外内之義故也。此言外剛内柔，

[一] 外事至相襲 惠棟校宋本無此五字。

自謂郊社之外他禮，則皆隨外内而用之。崔靈恩云：「外事，指用兵之事。内事，指宗廟之祭者。以郊用辛，社用甲，非順其居外内剛柔故也。祭社用甲，所以召誥用戊者，召誥是告祭，非常禮也。郊之用辛者，唯夏正郊天，及雩、大享明堂耳。若圜丘，自用冬至日。五時迎氣，各用其初朔之日，不皆用辛。」

○「凡卜筮日」者，凡先聖王之所以立卜筮者，下云「所以使民信時日，敬鬼神，決嫌疑，定猶與也」。卜筮必用龜蓍者，案劉向云：「蓍之言耆，龜之言久。龜千歲而靈，蓍百年而神，以其長久，故能辯吉凶也。」説文云：「蓍，蒿屬也。生千歲，三百莖，易以爲數。天子九尺，諸侯七尺，大夫五尺，士三尺。」陸機草木疏云[一]：「似藾蕭，青色，科生。」洪範五行傳曰：「蓍生百年，一本生百莖。」論衡云：「七十年生一莖，七百年十莖[二]，神靈之物，故生遲也。」史記曰：「滿百莖者，其下必有神龜守之，其上常有雲氣

[一] 陸機草木疏云　閩、監本同，毛本「機」作「璣」。孫志祖云：「經典釋文敘録云：『陸璣草木鳥獸蟲魚疏二卷。璣字元恪，吴郡人，吴太子中庶子、烏程令。』此與士衡名之從木旁者不同。梁元帝作同姓名録，兼收名之音義通用者，有兩陸機：一吴人，字士衡；一名璣，字元恪。注本艸者最分明，而元恪又嘗注本艸，則僅見於此也。李濟翁謂『元恪名當從玉旁』，本不誤。宋槧爾雅疏引草木疏作『陸機』，或疑傳寫偶譌。近錢大昕據以定元恪之名亦從木旁，謂『邢叔明諸人識字勝於李濟翁』。此二字殆古人通借用之。」

[二] 七百年十莖　閩、監、毛本同。惠棟校宋本「年」下有「生」字，是也。

覆之。」淮南子云：「上有藂蓍，下有伏龜。卜筮實問於神，龜筮能傳神命以告人。故金縢告大王、王季、文王云：爾之許我，乃卜三龜，一襲吉。是能傳神命也。」又鄭注天府云：「卜筮實問於鬼神，龜筮能出其卦兆之占耳。」案白虎通稱禮三正記：「天子龜一尺二寸，諸侯一尺，大夫八寸，士六寸。龜，陰也，故其數偶。」筮者，案少牢大夫「立筮」，鄭云：「大夫蓍長五尺。」推此而言，天子九尺，諸侯七尺，士三尺。蓍，陽也，故其數奇。所以謂之卜筮者，師説云：「卜，覆也，以覆審吉凶。筮，決也，以決定其惑。」劉氏以爲卜，赴也，赴來者之心；筮，問也，問筮者之事，赴、問互言之。案易繫辭云：「定天下之吉凶，成天下之亹亹者，莫大乎蓍龜。」又云：「蓍之德，圓而神。卦之德，方以知。神以知來，知以藏往。」又説卦云：「昔者聖人幽贊於神明而生蓍。」據此諸文，蓍龜知靈相似，無長短也。所以僖四年左傳云「筮短龜長，不如從長」者，時晉獻公卜娶驪姬不吉，更欲筮之，故太史史蘇欲止公之意，託云筮短龜長耳，實無優劣也。若杜預、鄭玄因「筮短龜長」之言，以爲實有長短，故杜預注傳云「物生而後有象，象而後有滋，滋而後有數，龜象筮數，故象長數短」是也。象所以長者，以物初生則有象，去初既近，且包羅萬形，故爲長。數短者，數是終末，去初既遠，推尋事數，始能求象，故以爲短也。又鄭康成注占人云「占人亦占筮，言掌占龜者，筮短龜長，主於長者」，是鄭及杜預皆以爲龜長筮短。凡卜筮，天子諸侯若大事，則卜筮並用，皆先筮後卜。故筮人云：「凡國之大事，先筮而後卜。」即事之漸。大事者，則大卜云：國大貞，卜立君，卜大封，大祭祀，凡出軍旅、喪事，及「龜之八命，一曰征，二曰象，三曰與，四曰謀，五曰果，六曰至，七曰雨，八曰瘳」，此等皆爲大事。故鄭注占人云「將卜八事，皆先以筮筮之」是也。若次事則唯卜不筮也，故表記云：「天子無筮。」鄭注云：「謂征伐出師若巡守。天子至尊，大事皆用卜也。」是天子出行，唯卜無筮是也。小事，無卜唯筮。筮人掌九筮之名：一曰筮更，謂遷都邑也；二曰筮咸，咸猶僉也，謂筮衆心歡不也；三曰筮式，謂制作法式也；四曰筮目，謂事衆，筮其要所當也；五曰筮易，謂民衆不說，筮所改易也；六曰筮比，謂與民和比也；七曰筮祠，謂筮牲與日也；八曰筮參，謂筮御與右也；九曰筮環，謂筮可致師不。鄭注占人「不卜而徒筮者[一]則用九筮」是也。天子既爾，諸侯亦然，故春秋僖二十五年，晉卜納襄王，得黄帝戰於阪泉之兆。又筮之，得大有之睽。哀九年，晉卜伐宋，亦卜而後筮。是大事卜筮並用也。但春秋亂世，皆先卜後筮，不能如禮。其禮既先筮後卜，尚書先云「龜從」者，以尊卑言之，故先言龜也。鄭注周禮云「筮凶則止，不卜」，所以洪範有「筮逆」「龜從」者，崔靈恩云：「凡卜筮，天子皆用三代蓍龜。若三筮並凶，則止而不卜。鄭云若一吉一凶，雖筮逆，猶得卜之也。則洪範所云者是也。」其大夫，則大事卜，

[一] 鄭注占人不卜而徒筮者　惠棟校宋本作「占」。此本「占」誤「古」，閩、監、毛本同。案：「不卜而徒筮者，則用九筮」，是占人注。

小事筮。大事則葬地及葬日，爲事之大則卜。故雜記云「大夫卜宅與葬日」是也。其小事用筮，則少牢常祀「筮日」是也。士亦大事卜，小事筮，故士喪禮卜葬日，以喪葬爲重，須定吉凶，故用卜也。其尋常吉祭，比葬爲輕，故筮日也。葬既卜日得吉，餘事皆吉可知，故唯筮葬地，不復用卜也。

○「旬之外曰遠某日」者，案少牢大夫禮，今月下旬筮來月上旬，是旬之外日也。主人告筮者云「欲用遠某日」，故少牢云「日用丁巳筮，旬有一日。吉，乃官戒」。既云旬有一日，是旬外一日，此謂大夫禮。

○「旬之内曰近某日」者，案特牲士禮云「不諏日」，注云：「士賤職褻，時至事暇，可以祭則筮其日，不如少牢大夫先與有司於廟門諏丁巳之日。」是士於旬初即筮旬内之日，是旬之内日也。主人告筮者云「用近某日」，此據大夫、士，故有旬内、旬外之日也。若天子諸侯，其有雜祭，或用旬内，或用旬外，其辭皆與此同。案少牢、特牲其辭皆云「來日丁亥」，不云「遠某日」「近某日」者，彼文不具也。

○「喪事先遠日」者，喪事，謂葬與二祥。是奪哀之義也，非孝子之所欲，但制不獲已，故卜先從遠日而起，示不宜急，微伸孝心也，故宣八年左傳云：「禮，卜葬先遠日，辟不懷。」杜云：「懷，思也。」辟不思親也。此尊卑俱然，雖士亦應今月下旬先卜來月下旬；不吉，卜中旬；不吉，卜上旬。

○「吉事先近日」者，吉事，謂祭祀、冠昏之屬。故少牢云：「若不吉，則及遠日，又筮日如初。」是先近日也。

○「曰爲」至「有常」者，「曰」，命龜筮辭也。卜擇吉日，故云「曰：爲日」。

○「假爾泰龜有常，假爾泰筮有常」，假，因也[一]。爾，汝也。爾，謂指蓍龜也。泰，大中之大也。欲褒美此龜筮，故謂爲泰龜、泰筮也。有常者，言汝泰龜、泰筮決判吉凶分明有常也，故云假爾泰龜、泰筮有常。凡卜筮，大夫以上命龜有三，命筮有二。其一爲事命龜，涖卜之官，以主人卜事命卜史，是一也。二，卜史既得所卜之命，更序述涖，卜所陳之辭，名曰述命，二也。卜人即席，西而命龜，云「假爾泰龜有常」，三也。命筮二者，一爲事命筮，則主人以所爲之事命筮史，是一也。二則筮史得主人之命，遂述之，爲述命，是二也。士則命龜有二，命筮有一。知士命筮有一者，士喪禮云：「命筮人：哀子某，爲其父筮宅。筮人許諾，不述命。」注云：「不述者，士禮略。」是士命筮一也。知士命龜二者，士喪禮「涖卜[二]命曰：『哀子某，卜葬其父，無有近悔。』許諾，不述命。」乃云「即席，西面坐，命龜」。既云不述命，是士命龜二也[三]。知大夫命筮二者，以士云命筮不述命，

[一] 假爾泰筮有常假因也　閩、監、毛本同，惠棟校宋本「常」下有「者」字，此本「因」字亦漶滅不全。
[二] 知士命龜二者士喪禮涖卜　閩、監、毛本如此，此本「二者士」三字誤作「者二七」，今正。
[三] 是士命龜二也　閩本同。監本「二」字僅留下畫，毛本遂作「一」，非也。

則知大夫以上述命也。故少牢云：「主人曰：『孝孫某，來日丁亥，用薦歲事於皇祖伯某。』」又云「史遂述命，曰『假爾泰筮有常，孝孫某，來日丁亥』」云。是大夫命筮二，但冠即席所命于述命之上也。知大夫命龜三者，以士喪禮涖卜爲事命龜，又有「即席西面，命龜」；云「不述命」，明大夫有述命。故知大夫命龜三也。

○注「大事卜，小事筮」。○正義曰：此大事者，謂小事之中爲大事，非周禮大貞、大封及八事之等，故得用卜而已。或云「大事卜」者，總兼大貞、大封及八事等，雖卜筮並用，總皆用卜，故云「大事卜」。但大事則先筮後卜，卜筮俱有，若小事筮，徒有筮而無卜也。

○「卜筮不過三」者，王肅云：「禮以三爲成也。上旬、中旬、下旬，三卜筮不吉，則不舉也。」鄭意「不過三」者，謂一卜不吉而凶，又卜，以至於三，三若不吉，則止。若筮，亦然也。故魯有「四卜」之譏。崔靈恩云：「謂不過三用。若大事龜筮並用者，先用三王筮，次用三王龜，始是一也。三如是乃爲三也，若初始之時，三筮三龜皆凶，則止。或逆多從少，或從多逆少，如此者皆至於三也。單卜單筮，其法惟一用而已，不吉則擇遠日，不至於三也。前以用三王之龜筮者，有逆有從，故至三也。此唯用一，故不至三也。」案崔解，亦有三王龜筮也。

○注「魯四卜郊，春秋譏之」。○正義曰：卜郊之事，或三，或四，或五。襄七年夏四月，三卜郊，不從，乃免牲。僖三十一年，及襄十一年夏四月，四卜郊，不從。成十年夏四月，五卜郊，不從。三傳之説，參差不同。若左氏之説，魯郊，常祀，不須卜可郊與否，俱卜牲與日；唯周之三月爲之，不可在四月，雖三卜，亦爲非禮。故僖三十一年左傳云：「禮，不卜常祀。」是常祀不卜也。襄七年左傳云：「啟蟄而郊，郊而後耕。今既耕而卜郊，宜其不從也。」是用周之三月，不可至四月也。若公羊之義，所云卜者，皆爲卜日。故僖三十一年公羊傳云：「三卜，禮也。四卜，非禮也。」又成十七年公羊傳云：「郊用正月上辛。」何休云：「魯郊搏卜三正[一]。三王之郊，一用夏正。」又定十五年禮「三卜之運也」，何休云：「運，轉也。已卜春三正不吉，復轉卜夏三月周五月，得一吉[二]，故五月郊。」如休之意，魯郊轉卜三正，假令春正月卜不吉，又卜殷正；殷正不吉，則用夏正郊天。若此三正之内有凶不從，則得卜夏三月，但滿三吉日則得爲郊。此公羊及何休之意也。穀梁之説春秋卜者，皆卜日也。哀元年穀梁傳云：「郊，自正月至三月，郊之時也。或以十二月下辛卜正月上辛，卜如不從，則以正月下辛卜二月上辛；如不從，則以二月下辛卜三月上辛；如不從，則不郊。」如是，穀梁三正正月卜吉，則爲四月、五月則

[一] 何休云魯郊搏卜三正　惠棟校宋本「搏」作「博」，閩、監、毛本「搏」作「轉」。案公羊傳注云：「魯郊博卜春三月。」作「博」爲是。

[二] 周五月得一吉　閩、監、毛本同。考文引宋板「一」作「二」，與公羊注合。

不可。與公羊之説同，與何休意異。休以四月、五月卜滿三吉則可郊也。若鄭玄意，禮，不當卜常祀，與左氏同。故鄭箴膏肓云：「當卜祀日月爾，不當卜可祀與否。」鄭又云：「以魯之郊天，惟用周正建子之月，牲數有災，不吉，改卜後月。故或用周之二月三月，故有啟蟄而郊，四月則不可。」故駁異義引明堂云：「孟春正月，乘大路祀帝於郊。」又云：「魯用孟春建子之月，則與天子不同明矣。魯數失禮，牲數有災，不吉，則改卜後月。」如鄭之言，則與公羊、穀梁傳卜三正不同也。此云「魯四卜郊，春秋譏之」，用公羊、穀梁傳三卜，正；四卜，非正也。是四卜爲譏，三卜得正，與左氏意違。左氏三卜，亦非故也。

○「卜筮不相襲」者，襲，因也。前卜不吉則止，不得因更筮；若前筮不吉則止，不得因更卜，是不相襲也。若相因不止，是瀆龜筮，則神不告也。王云：「三筮及三卜，不相襲三者，初各專其心也。」

○注「卜不」至「是也」。○正義曰：晉獻公初卜不吉，故公云更筮之，是因襲也。表記云「卜筮不相襲」，鄭云：「襲，因也。大事則卜，小事則筮。」然與此注不同者，明襲有二義，故兩注各舉其一。一則大事、小事，各有所施，不得因龜卜小事，因蓍筮大事也。二則筮不吉，不可復卜；卜不吉，不可復筮也。

【衛氏集説】外事以剛日，內事以柔日。凡卜筮日，旬之外曰「遠某日」；旬之內曰「近某日」。喪事先遠日，吉事先近日。

祭、祀、冠、取之屬也。

鄭氏曰：順其出外爲陽，順其居内爲陰。旬，十日也。喪事，葬與練、祥也。吉事，

孔氏曰：自此至「踐之」一節，明卜筮及用日之法。外事，郊外之事。内事，郊内之事。十日有五奇五偶，甲丙戊庚壬五奇爲剛，乙丁己辛癸五偶爲柔。然郊天在國外，應用剛日，而郊特牲云「郊之用辛」。又社稷是郊内，應用柔日，而郊特牲云「祀社日用甲」者，郊社尊，不敢同外内之義，自郊社之外則皆用之。祭社用甲，而召誥用戊者，召誥是告祭，非常禮也。郊之用辛者，惟夏正郊天及雩、大享明堂耳。若圜丘，自用冬至日。五時迎氣，各用其初朔之日，不皆用辛。凡先聖王所以立卜筮者，所以使民信時日也。必用蓍龜者，劉向云：「龜千歲而靈，蓍百年而神，以其長久，故能辨吉凶也。」説文云：「蓍，蒿屬。生千歲，三百莖。」洪範五行傳云：「蓍生百年，一本百莖。」論衡云：「七十年生一莖，神靈故生遲。」史記曰：「滿百莖者，其下有神龜守之，上有雲氣覆之。」淮南子云：「卜筮實問於神，龜筮能傳神命以告人。」案易繫辭云：「定天下之吉凶，莫大乎蓍龜。」據此文，蓍龜知靈相似，無長短也。左傳「筮短龜長」，乃大史史蘇欲止晉獻公娶驪姬，託言云耳。鄭康成注占人云「占人亦占筮，言掌占龜者，筮短龜長，主於長者」，是鄭亦以龜筮爲有長短也。凡卜筮者，若大事，則卜筮並用，皆先筮後卜，見周禮筮人；若次事，則唯卜不筮；小事，則無卜唯筮。天子既爾，諸侯亦然。但春秋亂世，皆先卜後

筮。然尚書先云「龜從」者，以尊卑言之也。鄭注周禮云「筮凶則止，不卜」，而洪範有「筮逆」「龜從」者，崔靈恩云：「凡卜筮，天子皆用三，若三筮並凶，則止。鄭云若一吉一凶，雖筮逆，猶得卜之。洪範所云是也。」大夫、士，則大事卜，小事筮。「旬之外曰遠某日」者，案少牢大夫禮，今月下旬筮來月上旬，是旬之外日也。主人告筮者云「欲用遠某日」，此謂大夫禮。「旬之內曰近某日」者，案特牲士禮云「不諏日」，注云：「士賤職褻，時至事暇，可以祭則筮其日。」是士於旬初即筮旬內之日，是旬之內日也。主人告筮者云「用近某日」，此據大夫、士，有旬內、旬外之日。若天子諸侯，其有雜祭，或用旬內，或用旬外，其辭皆與此同。喪事，謂葬與二祥。是奪哀之義，非孝子所欲，但制不獲已，故卜先從遠日而起。宣八年左傳云：「卜葬先遠日，辟不懷也。」謂不思親也。先遠日，謂如今月下旬先卜來月下旬；不吉，卜中旬；不吉，卜上旬。吉事，謂祭祀、冠昏之屬。故少牢云：「若不吉，則及遠日，又筮日如初。」是先近日也。

馬氏曰：辰以日爲母，日以甲爲子。剛柔在日不在辰，剛則陽而主外，師田、外祭之類，外事也，故用剛日。詩「吉日戊午」，春秋「壬午大閱，甲午治兵」是也。柔則陰而主內，冠昏、內祭之類，內事也，故用柔日。儀禮少牢饋食用丁巳，春秋己卯烝、乙酉吉禘于莊公、丁丑作僖公主、丁卯大事于太廟、辛巳有事於太廟、辛巳立武宮、癸酉有事于武宮、丁丑夫人姜氏入是也。士虞禮始虞用柔日，三虞卒哭用剛日，何也？曰：內事、外事，以事之内外爲陰陽者也；始虞、三虞，以事之先後爲陰陽者也。以事之先後爲陰陽，則麗乎陰者，亦可謂之外事也。郊，外事也，日用辛；社，内事也，日用甲，何也？皇天后土之於天下，其近無内，其遠無外，故郊雖在外，特尊而遠之，非外事也；社雖在内，特親而近之，非内事也。甲者，日之始而主生。辛者，向中而主成。萬物之生本乎社，其成功則歸諸天，此社所以用辛也。吉事，人情之所欲，故先近者；喪事，人情之所不忍，故先遠者。

廬陵胡氏曰：春秋郊皆用辛，故郊特牲云「郊用辛」，又春秋升陘之戰用丁未，泓之戰用己巳，而武王癸亥陳于商郊，則非剛也。

横渠張氏曰：祭之筮日，若再不吉，則止，諏日而祭，更不筮。據儀禮，唯有「筮遠日」之文，不云三筮、筮日之禮，只是二筮，先筮近日，後筮遠日，不從則直諏日，用下旬遠日，蓋二筮足以致聽命鬼神之意，而祀則不可廢。

藍田吕氏曰：卜筮者，先王所以求之鬼神之道也。先儒云「天子之用卜筮，大事先筮而後卜」，筮人之説是也；次事，唯卜不筮，表記「天子無筮」，謂「征伐出師若巡狩」，是天子出行，皆用卜無筮是也；小事，無卜唯筮，筮人「九筮」是也。其説然矣。唯天子無筮，指爲次事而無所據，恐此非周人之禮也。凡事有二則疑，人謀不能決，必求之鬼神，此所以問卜筮也。然有疑而莫適從者，如立君，或曰某可立，或曰某不可立，其位均也，其親均也，其賢均也；戰者，或曰可戰，或曰不可戰，其義均也，其利均也，如此則一聽於神，以定其吉凶也。有疑而不敢專者，如建都邑，地利便矣，人居便矣，擇而居之可矣；如時日者，祭必用是時，葬必用是月，諏而用之可矣，然即其中以求之神，蓋有所尊也。

廣安游氏曰：外事以剛日，内事以柔日，此謂順其陰陽也。聖人之治天下，本之以自然，行之以至順，如此而已。三才之道，在天爲陰陽，在地爲剛柔，在人爲仁義。仁者，陽與剛之屬也；義者，陰與柔之屬也。古人以是二端，盡三才之理，然此二者不可以交相雜也。柔者從陰，剛者從陽，外者從剛，内者從柔，此謂自然而至順者也。惟其本之以至順，行之以自然，則凡所謂道者，皆自是而起。陰陽剛柔不可以相入，猶仁義之不可以相入也。當陽而柔，當陰而剛，當仁而義，猶當暑而寒，當寒而暑也。禮曰：「天地位，萬物育。」苟陰陽錯置，寒暑相失，仁義失位，雖有天下之聖智，亦末如之何矣。易曰：「本乎天者，親上；本乎地者，親下。物各從其類也。」又曰：「方以類聚，物以羣分，吉凶生矣。」聖人之所以治人事者，用此道也。所以「位天地，育萬物」者，用此道也。所以見天地萬物之情者，用此見之也。所以知鬼神之情狀者，用此知之也。吉事，先近日，近日不吉而後及遠，古之爲冠昏者，其辭曰：「以歲之虞，以歲之不易。」蓋古人敦睦九族，至於昏友，皆爲之服，而其服之之際，飲食起居各有變也。惟其如此，較之後世吉祥無故之日，蓋有時而難得也，故憂其不易而多虞，速欲畢冠昏之事，其先近日，或亦此意。

【吴氏纂言】外事以剛日，内事以柔日。

鄭氏曰：順其出外爲陽，順其居内爲陰。

孔氏曰：外事，郊外之事。内事，郊内之事。十日有五奇五耦，甲丙戊庚壬五奇爲剛，乙丁己辛癸五耦爲柔。然郊天在國外，應用剛日，而郊特牲云「郊用辛」。社稷是郊内，應用柔日，而郊特牲云「社日用甲」。郊社尊，不敢同内外之義，自郊社之外則皆用之。社祭用甲而召誥用戊者，召誥是告祭，非常禮也。郊之用辛者，惟夏正郊天，及雩、大享明堂爾。若郊丘，自用冬至日。五時迎氣，合用其初朔之日，不皆用辛也。崔靈恩云：「外事，指用兵之事。内事，指宗廟之祭。」

澄曰：詩小雅吉日田獵之詩而曰：「吉日維戊，吉日庚午。」春秋桓六年壬午大閲；莊八年甲午治兵。田獵、兵師，外事也，故戊庚壬甲皆用剛日。桓八年己卯烝，丁丑烝；十四年乙亥嘗。閔二年乙酉吉禘于莊公，文二年丁卯大事于太廟，宣八年辛卯，有事于太廟。昭十五年癸酉，有事于武宫。儀禮少牢饋食「日用丁巳，宗廟祭」，享内事也。故巳丁乙辛癸，皆用柔日。

凡卜筮日，旬之外曰「遠某日」；旬之内曰「近某日」。喪事先遠日，吉事先近日。

鄭氏曰：旬，十日也。喪事，葬與練、祥也。吉事，祭、祀、冠、取之屬也。

孔氏曰：凡卜筮者，若大事，則卜筮並用，皆先筮後卜；若次事，則惟卜不筮；小事，則無卜唯筮。天子既爾，諸侯亦然。但春秋亂世，皆先卜後筮。尚書先云「龜從」

者，以尊卑言之。鄭注周禮云「筮凶則止，不卜」，而洪範有「筮逆」「龜從」者，崔靈恩云：「凡卜筮，天子皆用三，若三筮並凶，則止。鄭云若一吉一凶，雖筮逆，猶得卜之。洪範所云是也。」大夫、士則大事卜，小事筮。旬之外者，少牢大夫禮，今月下旬筮來月上旬，是旬之外日也。旬之内者，按特牲士禮「不諏日」，注云「士賤職褻，時至事暇，可以祭則筮其日」。於旬初即筮旬内之日，是旬之内日也。主人告筮者云「用近某日」，此據大夫、士有旬内、旬外之日。若天子諸侯，其有雜祭，或用旬内，或用旬外，其辭皆與此同。喪事，謂葬與二祥。哀非孝子所欲，但制不獲已，故卜先從遠日而起。左傳云：「卜葬先遠日，辟不懷也。」謂如今月下旬先卜來月下旬；不吉，卜中旬；不吉，卜上旬。是先遠日也。吉事，謂祭祀、冠昏之屬。少牢云：「若不吉，則及遠日，又筮日如初。」是先近日也。

曰：「爲日，假爾泰龜有常，假爾泰筮有常。」

鄭氏曰：命龜筮辭。

孔氏曰：假，因也。爾，女也，指龜蓍。泰，太中之太也。褒美龜筮，故謂泰龜、泰筮也。有常者，言爾泰龜、泰筮決判吉凶分明有常也。

方氏曰：龜則卜之體，筮則蓍之用。一言其體，一言其用，互相備也。

馬氏曰：布席，謂之爲席。擇日，謂之爲日，以其有所爲故也。大羹謂之泰羹，瓦尊謂之泰尊，龜謂之泰龜，筮謂之泰筮，以其有所尊故也。目有光而不能明，假日月而後明。事有吉凶而不能知，假蓍龜而後知，故假爾龜、假爾筮。事之萬變不同，理之是非不一。卜筮而體吉則吉，體咎則咎，故曰「有常」。

卜筮不過三。卜筮不相襲。

鄭氏曰：求吉不過三，魯四卜郊，春秋譏之。

孔氏曰：一卜不吉，而凶又卜，以至於三。三若不吉則止，筮亦然。

澄曰：襲，因也，重也。謂一卜不吉雖可再卜，再卜不吉雖可三卜，然須俟他日然後再卜、三卜。不可於一卜、再卜之日而相因重複以卜。蓋誠不專一，且瀆神也，筮亦然。

【陳氏集説】外事以剛日，内事以柔日。甲丙戊庚壬爲剛，乙丁己辛癸爲柔。先儒以外事爲治兵，然巡狩、朝聘、盟會之類，皆外事也。内事如宗廟之祭、冠昏之禮，皆是。**凡卜筮日，旬之外曰「遠某日」；旬之内曰「近某日」。喪事先遠日，吉事先近日。**疏曰：今月下旬筮來月上旬，是旬之外日也。主人告筮者云「欲用遠某日」，此大夫禮。士賤職褻，時至事暇，可以祭則於旬初即筮旬内之日。主人告筮者云「用近某日」。天子諸侯，有雜祭，或用旬内，或用旬外，其辭皆與此同。喪事，謂葬與二祥。是奪哀之義，非孝子所欲，但不獲已，故先從遠日而起，示不宜急，徵伸孝心也。吉事，謂祭祀、冠昏之屬，少牢云：「若不吉，則及遠日。」是先近日也。**曰：「爲日，假爾泰龜有常，假爾泰筮有常。」**

卜筮不過三。卜筮不相襲。曰，命辭也。爲字去聲，讀爲卜吉日，故曰「爲日」。卜則命龜曰爲日，假爾泰龜有常，筮則命蓍曰：「爲日，假爾泰筮有常。」假，因也，託也。泰者，尊上之辭。有常，言其吉凶常可憑信也，此命蓍龜之辭。不過三者，一不吉至再至三，終不吉則止而不行。襲，因也。卜不吉則止，不可因而更筮，筮不吉則止，不可因而更卜也。

【納喇補正】外事以剛日，内事以柔日。

集説　甲丙戊庚壬爲剛，乙丁己辛癸爲柔。先儒以外事爲治兵，然巡守、朝聘、盟會之類，皆外事也。内事如宗廟之祭、冠昏之禮，皆是。

竊案　左傳「國之大事，在祀與戎」，是以治兵致祭，皆稱有事。崔靈恩云「外事，指用兵之事；内事，指宗廟之祭」是矣。故鄭注惟以甲午治兵徵剛日。又案春秋「壬午大閲」，是治兵皆以剛日可見矣。「春正月己卯烝」「夏五月丁丑烝」「夏五月乙酉吉禘于莊公」「八月丁卯大事于太廟，躋僖公」，是祭宗廟，皆以柔日可見矣。集説乃以巡守、朝聘、盟會之類皆爲外事，冠昏之禮皆爲内事，似覺非是。陸菊隱曰：「隱公夏五月辛酉，會齊侯，盟于艾。九月辛卯，及莒人盟于浮來。桓公夏四月丁未，及鄭伯盟于越。其他盟會用柔日，當不可勝數，故先儒但以兵、祭言之，必有所據也。」

凡卜筮日，旬之外曰「遠某日」；旬之内曰「近某日」。

集説　疏曰：今月下旬筮來月上旬，是旬之外日也。主人告筮者曰「欲用遠某日」，此大夫禮。士賤職褻，時至事暇，可以祭則於旬初即筮旬内之日。主人告筮者曰「用近某日」。天子諸侯，有雜祭，或用旬内，或用旬外，其辭皆與此同。

竊案 黄氏日録云：案凡卜筮日，謂天子、諸侯、大夫、士。凡卜筮吉日，以行内、外事者，非只謂大夫、士也，非但謂卜日行祭也。觀上文言内事、外事，下文言喪事、吉事可見矣。又十日謂之旬，一月有上、中、下旬，何必今月下旬筮來月上旬，而後謂旬之外也，疏家謬矣。

曰：「爲日，假爾泰龜有常。」

集説 「爲」字，去聲讀。爲卜吉日，故曰爲日。

竊案 馬氏云：布席謂之爲席，擇日謂之爲日，以其有所爲故也。作平聲讀爲是，注、疏亦然。

【方氏析疑】外事以剛日，内事以柔日。

内外不宜以國中郊外爲斷，社稷在庫門之内，天子大學在國中，皆不得爲内事。惟王宫之五祀，或不得爲外事耳。

卜筮不過三。

陳從王曰：再三之瀆，易所明戒，記者豈專據春秋傳郊三卜，禮四卜，非禮而言與？

【江氏擇言】卜筮不相襲。

鄭注：卜不吉則又筮，筮不吉則又卜，是瀆龜筴也。晉獻公卜取驪姬不吉，公曰「筮之」是也。

按：「不相襲」有三説：一謂卜不吉不可復筮，筮不吉不可復卜，鄭注是也。然占人云「國之大事，先筮而後卜」，而洪範亦有「龜從」「筮逆」之文，則卜筮亦可相襲矣。一謂大事、小事各有所施，不得因龜卜小事，因蓍筮大事，鄭氏注表記云「襲，因也。大事則卜，小事則筮」用此説。然大卜云：「凡小事涖卜」，而國之大事又必先筮者何也？一謂三筮及三卜不相襲，三者初各專其心，王肅之説也。吴氏以爲一卜之後，須俟他日然後再卜、三卜，不可於一卜、再卜之日而相因重複以卜，筮亦然。此用王説之意，非但可施於卜筮日而已。此文承「卜筮不過三」之下，當以此説爲優。○大抵卜筮之禮，經傳雜出，各有乖違，表記篇劉氏言之詳矣。○吕氏用第一説，謂常事不相襲，大事則卜筮並用，亦可通。

【欽定義疏】外事以剛日，内事以柔日。

正義 鄭氏康成曰：以剛日，順其出爲陽也。出郊爲外事，春秋「甲午祠兵」。以柔日，順其居内爲陰。孔疏：公羊莊公八年「甲午祠兵」，鄭引周禮駁以「治爲祠」之誤，此直取甲午証用剛日事耳。

崔氏靈恩曰：外事，用兵之事。内事，宗廟之祭。

孔氏穎達曰：自此至「踐之」，明卜筮及用日之法。甲丙戊庚壬五奇爲剛；乙丁己辛癸五偶爲柔。

馬氏晞孟曰：師田、外祭之類，外事也。冠昏、内祭之類，内事也。

存疑 陳氏澔曰：外事，巡守、朝聘、盟會之類。内事，如宗廟之祭，冠、昏之禮。

存異 孔氏穎達曰：外事，郊外之事。内事，郊内之事。郊天在國外，應剛日，而郊特牲云「郊之用辛」。又社稷是郊内，應用柔日，而郊特牲云祀社「日用甲」者，郊社尊，不敢同外内之義，自郊社之外皆用之。祭社用甲，而召誥用戊者，召誥是告祭，非常禮也。郊之用辛，唯夏正郊天及雩、大享明堂。若圜丘自用冬至，五時迎氣，各用其初朔之日。案：月令則以四立之日，不以朔日。

胡氏銓曰：春秋郊皆用辛，故郊特牲云「郊用辛」，春秋之變禮，非古法也。社用甲，剛日，召誥用戊，亦剛日，即此剛日之謂。又春秋升陘之戰用丁未，泓之戰用己巳，而武王癸亥陳於商郊，則非剛也。

案 國之大事在祀與戎，左傳「天子有事於文、武」，祀也；論語「季氏將有事於顓臾」，戎也。故鄭氏惟以祠、兵釋「外事」，其曰出郊，即「我出我車，於彼郊矣」之意。崔氏亦惟以用兵爲外事，祭宗廟爲内事是也。孔氏所謂已非鄭意，而胡氏又謂郊社外事，春秋郊用辛，變禮，非古法。馬氏補師田皆外事，冠昏亦内事，猶近之。至陳氏又增巡守、朝聘、會盟皆外事，則更遠矣。蓋治兵之用剛日，惟在出兵，所謂宜於社而後出也。田獵亦以習兵，故詩曰「吉日惟戊」「吉日庚午」。若布陳合戰，則不能拘，故武王癸亥次於商郊也。内祭用柔日，惟四時之祭爲然，特牲禮所謂「日用丁巳」也。若有特告則亦不拘，故成王戊辰烝告周公，其後至祭天地日月在二至二分，所重在陰陽之始，陰陽之中，不必復以日之剛柔辨陰陽。周郊之用辛，則以武王克殷，辛亥日告於天宗上帝，遂以爲一代之制，所謂「郊之用辛」也。周之始郊日以至，而祈穀、大雩皆用之，並非春秋變禮。若特告則亦不拘，故周公營洛丁巳、郊戊午社也。巡守之出，傳無明文，朝聘、會盟，則左傳所載剛、柔日，皆有之，未聞以爲外事而必用剛日也。

凡卜筮日，旬之外曰「遠某日」；旬之内曰「近某日」。喪事先遠日，吉事先近日。

【正義】鄭氏康成曰：旬，十日也。先遠日者，孝子之心。喪事，葬與練、祥也。孔疏：葬與二祥是奪哀之義，非孝子之所欲，但制不獲已，故先卜遠日，示不宜急，微申孝心也。宣八年左傳：「卜葬先遠日，辟不懷。」杜注：「懷，思也。」辟不思親也。此尊卑同，雖士亦先卜來月下旬。吉事，祭祀、冠取之屬也。孔疏：少牢云：「若不吉，則及遠日，又筮日如初。」

孔氏穎達曰：「卜筮日」者，若大事則先筮後卜，周禮筮人云「即事之漸也」，左傳僖公二十五年「晉卜納襄王」，哀公九年「晉卜伐宋」，皆先卜後筮。春秋亂世，不能如禮。尚書先言「龜從」，以尊卑言之，故先龜也。

案 喪事奪哀，故先遠日，示不忍迫也。吉事主敬，故先近日，示不敢緩也。

通論 孔氏穎達曰：周禮大卜作龜之八命：一曰征，二曰象，三曰與，四曰謀，五曰果，六曰至，七曰雨，八曰瘳。簭人掌九簭之名：一簭更，二簭咸，三簭式，四簭目，五簭易，六簭比，七簭祠，八簭參，九簭環。案：注詳見周禮。鄭注周禮，古用三代簭龜，三簭並凶則止不卜，若有一吉猶得卜之。

張子曰：儀禮簭日，只是二簭。先簭近日，後簭遠日，不從則直諏日，用下旬遠日。蓋二簭足以致聽命鬼神之意，而祀則不可廢。

存疑 孔氏穎達曰：大事卜簭兼用，次事唯卜不簭，故表記云「天子無簭」。又曰「旬之外曰遠某日」者，案少牢大夫禮，今月下旬簭來月上旬，是旬之外日也。主人告簭者云「欲用遠某日」，此謂大夫禮。「旬之內曰近某日」者，案特牲士禮云「不諏日」，注云「士賤職褻，時至事暇可祭，則簭其日」。不如少牢大夫，先與有司諏日，是士於旬初即簭旬內之日，是旬之內日也。主人告簭者曰「用近某日」，此謂士禮。鄭注云：「謂征伐、出師若巡守，天子至尊，大事惟用卜也，小事無卜唯簭。」簭人掌九簭之名，鄭注「古人不卜而徒簭者，則用九簭」是也。天子既爾，諸侯亦然，大夫則大事卜，小事簭。

辨正 吕氏大臨曰：天子無簭，指爲次事，無所據。

案 表記言「天子無簭」，又言「天子道以簭」。彼注「道」，有小事則用簭。此疏乃以「次事」言之，考「九筮」「一筮更」注謂遷都邑，夫遷都，豈小事乎？盤庚篇言「卜稽未嘗言筮」也。「七筮祠」注謂筮牲與日，則言卜日、卜牲者又多矣。故其爲大事、小事，亦大槩言之，初不必指定其爲何事。卜筮，或一用，或兼用，亦在其人耳。古人用兵，亦有言不疑。何卜而不卜者，亦有龜焦大凶而反勝者，要在心明乎理而以義斷之，必拘拘焉。謂此當用卜，此當用筮，不亦末乎？

又案：此文第以吉凶分遠近，並不以遠近分貴賤，少牢、特牲雖有士、大夫之分，祭則猶是吉事耳。若以少牢爲先遠日，豈大夫吉事反用凶禮耶？此説亦不知何據。

曰：「爲日，假爾泰龜有常，假爾泰筮有常。」

正義　鄭氏康成曰：命龜筮辭。龜筮於吉凶有常，大事卜，小事筮。

孔氏穎達曰：卜擇吉日，故云爲日。假，因也。爾，汝也，指蓍龜也。泰，大中之大也。欲褒美此龜筮，故謂爲泰。

馬氏晞孟曰：布席謂之爲席，擇日謂之爲日，以其有所爲故也。曰「泰」者，猶羹曰「太羹」，尊曰「泰尊」，皆以其有所尊也。事之萬變不一，理之是非不一。卜筮而體吉則吉，體咎則咎，故曰「有常」。

通論　孔氏穎達曰：白虎通稱禮三正記「天子龜一尺二寸，諸侯一尺，大夫八寸，士六寸」。龜陰，故其數耦。説文云：「天子蓍長九尺，諸侯七尺，大夫五尺，士三尺」。蓍陽，故其數奇。大夫以上命龜有三，涖卜之官，以主人所卜事命卜史，曰事命，一也；卜史得命，序述涖卜所陳之辭，曰述命，二也；卜人即席，命龜云「假爾泰龜」云云，三也；命筮有二，一事命，主人以所爲事命筮史，一也；一述命，筮史得命，遂述以筮，二也。士命龜二，命筮一。

呂氏大臨曰：命龜者，周官大卜主之。命筮，人君未聞，必筮人主之。大夫則筮史命之，少牢禮是也。

案 卜之法，天子南面，冢宰、宗伯北面受命，卜於廟内。冢宰、宗伯涖卜門東，西面，以命大史曰事命。龜人奉龜閾外席上，西首。肆師詔相，大史、大卜、卜師各執事門西，東面行立。大史以告大卜，大卜告卜人曰述命。卜人作龜，復命之曰命龜，此則命龜之辭也。諸侯無再述命，大夫無述命，士則親命卜人，卜人命龜而已。若君親卜，則君北面筮之，法大略與卜同，筮人即北面命筮。

卜筮不過三。

正義 鄭氏康成曰：求吉不過三。魯四卜郊，春秋譏之。

孔氏穎達曰：一卜不吉而凶，又卜，以至於三，三若不吉，則止。筮亦然也。

通論 呂氏大臨曰：不過三，如洛誥曰「我卜河朔黎水，我乃卜澗水東、瀍水西，惟洛食；我又卜瀍水東，亦惟洛食」是也。易曰：「初筮告，再三瀆，瀆則不告。」

【存疑】崔氏靈恩曰：謂不過三用。若大事龜筮並用者，先用三王筮，次用三王龜，始是一也。三如是乃爲三也，初始之時，三筮三龜皆凶，則止。或逆多從少，或從多逆少，如此者皆至於三也。單卜單筮，其法惟一用而已。

吴氏澄曰：一卜不吉雖可再卜，再卜不吉雖可三卜，然須俟他日然後再卜、三卜。不可於一卜、再卜之日而相因重複以卜。蓋誠不專，且瀆神也，筮亦然。

【案】金縢乃卜三龜，是每卜必用三龜，筮亦用。連山、歸藏、周易三者，皆不吉則止。「不過三」者，如卜上丁不吉，則卜仲丁，不可四卜上丁也。但士筮上丁不吉，即於此日筮仲丁。大夫至上丁日乃筮仲丁，若卜尤重於筮。三龜皆吉皆凶，不再卜，兩吉亦可用不再卜，惟一吉，則改期再卜。若如崔氏説，則一日卜六龜、九龜矣，恐非「不過三」之義。如吴氏説，則止大夫禮耳，士則不然。

卜筮不相襲。

【正義】鄭氏康成曰：卜不吉又筮，筮不吉又卜，是瀆龜筴也。晉獻公卜取驪姬，不吉，公曰「筮之」是也。

孔氏穎達曰：襲，因也，重也。襲有二義，大事則卜，小事則筮，一也。前卜不吉則止，不得因而更筮；前筮不吉則止，不得因而更卜，二也。若相因不止，則神不告。

【存異】方氏慤曰：卜筮不過三。三卜之矣，而又卜之，是卜與卜相襲也。三筮之矣，而又筮之，是筮與筮相襲也。

辨正 呂氏大臨曰：凡常事，卜不吉則不筮，筮不吉則不卜，大事則先筮而後卜。洪範「汝則有疑，謀及乃心，謀及卿士，謀及庶民，謀及卜筮」，故有「龜從」「筮從」，或「龜從」「筮逆」，是龜筮並用也。晉卜納襄王，得黄帝戰於阪泉之兆，又筮之，遇大有之睽，亦龜筮並用也。故知不相襲者，非大事也。

陸氏佃曰：書曰「三龜，一習吉」，又曰「卜不習吉」，據此龜襲龜可也。若大事先筮後卜，筮不吉，雖卜可也，非所謂襲。襲謂若卜筮不吉，又卜筮之。

案 二句相似而義别。此謂三卜皆吉、皆凶，不得復筮；三筮皆吉、皆凶，不得復卜也。若筮有一吉，猶得用卜。若小事則既筮不可卜，大事若先卜，亦不再用筮也。

【杭氏集説】外事以剛日，内事以柔日。

陳氏澔曰：外事，巡狩、朝聘、盟會之類。内事，如宗廟之祭、冠昏之禮。

姚氏際恒曰：剛日，謂甲丙戊庚壬。柔日，謂乙丁己辛癸。鄭氏謂出郊爲外事，是郊亦爲外事，春秋傳曰「甲午治兵」。孔氏謂外事，郊外之事俱是已，然郊特牲曰「郊之用辛」，又春秋凡郊皆用辛，何也？孔氏謂内事，郊内之事，社稷是郊内是已，然郊特牲曰「祀社日用甲」，書召誥曰「戊午社于新邑」，何也？孔又謂郊社尊，不敢同外内之義。此自謂郊社之外他禮，然則果何禮乎？此一説之不可通也。崔氏以其不可通，謂外事指用兵之事，内事指宗廟之祭。用兵之事，謂詩「吉日庚午」，春秋「壬午大閲」「甲午治兵」是已，然春秋「乙卯戰于郯」「己巳戰于城」「辛巳戰于殽」之類，何也？宗廟之事，謂「少牢饋食用丁巳」，春秋「己卯蒸」「乙酉吉禘于莊公」「丁丑作僖公主」「辛巳有事于大廟」是已，然洛誥「戊辰，王在新邑烝，祭歲」，崔氏謂告祭非常禮，此曲説。士虞禮始虞用柔日，三虞、卒哭俱用剛日，何也？此又一説之不可通也。陳可大謂巡狩、朝聘、會盟皆外事，冠昏皆内事，然春秋盟會多柔日，何也？喪祭，鬼事，或用柔日；冠昏，人事，用柔日，何也？女昏或稱内，男冠稱内，何也？此又一説之不可通也。然則内、外事必當屬何等事耶？郝仲輿曰「其説附會小雅吉日詩，未足憑」，或有然。

姜氏兆錫曰：甲丙戊庚壬爲剛，乙丁己辛癸爲柔。外事、内事諸説不一，據注，則郊以外爲外事，以内爲内事。崔氏則用兵爲外事，廟祭爲内事。陳注則朝會、師田之類皆外事，喪、冠、婚之類皆内事。今按，諸説各有所援，而下篇云「内事曰孝子某」「外事曰曾孫某」，是祭其先爲内事，祭外神爲外事也。然則下篇爲正，而以諸説參之與？又曰：游氏曰：「外以剛，内以柔，此謂順其陰陽也。聖人之治天下本之以自然，行之以至順。三才之道，在天爲陰陽，在地爲剛柔，在人爲仁義。仁者，陽與剛之屬；義者，陰與柔之屬也。古人以是二端，盡陰陽之理。柔從陰，剛從陽，外從剛，内從柔，此自然而至順者也。」

方氏苞曰：内外不宜以國中、郊外爲斷。社稷在庫門之内，天子大學在國中，皆不得爲内事。惟王宫之五祀，或不得爲外事耳。

凡卜筮日，旬之外曰「遠某日」；旬之内曰「近某日」。喪事先遠日，吉事先近日。

姚氏際恒曰：禮文本明，大半爲注疏解壞，其尤誤世者，多在强分天子、諸侯、大夫、士也。如既文曰「凡」，則天子至士皆在其内矣。孔曰以「旬之外曰遠某日」爲大夫禮，「旬之内曰近某日」爲士禮，執儀禮少牢、特牲以證，無論少牢非專言大夫禮，特牲非專言士禮，而凡卜筮日之非專言祭日也。即下云「喪事先遠日，吉事先近日」，豈大夫惟喪事，士惟吉事乎？不可通矣。乃又謂喪事先遠日，雖士亦應今月下旬，先卜來月下旬，則亦不能堅持其「旬外遠某日爲大夫禮」之説矣。「喪事先遠日」，本宣八年左傳云「禮，卜葬先遠日，辟不懷」。

姜氏兆錫曰：旬，十日也。用日在十日之外，主人告筮者，則云「欲問遠某日」；用日在十日之内，主人告筮者，則云「欲問近某日」也。喪事謂葬，若練、祥之屬；吉事謂祭，若冠、昏之屬。喪是奪哀之義，子心有不忍即行者，故卜先遠日，不吉，而後及近。吉則反是，故卜先近日，不吉，而後及遠也。

曰：「爲日，假爾泰龜有常，假爾泰筮有常。」卜筮不過三。卜筮不相襲。

姚氏際恒曰：「卜筮不過三」，因魯四卜郊，春秋譏之而云。「卜筮不相襲」，因左傳

「晉獻公卜取驪姬，不吉，公曰筮之」而云。注説不誤。表記亦有此文。鄭又曰「襲，因也。大事則卜，小事則筮」，分大事小事，非也。然不相襲之義，于洪範「謀及卜筮」「龜從」「筮從」之説，未免不合，諸家以其不合，多曲爲之説。呂與叔曰：「凡常事，卜不吉則不筮，筮不吉則不卜。若大事，則先筮而後卜，此周禮説。洪範龜筮並用，故知不相襲者，非大事也。」陸農師曰：「大事先筮而後卜，筮不吉，雖卜可也，非所謂襲。謂若卜筮不吉，又卜筮之。」方性夫曰：「三卜之矣，而又卜之，是卜與卜相襲也。筮亦然。」馬彦醇曰：「大事有時日而用卜，小事無時日而用筮。天子無筮，而以卜爲主；諸侯有守筮，而以筮爲主。以故不相襲也。」按，呂説分常事大事，記文無此義。陸説亦迂折。方説仍是「卜筮不過三」之義。馬説即表記之文，分大事小事、天子諸侯，記文皆無此義。大抵古人之言，多有不合者，如曲禮與洪範，正不爲之隱避耳。

姜氏兆錫曰：曰，命辭也。假，藉也。泰者，尊之之辭。卜則稱泰龜，筮則稱泰筮。言「爲卜吉日，藉爾神吉凶常可憑信而決之」，此約舉命蓍龜之辭也。又曰：過，踰也。襲，因也。不過三日，自所卜筮者而言，如近日、遠日之屬，上辛不吉，至中辛；中辛不吉，至下辛；終不吉，則止也。不相襲者，自卜與筮而言，如卜不吉則止，不因而更筮；筮不吉則止，不因而更卜也。又曰：呂氏曰：「凡常事，卜不吉則不筮，筮不吉則不卜。若大事則否，如洪範龜筮從逆之類。龜筮並用，如晉卜納襄王，得黃帝戰阪泉之兆，又筮之，遇大有之睽是也。故知不相襲者，非大事也。」愚按，吕説善矣，但所引洪範之屬，乃卜筮兼用之義，非卜筮相襲之義。夫因卜不吉用筮，筮不吉而用卜，乃名爲相襲，若本當卜筮兼用，即已得吉，猶用也，是乃合觀「若君龜、若筮、若卿士、若庶民」五者，從逆之大小多寡耳，豈得以相襲名之哉？不過三之義，乃易事以占，故至再三。若不易事，則更無再三之理矣。易蒙卦云「再三瀆，瀆則不告」，可考也。

方氏苞曰：陳從王曰：「再三之瀆，易所明戒，記者豈專據春秋傳『郊三卜，禮。四卜，非禮』而言與？」

任氏啟運曰：卜筮之禮，天子之龜尺有二寸，諸侯尺，大夫八寸，士六寸。天子之蓍九尺，諸侯七尺，大夫五尺，士三尺。天子、諸侯、大夫命龜三，涖卜之官，以主人所卜之事命卜史，曰「事命」，卜史以告，曰「述命」，卜人作龜，復命之，此所謂「假爾泰龜有常」，卜人之詞也。命筮二，主人一，筮史再也。士命龜二，命筮一，其卜之法，有主人，有涖卜，有命龜，有作龜。卜之日，天子、諸侯西面，冢宰、宗伯北面，受命卜於廟門，冢宰、宗伯涖北門東，西面，龜人奉龜，閾外席上，西首，肆師詔相、太史、太卜、卜師各執事，門西東面行立。若君親卜，則北面。太史眂墨，太卜眂高命龜，卜師作龜。筮之法，大略與卜同，但筮者北面耳。「國之大事」，崔靈恩云「天子用三代蓍龜，三卜三筮」，愚按，書金縢「乃卜三龜，一習吉」，是三卜三筮也。周禮筮人「凡國之大事，先筮後卜」，愚按，筮短龜長，故大事先筮後卜，亦小者先即事之意。晉獻公卜納驪姬，文公卜納襄王，皆先卜後筮，禮之末失也。孔云「三筮皆凶則不卜，若一吉猶卜。中事惟卜不筮，小事惟筮不卜」，愚按，所謂大事，如大征遷國，定關係死生存亡，乃卜筮並用。若祭祀，雖爲大事，然禮之常，故天子、諸侯用卜，大夫、士用筮，卜筮不竝用也。祭祀有定日，不用卜者。迎氣用四立，大采朝日用春分，少采夕月用秋分。凡卜日，皆不可用，此素定之日，故曰不犯日月也。有定日而亦用卜者，南郊及祈穀祭天，用三辛日，次第卜之；北郊及春祈秋報社稷，用三甲日，次第卜之；祭宗廟，則或用丁，或用己，先卜上旬，次中旬、下旬，故曰吉事先近日也。公羊、穀梁皆云「卜郊，三代之正月」，郊三卜不吉，則不郊，天尊，不敢瀆，亦不褻也。宗廟卜四時之首月，三卜不吉，則以仲月上旬祭祖，親祭，不敢廢也。若小祭祀，則隨所擇卜之，並無定日矣。又剛日、柔日，亦據常理大槩而言，若特有事，及因事而舉，則亦不拘，如召誥「丁巳郊，戊午社」、洛誥「戊辰烝祭歲」是也。又有別取義者，如卒虞用剛日，欲神成立之義也。

【孫氏集解】外事以剛日，内事以柔日。

鄭氏曰：順其出爲陽，居内爲陰。

孔氏曰：十日有五剛五柔，甲丙戊庚壬五奇爲剛，乙丁己辛癸五偶爲柔也。

愚謂外事謂祭外神，内事謂祭内神。下篇曰「踐阼臨祭祀，内事曰孝王某，外事曰嗣王某」是也。田獵出兵，亦爲外事，故詩言「吉日維戊，既伯既禱」，「吉日庚午，既差我馬」，春秋「甲午治兵」，皆剛日也。冠昏、喪祭亦爲内事，故士虞禮三虞皆用柔日。少牢禮曰「日用丁巳」，春秋書葬皆柔日。祭天爲外事，而用辛。卒哭爲内事而用剛日，自爲別義，不在此限也。

凡卜筮日，旬之外曰「遠某日」，旬之内曰「近某日」。喪事先遠日，吉事先近日。

鄭氏曰：旬，十日也。先遠日、先近日者，孝子之心。喪事，葬與練、祥也。吉事，祭祀、冠取之屬也。

孔氏曰：旬之外曰遠某日者，案少牢禮今月下旬筮來月上旬，是旬之外日也。主人告筮者云「欲用遠某日」，故少牢云「日用丁巳，筮旬有一日。吉，乃官戒」。旬之内曰近某日者，案特牲禮云「不諏日」，注云：「士賤職褻，時至事暇，可以祭則筮其日。」是士於旬初即筮旬内之日。主人告筮者云「用近某日」。若天子諸侯，凡有雜祭，或用旬内，或用旬外，其辭皆與此同。案少牢、特牲皆云「來日丁亥」，不云「遠某日」「近某日」者，文不具也。喪事，謂葬與二祥，是奪哀之義，非孝子之所欲，但制不獲已，故卜從遠日而起，今月下旬先卜來月下旬。不吉，卜中旬。不吉，卜上旬。故宣八年左傳云：「禮，卜葬先遠日，辟不懷也。」尊卑俱然。吉事謂祭祀、冠昏之屬。少牢云：「若不吉，則及遠日，又筮日如初。」是先近日也。

愚謂上言遠某日、近某日者，以旬之外内分遠近也。下言遠日、近日者，以來月之下旬與上旬分遠近也。特牲禮不吉則筮遠日，少牢禮筮旬有一日，不吉則及遠日又筮。此皆以旬之外爲遠日者也。左傳「卜葬先遠日」，此以來月之下旬爲遠日者也。

曰：「爲日，假爾泰龜有常，假爾泰筮有常。」

鄭氏曰：命龜、筮辭。龜、筮於吉凶有常。大事卜，小事筮。

愚謂爲日，言爲行事求吉日也。卜筮有占日、占事，上文言「外事剛日，内事柔日」，而此言命龜命筮之辭亦曰「爲日」，則皆主乎占日。而言若爲事而占，則當直舉所爲之事而命之也。假，借也。曰泰，尊之之辭。言假借爾泰龜、泰筮之靈以問於神也。有常，言其斷吉凶不差忒，可憑信也。○孔氏曰：凡卜筮，大夫以上命龜有三，命筮有二。其一爲事命龜，涖卜之官，以主人卜事命卜史，是一也；卜史既得所卜之命，更序述涖，卜所陳之辭，名曰述命，二也；卜人即席，西面命龜，云「假爾泰龜有常」，三也。命筮二者，一爲事命筮，則主人以所爲之事命筮史，是一也；二則筮史得主人之命，遂述之，爲述命，是二也。士則命龜有二，命筮有一。士喪禮云：「命筮人：哀子某，爲其父筮宅，筮人許諾，不述命。」注云：「不述者，士禮略。」是士命筮一也。士喪禮涖卜命曰：「『哀子某，卜葬其父，無有近悔。』許諾，不述命。」乃云「即席，西面坐，命龜」。既云不述命，是士命龜二也。知大夫命筮二者，以士命筮不述命，則知大夫以上述命也。故少牢云：「主人曰：『孝孫某，來日丁亥，用薦歲事於皇祖伯某。』」又云「史遂述命，曰『假爾泰筮有常，孝孫某，來日丁亥』」云。是大夫命筮二，但冠即席所命於述命之上也。知大夫命龜三者，以士喪禮涖卜爲事命龜，又有「即席，西面命龜」，云「不述命」，明大夫有述命。故知大夫命龜三也。

卜筮不過三。卜筮不相襲。

鄭氏曰：求吉不過三。魯四卜郊，春秋譏之。

孔氏曰：一卜不吉，而凶又卜，以至於三，三若不吉，則止。若筮亦然。

愚謂卜筮不過三，言卜筮不從者，至於三則止，不可以更卜筮也。春秋傳曰「三卜，禮也；四卜，非禮也」是也。襲，重也。卜、筮不相襲，言卜、筮既從者，不可以更卜、筮也。書言「卜不襲吉」是也。此二者，皆爲其瀆鬼神也。

○張子曰：據儀禮惟有筮遠日之文，不云「三筮」。筮日之禮止，是二筮先筮近日，後筮遠日，不從則直用下旬遠日。蓋亦足以致聽命鬼神之意，而祭則不可廢。

愚謂張子之言最得禮意，先儒皆謂卜不吉則止不祭，非也。然特牲、少牢皆止二筮，而春秋書卜郊有三卜、四卜者，傳曰：「三卜，禮也；四卜，非禮也。」然則二筮者，大夫、士之禮，而三卜者人君之禮與？士祭不諏日，不吉即於筮日更筮，大夫則筮旬有一日，不吉則及遠日又筮，則人君之卜日亦宜有與大夫不同者矣。

【朱氏訓纂】外事以剛日，注：順其出爲陽也。出郊爲外事。春秋傳曰：「甲午祠兵。」**內事以柔日。**注：順其居內爲陰。　淮南子天文訓曰：凡日甲剛乙柔，丙剛丁柔，以至於癸。　正義：郊天是國外之事，應用剛日，而郊特牲云：「郊之用辛，非剛也。」又社稷是郊內，應用柔日，而郊特牲云：「社日用甲，非柔也。」所以然者，郊社尊，不敢同外內之義故也。崔靈恩云：「外事，指用兵之事；內事，指宗廟之祭。」

凡卜筮日，旬之外曰「遠某日」，旬之內曰「近某日」。注：旬，十日也。　正義：按少牢大夫禮，今月下旬筮來月上旬，是旬之外日也。「日用丁巳筮，旬有一日。吉，乃官戒。」是旬外一日。近某日者，按特牲士禮云「不諏日」。於旬初即筮旬內之日，是旬之內日也。　彬按：特牲饋食禮「若不吉，則筮遠日，如初儀」，注：「遠日，旬之外日。」賈疏：「按曲禮『吉事先近日，喪事先遠日』，此尊卑禮同也。又云『旬之內曰近某日，旬之外曰遠某日』，此尊卑禮異。據士禮，『吉事先近日』，謂祭祀。假令孟月，先於孟月上旬內筮，不吉，乃用中旬之內更筮，中旬又不吉，更於下旬內筮，不吉則止。大夫以上，假令孟月祭，於前月下旬筮來月之上旬，不吉，又於孟月之上旬筮中旬，不吉，又於中旬筮下旬，不吉則止，不祭。今云『遠日，旬之外日』者，謂上旬不吉，更於上旬筮中旬，爲旬之外日，非如大夫以上，旬前爲旬外也。」　金氏榜曰：遠某日，近某日，命龜、筮辭也。士喪禮卜葬日，則遠日也。其命龜，但曰「來日某」。特牲、少牢筮日，則近日也。其命筮，亦但曰「來日某」。此言「旬之外」「旬之内」，蓋同日改命筮、龜之辭。先遠日，如不吉，而卜旬之内，則曰「近某日」。先近日，如不吉，而筮旬之外，則曰「遠某日」。然則旬之外、旬之内，皆據先所卜筮之旬，分别而爲外、内者也。

喪事先遠日，吉事先近日。注：孝子之心。喪事，葬與練、祥也。吉事，祭祀、冠取之屬也。正義：謂葬與二祥，是奪哀之義，非孝子之所欲，但制不獲已，故卜先從遠日而起。宣八年左傳云：「禮，卜葬先遠日，辟不懷也。」尊卑俱然，雖士亦應今月下旬先卜來月下旬，不吉，卜中旬，不吉，卜上旬。先近日者，少牢云：「若不吉，則及遠日，又筮日如初。」是先近日也。

曰：「爲日，假爾泰龜有常，假爾泰筮有常。」注：命龜、筮辭。龜、筮於吉凶有常。大事卜，小事筮。正義：假，因也。爾，汝也，指蓍、龜也。欲褒美此龜、筮，故謂爲泰龜、泰筮也。

卜筮不過三，注：求吉不過三，魯四卜郊，春秋譏之。正義：王肅云：「禮以三爲成也。」**卜筮不相襲。**注：卜不吉則又筮，筮不吉則又卜，是瀆龜筴也。晉獻公卜取驪姬，不吉，公曰「筮之」是也。

【郭氏質疑】外事以剛日，内事以柔日。

鄭注：出郊爲外事，春秋傳曰：「甲午祠兵。」

嵩燾案：表記：「大事有時日，小事無時日。有筮，外事用剛日，内事用柔日，不違龜筮。」經連「卜筮」爲文，則外事、内事皆謂祀事。左氏傳：「禮不卜常祀。」如郊用辛，社用甲，禘於太廟，日用丁亥，皆所謂「大事有時日」者，其餘皆筮日。詩「吉日維戊」「吉日庚午」，毛傳云：「外事用剛日。」用剛用柔，蓋筮日者各以類求之。祭者，求陰之義，惟祠兵以陽爲用，鄭注允矣，孔疏以郊社分郊外内爲言，似乖鄭意。

卜筮不過三。卜筮不相襲。

鄭注：求吉不過三。卜不吉，又筮。筮不吉，又卜，是瀆龜筴也。

嵩燾案：周禮筮人：「凡國之大事，先筮而後卜。」洪範亦云「龜從」「筮從」，並無卜筮不兼用之文。疑此承上「喪事先遠日，吉事先近日」言之，非泛言卜筮之用也。特牲禮筮日「若不吉，則筮遠日。」少牢禮：「若不吉，則筮遠日，又筮日如初。」鄭注少牢禮「日用丁巳，筮旬有一日」，言「先月下旬之巳筮，來月上旬之巳」「不過三」者，筮及中旬、下旬而止，鄭注所謂「魯四卜三郊，春秋譏之」是也。士喪禮，筮宅旅占，卜日亦旅占。特牲、少牢禮「筮尸」「筮日」，或用卜，或用筮，無兼用者，蓋謂喪祭常事，卜筮之用如此，與洪範之言「大疑」、周禮之言「大事」者自別。孔疏：「襲有二義，一則大事用卜，小事用筮；一則卜不吉，不得用筮，筮不吉，不得用卜。」以意擬之，而於禮經之文未能研審，知其牴牾多矣。

曲禮注疏長編卷十七

一·六八 **龜爲卜，筴爲筮。卜筮者，先聖王之所以使民信時日、敬鬼神、畏法令也，所以使民決嫌疑、定猶與也**[一]**。故曰：疑而筮之，則弗非也；日而行事，則必踐之。** 弗非，無非之者。日，所卜筮之吉日也。踐，讀曰善，聲之誤也。筴，或爲「蓍」。○與，音預，本亦作「豫」。踐，依注音善；王如字，云：「履也。」蓍，音尸。

【疏】「龜爲」至「踐之」。○正義曰[二]：解卜筮所用也。龜處筮後，龜覆於筮。筴爲筮者，筮在龜前爲決也。謂蓍爲筴者，筴以謀筴爲義，言用此物以謀於前事也。

[一] 定猶與也 石經同，岳本、嘉靖本同。釋文出「猶與」云：「本亦作『豫』。」案：正義本當亦作「豫」，觀正義引説文云「豫，亦是獸名，象屬」可證。後人以釋文本「與」改正義本「豫」，并改正義中引説文之「豫」亦作「與」。○按「與」爲「豫」之假借字。○鍔按：「定猶」上，阮校有「龜爲卜節」四字。

[二] 龜爲至踐之○正義曰 閩、監、毛本同，惠棟校宋本無「正義曰」三字。

○「卜筮者，先聖王之所以使民信時日」者，解所以須卜筮之義也。先聖王，伏羲以來聖人爲天子者。不直云先王，又加「聖」字者，夫王未必聖，古來非一；聖不必王，孔子是也。明造制卜筮，必須聖位兼并。時者，四時及一日十二時也。日者，甲乙之屬。聖王制此卜筮，使民擇慎而信時日與吉凶也。

○「敬鬼神」者，乃擇吉而祭祀，是敬鬼神也[一]。「畏法令」者，法，典則也。令，教訓也。君行法令，若依卜筮而爲之，則民敬而畏之也。

○「所以使民決嫌疑」者，事既異，故更云所以有嫌疑而卜筮決斷之也。

○「定猶與也」者，説文云：「猶，獸名，玃屬。」與，亦是獸名，象屬。此二獸皆進退多疑，人多疑惑者似之，故謂之猶與。

○「故曰：疑而筮之，則弗非也」者，引舊語以結之。卜筮所以定是非也，若有疑而筮之，則人無非之也。不言「卜」者，從可知也。

○「日而行事，則必踐之」者，踐，善也。言卜得吉而行事，必善也。王云：「卜得可行之日，必履而行之。踐，履也。弗非，無非之者也。」

[一] 是敬鬼神也　閩、監、毛本同。惠棟校宋本無「也」字。

【衛氏集説】曰：「爲日，假爾泰龜有常，假爾泰筮有常。」卜筮不過三。卜筮不相襲。龜爲卜，筴爲筮。卜筮者，先聖王之所以使民信時日、敬鬼神、畏法令也，所以使民決嫌疑、定猶與也。故曰：疑而筮之，則弗非也；日而行事，則必踐之。

鄭氏曰：爲日，假爾，命龜筮辭。龜、筮於吉凶有常。大事卜，小事筮。求吉不過三。魯四卜郊，春秋譏之。襲，謂卜不吉則又筮，筮不吉則又卜，是瀆龜筴也。晉獻公卜取驪姬，不吉，公曰「筮之」是也。弗非，無非之者。日，所卜筮之吉日也。踐，讀曰善。

孔氏曰：卜擇吉日，故云「爲日」。假，因也。爾，汝也，指蓍龜也。泰，大中之大也。欲褒美此龜筮，故謂爲泰也。一卜不吉而凶，又卜，以至於三，三若不吉則止，筮亦然也。襲，因也。前卜不吉則止，不得因而更筮，筮亦然。表記亦云：「卜筮不相襲。」鄭注云：「大事則卜，小事則筮。」與此注不同者，明襲有二義。一則大事、小事各有所施，不得因龜卜小事，因蓍筮大事也。二則筮不吉，不可復卜，卜不吉，不可復筮，兩注各舉其一也。龜爲卜，筴爲筮，此解卜筮所用也。龜處筮後，龜覆於筮。筴爲筮者，筴在龜前，爲決也，謂蓍爲筴者，筴以謀筴爲義，言用此物以謀於前事也。師説云：「卜，覆也。以覆審吉凶。筮，決也。以決定其惑。」劉氏以爲：「卜，赴也，赴來者之心。筮，問也，問筮者之事。赴問互言之。」案白虎通稱禮三正記：「天子龜一尺二寸，諸侯一尺，大夫八寸，士六寸。」説文云：「天子蓍長九尺，諸侯七尺，大夫五尺，士三尺。」龜，陰也，故其數偶。蓍，陽也，故其數奇。卜筮者，先聖王所以使民信時日者，解所以須卜筮之義也。先聖王云者，王未必聖，古來非一聖，不必王，孔子是也。明造制卜筮，必須聖位兼并也。時者，四時及一日十二時也。日者，甲乙之屬。聖王制此卜筮，使民謹擇而信時日與吉凶也。法，典則也。令，教訓也。「猶與」者，説文云：皆獸名。猶，玃屬；與，象屬。二獸進退多疑，人多疑者似之，故謂之「猶與」。「故曰」以下引舊語以結之，言卜筮以定是非，若有疑而筮之，則人無非之也。不言卜，從可知。踐，善也。言卜得吉而行事，必善也。

崔氏曰：「不過三」者，謂不過三用，若大事，龜筮並用者，先用三王筮，次用三王龜，如是一也。三如是，乃爲三也。若初時，三筮三龜皆凶則止，或逆多從少，或從多逆少，如此者，皆至於三也。單卜、單筮，其法唯一用而已，不吉則擇遠日，不至於三也。

藍田吕氏曰：命龜者，周官大卜主之。命筮，人君未聞，必筮人主之。大夫則筮史命之，少牢禮是也。大夫之於卜，三命之，涖卜以主人所卜命卜史，如士喪禮。宗人受卜人龜示高，涖卜受視，反之，宗人還，少退受命，命曰：哀子某，來日卜葬其父某甫，考降，無有近悔，許諾不述命。還即席，西面坐，命龜，興，授卜人龜。蓋士禮略，故不述命。若大夫，則命卜以主人之命命宗人，宗人述涖卜之命，即席坐，又命龜曰：「假爾泰龜有常。」是所謂三命之。士卜不述命，則二命之是也。大夫於筮，則二命之，少牢饋食禮史受命于主人，主人曰「孝孫某，來日丁亥，用薦歲事云云。史曰諾，西面，遂述命曰：假爾泰筮有常，孝孫某，來日丁亥」云云是也。士筮則一命之。特牲禮云「宰自主人之左贊命，筮者許諾，即席坐筮」是也。言「泰龜」「泰筮」，尊而大之也。「有常」，言吉凶不僭也。「卜筮不過三」者，當謂卜筮日與地之類，如喪祭舉三旬之日，或先遠，或先近，卜之筮之。如建都邑，洛誥曰「我卜河朔黎水，我乃卜澗水東、瀍水西，惟洛食。我又卜瀍水東，亦惟洛食」是也。如卜筮事，則有從有逆，不可再三，易曰「初筮告，再三瀆」是也。「卜筮不相襲」者，凡常事卜，不吉則不筮，筮不吉則不卜也。若大事，則先筮而後卜，洪範：「汝則有大疑，謀及乃心，謀及卿士，謀及庶民，謀及卜筮。」故有「龜從」「筮從」，或「龜從」「筮逆」，是龜筮並用也。晉卜納襄王，得黄帝戰于阪泉之兆，又筮之，則遇大有之睽，亦龜筮並用也。故知不相襲者，非大事也。「龜爲卜，筴爲筮」，周官龜人掌取龜、攻龜，入于龜室，釁之以待用。凡卜，龜人奉龜以往，大卜涖卜眂高，命龜菙氏，以明火爇燋，遂歙其焌契，以授卜師；卜師揚火作龜，致其墨，以示卜人；卜人占之，其占視其兆，太卜掌三兆之法，其經兆之體，皆百有二十，其頌皆千有二百，此「龜爲卜」也。筴，蓍也。古者以蓍爲筮而揲卦，其用四十有九，分而爲二，卦一而揲之以四，歸奇於扐，是爲一變；再扐卦，又爲一變；三變成爻，以四揲之數七八九六，以辨陰陽老少，十有八變而成卦。凡筮，筮人布席，左執筴，右抽上韇，兼執之受命于主人，主人授之，筮人許諾，擊筮述命；立筮卦者坐卦以木，卒筮，書卦于木，示主人，乃退占。士所以異者，不述命坐筮而已。其占視其卦，太卜掌三易之法，其經卦皆八，其别皆六十有四，此「筴爲筮」也。「信時日」者，祭祀喪葬之日，既卜筮而用之，不敢改也。「敬鬼神」者，人謀非不定，而猶求於鬼神，知有所尊而不敢必也。「畏法令」者，人君法令有疑者，決之卜筮，則人君且不敢專，況下民乎？「嫌疑」者，物有二而相似也。「猶與」者，事有二而不決也。如建都邑，某地可都，某地亦可都，此嫌疑也，故卜筮以決之。如卜戰，或曰可戰，或曰不可戰，此猶與也，故卜筮以定之。此先聖王所以神道設教也。問焉而以言，其受命也如嚮，惟精誠可以致之，既曰卜筮矣，則惟卜筮之爲聽，不可二也。有疑而筮，既筮而不信，諏日而卜，既卜而弗踐，是爲不誠，不誠之人，不能得之人，況可得之鬼神乎？踐，踐履而用是日，恐不必改爲善。

馬氏曰：布席，謂之爲席。擇日，謂之爲日，以其有所爲故也。大羹，謂之泰羹。瓦尊，謂之泰尊。龜，謂之泰龜。筮，謂之泰筮。以其有所尊故也。目有光而不能明，假日月而後明。事有吉凶而不能知，假蓍龜而後知，故曰假爾龜筮。事之萬變不同，理之是非不一，卜筮而體吉則吉，體咎則咎，故曰有常。卜筮吉而不可以襲，卜筮不吉而不得以過三，詩刺「我龜既厭」，亦以其過三故也。大事有時日而用卜，小事無時日而用筮，天子無筮而以卜爲主，諸侯有守筮而以筮爲主，以其不相襲故也。

山陰陸氏曰：爲日，以人事爲之耳，且曰假爾，則以誠在我故也，吉凶亦在我故也。龜，舊也。蓍，老也。是故謂之泰，書曰「三龜，一習吉」，又曰「卜不習吉」，據此，龜襲龜可也。若大事，先筮而後卜，筮不吉，雖卜可也，非所謂襲。襲，謂若卜筮不吉，又卜筮之。言龜則象見，言筴則數見，日而行事，則必踐之。踐讀如字，言不敢輒廢是日。

長樂陳氏曰：蓍者，陽中之陰，故植而知數。龜者，陰中之陽，故動而知象。陽必成之以陰，故龜之長也，其數偶。陰必成之以陽，故蓍之長也，其數奇。卜筮使人違凶而之吉，故曰泰龜、泰筮。卜筮不吉，則不可過三。卜筮吉，則不可以襲。過三則瀆鬼神者也，襲則疑鬼神者也。瀆則不敬，疑則不信，故禹欲襲於枚卜，而舜所不從。魯僖卜郊至於四，而孔子所譏也。夫物生，先象而後數；卜筮，先筮而後卜。則先象而後數者，自幽而之乎明；先筮而後卜者，自明而稽乎幽。晉獻公先卜後筮，是不知卜筮先後之理也。白虎通以大夫而下皆有龜，是不知家不寶龜之禮也。

嚴陵方氏曰：龜則卜之體也，蓍則筮之用也。上言其體，下言其用，互相備也。龜以動爲陽，蓍以植爲陰。陽爲大，故大事用卜。陰爲小，故小事用筮。大可以兼小，故大事亦用筮。小不可以兼大，故小事則不及於卜焉。金縢言「卜三龜」，洪範言「三人占」，故或以此爲三王之龜筴，然所以爲不過三則一也。卜筮不過三，三卜之矣，而又卜之，是卜與卜相襲也。三筮之矣，而又筮之，是筮與筮相襲也。不相襲者，慮其瀆神而已，故

「卜不習吉」，而書所以明是理也。「初筮告」，而易所以取是喻也。且大禹謨言「龜筮協從」，洪範言「龜筮共違于人」。周官大事先筮而後卜，則卜與筮兩相襲也，明矣。襲，因也，與「不相襲禮」之「襲」同義。先王之時，無非卜筮之用，上以民爲言者，與民同其患而已。

石林葉氏曰：不過三，則無瀆禮。不相襲，則無廢事。先王是以稽諸天而信時日，畏鬼神，雖疑而筮之，不敢以非考諸人，而使民決嫌疑、定猶與。雖日而行事，則必踐其言也。

廬陵胡氏曰：卜筮不過三，經意大抵謂卜筮不可瀆，如易「再三瀆」之義。王、鄭太拘此，與表記皆云「卜筮不相襲」，襲有侵奪義，若卜不吉而筮吉，筮不吉而卜吉，則爲相奪也，故卜不吉則止。

長樂劉氏曰：信時日，謂先事而致敬也。敬鬼神，謂不吉則不敢祭也。畏法令，謂禮雖失，莫敢不行，事雖繁，莫敢不敬也。決嫌疑，謂考三才之吉凶，以袪其惑也。定猶與，謂𧷤五行之逆順，以蔽其志也。故從於筮者，人弗敢非日而行者，事罔不踐，聖王之作，豈徒然哉？

講義曰：是非不明，故筮，筮而是非明矣。由是以行斯，無或非之者也。此人將有行，而卒於不能踐履，則疑以敗之耳。因日之吉而後行，斯所以能踐也。蓋信時日、敬鬼神、畏法令，則其弗非可知矣；決嫌疑、定猶與，則其必踐可知矣。

廣安游氏曰：使民信時日、敬鬼神、畏法令，此聖人示人以天顯之道也，書曰厥「弟弗念天顯」，傳曰「以象天明」，又曰「則天之明」，又曰「神之格思，不可度思。矧可斁思」，夫天之高遠，鬼神之難知，人以爲可得而誣也，聖人以爲是有明且顯者存焉。夫明且顯者，人之所畏者也。人之所謂有鬼神者，有此者也。聖人之所法以爲政者，法此者也。故曰：「爲父子、兄弟、姑姊、甥舅昏姻，以象天明；爲君臣、上下，以則地義；爲刑罰威獄，使民畏忌，以類其震耀殺戮；爲温慈和惠，以效天之生殖長育。」凡此者，皆自有所謂天顯者，而後得以有之者也。惟其然也，所以信時日、敬鬼神、畏法令者，可得而行也。苟其不然而强以使之天下，其孰能從也？苟爲不從，不信時日，不敬鬼神，不畏法令，則豈復生生不窮至於今哉？且三才之道，相資而成者也，後世以爲人者，專乎治人而無恤乎鬼神，治乎明而無恤乎其幽，如柳子厚卜筮不足用盟誓，不足信之説，皆非也。

金華邵氏曰：卜筮之事，忽之者則以爲不足信，泥之者則以爲不可不信。記禮者慮夫人泥之也，則曰「不過三」「不相襲」；又慮夫人忽之也，則曰「信時日、敬鬼神、畏法令」，是又戒其忽也。然則君子之於卜筮，將如之何？孔子曰：「敬鬼神而遠之。」以其爲無，則在所當敬；以其爲有，則在所當遠。惟處之於若有若無之間，君子之於卜筮，當如是而已。

金華唐氏曰：易曰：「天地設位，聖人成能，人謀鬼謀，百姓與能。」天地大矣，有所不能，而聖人實成之。聖人之聰明，固高於天下，而不敢自用其聰明，明則有人謀，幽則有鬼謀，謀無不盡，斷而行之，則固在聖人，故百姓之與能，舍聖人亦無所歸也。洪範之有「稽疑」，其以此哉？夫五事脩於己，八政施於民，五紀協於天，皇極建而三德乂，人事可謂盡矣。理有未易窮，變有未易應，明而人謀，不能無疑，將遂行之乎？疑謀之成，其害實大，將遂不行乎？勢有不可不行者，聖人於此，乃始決之於鬼謀。人心之與鬼神，本無以異，知覺有先後，則與鬼神合其吉凶者，大人而已，故人心之不同，不若鬼神之德於吉凶爲審也。鬼神猶不可斁，矧可度乎？而吾何以通之，天地之生神物，固將以通神明之德也。天生神物，聖人則之，故探賾索隱，鉤深致遠，以定天下之吉凶，成天下之亹亹者，莫大乎蓍龜，而非聖人莫之能用也。聖人用蓍龜，以爲卜筮，立之官守，爲之法數，然後吉凶可得而審矣。苟不擇其人而建立之，則有如曹人之貨晉筮史，齊史之阿崔子，甚而若漢丘子明者，疑可得而稽乎？然而象數之變無窮，而一智之能有盡，聖人之法，吾皆不可廢也。傳之各有其人，則立時人作卜筮，可偏乎哉？兆有三兆，易有三易，故卜以三龜，而筮以三易，則占者固三人矣。三龜而習吉，如周公之金縢不然，而皆不吉，其從何疑？三者有所未同，則從其重可也，故曰「三人占，則從二人之言」。古之用卜筮，有常事焉，有非常之事焉。祀之牲日，昏冠之日，賓主之宅，死之葬，居之鄰，家之宰，師之御右，致師，嘗之卜芟，獮之卜戒，社之卜稼，若此之類，皆卜筮之常者。故龜有八命，筮有九筮，官司之守，在周禮詳矣，於左氏備矣。其大者，君或臨之，要皆常事而已。稽疑，言王者大法，豈言其常者哉？所謂大疑，則周禮之大詢，所謂國危、國遷、立君者是矣。王者之於大疑，豈遽舍人謀而從鬼謀哉？先之乃心，次之卿士，次之庶民，然後及於卜筮，禹謨之所謂「官占」可攷矣，使立君而皆如禹，國遷而皆如作洛行，危事而皆如伐商，則是之謂大同。身其康强，子孫其逢吉，斷可必矣。詢國遷，如盤庚之治亳；詢國危，如周公之東征。吾無權哉，故五占從其多，而以龜筮爲主，則雖如商、周之卿士，庶民小有不同，終亦可以獲吉，而邾文公之遷繹，雖不利於君，尚不失爲知命也。然聖人之爲卜筮，以稽疑也，不疑何卜。晉立驪姬，崔取棠姜，雖不卜，知其凶矣，然卜而皆驗，以是知受命如響，吉凶與民同患。聖人之仁，天下至矣，卜不可違，故違卜不祥。卜不可瀆，故「卜不習吉」。卜筮不相襲，卜不可以非所宜，故易不可以占險。春秋之際，猶可驗也，然春秋之際，卜筮之法數猶存，而稽疑之意乖，故違者、瀆者，卜非所宜者，以卜爲市，假卜爲詐者，靡不有之，洪範之道晦，周官之職廢矣。然當時賢者尚多禄仕於卜史之中，其占驗將若符契。自秦滅學，而疇人子弟分散，三兆之書遂亡，周易僅存而術數淺駁，後世莫能名古人之法，遇艮之八，坦然著明，而學如杜預尚不能知，遂使范甯謂左氏失之誣，而柳宗元非國語，肆爲無忌憚之論。夫以卜筮者，象其占，乃聖人之道，而稽疑九疇之一也，其庸可廢乎？

賈氏曰：筮法，古用木畫地，今則用錢。以三少爲重錢，重錢則九也；三多爲交錢，交錢則六也；兩多一少爲單錢，單錢則七也；兩少一多爲拆錢，拆錢則八也。連山、歸藏、周易並用，夏、殷以不變者爲占，周易以變者爲占，亦三人各占一易，三占從二。三者，三吉爲大吉，一凶爲小吉，三凶爲大凶，一吉爲小凶。儀禮疏

【吴氏纂言】筴，蓍也，蓍莖如馬箠，故謂之筴。爲卜、爲筮，釋卜筮一字，謂以龜甲鑽之而得兆者名爲卜，以蓍筴揲之而得卦者名爲筮也。卜筮之用有二，占日與占事也。用之以占日者，使民信時日也。用之以占事者，使民決嫌疑也。信與信，如四時之信。同時者，謂當其時之日。法，謂法制。令，謂禁令。事似同而非同，爲嫌心，有二而不決爲疑，猶、與，二獸名。猶，玃屬，或云犬子；與，象屬，一作豫，二獸皆進退多疑，故人之遲疑不決者曰「猶與」。凡享祀鬼神、設施法令，必須擇日。然人不自擇而問之卜筮，卜筮所得之日，乃神所告，故人信之而不敢輒易。享祀必以此日，是於鬼神敬而不敢褻也。設施必以此日，是於法令畏而不敢慢也。事已然者，或謂其可，或謂其否事。未然者，或謂如此，或謂如彼。兩有所嫌而心疑不決，故其爲之之意，猶與以卜筮決其可否。彼此之嫌而心不復疑，則行之勇而不猶與也。「故曰」以下，引舊語爲證。踐，猶踐言之。踐疑而筮之，申上文決嫌疑之義，謂有疑者既卜筮而決之，則心知其是，不復以爲非也。不

云卜，省文。日而行事，申上文信時日之義謂卜。筮謂此日而行事，必須踐行而不敢違也。

【陳氏集說】筴，蓍也。舊説讀踐爲善，文義甚迂，疏引王氏説「踐，履也，必履而行之」，當讀如字。疏曰：説文「猶，獸名，與，亦獸名」，二物皆進退多疑，人之多疑惑者似之，故謂之猶與。呂氏曰：凡常事卜不吉則不筮，筮不吉則不卜。獻公卜納驪姬不吉，公曰「筮之」，此相襲也。若大事則先筮而後卜，洪範有「龜從」「筮從」，或「龜從」「筮逆」，龜筮並用也。晉卜納襄王，得黄帝戰阪泉之兆，又筮之，遇大有之睽，亦龜筮並用也，故知不相襲者，非大事也。「信時日」者，卜筮而用之，不敢改也。「敬鬼神」者，人謀非不足，而猶求於鬼神，知有所尊而不敢必也。「畏法令」者，人君法令有疑者，決之卜筮，則君且不敢專，況下民乎！「嫌疑」者，物有二而相似也。「猶與」者，事有二而不決也。如建都邑，某地可都，某地亦可都，此嫌疑也。如戰或曰可戰，或曰不可戰，此猶與也，卜筮以決之定之，此先聖王以神道設教也。有疑而筮，既筮而不信，諏日而卜，既卜而弗踐，是爲不誠。不誠之人，不能得之於人，況可得於鬼神乎！

【郝氏通解】外事以剛日，内事以柔日。凡卜筮日，旬之外曰「遠某日」，旬之内曰「近某日」。喪事先遠日，吉事先近日，曰：「爲日，假爾泰龜有常，假爾泰筮有常。」卜筮不過三。卜筮不相襲。龜爲卜，筴爲筮。卜筮者，先聖王之所以使民信時日、敬鬼神、畏

法令也，所以使民決嫌疑、定猶與也。故曰：疑而筮之，則弗非也；日而行事，則必踐之。

舊説外事謂巡狩、朝會、征伐之類，内事謂宗廟、祭祀、冠昏之類。天干五奇，甲丙戊庚壬，爲剛日；五偶，乙丁己辛癸，爲柔日。外剛内柔，外陽内陰也，其説蓋附會小雅吉日之詩。郊特牲云「郊用辛」，郊亦外事也，而辛又用柔。又云「社日用甲」，社，后土，陰也，而甲又用剛。喪祭鬼事用柔日可也，冠昏人事，何以用柔？女昏爲内事可也，男冠何以稱内？其説未足憑。聖人用禮，未嘗爲此拘拘也。卜筮日，謂卜筮其行禮之日。旬内外，謂卜十日内外也。曰「遠某日」「近某日」者，命龜筴之辭。喪事，謂葬與祥禫之類。奪哀之事，則先遠日，示不急也。吉事，謂祭祀、冠昏之類，則先近日，情欲伸也。先，謂不從乃改擇也。曰，亦命辭假借也，言爲擇日，借爾泰龜泰筮也。泰，尊之之辭。有常，信之之辭。吉凶有常，故可信也。卦成于三，故卜筮三，不吉，則不復問也。襲，重也。三卜不吉則止，不可重筮。三筮不吉則止，不可重卜也。筴、策同，以蓍草爲籌也。卜筮之設，非倚神而忽人謀。聖人謀已定矣。聖人所信者，衆人所疑，法令所不能行者，借鬼神以定之，此聖人神道設教之權，故曰「所以使民」，非爲己也。所以使畏法令，非畏鬼神也；所以決民之嫌疑、定民之猶豫非聖人，嫌疑猶豫待卜筮決定之也。嫌疑未明也，猶與未斷也。與作豫。此數語善言卜筮，若後儒言卜筮以人事仗鬼神，豈聖人作易本義哉！既疑而筮之，筮定，則不當復疑。既諏日而行事，得日，則當必踐，此教人勿疑也。鄭改

「踐」作「善」。

按：鄭以「踐」作「善」，因春秋葬敬嬴與定公皆改日違卜，左傳誣以爲禮，鄭遂謂日可以不踐，非也。卜筮已定已決而又不踐，何取于決疑、定猶豫乎！鄭之譸張附會類此。

【納喇補正】定猶與也。

集説 疏曰：説文：「猶，獸名。」與，亦獸名。二物皆進退多疑，人之多疑者似之，謂之猶與。

竊案 説文云：「猶，玃屬。豫，象之大者。」而「與」與「豫」通，故疏以爲二獸。然爾雅但有猶名，離騷云「心猶豫而狐疑」，亦以猶、豫對言，未嘗謂豫爲獸也。蓋猶獸多疑慮，健登木，每聞人聲輒豫上樹，久之無人，然後下，須臾又上，如此非一。隴西又謂犬子爲猶，人行，每豫在前，待人不至，又反而迎候，故凡遲疑不決者爲「猶豫」是也。至老子「與兮若冬涉川，猶兮若畏四鄰」，則與「儼兮」「焕兮」云云並舉，注家并不作獸解。

【方氏析疑】卜筮者，先聖王之所以使民信時日、敬鬼神、畏法令也。

古者立法施令，必降命於社稷、宗廟、山川、五祀。正祭之後，而祭之時日，必決於卜筮，故民知敬鬼神、信時日，則益知法令之可畏，三者合而爲一，其義乃著。離之，則畏法令與卜筮全無交涉，易曰：「聖人以神道設教」，亦謂此類耳。

所以使民決嫌疑、定猶與也。

決嫌疑如買妾，不知其姓之類。

疑而筮之，則弗非也。

既問於筮，不可復以私意，擬議謂占者所決爲非也。

【欽定義疏】正義　鄭氏康成曰：弗非，無非之者。日，所卜筮之吉日也。

王氏肅曰：踐，履也。卜得可行之日，必履而行之。

孔氏穎達曰：「龜爲卜，筴爲筮」，解所用也。「使民信時日」者，解所以須卜筮之義也。「先聖王」者，明造制卜筮，必聖位兼并也。時者，四時。日者，甲乙之屬。法，典則也。令，教訓也。「猶與」者，説文云皆獸名。猶，玃屬。與，象屬。二獸進退多疑，人多疑者似之，故謂之「猶與」。「故曰」以下引舊語以結之，言卜筮以定是非，有疑而筮之，則人無非之。不言卜，從可知。

邵氏囦曰：卜筮之事，忽之者以爲不足信，泥之者以爲不可不信。記禮者，慮人之泥之也，則曰「不過三」「不相襲」。又慮人之忽之也，則曰「信時日、敬鬼神、畏法令」，是又戒其忽也。

吴氏澄曰：卜筮之用有二，占日與占事也。用之以占日，使民信時日；用之以占事，使民決嫌疑。

【通論】呂氏大臨曰：周官龜人掌取龜、攻龜，入於龜室，釁之以時用。凡卜，龜人奉龜以往，大卜涖卜，眡高命龜。華氏以明火爇燋，燧，遂歈其焌契，以授卜師。卜師揚火作龜，致其墨以示卜人，卜人占之，其占視其兆。大卜掌三兆之法，其經兆之體，皆百有二十，其頌皆千有二百，此龜爲卜也。筴，蓍也。古者以蓍爲筮而揲卦，其用四十有九，分而爲二卦。一而揲之以四，歸奇於扐，是爲一變，三變成爻。以四揲之數七八九六，以辨陰陽老少，十有八變而成卦。凡筮，筮人左，執筴右，抽上韇，兼執之，受命於主人。擊筮述命，立筮卦者坐卦以木，卒筮，書卦於木，示主人，乃退。此所異者，不述命坐筮而已。其占視其卦，大卜掌三易之法，其經卦皆八，其別皆六十有四，此筴爲筮也。

【存疑】鄭氏康成曰：踐，讀爲「善」。孔疏：言卜得吉而行事，必善也。

【案】表記一言「不違龜筮」，則王氏讀如字爲長。

【杭氏集說】許氏慎曰：猶，玃屬。豫，象屬。猶疑于事後，豫疑于事前，故借爲進退不果之喻。

王氏肅曰：踐，履也，卜得可行之日，必履而行之。

吴氏澄曰：卜筮之用有二，占日與占事也。用之以占日，使民信時日；用之以占事，使民決嫌疑。

姜氏兆錫曰：筴，蓍也，申上文以起下文也。又曰：猶、與，二獸名，性多疑，人之善疑者似之。如二事，此可，彼亦可，是嫌疑。如一事，或曰可，或曰不可，是猶與也。日，謂諏日也。踐，猶履也。有疑而問之卜筮，聖王且不專，況下民乎？時日則信而不疑也，祀神則敬而不褻也，法令則畏而不玩也。嫌疑物混而相似，故決之；猶與事行而不斷，故定之，皆卜筮使之然也。若有疑既筮而中不信，諏日行事而身弗踐，是不誠矣。不誠，豈尚有物哉？故引此言以結之也。　又曰：此章類言卜筮之禮。

方氏苞曰：古者立法施令，必降命於社稷、宗廟、山川、五祀。正祭之後，而祭之時日，必決于卜筮，故民知敬鬼神、信時日，則益知法令之可畏。三者合而爲一，其義乃著，離之，則畏法令與卜筮全無交涉，易曰「聖人以神道設教」，亦謂此類耳。決嫌疑，如「買妾不知其姓」之類。既問於筮，不可復以私意擬議，謂占者所決爲非也。

【孫氏集解】鄭氏曰：弗非，無非之者。日，所卜筮之吉日也。踐讀爲善，聲之誤也。

王氏肅曰：踐，履也。卜得可行之日，必履而行之。

孔氏曰：先聖王，伏羲以來聖人爲天子者也。時，四時及一日十二時也。日者，甲乙之屬，擇吉而祭祀，所以敬鬼神也。説文：「猶，獸名，玃屬。與，亦獸名，象屬。」此二獸皆進退，多疑人。多疑者似之，故謂之「猶與」。

吴氏澄曰：卜筮之用有二，占日與占事也。用以占日，使民信時日。用以占事，使民決嫌疑。

愚謂時，謂四時。時不須占，以日繫於月，月繫於時，故兼言時日耳。古人卜筮，日無占十二時者，孔兼十二時言之，非也。信時日者，卜筮得吉日，則人無不信其善也。祭祀必擇日，是敬鬼神也。畏法令者，擇日而誓戒之，則人無敢不如期而赴事也。嫌疑者，是非之未決，卜筮以決之。猶與者，行止之未定，卜筮以定之。「信時日」三句言占日，「決嫌疑」二句言占事，「疑而筮之」二句證上「決嫌疑」之意，「日而行事」二句證上「信時日」之意。○自「外事以剛日」至此明卜筮之事。

【朱氏訓纂】注：弗非，無非之者。日，所卜筮之吉日也。踐，讀曰善，聲之誤也。筴，或爲「蓍」。　王肅曰：卜得可行之日，必履而行之。踐，履也。　正義：時者，四時及一日十二時也。日者，甲乙之屬。法，典則也。令，教訓也。說文云：「猶，玃屬。豫，象屬。」此二獸進退多疑，人多疑惑者似之。　段氏玉裁曰：按古有以聲不以義者，如猶豫雙聲，亦作「猶與」，亦作「冘豫」，皆遲疑之貌。

一·六九　○**君車將駕**[一]**，則僕執策立於馬前。**監駕，且爲馬行。○監，古銜反。爲，于僞反。○**已駕，僕展軨，**展軨，具視。○軨，歷丁反，一音領，盧云：「車轄頭靼也，舊云車闌

[一] 君車將駕節　惠棟云：「『君車將駕』節、『故君子』節，宋本合爲一節。」

也。」**效駕，**白己駕。○**奮衣由右上，取貳綏，**奮，振去塵也。貳，副也。○上，時掌反，下「犬馬不上」、下注「而上車」同。去，羌吕反。**跪乘，**未敢立，敬也。○乘，繩證反，下「除乘」「君不乘奇車」「乘路馬」皆同。○**執策分轡，驅之五步而立。**調試之。○轡，悲位反。四馬八轡，故云「分」。○**君出就車，則僕并轡授綏，**車上僕所主。○并，必政反。**左右攘辟。**謂羣臣陪位侍駕者[一]。攘，卻也，或者攘，古讓字。○攘，如羊反，却也，又音讓。辟，音避，徐扶亦反，本或作「避」字，非也。○**車驅而騶，至于大門，君撫僕之手，而顧命車右就車。門閭、溝渠，必步。**車右，勇力之士，備制非常者，君行則陪乘，君式則下步行。○驅，起俱反，徐起遇反。騶，仕救反，又七須反，徐仕遘反。○**凡僕人之禮，必授人綏。若僕者降等，則受；不然則否。若僕者降等，則撫僕之手；不然，則自下拘之。**撫，小止之，謙也。自下拘之，由僕手下取之也。僕與己同爵則不受。○拘，古侯反，又音俱。○**客車不入大門。**謙也。**婦人不立乘。**異於男子。**犬馬不上於堂。**非摯幣也[二]。○贄，本亦作「摯」，音至。

[一] 謂羣臣倍位侍駕者　閩、監本同，岳本、嘉靖本同，毛本「位」誤「臣」。

[二] 非摯幣也　閩、監、毛本同，岳本、嘉靖本同。釋文出「非贄」云：「本亦作『摯』。」正義本作「贄」，衛氏集說同。

【疏】「君車」至「於堂」。○正義曰：此以下總明乘車顧式、僕御謹敬之事，各依文解之。

○「君車將駕」者，爲君僕御之禮[一]。君車，君所乘之車也。將駕，謂始欲駕行時者也[二]。

○「則僕執策立於馬前」者，僕，即御車者也。古者僕用好人爲之，故孔子曰「吾執御矣」，又云「子適衛，冉有僕」，及周禮諸僕皆用大夫、士也。策，馬杖也。別有人牽馬駕車，而此僕既知車事，故監駕也；又恐馬奔走，故自執馬杖立當馬前也。執策是監駕立馬前，恐馬行也。

○「已駕，僕展軨」者，已駕，駕竟。展，視也。舊解云：「軨，車欄也。」駕竟，僕則從車軨左右，四面看視之，上至於欄也。盧氏云：「軨，轄頭轊也。」皇氏謂：「軨是轄頭。盧言是也。一則車行由轄，二則欄之。苓字，不作車邊爲之。」鄭云「展軨具視」，謂偏視之。

○「效駕」者，效，白也。僕監視駕竟，而入白君道駕畢，故鄭云「白已駕」也。

○「奮衣由右上」者，奮，振也。由，從也。從右邊上升也。僕入白駕竟，先出就車，

[一] 謂爲君僕御之禮　閩、監、毛本如此，此本脱「謂」字。
[二] 謂始欲駕行時也　閩、監、毛本如此，此本「時」下衍「者」字。

於車後自振其衣去塵，從右邊升上。必從右者，君位在左[一]，故辟君空位。

○「取貳綏」者，二，副也[二]。綏，登車索。綏有二，一是正綏，擬君之升，一是副綏，擬僕右之升。故僕振衣畢，取副二綏而升也。詩云：「淑旂綏章。」箋云「綏，所引登車」也。

○「跪乘」者，謂僕先試車時，君既未出，未敢依常而立，所以跪而乘之爲敬也。然此是暫試，空左不嫌也。

○「執策分轡」者，策，馬杖也。轡，御馬索也。車有一轅，而四馬駕之，中央兩馬夾轅者，名服馬，兩邊名騑馬，亦曰驂馬。故詩云：「兩服上驤，兩驂鴈行。」鄭云「兩服，中央夾轅者也。鴈行者，言與中服相次序」是也[三]。然每一馬有兩轡，四馬八轡，以驂馬内轡繫於軾前，其驂馬外轡并夾轅兩服馬各二轡，六轡在手，分置兩手，是各得三轡，故詩云「六轡在手」是也。今言「執策分轡」，謂一手執杖，又六轡以三置空手中，以三置杖手中，故云「執策分轡」也。

○「驅之」者，分轡既竟，而試驅行之也。

[一] 必從右者君位在左　閩本同，惠棟校宋本同。監、毛本「從」誤「欲」，此本「在」誤「也」。

[二] 取二綏者二副也　閩、監本同。毛本「二」作「貳」，下「取副二綏」同。

[三] 言與中服相次序是也　閩、監、毛本同，惠棟校宋本無「是」字。

○「五步而立」者，僕向跪而驅，令馬行之，得五步止，而僕倚立，待君出也。何胤云：「跪以見敬，則立調試之也。」

○「君出就車」者，謂君始出上車時也。

○「則僕并轡授綏」者，君初來欲上，而僕并六轡及策置一手中，所餘一空手，取正綏授與君，令登車也。當右手并轡，左手授綏，轉身向後，引君上也。

○「左右攘辟」者，左右，謂侍駕陪位諸臣也。攘，却也。辟，遠也。君已上車，車欲進行，故左右侍者悉遷卻以避車，使不妨車行也。

○「車驅而騶」者〔一〕，左右已辟，故驅車而進，則左右從者疾趨從車行也。

○「至於大門」者，君至外門，謂車行至外門時也。

○「君撫僕之手」者，撫，按止也。僕手執轡，車行由僕，君欲令駐車，故君抑止僕手也。

○「而顧命車右就車」者，顧，回頭也。鄭箋詩云「迴首曰顧」也。車右，勇力之士也。就車，謂君命勇力士令上車也。車行則有三人，君在左，僕人中央，勇士在右也。初在門内，未顧勇士，勇士故從趨在車後。今車行既至大門，方出履險阻，恐有非常，故迴

〔一〕車驅而騶者　閩、監、毛本同，惠棟校宋本「騶」作「驟」。○按：依説文，當作「驟」，經文作「騶」，假借字。

頭命車右上車也。

○「門閭、溝渠，必步」者，是車右勇士之禮也。門閭，謂凡所過門閭處也。溝，廣深四尺者，渠亦溝也。步，謂下車也。勇士雖即上車，車若至門閭溝渠，而勇士必下車。所以然者，一則君子不誣十室，過門閭必式，君式則臣當下也；二則溝渠是險阻，恐有傾覆，故勇士亦須下扶持之也。而僕不下者，車行由僕，僕下則車無御，故不下也。

「凡僕人之禮，必授人綏」者，凡僕人，謂爲一切僕，非但爲君僕時也。車上既僕爲主，故爲人僕，必授綏與所升之人也。

○「若僕者降等，則受」者，謂士與大夫、大夫與卿御也。若御者卑降，則主人不須謙，故受取綏也。

「不然則否」者，不然，謂僕者敵體，雖御，其主人宜謙，不受其綏也。

○「若僕者降等，則撫僕之手」者，僕者雖卑，而受其綏不謙，猶當撫止僕手，若不聽自授，然後乃受也。

○「不然，則自下而拘之」者[一]，不然，不降等者。既敵不受，而僕者必授，則主人當却手從僕手下自拘取之。

[一] 不然則自下而拘之者　閩、監、毛本同。惠棟校宋本無「而」字，是也。

○注「撫小」至「不受」。○正義曰：由，從也。此時主人初欲上，而僕在車上，轉身向主人以授綏，主人不就僕手外取之，而以手從僕手下進，拘取僕手裏上邊，示不用僕授也。「僕與己同爵則不受」，謂不降等者。

○「客車不入大門」者，案公食大夫禮云「賓之乘車在大門外西方」，注云：「賓車不入門，廣敬也。」與此同。覲禮云「偏駕不入王門」，謂同姓金路、異姓象路之等。舍之於賓館，謂不得入王門。又云「墨車龍旂以朝墨」。車得入大門，但不得入廟門耳。

○「婦人不立乘」者，立，倚也。婦人質弱，不倚乘，異男子也。男子倚乘，婦人坐乘，所以異也。

○「犬馬不上於堂」者，賓主相見之禮也。犬馬將爲禮而賤，不牽上堂也。犬則執紲，馬則執勒，以呈之耳，非贄幣故也[一]。贄，謂羔、鴈、錦、玉之屬，乃上堂也。犬馬用充庭實而已，非物聘之贄幣，故不上堂也。

【衛氏集説】君車將駕，則僕執策立於馬前。已駕，僕展軨，效駕，奮衣由右上，取貳綏，跪乘，執策分轡，驅之五步而立。君出就車，則僕并轡授綏，左右攘辟。車驅而騶，至于大門，君撫僕之手，而顧命車右就車。門閭、溝渠，必步。

[一] 非贄幣故也　閩本同，惠棟校宋本同，監、毛本「贄」誤「執」。

鄭氏曰：奮，振去塵也。貳，副也。跪乘，未敢立，敬也。驅之五步，調試之。「僕并轡授綏」者，車上僕所主也。左右，謂羣臣陪位侍駕者。攘，却也。或者攘，古「讓」字。車右，勇力之士，備制非常者，君行則陪乘，君式則下步行。

孔氏曰：此以下至卷末，總明乘車顧式，僕御謹敬之事。君車，君所乘之車也。將駕，謂始欲駕行時也。僕即御車者，古者僕用好人爲之，故孔子曰「吾執御矣」，又「子適衛，冉有僕」，及周禮諸僕皆用大夫、士也。策，馬杖也。別有人牽馬駕車，僕執馬杖，監駕立馬前，恐馬行也。已駕，駕竟也。展，視。軨，轄頭轊也。車行由轄，故具視之。效，白也。僕監視駕竟，而入白君駕車也。由，從也。僕入白駕竟，先出就車，於車後自振其衣去塵，從右邊升上。必從右者，君位在左，故辟君空位也。綏，登車索。綏有二，一是正綏，擬君之升，一是副綏，擬僕右之升。故僕振衣畢，取副綏而升也。「跪乘」者，僕先試車時，君未出，未敢依常而立，故跪乘以爲敬。轡，御馬索也。車有一轅，而四馬駕之，中央兩馬夾轅者名服馬，兩邊者名騑馬，亦曰驂馬。故詩云：「兩服上驤，兩驂鴈行。」然每一馬有兩轡，四馬八轡，以驂馬内轡二繫於軾前，其驂馬外轡及夾轅兩服馬各二轡分置兩手，故詩云「六轡在手」也。今言「執策分轡」，謂一手執馬杖，以三轡置空手中，以三轡置杖手中也。分轡竟，則試驅行之。五步乃立，初跪而驅，令馬行五步，則倚立以待君出。蓋跪以見敬，而立則調試之也。君出就車，則僕并六轡及策置一手中，一手取正綏授君，令登車，此當右手并轡，左手授綏，轉身向後，引君上也。辟，遠也。君已上車，車欲進行，故左右侍駕陪位諸臣皆遷卻以辟車，使不妨車行也。左右已辟，故驅車而進，則左右從者疾趨從車行也。大門，君之外門，車行至外門。君撫僕手，撫，按止也。僕手執轡，車行由僕，君欲令駐車，故抑止僕手也。顧，回顧也。車右，勇士之士也。車行則有三人，君在左，僕人中央，勇士在右。車方驅時，勇士亦從趨在後，今至大門，方出履險阻，恐有非常，故回顧命車右上車也。門閭，謂凡所過門閭處。溝，廣深四尺。渠亦溝也。步，謂下車也。此車右勇士之禮，若至門閭溝渠，則車右必下車，所以然者，一則君子不誣十室，過門閭必式，君式則臣當下也；二則溝渠是險阻，恐有傾覆，故勇士亦須下扶持之。僕不下者，車行由僕，僕下則車無御，故不下也。

山陰陸氏曰：執策，僕之事也。君按轡而已。

藍田呂氏曰：此章言僕御君車之法也。僕御君車，其節有五：將駕，執策立於馬前，一也；已駕，展軨效駕，二也；先上車，執策分轡，驅之五步，三也；君出就車，并轡授綏，四也；車至大門，君撫僕手，顧命車右上車，五也。策者，所以驅馬，僕之所從事也。君車將駕，僕執策立於馬前，臨而視之，則駕者無敢不謹也。轄，車之所賴以行也。既展軨，乃敢白君，故曰效駕。僕在右，君位在左，升由右便也。門閭溝渠必步，防有竊發之變、傾覆之虞也。

橫渠張氏曰：展軨，謂周視一車，百物無廢。而軨者，轄頭轊也，任重之要，故爲展視之主焉。至尊將乘，慎重當然，僕之禮也。

嚴陵方氏曰：展，省也，與「展墓」之「展」同義。效駕，若臧倉請曰「今乘輿已駕」是也。綏有正有貳，正綏即王制所謂「大綏」、少儀所謂「良綏」是矣。貳綏，即王制所謂「小綏」、少儀所謂「散綏」是矣。車右，即周官之「司右」是矣。蓋人之左手足不如右强，故車右置勇力之士。

廬陵胡氏曰：軨，車欄也。欄可倚，故楚詞九辨云「倚結軨兮長太息」，又宣帝紀「軨獵車」注「前有曲軨」。盧氏云「軨，轄頭轊」，非車欄也。車欄之「笭」字，不作車邊。案楚詞云「倚軨」，若非欄，何可倚乎？推此，則轄頭并欄皆曰軨也。案春秋傳「左并轡」，則此亦當在於左，而右手授綏，轉身向後，引君登也。

新安王氏曰：車驅而騶，至于外門，君按僕手，暫止其驅，命車右登車。車右既登，則僕之驅車自當如故，然過門閭、臨溝渠，馬必步而不騁，騁則行疾，步則行緩，記曰「步路馬必中道」，左傳言「步馬」者，皆謂馬緩行也。門閭必步，恐或有衝突也。溝渠必步，恐或有傾仆也。舊説以步爲車右，下車而行，非是。

凡僕人之禮，必授人綏。若僕者降等，則受；不然則否。若僕者降等，則撫僕之手；不然，則自下拘之。

鄭氏曰：撫，小止之，謙也。自下拘之，由僕手下取之也。僕與己同爵則不受。

孔氏曰：凡僕人，謂爲一切僕，非但爲君僕時也。車上既僕爲主，故爲人僕，必授綏與所升之人也。降等，謂士與大夫、大夫與卿御也。僕既卑降，則主人受取綏。「不然」者，謂僕者敵體，則主人宜謙，不受其綏也。又僕者雖卑，而受其綏不謙，猶當撫止其手，若不聽自授，然後乃受也。不降等者，既敵不受，而僕者必授，則主人當卻手從僕手下自拘取之，示不用僕授也。

長樂陳氏曰：説文曰「綏，車中把也」，其飾則有采章，其等則有貴賤，詩曰「淑旂綏章」，此綏之飾也。禮，君綏曰良綏，僕右綏曰貳綏、散綏，此綏之等也。君子之登車也，受綏。其既登也，正立執綏，及致敬，然後撫而式焉。正立執綏，所以備墜耳。昔范鞅逆魏舒，請參乘而持帶，亦備墜之意也。夫禮有六藝，「御」居一焉，故司徒以之教萬民，保氏以之教國子，詩以「執轡如組」爲賢，孔子以執御爲能，而周官大馭、戎僕、田僕、齊僕之官，皆大夫上士爲之，則御非賤者之事，故有以同等爲之僕者，有以降等爲之僕者，有以弟子爲師之僕者，有以貴者爲賤人之僕者，禮曰「若僕者降等則受，不然則否」，此同等、降等者爲之僕也。君命召，雖賤人，大夫、士必自御之，此貴者爲賤人之僕也。論語或稱「冉有僕」，或稱「樊遲御」，此弟子爲師之僕也。禮書。

客車不入大門。婦人不立乘。犬馬不上於堂。

鄭氏曰：不入大門，謙也。婦人不立乘，異於男子。犬馬，非贄幣也。

孔氏曰：公食大夫禮云「賓之乘車在大門外西方」，注云：「賓車不入門，廣敬也。」與此同。婦人質弱，不倚乘。倚，立也。男子倚乘，而婦人坐乘。犬馬者，賓主相見，用充庭實而已，非問聘之贄幣，故不上堂。贄，謂羔雁、錦玉之屬，乃上堂也。

藍田吕氏曰：客車不入大門，敬主人也。婦人不立乘，從安也。犬馬不上於堂，賤畜也。三者或敬，或安，或有所賤，各從其宜也。

嚴陵方氏曰：大門，謂最外之正門。坐乘則安婦人所乘，謂之安車者，以此。

馬氏曰：客車不入大門，所以敬主。主人出大門迎之，所以敬客。故覲禮「偏駕不入王門」，公食大夫禮「賓之乘車在大門外西方」是也。鄉飲酒禮「主人迎賓于庠門之外」，則上至於以賓禮見王，下至於以客禮見者，莫非以大門之外爲敬也。少儀曰：「犬則執緤，馬則執靮。」周官小行人「合六幣而圭以馬」，覲禮「侯氏奉束帛、匹馬，卓上，九馬隨之」，侯氏降則以馬授人。蓋以犬馬獻人，則執緤靮而已。以馬合幣，則達圭而已。奉馬而覲，則授人而已。皆不上堂之謂也。

講義曰：犬馬雖可獻之於人，然與羔雁、玉帛之屬異矣，故效馬者，右牽之；效犬者，左牽之。惟恐其執之不力，宜不可使上於堂也。

【吴氏纂言】君車將駕，則僕執策立於馬前。已駕，僕展軨，效駕，奮衣由右上，取貳

綏，跪乘，執策分轡，驅之五步而立。君出就車，則僕并轡授綏，左右攘辟。車驅而騶，至于大門，君撫僕之手，而顧命車右就車。門閭、溝渠，必步。

鄭氏曰：立於馬前，監駕且爲馬行。展軨，具視。效駕，白已駕。奮，振去塵也。貳，副也。跪乘，未敢立，敬也。驅之五步，調試之。僕并轡授綏者，車上僕所主也。左右，謂羣臣陪位侍駕者。攘，却也。車右，勇力之士，備制非常者，君行則陪乘，君式則下步行。

孔氏曰：君車，君所乘之車也。將駕，謂始欲駕行時也。僕，即御車者。策，馬杖也。別有人牽馬駕車，僕執馬杖監駕，立馬前，恐馬行也。已駕，駕竟也。展，視軨轄頭轊也。車行由轄，故具視之。效，白也。僕監視駕竟，而入白君駕車也。由，從也。僕入白駕竟，先出就車，於車後自振其衣去塵，從右邊升上。必從右者，君位在左，故辟君空位也。綏，登車索。綏有二，一是正綏，擬君之升；一是副綏，擬僕右之升。故僕振衣畢，取副綏而升也。跪乘者，僕先試車時，君未出，未敢依常而立，故跪乘以爲敬。轡，御馬索也。車有一轅，而四馬駕之，中央兩馬夾轅者名服馬，兩邊者名驂馬，每馬兩轡，四馬八轡，以驂馬内轡二繫於軾前，其驂馬外轡及夾轅兩服馬各二轡，分置兩手，今言「執策分轡」，謂一手執馬杖，以三轡置空手中，以三轡置杖手中也。分轡竟則試驅行之，五步乃立，初跪而驅。今馬行五步則倚立，以待君出。蓋跪以見敬，而立則調試之也。君出就車，則僕并六轡及策置一手中，一手取正綏授君，令登車。此當右手并轡，左手授綏，轉身向後，引君上也。避，遠也。君已上車，車欲進行，故左右侍駕、陪位，諸臣皆遷卻以辟車，使不妨車行也。左右已辟，故驅車而進，則左右從者疾趨從車行也。大門，君之外門，車行至外門，君撫僕手。撫，按止也。僕手執轡，車行由僕，君欲令駐車，故抑止僕手也。顧，回顧也。車右，勇力之士也。車行則有三人，君在左，僕人中央，勇士在右。車方驅時，勇士亦從驅在後。今至大門，方出履險阻，恐有非常，故回顧命車右上車也。門閭，謂凡所過門閭。溝，廣深四尺，渠亦溝也。步，謂下車也。此車右勇士之禮。若至門閭、溝渠，則車右必下車。所以然者，君子不誣十室，遇門閭必式，君式則臣當下也。二則溝渠是險阻，恐有傾覆，故勇士亦須下扶持之。僕不下者，車行由僕，僕下則車無御，故不下也。

凡僕人之禮，必授人綏。若僕者降等，則受；不然則否。若僕者降等，則撫僕之手；不然，則自下拘之。客車不入大門。婦人不立乘。犬馬不上於堂。

鄭氏曰：撫，小止之謙也。自下拘之，由僕手下取之也。僕與己同爵則不受。

孔氏曰：凡僕人，謂爲一切僕，非但爲君僕時也。車上既僕爲主，故爲人僕，必授綏與所升之人也。降等，謂士與大夫，大夫與卿御也。僕既卑，降則主人受取綏，不然謂僕者敵體，則主人宜謙不受其綏也。又僕者雖卑，而受其綏不謙，猶當撫止僕手，若不聽自授，然後乃受也。不降等者，既敵不受，而僕者必授，則主人當卻手從僕手下自拘取之，示不用僕授也。

鄭氏曰：不入大門，謙也。不立，乘異於男子。

孔氏曰：公食大夫禮「賓之乘車在大門外西方」，注云：「賓車不入，廣敬也。」立，倚也。男子倚乘，婦人質弱，不倚乘而坐乘。

鄭氏曰：非摯幣也。孔氏曰：賓主相見，將犬馬爲禮，用充庭實而已。犬則執紲，馬則執靮以呈之，非摯幣，故不牽上堂。羔鴈之摯，乃上堂也。

【陳氏集說】**君車將駕，則僕執策立於馬前。已駕，僕展軨，效駕。**此下言乘車之禮。策，馬杖也。僕者執之立於馬前，所以防奔逸也。已駕，駕馬畢也。軨，車之轄頭，車行由轄。僕者展視軨偏，即入而效白於君，言車駕竟。**奮衣由右上，取貳綏，跪乘。**疏曰：僕先出就車，於車後自振其衣以去塵，從右邊升上。必從右者，君位在左，避君空位也。貳，副也。綏，登車索也。正綏擬君之升，副綏擬僕右之升。僕先試車時，君猶未出，未敢依常而立，所以跪而乘之以爲敬。**執策分轡，驅之五步而立。**疏曰：轡，馭馬索也。車一轅而四馬駕之，中央兩馬夾轅者名服馬，兩邊名騑馬，亦曰驂馬。詩云：「兩服上襄，兩驂鴈行。」鴈行者，言與中服相次序也。每一馬有兩轡，四馬八轡，以驂馬內轡繫於軾前，其驂馬外轡并兩服馬各二轡，六轡在手。右手執杖，以三轡置空手中，以三轡置杖手中，故云「執策分轡」也。「驅之」者，試驅行之也。「五步而立」者，跪而驅馬以行，五步即止，而倚立以待君出。**君出就車，則僕并轡授綏，左右攘辟。**疏曰：君出就車，則僕并六轡及策置一手中，以一手取正綏授於君，令登車。於是左右侍駕陪位諸臣，見車欲進行，皆遷卻以避車，使不妨車之行也。**車驅而騶，至于大門，君撫僕之手，而顧命車右就車。門閭、溝渠，必步。**疏曰：車上君在左，僕人中央，勇士在右。既至大門，恐有非常，故回命車右上車。至門閭、溝渠而必下車者，一則君子不誣十室，過門閭必式，君式則臣當下也；二則溝渠險阻，恐有傾覆，亦須下扶持之也。僕不下者，車行由僕，僕下則車無御，故不下也。**凡僕人之禮，必授人綏。若僕者降等，則受；不然則否。**凡爲車之僕者，必以正綏授人，不但臣於君爲然也。若僕之等級卑下，如士於大夫之類，則授綏之時，直受之而已，無辭讓也，非降等者則不受。**若僕者降等，則撫僕之手；不然，則自下拘之。**降等者，雖當受其綏，然猶撫止其手，如不欲其親授然，然後受之，亦謙讓之道也。不降等者，己雖不欲受而彼必授，則卻手從僕之手下而自拘取之也。**客車不入大門。婦人不立乘。犬馬不上於堂。**馬氏曰：客車不入大門，所以敬主。主人出大門迎之，所以敬客，故覲禮「偏駕不入王門」，公食大夫禮「賓乘車在大門外西方」。若諸侯不以客禮見王，則墨車龍旂可以入大門，故覲禮「墨車龍旂以朝」。婦人乘安車，故不立乘。犬馬充庭實，故不上堂。以犬馬獻人，則執緤靮而已；以馬合幣，則達圭而已；奉馬而覲，則授人而已，皆不上堂之謂也。

【方氏析疑】若僕者降等，則受；不然則否。若僕者降等，則撫僕之手；不然，則自下拘之。

僕者降等，雖可受，然必撫其手，以示不敢當敵者。雖不可徑受，而僕終不可以不授，故自下拘取之。

【江氏擇言】婦人不立乘。

孔疏：立，倚也。男子倚乘，婦人質弱，不倚乘而坐乘。

馬氏云：婦人乘安車，故不立乘。

按：疏説未盡。「不立乘」，亦所以自屏遠恥。安車輲輪，老人所乘，馬氏説誤。

【欽定義疏】君車將駕，則僕執策立於馬前。

正義 鄭氏康成曰：監駕，且爲馬行。

孔氏穎達曰：此以下明乘車顧式，僕御謹敬之事。君車，君所乘之車也。將駕，謂始欲駕行時也。僕即御車者。周禮諸僕皆用大夫、士。策，馬杖也。別有人牽馬駕車，僕執杖監駕。立馬前，恐馬奔逸也。

通論 吕氏大臨曰：僕御君車之節有五，將駕一也，已駕二也，驅之五步三也，君出就車四也，車至大門五也。

案 周禮地官保氏：「養國子以道，教之六藝。」御雖一技，而道寓焉。況身爲君御可不謹乎？以下六節自將駕至就道，不特可以安君躬，抑且可以養君德，僕御需正人，信哉！

已駕，僕展軨，效駕。

正義 鄭氏康成曰：展軨具視。效駕，白已駕也。

孔氏穎達曰：已駕，駕竟也。展，眡也。軨，謂轄頭轊也。車行由轄，故具眡之。效，白也。僕監眡駕竟，而入白君也。

張子曰：展軨，謂周眡一車百物無廢。而軨者，任重之要，故爲展眡之主焉。至尊將乘，慎重當然，僕之禮也。

存疑 胡氏銓曰：軨，車欄也。楚辭九辯云「倚結軨兮長太息」，又宣帝紀「軨獵車」，注：「前有曲軨。」盧氏云：「車欄之笭，不作車邊。」案楚辭云「倚軨」，若非欄，何可倚乎？推此則轄頭并欄，皆曰軨也。

案 欄不須展，此以轄轊爲正。

奮衣由右上，取貳綏，跪乘。

正義 鄭氏康成曰：奮，振去塵也。貳，副也。跪乘，未敢立，敬也。

孔氏穎達曰：由，從也。僕入白駕竟，先出就車。於車後自振其衣，去塵，從右邊升。上必從右者，君位在左，故辟君空位也。綏，登車索。綏有二，一是正綏，擬君之升；一是副綏，擬僕右之升。故僕振衣畢，取副綏而升也。「跪乘」者，僕先試車時，君未出，未敢依常而立，故跪乘以爲敬。

通論 方氏慤曰：正綏，少儀所謂「良綏」。貳綏，少儀所謂「散綏」。

存疑 胡氏銓曰：案春秋傳「左并轡」，則此亦當在於左，而右手授綏，轉身向後，引君登也。

案 將中軍，則將居中，御居左。君自將，則君居中。以懸鼓必於中。執枹鼓之者必於中，以爲司命也。上軍、下軍將，亦居左。凡乘車，皆主左而御中，以六轡皆御兩手分執之。不居中，則不調也。胡氏引郤克以例君，殊誤。

執策分轡，驅之五步而立。

正義 鄭氏康成曰：調試之。

孔氏穎達曰：轡，御馬索也。車一轅而四馬駕之，中央兩馬夾轅者名服馬，兩邊名騑馬，亦曰驂馬，詩云：「兩服上襄，兩驂鴈行。」鴈行者，言與中服相次序也。每一馬有兩轡，四馬八轡，以驂馬内二轡繫於軾前，其驂馬外轡并兩服馬各二轡，分置兩手，故詩云「六轡在手」也。今右手執杖，以三轡置空手中，以三轡置杖手中，故云「執策分轡」也。驅之者，試驅行之也。「五步而立」者，跪而驅馬，以行五步即止，而倚立以待君出。蓋跪以見敬，而立則調試之也。

君出就車，則僕并轡授綏，左右攘辟。

正義 鄭氏康成曰：并轡授綏者，車上僕所主也。左右，謂羣臣陪位侍駕者。攘，却也，或謂攘，古「讓」字。

孔氏穎達曰：君出就車，則僕并六轡及策置右手中。左手取正綏，轉身向後，引君上也。辟，遠也。君已上車，車欲進行，故左右侍駕陪位諸臣，皆遷却以避君，使不妨車行也。

車驅而騶，至于大門，君撫僕之手，而顧命車右就車。門閭、溝渠，必步。

正義 鄭氏康成曰：車右，勇力之士，備制非常者。君行則陪乘，君式則下步行。

孔氏穎達曰：左右已辟，故驅車而進，則左右從者疾趨從車行也。大門，君之外門。撫，按止也。僕手執轡，車行由僕，欲令駐車，故抑止僕手也。車右，勇士也。車上君在左，僕人中央，勇士在右。既至大門，出履險阻，恐有非常，故回頭命車右上。車至門閭、溝渠而必下車者，一則君子不誣十室，過門閭必式，君式則臣當下也。二則溝渠險阻，恐有傾覆，故勇士亦須下扶持之也。僕不下者，車行由僕，僕下則車無御故也。

王氏炎曰：驅車則行疾，步馬則行緩。門閭必步，恐有衝突也。溝渠必步，恐有傾仆也。

通論 方氏慤曰：車右，即周官之「司右」是矣。蓋人之手足，左不如右强，故車右置勇力之士。

案 至大門，而車右就車矣。但君駕尊嚴，必待命而後就之，人臣之禮然也。鄭氏對就車，訓「步」爲「右下車」。王氏對車驅，謂「步」爲「馬緩行」。夫君式、右下時，馬亦未有不緩行者，義或兼之。又左傳：「程鄭爲乘馬御，羣騶屬焉，使訓羣騶知禮。」則騶爲君之從車，甚明，而舊必改讀爲「驟」與「趨」，殊不可解。國中不馳，而驅之使驟乎？大夫不徒行而從君者，必旁車而趨乎？

凡僕人之禮，必授人綏。若僕者降等，則受；不然則否。

正義 鄭氏康成曰：僕與己同爵則不受。

孔氏穎達曰：僕人，謂爲一切僕，非但爲君僕時也。車上僕爲主，故爲人僕，必授綏於所升之人也。降等，謂士與大夫、大夫與卿御也。僕既卑降，則主人受取綏，不然僕者敵體，則主人宜謙不受也。

若僕者降等，則撫僕之手；不然，則自下拘之。

正義 鄭氏康成曰：撫，小止之，謙也。自下拘之，由僕手下取之也。僕與己同爵，則不受。

孔氏穎達曰：僕者雖卑，而受其綏不謙，猶當撫止其手，若不聽自授，然後乃受也。不降等者，既敵不受，而僕必授，則當却手從僕手下，自拘取之。示不用僕授也。

通論 陳氏祥道曰：夫禮有「六藝」，御居一焉。故司徒以之教萬民，保氏以之教國子，詩以「執轡如組」爲賢，孔子以執御爲能，而周官大馭、戎僕、田僕、齊僕之官，皆大夫、上士爲之，則御非賤者之事。故有以同等爲僕者，有以降等爲僕者，有以弟子爲師之僕者。禮曰：「若僕者降等，則受，不然則否。」此同等、降等者爲之僕也。論語冉有僕，樊遲御，此弟子爲師之僕也。

客車不入大門。婦人不立乘。犬馬不上於堂。

正義 鄭氏康成曰：「不入大門」，謙也。「婦人不立乘」，異於男子。犬馬，非贄幣也。

孔氏穎達曰：「客車不入大門」者，案公食大夫禮云「賓之乘車，在大門外西方」，注云：「賓車不入門，廣敬也。」立，倚也。婦人質弱不倚乘，異男子也。男子倚乘，婦人坐乘。「犬馬」者，賓主相見用充庭實而已，非問聘之贄幣，故不上堂。贄謂羔鴈錦玉之屬，乃上堂也。

呂氏大臨曰：客車不入大門，敬主人也。婦人不立乘，從安也。犬馬不上於堂，賤畜也。

方氏慤曰：大門，爲最外之正門。坐乘則安，婦人所乘，謂之安車者以此。

通論 馬氏晞孟曰：客車不入大門，所以敬主；主人出大門迎之，所以敬客。故覲禮偏駕不入王門，墨車龍旂以朝。以犬馬獻人，則執緤靮而已；以馬合幣，則達圭而已；奉馬而覲，則授人而已，皆不上堂之謂也。

存異 馬氏晞孟曰：若諸侯不以客禮見，則墨車龍旂可以入大門。

案 覲禮侯氏「乘墨車、載龍旂」，注謂：「入天子之國，車服不可盡同。」蓋諸侯金路、象路等，並與天子同，所謂偏駕也。入天子之國，則當降等用墨車。注以天子之國言，則所謂偏駕不入王門者。國門，非大門也。若以爲大門，則偏駕固不入，墨車亦何嘗可入？彼經無「墨車入門」之文，疏又謂「墨車至門外」，是墨車至門外不入門之明証也。況客禮尊於臣禮，豈有客禮則不入，不以客禮見者，反可入之理？

【杭氏集説】君車將駕，則僕執策立於馬前。已駕，僕展軨，效駕，奮衣由右上，取貳綏，跪乘，執策分轡，驅之五步而立。君出就車，則僕并轡授綏，左右攘辟。車驅而騶，至于大門，君撫僕之手，而顧命車右就車。門閭、溝渠，必步。

盧氏植曰：軨，轄頭轊也。

姚氏際恒曰：效，猶前文「效馬」「效羊」之效，謂進獻也。鄭氏謂「白已駕」，此臆解。奮，説文：「翬也，大飛。」奮衣，謂衣如飛鳥鼓翅，此古人用字之妙。鄭謂「振去塵」，何其迂執乎？騶、驟通，馬疾行曰馳，不馳而小疾曰驟，緩行曰步，上文「五步」，下「步路馬」皆此義。故天子車駕出行，因曰「步」，洛誥「王朝步自周」是也。門閭、溝渠必步，謂君車所過，凡道有門閭陿隘，則不可疾行，溝渠高下，疾行恐致傾覆，僕御者法當以步也。門閭必步，即下「國中以策彗恤，勿驅」及「入國不馳」之義。「步」字與上「驟」字相應。此句不蒙上「顧命車右就車」，另爲一義，鄭孔誤連上文作解，謂君子不誣十室。過門閭必式，則臣下步行。溝渠是險阻，恐有傾覆，故勇士亦須下扶持之，此車右勇士之禮。按，君式賢人之禮則有之，從無槩式庶民門閭之事，若然，何獨曰「式某賢之閭乎」？下「君子入里必式」，謂入鄉里始式，則其餘不式可知。人君豈反槩式乎？必不然矣。所謂不誣十室，此即論語「十室之邑，必有忠信」之説，曲引無涉。車右，君車之右，即所以扶持君車也。豈必下車步行，始必扶持乎？以詔僕御之禮，而謂之詔勇士之禮，皆迂拙之甚者也。

朱氏軾曰：立，止也，驅車五步而停止也。

陸氏奎勳曰：陳氏「騶，音驟」，本鄭氏説。愚謂如字，作騶，從解自通。

姜氏兆錫曰：策，馬杖也，僕執以立其職也。又曰：展之言省也。軨者，車轄頭也。效，試也。車既駕行，必由轄，故展視轄頭，而即試乘之也。舊説「效」曰「也」，「入而效」曰「於君也」。奮之言振，振去其塵也。從右升者，君位在左，避君空位也。貳，副也。綏者，登車索也。正綏，擬君之升。副綏，擬僕右之升，故僕取以升車，而君猶未出，未敢依常而立，故跪乘之也。轡者，馭馬索也。一車四馬，中兩馬夾轅，名服馬，兩邊各一，名驂馬，四馬凡八轡，而兩驂馬内轡繫於軾前，因分其六轡，半納於左之空手，而半納于右執策之手中也。驅馬五步，即止而立，以待君出也。又曰：并，合也。合六轡及策，納一手中，而以一手取正綏，授君以登也。攘辟，如周禮閽人「爲之辟」之辟，令侍從執役諸臣皆卻避，以便馳驟也。又曰：撫僕手者，以顧命車右故也。就，上也。凡君乘車，君居左，僕御居中，勇士在右，而車右必奉命而後敢上，故命之也。必步，謂車右也。禮，君子過門閭必式，君式則臣當下。又溝渠險阻，亦須下而扶持之，此所以步也。僕不下者，僕下則車無御矣。

凡僕人之禮，必授人綏。若僕者降等，則受；不然則否。若僕者降等，則撫僕之手；不然，則自下拘之。

朱氏軾曰：兩「不然」，謂不降等者。凡僕人，兼降等敵體。

姜氏兆錫曰：凡爲僕者，必以正綏授人，不但臣於君然也。若僕等級卑下，如士於大夫之類，則直受之；不然，則必致辭讓也。又曰：降等則受矣，然猶撫止其手者，如不欲其親授然，亦讓道也。不降等者，己雖不欲受，而僕必授，則又卻手，從其手下而自拘取之也。又曰：此章言僕御駕車之禮。

方氏苞曰：僕者降等，雖可受，然必撫其手，以示不敢當敵者。雖不可徑受，而僕終不可以不授，故自下拘取之。

【孫氏集解】君車將駕，則僕執策立於馬前。

鄭氏曰：監駕且爲馬行。

孔氏曰：僕，御車者也。周禮諸僕皆用大夫、士。策，馬杖也。別有人牽馬駕車，僕知車事，故執策監駕，恐馬奔走，故立馬前。

愚謂周禮馭夫「分公馬而駕治之」，趣馬「掌駕説之頒」，典路「大祭祀出路，贊駕説」，則駕車之事，蓋趣馬頒之，馭夫主之，典路贊之與？

已駕，僕展軨，效駕。

孔氏曰：展，視也，舊解云：「軨，車闌也。」駕竟，僕從車軨左右四面視之，上至於闌也。盧氏云：「軨，轄頭轊也。」車行由轄。效，白也。白君道駕畢。

戴氏震曰：説文：「軨，車轖間横木。」「轖，車籍交錯也。」楚辭「倚結軨兮長太息」，集注：「軨，軾下從横木。」按：軨者，軾較下從横木統名，即考工記之「軹、轛」也。盧植「轄頭軥」之説，乃因漢時路車之轄施小旛，謂之飛軨，遂以解經，古無是名也。

愚謂軨爲軾下從横之木，舊説以爲車闌是也。鄭氏謂簚爲覆笭，笭即軨也。展軨效駕，謂周視車闌之三面，而白君言已駕也。轊者，車之軸頭。轄者，以鐵爲之，所以關軸而制轂。此於展視固在所急，然周視車闌，則轊轄固在其内矣。陸氏釋文引盧氏説作「轄頭軥」，孔疏引之作「轄頭轊」，陸氏爲是。蓋軥施於轄端，故曰轄頭軥，若轊爲軸末，而轄關於轊内，言轊頭轄則可，言轄頭轉則非也。

奮衣由右上，取貳綏，跪乘。

鄭氏曰：奮，振去塵也。貳，副也。跪乘，未敢立，敬也。

孔氏曰：僕人白駕竟，先出就車，於車後振衣去塵，從右邊而升，必從右者，君位在左，故避君空位。貳，副也。綏，登車索，綏有二，一是正綏，擬君之升；一是副綏，擬僕右之升。故取貳綏而升也。跪乘者，君既未出，未敢依常而立，所以跪而乘之，爲敬也。然此是暫試，空左不嫌也。

執策分轡，驅之五步而立。

鄭氏曰：調試之。

孔氏曰：轡，御馬索也。車一轅而四馬駕之，中兩馬夾轅者名服馬，兩邊名騑馬，亦曰驂馬。每一馬有兩轡，四馬八轡。驂馬内轡繫於軾前，餘六轡分置兩手，一手執杖，以三轡置空手中，以三轡置杖手中，故曰「執策分轡驅之」。驅，馬行也。五步而立者，僕跪而驅馬，得五步而僕倚立，待君出也。

愚謂驅馬不可跪。上云「跪乘」，謂未驅之前及既立之後也。立，駐車也。公食禮曰：「賓之乘車在大門外西方，北面立。」

君出就車，則僕并轡授綏，左右攘辟。

鄭氏曰：并轡授綏者，車上僕所主。左右，謂羣臣陪位侍駕者。攘，却也，或者攘，古「讓」字。

孔氏曰：并轡授綏者，并六轡及策置一手中，餘一手取正綏授君令登。當右手并轡，左手授綏，回身向後，引君上也。左右攘辟者，車將行，故左右侍者悉遷却以避車，使不妨車行也。

愚謂并轡授綏者，并轡策於左手中，而以右手授綏，引君升車也。蓋御車向前，則君在僕之左，授綏向後，則君升在僕之右。且右手引君，有力也。攘，古讓字。荀子「盛揖攘之容」是也。

車驅而騶，至于大門，君撫僕之手，而顧命車右就車。門閭、溝渠，必步。

鄭氏曰：車右，勇力之士，備非常者，君行則陪乘，君式則下步行。

孔氏曰：車驅而騶者，左右已辟，故驅車而進，則左右從者疾趨從車行也。至於大門，謂車行至外門時也。撫，按止也。車行由僕，君欲令駐車，故抑止僕手也。顧，回頭也。車右，勇力之士也。車行則有三人：君在左，僕人中央，勇士在右。初在門內，勇士從趨在車後；車行既至大門，方履險阻，恐有非常，故回顧命車右上車也。門閭、溝渠必步，是車右之禮也。溝，廣深四尺者。渠亦溝也。步，下車也。車若至門閭、溝渠，勇士必下車。所以然者，一則君子不誣十室，過門閭必式，君式則臣當下也；二則溝渠險阻，恐有傾覆，勇士須下扶持之也。僕不下車者，僕下則車無御也。

愚謂「騶」、「趨」字通。荀子：「騶中韶、濩以養耳。」車驅而趨，謂車既驅而疾行也。周禮大馭：「凡馭路，行以肆夏，趨以采齊。」或曰：騶，如字。説文：「騶，御也。」蓋周官馭夫、僕夫、趣馬之屬掌駕馬者，車初行，恐馬或驚逸，故騶隨至大門也。門，國門；閭，巷門也。古者二十五家爲閭，同共一巷，巷首有門。○孔氏曰：兵車參乘之法，射者在左，御在中央，戈盾在右。若非兵車，則尊者在左。故曲禮「乘君之乘車，不敢曠左」，鄭注云：「君存，惡空其位。」若是元帥，則在中軍鼓下，御者在左，戈盾亦在右。成二年鞌之戰，郤克爲中軍將，時「流血及屨，未絶鼓音」，是將居鼓下。解張御郤克，解張云：「矢貫余手及肘，余折以御，左輪朱殷。」是御者在左，自然戈盾在右。若天子諸侯親將，亦居鼓下。故戎右云「贊王鼓」，成二年齊師圍龍，齊侯親鼓之是也。若非元帥，則皆在左，御者在中。故成二年韓厥自其車左居中代御而逐齊侯，杜預云：「兵車自非元帥，御者皆在中。」檀弓疏。

凡僕人之禮，必授人綏。若僕者降等，則受；不然則否。若僕者降等，則撫僕之手；不然，則自下拘之。

鄭氏曰：撫，小止之，謙也。自下拘之，由僕手下取之也。僕與己同爵則不受。

孔氏曰：凡僕人之禮，謂爲一切僕，非但爲君僕也。車上，僕所主，故爲人僕必授人綏也。僕者降等，謂士與大夫、大夫與卿御也。御者卑降，則主人不須謙，故受取綏也。不然則否，謂僕者敵體則不受其綏也。若僕者降等，則撫僕之手者，僕者雖卑，猶當撫止僕手，不聽其授，然後乃受也。不然則自下拘之者，不降等者既敵不受，而僕者必授，則主人不就僕手外取之，而卻手從僕手下，拘僕手裏上邊，示不用僕授也。

客車不入大門。婦人不立乘。犬馬不上於堂。

鄭氏曰：客車不入大門，謙也。婦人不立乘，異於男子。犬馬不上於堂，非贄幣也。

孔氏曰：立，倚也。婦人質弱，不倚乘，異男子也。男子倚乘，婦人坐乘，所以異也。犬馬賤，不牽上堂。犬則執緤，馬則執靮。

【王氏述聞】⊙效駕

已駕，僕展軨，效駕，奮衣由右上，取貳綏，跪乘，執策分轡，驅之五步而立。

鄭注「效駕」曰：白已駕。正義曰：效，白也。僕監視駕竟，而入白君，道駕畢，故鄭云「白已駕」也。

引之謹案：入而白已駕，又出而爲取綏、跪乘諸事，則經當云「入效駕，出，奮衣由右上，取貳綏，跪乘，執策分轡，驅之五步而立」，節次乃明。今不言「入」，又不言「出」，則無入白之事矣。唐以前傳注，亦無訓「效」爲「白」者。惟楊倞注荀子儒效篇訓效爲白，即本於鄭注孔疏也。今案：效者，考也，見廣雅。驗也。廣雅「効，驗也，効與效通」。考驗其駕具已完善否，然後登車調試之，僕人之慎也，古人多謂「考」爲「效」，詳見書「王其效邦君越御事」下。

在軏中。

【朱氏訓纂】**君車將駕，則僕執策立於馬前。**注：監駕，且爲馬行。說文：駕，馬在軛中。　正義：謂爲君僕御之禮。周禮諸僕皆用大夫、士。策，馬杖也。別有人牽馬駕車。此僕恐馬奔走，故自執馬杖，立當馬前。**已駕，僕展軨，效駕。**注：展軨，具視。白已駕。　正義：展，視也。效，白也。　釋文：盧云：「軨，車轄頭靼也。舊云車闌也。」　王氏引之曰：謹案：入而白已駕，又出而取綏跪乘，則經當云「入效駕，出奮衣由右上」，節次乃明。今不言入，又不言出，則無入白之事矣。唐以前傳注，亦無訓「效」爲「白」者。今案：效者，考也，驗也。考驗其駕已完善否，然後登車調試之。**奮衣由右上，取貳綏，**注：奮，振去塵也。貳，副也。　正義：由，從也。僕人白駕竟，先出就車，於車後升。上必從右者，君位在左，故辟君空位。綏，登車索。綏有二，一是正綏，擬君之升；二是副綏，擬僕右之升。故僕振衣畢，取副二綏而升也。**跪乘，**注：未敢立，敬也。**執策分轡，驅之五步而立。**注：調試之。說文：驅，馬馳也。　正義：車有一轅，而四馬駕之，中央兩馬夾轅者名服馬，兩邊名騑馬，亦曰驂馬，每一馬有兩轡，四馬八轡，以驂馬内轡繫於軾前，其驂馬外轡，并夾轅兩服馬各二轡，分置兩手。故詩云「六轡在手」也。執策分轡，謂一手執杖，又六轡以三置空手，以三置杖手中。何胤云：「跪以見敬，則立，調試之也。」**君出就車，則僕并轡授綏，**注：車上僕所主。正義：君始出上車，僕并六轡及策置一手中，所餘空手取正綏，授與君，令登車也。**左右攘辟。**注：謂羣臣陪位侍駕者。攘，却也。或者「攘」，古「讓」字。正義：君已上車，車欲進行，故左右侍者悉遷却以辟車，使不妨車行也。**車驅而騶，至于大門，君撫僕之手，而顧命車右就車。門閭、溝渠，必步。**注：車右，勇力之士，備制非常者，君行則陪乘，君式則下步行。正義：車驅而騶者，驅車而進，左右從者疾趨從君行也。大門，外門。撫，按止也。僕手執轡，車行由僕，君欲令駐車，故抑止僕手也。鄭箋詩云：「迴首曰顧。」車行有三人，君在左，僕人中央，勇士在右。初在門内，勇士從在車後。既至大門，方出履險阻，恐有非常，故命車右上車也。溝，廣深四尺。渠亦溝也。步，謂下車也。一則君子不誣十室，過門閭必式，君式則臣當下也；二則溝渠是險阻，恐有傾覆，故勇士亦須下扶持之也。僕不下者，車行由僕，僕下則車無御，故不下也。

凡僕人之禮，必授人綏。若僕者降等，則受；不然則否。若僕者降等，則撫僕之手；不然，則自下拘之。注：撫，小止之，謙也。自下拘之，由僕手下取之也。僕與己同爵，則不受。正義：降等則受者，謂士與大夫、大夫與卿御也。

客車不入大門。注：謙也。正義：案公食大夫禮云：「賓之乘車，在大門外西方。」

婦人不立乘。注：異於男子。　正義：立，倚也。婦人質弱，不倚乘。男子倚乘，婦人坐乘，所以異也。　江氏永曰：亦所以自屏，遠恥也。

犬馬不上於堂。注：非摯幣也。　正義：犬則執緤，馬則執靮，以呈之耳。摯，謂羔雁錦玉之屬，乃上堂也。犬馬，用充庭實而已，故不上堂也。

【郭氏質疑】僕展軨效駕。

鄭注：展軨，具視。效駕，白已駕也。

嵩燾案：「展軨效駕」至下「驅之，五步而立」，當爲一事。「效」蓋校試之意，車已駕而先試其車具之完善、馬力之調良也。爾雅釋言：「展，適也。」説文：「展，轉也。」鄭注喪禮：「軸狀如轉轔。」「展軨」即「轉轔」之意，謂稍動車輪以校試之。下云「奮衣由右上」者，輪動車行，不復能從容，故言奮矣。「五步而立」，則猶近距階前也。凡二十五字，一氣直下，若展軨一視而即告駕於君，乃始乘而試之，是此二語中尚多一轉折。而告駕於君，則君當出，何由反乘之以驅？文義亦稍陵越矣。

車驅而騶。

孔疏：驅車而進，左右從者急趨，從君行也。

嵩燾案：騶即周官「趣馬」之「趣」。月令「命僕及七騶咸駕」。鄭注：「七騶，謂趣馬，主爲諸官駕税者。」左傳成十八年：「程鄭爲乘馬，御六騶屬焉，使訓羣騶知禮。」

杜注：「諸侯有六閑馬，乘車尚禮容。」君行有貳車，有從車，此謂車驅而騶從也，騶有趣音，車驅而騶隨之以動，不敢後也。「車驅而騶」，四字當別爲一義，疏意似未分明。案，車行有副車，有車右，皆以備不虞。副車隨行，而車右以時登降，各有當也。

曲禮注疏長編卷十八

一·七〇 **故君子式黄髮，**敬老也。發句言「故」，明此衆篇雜辭也。**下卿位，**尊賢也。卿位，卿之朝位也。君出，過之而上車；入，未至而下車。○朝，直遥反，下同。**入國不馳，**愛人也。馳善藺人也[一]。○藺，力刃反。**入里必式。**不誣十室。**君命召，雖賤人，大夫、士必自御之。**御當爲「訝」。訝，迎也[二]。君雖使賤人來，必自出迎之，尊君命也。春秋傳曰：「跛者御跛者，眇者御眇者。」皆「訝」也。世人亂之。○御，依注音訝，五嫁反。跛，波我反。眇，

[一] 馳善藺人也　惠棟校宋本同，宋監本同，岳本、嘉靖本同。閩、監、毛本「藺」作「躪」，疏同。衛氏集説作「躪」。案釋文本亦作「藺」。○按：依説文，當作「蹸」，从足粦聲。藺，假借字。○鍔按：「馳善」上，阮校有「故君子式黄髮節」七字。

[二] 御當爲訝訝迎也　惠棟校宋本同，宋監本、岳本、嘉靖本同。閩、監、毛本「訝訝」作「迓迓」，非。釋文出「自御之」云：「依注音訝，五嫁反，迎也。」是釋文本亦作「訝」也，下「皆訝也」同。○按：依説文，當作「訝」。

名小反。**介者不拜，爲其拜而蓌拜**[一]。蓌則失容節，蓌，猶詐也。○爲其，于僞反，下注「爲惑」「爲掩」同。蓌，子卧反，又側嫁反，挫也；沈祖稼反，又子猥反，盧本作「蹲」。**祥車曠左。**空神位也。祥車，葬之乘車。**乘君之乘車，不敢曠左，左必式。**君存，惡空其位。○惡，烏路反。○**僕御婦人，則進左手，後右手。**遠嫌。○遠，于萬反。○**御國君，則進右手，後左手而俯。**敬也。**國君不乘奇車。**出入必正也。奇車，獵衣之屬。○奇車，居宜反，奇邪不正之車，何云：「不如法之車。」**車上不廣欬，**爲若自矜。廣，猶弘也。○欬，開代反。**不妄指。**爲惑衆。○**立視五巂，**立，平視也。巂，猶規也[二]，謂輪轉之度。巂，或爲「槷」。○巂，本又作「嶲」，惠圭反，車輪轉一周爲巂。一周，丈九尺八寸也。槷，本又作「蘗」，如捶反，徐而媿反。**式視馬尾，**小俛。**顧不過轂。**爲掩在後。**國中以策彗卹勿驅，塵不出軌**[三]。入國不馳。彗，竹帚。卹勿，搔摩也。○彗，音遂，徐雖醉反，又囚歲反。卹，蘇役反，注同。勿，音没，注同。驅，

[一] 爲其拜而蓌拜　石經同，岳本、嘉靖本同。釋文出「蓌拜」云：「盧本作『蹲』。」公羊僖卅三年傳何休注云：「介胄不拜，爲其拜如蹲。」蓋引此文，與盧本同。而如古通「蹲」下無「拜」，然正義本自作「而蓌拜」。

[二] 巂猶規也　閩、監、毛本同，岳本、嘉靖本同，宋監本「猶」改「謂」。

[三] 塵不出軌　石經同，岳本同，閩、監、毛本同。惠棟校宋本「軌」作「軓」，嘉靖本同。

如字，又羌遇反。搔，素刀反。摩，莫何反。**國君下齊牛，式宗廟。大夫、士下公門，式路馬。乘路馬，必朝服，載鞭策，不敢授綏，左必式。步路馬，必中道，以足蹙路馬芻，有誅。齒路馬，有誅。**皆廣敬也。路馬，君之馬。載鞭策，不敢執也。齒，欲年也。誅，罰也。○齊，側皆反。鞭，必綿反。蹙，本又作「蹴」，徐采六反，又子六反。芻，初俱反。

【疏】「故君」至「有誅」。○正義曰：此以下[一]明雜敬禮也。君子，謂人君也。黄髮，太老人也。人初老則髮白，太老則髮黄，髮黄彌老，宜敬之，故人君見而式敬也。人君尚爾，則大夫、士可知也。若與君同行，君式則臣下；若異行，則式而已。詩云「黄髮兒齒」，皆謂老人也。

○注「發句言『故』[二]，明此衆篇雜辭也」。○正義曰：謂他篇上舊禮雜辭，連上至下，所以有「故」，今作曲禮，記者引此他篇雜辭而來爲此篇，發首有「故」也[三]。

○「下卿位」者，卿位，路門之内，門東北面位。故論語鄉黨云「入公門」，又云「過位，色勃如也」，注：「過位，謂入門右，北面君揖之位。」故燕禮、大射「卿大夫門右，北

[一] 正義曰此以下　閩、監、毛本同，惠棟校宋本無「正義曰」三字。
[二] 注發句言故　閩、監、毛本作「句」，此本「句」誤「向」，今正。
[三] 發首有故也　閩、監、毛本作「有」，此本「有」誤「育」，今正。

面，公降阼階，南鄉爾卿[一]」是也。今謂尋常出入，故出則過卿位而上車，入則未到卿位而下車。若迎賓客，則案樂師注云：「登車於大寢西階之前，反降於阼階之前。」或可下卿位，是諸侯禮，樂師據天子禮。

○「入國不馳」者，國中人多，若馳車則害人[二]，故不馳。

注云「愛人也」，「馳，善藺人也」，善，猶好也。藺，雷刺也。若車馳則好行刺人也。何胤云：「藺，躪也。」

○「入里必式」者，二十五家爲里，里巷首有門，十室不誣，故入里則必式而禮之爲敬也。里必式，則門閭亦式，故門閭必步，不誣十室也。論語云：「十室之邑，必有忠信如丘者焉。」是「不誣十室」也。

○「君命召」者，謂有君命呼召臣也。

○「雖賤人」者，君之使者假令是賤人爲之來。

○「大夫、士必自御之」者，御，迎也。使者雖賤，而君命可尊，故雖大夫、士貴，亦自出迎之也。

○注「御當」至「亂之」。○正義曰：鄭引春秋證御者迓也。成二年季孫行父、臧

[一] 公降阼階南鄉爾卿　閩、監、毛本作「爾」，此本「爾」誤「以」，今正。

[二] 若馳車則害人　閩、監、毛本作「若」，此本「若」誤「君」，今正。

孫許會晉郤克、衛孫良夫、曹公子首，及齊侯戰于鞌。公羊傳云：「前此者，晉郤克與臧孫許同時而聘於齊。蕭同姪子者，齊君之母也。窺客或跛或眇，於是使跛者迓跛者，眇者迓眇者，二大夫歸，相與率師爲鞌之戰。」穀梁傳云：「曹公子手僂同時聘齊。齊頃公使跛者御跛者，眇者御眇者，禿者御禿者，僂者御僂者。齊頃公母蕭同姪子處臺上而笑之也。」鄭言彼既以爲「訝」，此「御」故宜是「訝」，而世人亂之，讀云「御」耳。

○「介者不拜」者，介，甲鎧也。著鎧者不爲式敬，故宜無所拜之也。

「爲其拜而蓌拜」者，解所以不拜。蓌，挫也。戎容暨暨，著甲而屈拜，則挫損其戎威之容也。一云「蓌，詐也」，言著鎧而拜，形儀不足，似詐也。虛作矯蓌則失容節，是蓌猶詐也。

○「祥車曠左」者，此以下又明僕御之禮。祥，猶吉也。吉車爲平生時所乘也，死，葬時因爲魂车[一]。鬼神尚吉，故葬魂乘吉車也。曠，空也。車上貴左，故僕在右，空左以擬神也。

○注「空神」至「乘車」[二]。○「知葬之乘車」者，以其大小二祥，生人所乘之車無空左之法，言空左，唯據葬時魂車，故知也。

[一] 死葬時因爲魂車　惠棟校宋本同，閩、監、毛本「因」作「用」。
[二] 空神至乘車　惠棟校宋本「至」字作「位也祥車葬之」六字。

○「乘君之乘車，不敢曠左」者[一]，乘車，謂君之次路也。王者五路：玉、象、木、金、革各一路，王自乘一，所餘四路皆從行。臣若乘此車，不敢空左，故典路云：「凡會同、軍旅、弔于四方，以路從。」鄭云：「王出於事無常，王乘一路，典路以其餘路從行，亦以華國。」又戎右職云：「會同，充革車。」鄭云：「會同，王雖乘金路，猶以革路行。充之者，謂居左也。曲禮曰：『乘君之乘車，不敢曠左。』」若曠左則似祥車，近於凶時，故乘者自居左也。

○「左必式」者，雖處左而不敢自安，故恒馮式。云「乘車」，則君皆在左，若兵戎革路，則君在中央，御者居左。故成二年韓厥代御居中，杜云：「自非元帥，御者皆在中，將在左。」以此而言，則元帥及君宜在中也。又詩云「左旋右抽」，鄭箋云：「左，左人，謂御者。右，車右也。中軍謂將也。兵車之法，將居鼓下，故御者在左。」君存，惡空其位也。太僕云：「王出入則自左馭而前驅。」注云：「前驅，如今道引也。道而居左自馭，不參乘，辟王也。亦有車右焉。」

○「僕御婦人，則進左手」者[二]，僕在中央，婦人在左，僕御之時，進左手持轡。所以爾者，形微相背也。

[一] 乘君之乘車不敢曠左者　閩、監、毛本同，惠棟校宋本無「不敢曠左者」五字。

[二] 僕御婦人則進左手者　閩、監、毛本同，惠棟校宋本作「僕御婦人則進左手正義曰」。

○「後右手」者，若進右手，則近相嚮，相嚮則生嫌，故後右手，遠嫌也。

○「御國君，則進右手，後左手」者，禮以相嚮爲敬，故進右手，非男女，無所嫌也。「而俯」者，既御，不得恒式，故但俯俛而爲敬也，并兩御也。

○「國君不乘奇車」者，國君出入宜正，不可乘奇邪不正之車。盧氏云：「不如御者之車也。」

○注「出入」至「之屬」。○正義曰：隱義曰：「獵車之形，今之鈎車是也。衣車如鼈而長也。漢桓帝之時，禁臣下乘之。」

○「車上不廣欬」者，廣，弘大也。欬，聲欬也。車已高，若在上而聲大欬，似自驕矜，又驚衆也。

○「不妄指」者，妄，虚也。在車上高，若無事，忽虚以手指麾於四方，並爲惑衆也。

○「立視五巂」，車上依禮。巂，規也。車輪一周爲一規，乘車之輪，高六尺六寸，徑一圍三，三六十八，得一丈八尺，又六寸，爲一尺八寸，總一規爲一丈九尺八寸，五規爲九十九尺。六尺爲步，總爲十六步半，在車上所視，則前十六步半地[一]。

○注「巂，猶規也」。○正義曰：知巂爲規者，以巂、規聲相近，故爲規，規是圓，故讀

[一] 則前十六步半地　惠棟校宋本同，閩、監、毛本「地」誤「也」。

從規，言或爲「槊」[一]，他本禮記有作「縈」字者。

○「式視馬尾」者，馬引車，其尾近在車欄前，故車上馮式下頭時，不得遠矚而令瞻視馬尾。

○「顧不過轂」者，車轂也。若轉頭不得過轂，過轂則掩後人私也。論語云「車中不内顧」是也。

○「國中以策彗卹勿驅」者，前云「入國不馳」，此爲不馳，故爲遲行法也。策，馬杖。彗，竹帚也。

○注「卹勿，搔摩也」。入國不馳，故不用鞭策，但取竹帚帶葉者爲杖，形如掃帚，故云策彗。云「卹勿」者，以策微近馬體，不欲令疾也。但僕搔摩之時，其形狀卹勿然。

○「塵不出軌」者，軌，車轍也。車行遲，故塵埃不起，不飛揚出轍外也[二]。

○「國君下齊牛，式宗廟」者，案齊右職云：「凡有牲事，則前馬。」注云「王見牲則拱而式」，又引曲禮曰：「國君下宗朝，式齊牛。」鄭注周官與此文異者，熊氏云：「此文誤，當以周禮注爲正，宜云：『下宗朝，式齊牛。』」

○「大夫、士下公門，式路馬」者，公門，謂君之門也。路馬，君之馬也。敬君，至門

[一] 言或爲槊　閩、監、毛本作「縈」，此本「槊」誤「禦」。
[二] 不飛揚出轍外也　閩本同，監、毛本「楊」作「揚」。

下車；重君物，故見君馬而式之也。馬比門輕，故有下、式之異。

○「乘路馬，必朝服」者，謂臣行儀習禮獨行時也。路馬，君之車馬，臣雖得乘之，猶不可慢，故必朝服而自御乘之也。

○「載鞭策」者，又不敢執杖杖馬，故但載杖以行也。

○「不敢授綏」者，君在則僕人授綏，今習儀者身既居左，自馭而乘，雖有車右，而不敢授綏與己也。

○「左必式」者，既不空左，故亦居左式而敬之。此言「不敢授綏」，與前「不敢曠左」文互也。

○「步路馬，必中道」者，此謂單牽君馬行時。步，獨行也。若牽行君之馬，必在中道正路爲敬也。

○「以足蹙路馬芻，有誅」。○芻，食馬草也。誅，罰也。此草擬爲供馬所食，若以足蹴蹹之者，則有責罰也[一]。

○「齒路馬，有誅」者，齒，年也。若論量君馬歲數，亦爲不敬，亦被責罰。皆廣敬也。

【衛氏集說】故君子式黄髮，下卿位，入國不馳，入里必式。

[一] 則有責罰也 閩、監、毛本同，惠棟校宋本「有」作「被」。

鄭氏曰：式黄髮，敬老也。發句言「故」，明此衆篇雜辭也。下卿位，尊賢也。卿位，卿之朝位也。君出過之而上車；入，未至而下車。入國不馳，愛人也，馳善躪人也。入里必式，不誣十室也。

孔氏曰：此以下明雜敬禮也。君子，謂人君也。人初老則髮白，太老則髮黄，故見而式敬也。人君尚爾，則大夫、士可知。卿位，路門之内，門東北面位也。國中人多，周官脩閭氏「禁馳騁於國中」，二十五家爲里，里巷首有門，入里，則必式而禮之。

嚴陵方氏曰：黄髮，則老之尤者，詩所謂「黄髮兒齒」是矣。黄，土色也。形生於土而反於土，髮而至於黄，則形將反本故也。

藍田吕氏曰：車之所過，則門外之朝位也。卿立於位，以俟君，君過之則下，非卿之虚位也。人君而敬臣之虚位，爲已過矣。入國不馳，馳則人不得辟也。入里必式，先人之居在焉也。

馬氏曰：孟子曰「養老尊賢」，易曰「養賢以及萬民」，是能敬老，然後能敬賢，敬賢，然後能敬人民。若夫敬鄉黨，則其私恩而已。此言之序也。傳曰「丞相進見，御座爲起，乘輿爲下」，此下卿位之意。詩曰「維桑與梓，必恭敬止」，此入里必式之意也。周官脩閭氏「禁馳騁於國中」，此入國不馳之意也。石慶入里門不下車，而其父責之；張湛望里門則步，君子多之，則入里必式者，父母國之道也。昔禹見耕者則式，過十室之邑則下，孔子見負版、凶服者則式，見楚狂接輿則下，武王式商容之閭，魏文侯式段干木之門，然則君子凡在所敬者，奚常不式且下哉？記之所言，特其大率而已。

李氏曰：國君而下卿位，不已過乎？曰：君子所以待天下之賢臣，其禮有隆而無殺者，篤於至誠而已。其樂也，始於樂，至於衎，至於綏之，而終於又思，可謂隆矣。其燕也，始於敖，至於且湛，亦可謂隆矣。其篤於至誠如此，下其位亦不爲過也。入國不馳，愛也。入里必式，恭也。推愛則仁，不可勝用也。充恭則禮，不可勝用也。

臨川王氏曰：入國不馳，愛敬之道也。

君命召，雖賤人，大夫、士必自御之。

鄭氏曰：御，當爲「迓」。君雖使賤人來，必自出迎之，尊君命也。春秋傳曰「跛者御」「跛者眇」者，御、眇者，皆迓也。

孔氏曰：鄭引春秋，見成二年公羊傳。

横渠張氏曰：御，謂御車也。奉君命而召，雖所召者賤，使者當親御之。

嚴陵方氏曰：自御爲之僕也，故僕人之禮，前經有「降等」者，以此。

馬氏曰：春秋洮之盟，尊王人；雞澤之盟，尊單子；平丘、召陵之盟，尊劉子；鄄之盟，尊單伯。蓋朝服雖敝，必加於上；弁冕雖舊，必加於首。王人雖微，必先諸侯。必先諸侯者，所以尊王命也。君命召，雖賤人，大夫、士必自御之，其意亦若是而已。

介者不拜，爲其拜而蓌拜。

鄭氏曰：蓌則失容節。蓌，猶詐也。

孔氏曰：蓌，挫也。戎容暨暨，著甲而屈拜，則挫損其戎威之容也。一云「蓌，詐也」，言著鎧而拜，形儀不足，似詐也。

長樂陳氏曰：古者介胄有不可犯之色，介者不拜，蓋介者所以服人，拜者所以服於人。服人者，無所服於人，故不拜焉。不拜，而周禮謂之「肅拜」，是亦不拜之拜也。兵法曰：「軍容不入國，國容不入軍。」軍容入國，則民德廢；國容入軍，則民德弱。兵車不式，危事不齒。介者不拜，不以國入軍也。鄢陵之戰，郤至不拜楚使；崤之役，蹇叔之子不拜其父；細柳之屯，周亞夫不拜其君。可謂知此矣。禮書。

新安朱氏曰：蓌，猶言有所枝柱，不利屈伸也。

祥車曠左。乘君之乘車，不敢曠左，左必式。

鄭氏曰：祥車，葬之乘車，空神位也。乘君之乘車，君存，惡空其位也。

孔氏曰：此以下又明僕御之禮。祥，猶吉也。吉車謂生時所乘，葬時用爲魂車，鬼神尚吉也。車上貴左，故僕在右，空左以擬神也。乘車，謂君之次路也。王者五路：玉、象、木、金、革各一路。王自乘一，所餘四路皆從行。臣若乘此車，不敢空左。戎右職云「會同，充革車」，注云：「會同，王乘金路，猶以革路行。充之者，謂居左也。」若曠左，則似祥車，近於凶時。「左必式」者，雖處左，而不敢自安，故恒馮式。云乘車則君皆在左，若兵戎革路，則君在中央，御者居左。故成二年韓厥代御居中是也。

藍田呂氏曰：王者五路，君乘其一，餘四輅，皆臣下乘之，故有乘車也。

長樂陳氏曰：乘車之禮，君處左，車右處右，僕處中，故造車者必慎於左，考工記所謂「終日馳騁，左不楗」是也。器物不敢措之於左，月令所謂「載耒耜於參保介之御間」是也。後世魏公子虛左以迎侯生，秦皇虛左以迎太后，皆古之遺制耳。此特乘車爲然，若兵卑，則馭者在左，戎右在右，將帥居中。昔晉伐齊，郤克將中軍，解張御，鄭緩爲右，郤克傷矢，流血及屨，鼓音未絶，曰：「余病矣！」解張曰：「自始合，而矢貫余手及肘，余折以御，左輪朱殷，豈敢言病？」夫郤克傷矢而未絶鼓音，則將在鼓下矣。解張傷手而血殷左輪，則御在車左矣。然此將帥所乘也，若士卒所乘，則左人持弓，右人持矛，中人御，故書戒左不攻于左，右不攻于右，御非馬之正，言左右而又言御，則御在中可知也。左傳稱秦師過周北門，左右免胄而下，言左右下，則御在中，不下可知也。僖三十三年。楚樂伯曰：「致師者左射以菆。」是左人執弓也。宣十二年。欒鍼爲晉侯右曰：「寡君使鍼持矛焉。」成十六年。衛太子爲簡子右，禱曰：「蒯聵不敢自佚，備持矛焉。」是右人持矛也。哀二年。蓋御無定位，右有常處，故將帥車則御在左，士卒車則御居中，右人之持矛，雖將帥、士卒之車不同，而所居常在右，所職常持矛也。凡此，皆三人乘車之法也。禮書。

馬氏曰：乘君之乘車，不敢曠左，不敢虛君位也。左必式，不敢安君位也。

僕御婦人，則進左手，後右手。御國君，則進右手，後左手而俯。

鄭氏曰：進左後右，遠嫌也。進右後左，敬也。

孔氏曰：僕在中央，婦人在左，僕御之時，進左手持轡，使形微相背。若進右手，則近相嚮，故後右手，以遠嫌也。御國君，則禮以相向爲敬，故進右手。既御，不得常式，故但俯俛而爲敬也。

國君不乘奇車。車上不廣欬，不妄指。立視五巂，式視馬尾，顧不過轂。國中以策彗卹勿驅，塵不出軌。

鄭氏曰：國君出入必正。奇車，獵衣之屬。廣欬，爲若自矜。廣，猶弘也。立，平視也。巂，猶規也，謂輪轉之度。式視馬尾，小俛也。顧不過轂，爲掩在後。彗，竹帚。卹勿，搔摩也。

孔氏曰：國君不可乘奇邪不正之車，隱義云「獵車之形，今之鉤車是也。衣車如鼈而長也。漢桓帝之時，禁臣下乘之。」車已高，若在上而聲大欬，似自驕矜，又驚衆也。妄，虛也。車上無事，虛以手指麾四方，並爲惑衆也。車輪一周爲一規，乘車之輪，高六尺六寸，徑一圍三，三六十八，得一丈八尺，又六寸，爲一尺八寸，總一規爲一丈九尺八寸。五規爲九丈九尺。六尺爲步，總爲十六步半。在車上所視，則前十六步半地也。知巂爲規者，聲相近也。馬引車，其尾近在車欄前，故車上馮式下顧時，不得遠矚而視馬尾。若轉而顧不得過轂，過轂則掩後人之私。轂，車轂也。論語云「車中不内顧」是也。入國不馳，故不用鞭策，取竹帚帶葉者爲杖，形如埽帚，故云「策彗」。云「卹勿」者，以策微近馬體，不欲令疾也。但僕搔摩之時，其形狀卹勿然。軌，車轍也。車行遲，故塵埃不起，不飛揚出轍外也。

廬陵胡氏曰：自五路之外，皆奇異之車，如漢宣乘輚獵車也。子巂，鳥名。車上平視不過五巂，猶云不過百雉也。雉取其飛不過三丈，則五巂當亦取其飛之遠近爲喻。孔氏以巂爲規。案「巂」，音攜，不近規也，恐非，舊作「繠」。

馬氏曰：先王之時，作奇技、奇器以疑衆者有刑，作淫巧以蕩上心者有禁。車不中度，不鬻於市。用器不中度，不鬻於市。則爲國君者，其可以乘奇車哉？蓋造車之法，軫方以象地，蓋圓以象天，輪輻以象日月，蓋弓以象星。圓者中規，方者中矩，立者中權，衡者中水。玉路以象德之美，金路以象義之和，象輅以象義之辨，革路以象義之制，木路以象仁之質。凡欲人君俯仰而觀之，則思合天地之德；周旋而視之，則思合日月星辰之明。出入不踰於規矩權衡，言動不離於道德仁義，然後奇邪之志不萌於心，而中正之行可律於下，此所謂器以藏禮，禮以出信者也。然則非禮之奇車，其可乘哉？周官道右「詔王之車儀」，則「不廣欬」，口之儀也；「不妄指」，手之儀也；「立視五巂，式視馬尾」，目之儀也；「顧不過轂」，首之儀也。立欲平，故視五巂；式欲俯，故視馬尾。

嚴陵方氏曰：立視五巂，則不至於逾遠。式視馬尾，則不至於傴下。顧不過轂，則不至於掩後。凡此，皆欲容貌適其中而已。論語言：「車中不内顧，不疾言，不親指。」不内顧，則不特不過轂而已；不疾言，則不特不廣欬而已；不親指，則不特不妄指而已。言之淺深不同者，彼言聖人之儀，此言中人之制而已。

廣安游氏曰：古之觀人者，於視聽言動之間，所謂言與動者，視常從焉。蓋視者，人之精神見於外者也，孟子曰：「觀其眸子，人焉廋哉。」故夫視者，可以觀夫人之神志也。傳曰「視下言徐」，又曰「目動言肆」，又曰「視不登帶」，如此之類，皆以視參其言而觀焉，故君子於人之瞻視常爲之法，此則在車顧視之節也。「廣欬」者，矜且泰也。「妄指」者，輕且肆也。古人於一指顧、一瞻視、一謦欬之間，其人之賢不肖、是非禍福，皆可得而分。蓋古人以禮爲常，一失其節，則爲改常，則人之禍福宜可得而知也。後世之禮不明，舉無以爲之節，舉無以爲節者，後世之常也，有一人焉而失其節，亦是行乎其常而非禍福之所及也，此古今所以爲異。

新安朱氏曰：策彗，疑謂策之彗，若今時鞭末韋帶耳。

國君下齊牛，式宗廟。大夫、士下公門，式路馬。乘路馬，必朝服，載鞭策，不敢授綏，左必式。步路馬，必中道，以足蹵路馬芻，有誅。齒路馬，有誅。

鄭氏曰：皆廣敬也。路馬，君之馬。載鞭策，不敢執也。齒，數年也。誅，罰也。

孔氏曰：案齊右職云：「凡有牲事，則前馬。」注云：「王見牲則拱而式。」又引曲禮云：「國君下宗廟，式齊牛。」鄭注周官與此文異。公門，君之門也。路馬，君之馬也。敬君，故至門下車；重君物，故式路馬。馬比門輕，故有下、式之異。乘路馬，謂臣行儀習禮獨行時也。路馬，君之車馬，臣雖得乘之，必朝服而自御，又不敢杖馬，但載杖以行也。君在則僕人授綏，今習儀者身既居左，自馭而乘，雖有車右，不敢授綏與己也。既不曠左，故居左，但式以爲敬。步，猶行也。謂單牽君馬，行時必在中道正路爲敬也。芻，食馬草也。蹙，謂以足蹴蹋之，及論量君馬歲數，皆爲不敬，亦被責罰也。案熊氏曰：「下齊牛，式宗廟。」文誤，當以周禮「齊右」注爲正，宜云：「下宗廟，式齊牛。」

藍田吕氏曰：「國君下齊牛，式宗廟」，齊牛，以卜之牲所用於宗廟，見則下之，過宗廟之門則式之，以牲於神近，而門於神遠，故敬門殺於牲也。路馬非齊牛之比，故敬馬殺於門也。云「國君下宗廟，式齊牛」，以對大夫、士下公門，式路馬，事各有所當。步路馬必中道。步，習也。中道，君所行也。誅，責也。孔子曰：「於予與何誅？」傳曰：「反誅屨於徒人費。」皆責也。

長樂陳氏曰：齊牛之於宗廟，其輕重不倫。國君於宗廟則式之，於齊牛則下之者，庸敬在廟，斯須之敬在齊牛也。

嚴陵方氏曰：齊牛，祭牲也。歲時必齊戒以朝之，故謂之齊牛。國君下齊牛，式宗廟，則所以奉神者，不敢不敬故也。齊牛，則奉神物也。宗廟，則奉神之居也。物無常用，過之爲疏，故在車則必下焉。居有定所，過之爲數，故在車則式之而已。

馬氏曰：先王於牲視之則召，擇之則卜，於歲時則齊戒沐浴以朝之，於朔望則皮弁素積以迎之，牽則必親，殺則必射，割則必袒，則其見而下之不爲過矣。乘路馬，則載鞭策，不敢授綏，行必中道，凡此，教其敬君物也。以足蹙路馬芻有誅，齒路馬有誅，凡此，戒其慢君物也。先王制禮，圖難於其易，爲大於其細，凡以止邪於未形而已。周官太宰「八柄」言誅，内史「八枋」言殺，此誅，所以爲殺也。宰夫「治不以時舉者，以告而誅之」，禁殺戮「凡傷人見血而不以告者，以告而誅之」，所以爲責也。然則蹙芻、齒馬之誅，蓋亦責之而已。少儀曰：「有貳車者之乘馬，服車不齒，觀君子之衣服、服劍、乘馬弗賈。」君子尚然，況其君乎？

山陰陸氏曰：「下齊牛，式路馬」，「式宗廟，下公門」，相備也。近則下之，遠則式焉，相備而言，先儒謂宜云「下宗廟，式齊牛」，今經「齊牛」在上，知未誤也。未有言鞭策者，此言鞭策以乘而習之之故也，不敢授綏。僕者也左，必式乘者也。

李氏曰：國君，諸侯也。齊右職曰「有牲事則前馬」，蓋王式齊牛，則車右前，天子撫式，諸侯下之歟？

廬陵胡氏曰：熊氏云此文疑誤，宜云「下宗廟，式齊牛」，非也。見齊戒之牲則下，過宗廟則式，此亦甚明，何勞倒文乎？

清江劉氏曰：禁過於微，則人樂遷善；防患於小，則患遠矣。齒路馬，蹴路馬芻，皆有誅，是所以遠其防者也。路馬者，君之路馬也。路馬之可敬，況其君乎？是以國家之敗，常必自其小者始焉，民無嚴君之心，則無爲貴禮矣。

【吴氏纂言】入國不馳，入里必式。故君子式黄髮、下卿位。

鄭氏曰：馳，善藺人。不馳，愛人也。必式，不誣十室也。發句言「故」，明此衆篇雜辭也。式黄髮，敬老也。下卿位，尊賢也。卿位，卿之朝位，君出過之而上車，入未至而下車。

孔氏曰：國中人多，周官脩閭氏禁「馳騁於國中」，二十五家爲里，「里巷首有門」，論語云「十室之邑，必有忠信」，故入里則必式而禮之。君子，謂人君也。人初老則髮白，太老則髮黄，髮黄彌老，宜敬之，故見而式也。卿位，路門之内，門東北面位也。

君命召，雖賤人，大夫、士必自御之。

方氏曰：自御謂之僕。

張子曰：御，謂御車。奉君命而召，雖所召者賤，使者當親御之。

鄭氏曰：御，當爲訝。君雖使賤人來，召己必自出迎之，尊君命也。

澄按，張子説與舊注不同，今兼存之。

介者不拜，爲其拜而蓌拜。

陳氏曰：介者所以服人，拜者所以服於人。服人者無所服於人，故不拜。兵法曰：「軍容不入國，國容不入軍。軍容入國則民德廢，國容入軍則民德弱。」兵車不式，危事不齒，介者不拜，不以國入軍也。鄢陵之戰，郤至不拜楚使。崤之役，蹇叔之子不拜其父。細柳之營，周亞父不拜其君，可謂知此矣。

朱子曰：蓌，猶言有所枝柱，不利屈伸也。

鄭氏曰：蓌則失容節。蓌，猶詐也。

孔氏曰：蓌，挫也，戎容暨暨，著甲而屈拜，則挫損其戎威之容也。一云詐言着鎧而拜，威儀不足，虚作矯蓌，是詐也。

祥車曠左乘，君之乘車不敢曠左，左必式。

鄭氏曰：祥車，葬之乘車。曠左，空神位也。乘君車不曠左，君存惡空其位也。

孔氏曰：祥，猶吉也。吉車，謂生時所乘，葬時因爲魂車，鬼神尚吉，故魂乘吉車也。車上貴左，故僕在右，空左以擬神也。乘車，謂君之次路。王者五路：玉、象、木、金、革，王自乘一路，餘四路皆從行。臣若乘此車，不敢空左，若曠左則似祥車，近於凶時，故乘者自居左也。雖處左而不敢自安，故恒憑式。乘車則君在左，若兵戎革路，則君在中央，御者居左。

陳氏曰：君處左，車右處右，僕處中，此特乘車爲然。

馬氏曰：乘君之乘車，不敢曠左，不敢虛君位也。左必式，不敢安君位也。

僕御婦人則進左手，後右手。御國君則進右手，後左手而俯。

鄭氏曰：進左後右，遠嫌也。進右後左，敬也。

孔氏曰：僕在中央，婦人在左，僕御之時，進左手持轡。使形微相背。若進右手，則近相嚮，故後右手以遠嫌。御國君，則以相嚮爲敬，故進右手。既御，不得常式，故但俯俛。

國君不乘奇車，車上不廣欬，不妄指。立視五巂，式視馬尾，顧不過轂。國中以策彗卹勿驅，塵不出軌。

鄭氏曰：國君出入必正。奇車，獵衣之屬。廣欬，爲若自矜，廣，猶宏也。立，平視也。巂，猶規也，謂輪轉之度式。視馬尾，小俛也。顧不過轂，爲掩在後。彗，竹帚。卹，勿搔摩也。

孔氏曰：國君不可乘奇邪不正之車，獵車之形，今鉤車也，衣車如鱉而長，漢桓帝時，禁臣下乘之。車已高，若在上而聲大欬，似自驕矜，又驚衆也。妄，虛也。車上無事，虛以手指麾四方，並爲惑衆也。車輪一周爲一規，乘車之輪，高六尺六寸，徑一圍三，三六十八，得一丈八尺，又六寸，爲一尺八寸，總一規爲一丈九尺八寸，五規爲九十九尺。六尺爲步，總爲十六步半。在車上所視，則前十六步半地也。馬引車，其尾近在車欄前，故車上馮式下頭時，不得遠矚而視馬尾。若轉而顧不得過轂，過轂則掩後人之私。入國不馳，故不用鞭策。取竹帚帶葉者爲杖，形如埽帚，故云「策彗以策」。微近馬體，不欲令疾也。但搔摩之，其狀卹勿，然車行遲，故塵埃不飛揚出車轍外。

澄曰：彗，帚也，此作虛字用，猶云埽也，非是取竹之帶葉形如埽帚者，别爲策彗，以代常時所用之策也。卹與恤同音，依注讀爲蘇没切，猶云拂也。彗卹，謂埽拂之，或云如彗帚之卹拂也，卹字句絶。勿，讀如字。驅，謂以策策馬，令疾行也。勿驅二字爲句。以策彗卹而勿驅者，言車行國中，宜徐不宜疾。但以馬策埽拂馬背，勿鞭箠之。兩轅中間相去之度爲軌，馬行不疾則車塵不遠，故不出軌也。

國君下宗廟，式齊牛。大夫、士下公門，式路馬。

舊本作「下齊牛，式宗廟」。熊氏曰：「文誤，當以周禮齊右注爲正。」孔氏曰：「按齊右職注引曲禮云『國君下宗廟，式齊牛』。」公門，君之門也。路馬，君之馬也。敬君故至門下車，重君物，故式路馬。

乘路馬，必朝服，載鞭策，不敢授綏，左必式。步路馬，必中道，以足蹙路馬芻，有誅。齒路馬，有誅。

鄭氏曰：載鞭策，不敢執也。齒，欲年也。誅，罰也。

孔氏曰：乘路馬，謂臣行儀習禮獨行時也。路馬，君之車馬。臣雖得乘之，必朝服而自御，又不敢杖馬，但載杖以行也。君在則僕人授綏，今習儀者身既居左，自御而乘，雖有車右，不敢授綏與己也。既不曠左，故居左，但式以爲敬。步，猶行也，謂單牽君馬，行時必在中道正路爲敬也。芻，食馬草也。蹙，謂以足蹴蹋之。及論量君馬歲數，皆爲不敬，必被責罰也。

【陳氏集説】故君子式黄髮，下卿位，入國不馳，入里必式。式黄髮，敬老也。下卿位，敬大臣也。禮，君出則過卿位而登車，入則未到卿位而下車。入國不馳，恐車馬躪轢人也。十室猶有忠信，二十五家之中豈無可敬之人，故入里門必式，所謂不誣十室也。

鄭氏曰：發句言「故」，明此衆篇雜辭也。**君命召，雖賤人，大夫、士必自御之。**御讀爲述，迎也。自迎之，所以敬君命。**介者不拜，爲其拜而蓌拜。**介，甲也。朱子曰：蓌，猶言有所枝拄，不利屈伸也。**祥車曠左。乘君之乘車，不敢曠左，左必式。**疏曰：祥，猶吉也。吉車謂生時所乘，葬時用爲魂車。車上貴左，僕在右，空左以擬神也。王者五路：玉、金、象、木、革，王自乘一，餘四從行。臣乘此車，不敢空左，空左則似祥車，凶也。「左必式」者，不敢自安，故恒憑式。乘車君皆在左，若兵戎革路，則君在中。**僕御婦人，則進左手，後右手。**疏曰：僕在中，婦人在左，進左手持轡，使身微相背，遠嫌也。**御國君，則進右手，後左手而俯。**疏曰：御君者，禮以相向爲敬，故進右手。既御不得常式，故但俯俛而爲敬。**國君不乘奇車。車上不廣欬，不妄指。**奇車，奇邪不正之車也。方氏曰：「不廣欬」者，慮聲容之駭人聽。「不妄指」者，慮手容之駭人視也。

立視五巂，式視馬尾，顧不過轂。立，謂立於車上也。疏曰：巂，規也。車輪一周爲一規，乘車之輪，高六尺六寸，徑一圍三，得一丈九尺八寸，五規爲九十九尺。六尺爲步，總爲十六步半，在車上所視，則前十六步半也。馬引車，其尾近車闌，車上憑式下頭時，不得遠矚，但瞻視馬尾。轂，車轂也。若轉頭不得過轂，論語云「車中不內顧」是也。**國中以策彗卹勿驅，塵不出軌。**疏曰：入國不馳，故不用鞭策，但取竹帶葉者爲杖，形如埽帚，故云策彗。微近馬體，搔摩之，卹勿，搔摩也。軌，車轍也。行緩，故塵埃不飛揚出軌外也。朱子曰：策彗，疑謂策之彗，若今鞭末韋帶耳。**國君下齊牛，式宗廟。大夫、士下公門，式路馬。**下，謂下車也。疏引熊氏說此文誤，當云「國君下宗廟，式齊牛」。**乘路馬，必朝服，載鞭策，不敢授綏，左必式。**此言人臣習儀之節。路馬，君駕路車之馬也。既衣朝服，又鞭策則但載之而不用，皆敬也。君升車，則僕者授綏。今臣以習儀而居左，則自馭以行，不敢吏車右以綏授己也。「左必式」者，既在尊位，當式以示敬。**步路馬，必中道，以足蹙路馬芻，有誅。齒路馬，有誅。**步，謂行步而調習之也。必當路之中者，以邊側卑褻不敬，或傾跌也。蹙與蹴同。芻，草也。齒，評量年數也。誅，罰也。馬氏曰：察馬之力必以年，數馬之年必以齒，凡此戒其慢君物也。先王制禮，圖雖於其易，爲大於其細，凡以止邪於未形而已耳。

【納喇補正】君命召，雖賤人，大夫、士必自御之。

集説　御讀爲「迓」，迎也。

竊案　詩召南「百兩御之」，春秋傳「跛者御跛者，眇者御眇者」，皆迓也。故鄭氏謂「御」當爲「迓」，而陳氏本之。然上文皆言乘車之禮，而此類記之，則御當如字讀。張子曰：「御謂御車，奉君命而召，雖所召者賤，使者當親御之。」方氏曰：「自御，爲之僕也。」其説允矣。

國中以策彗卹勿驅，塵不出軌。

集説　彗，音遂。卹，蘇没反。勿，音没。引疏曰：「入國不馳，故不用鞭策，但取竹帶葉者爲杖，形如埽帚，故云策彗，微近馬體搔摩之。卹勿，搔摩也。行緩，故塵埃不飛揚出軌外也。」

竊案　此節當以「國中以策彗卹」爲句，「勿驅」爲句，「塵不出軌」爲句。策，馬杖也。彗，埽之也。「卹」與「恤」同，撫卹之意。蓋車行國中，宜徐不宜疾，故但以馬策埽馬背，若有不忍鞭箠而撫卹之之意，此之謂「以策彗卹」。「勿驅」者，勿以策策馬，令疾行也。「塵不出軌」者，馬行不疾，則車塵不遠，故不出軌。陳氏沿注、疏之説，誤矣。然孔疏猶「驅」字句絶，今人讀屬下句，其誤加甚。馬可言驅，塵安可言驅乎？是以郝氏深非之與可。熊氏云以彗爲竹帚，未安。馬有策可也，若入國旋添竹帚，馬上何從得此？蓋用策如用彗，但搔摩之而不加鞭，撫卹之而不必驅。

【郝氏通解】君車將駕，則僕執策立於馬前。已駕，僕展軨，效駕，奮衣由右上，取貳綏，跪乘，執策分轡，驅之五步而立。君出就車，則僕并轡授綏，左右攘辟。車驅而騶，至于大門，君撫僕之手，而顧命車右就車。門閭、溝渠，必步。凡僕人之禮，必授人綏。若僕者降等，則受；不然則否。若僕者降等，則撫僕之手；不然，則自下拘之。客車不入大門。婦人不立乘。犬馬不上於堂。故君子式黄髮，下卿位，入國不馳，入里必式。君命召，雖賤人，大夫、士必自御之。介者不拜，爲其拜而蓌拜。祥車曠左。乘君之乘車，不敢曠左，左必式。僕御婦人，則進左手，後右手。御國君，則進右手，後左手而俯。國君不乘奇車。車上不廣欬，不妄指。立視五巂，式視馬尾，顧不過轂。國中以策彗卹勿驅，塵不出軌。國君下齊牛，式宗廟。大夫、士下公門，式路馬。乘路馬，必朝服，載鞭策，不敢授綏，左必式。步路馬，必中道，以足蹙路馬芻，有誅。齒路馬，有誅。

此節言乘車之禮。僕，御君車者，大夫、士也。策，刺馬杖。將駕，別有人牽馬就車，而僕臣執策立馬前監之。軨，車式前欄楯，君所憑處，以簾覆之，故須展視也。效駕，試習也。奮衣，攝衣，或云振衣去塵，致潔也。「由右升」者，左當君位，避也。貳，副也。

綏，挽以登車之索也。取，自取也。凡車兩綏：正綏曰良綏，僕者負之，君升執之；副綏曰散綏，繫車上，僕與戎右升執之。凡乘車，倚較立，效駕則跪，示敬也。右手執策，分四馬八轡，以驂二轡繫軾前，其六轡，左執三，右并策執三，分轡乃驅，試之五步而止，待君出也。君出就車，僕以六轡併一手，以一手取正綏負之授君，挽以升。僕乃左右攘辟人避道，乃驅車也。攘，揮也。辟，開也。騶，猶馳也。凡御車，僕中立，君左，勇士右爲衛。大門，君外門。天子五門，諸侯三門。君由内門登車，勇士尚未登。車右，即勇士也。車至大門外，君乃按撫僕手止車，顧命勇士登，門外備非常也。行遇門閭、溝渠，勇士必下步行，蓋過閭里君式，則臣當下，又門閭防姦宄，溝渠防險阻也。凡御者授綏，登者分尊乃可受，不然讓無受也。即尊者當受，亦必撫止御者之手，以示少讓。其不當受者，則自御者手下拘其綏，自執之以升也。凡賓客乘車，不得入主人大門，敬主也。凡婦人乘車，不得如男子倚立，避外也。凡庭實犬馬不上於堂，賤畜也。此皆所謂質義之禮也。故君子在車，見黄髮則式，敬老也。過卿大夫之位則下，敬貴也。入國不馳，衆所聚也。入里必式，父兄親族所居也。奉君命有所徵召，其人雖賤無爵，而大夫、士以君命往，其人來，亦必親爲之御，君之所敬亦敬之也。披甲鎧者，不屈體拜，蓋文武不同容。冠裳雝雝，則其拜也，和順而拜也。甲胄暨暨，則其拜也，剉折而拜，容不稱服也。祥車，送葬之車，乘則虚左，死者之靈居車左，避也。乘君車，謂君出副車從，臣代君乘，則不敢虚左，不以凶事擬君也。然立君之處，必憑式，以示不安也。御婦人之車，婦人在左，御者進左手執轡，面向右，遠嫌也。御君以右手執轡，面向左，不敢背君，而身常俯，示恭也。名器莫重于車，周禮五路六等之數，皆有正法，不如法者，謂之奇車，不軌不物，則君不乘。車上居高，聲大欬、手妄舉，非静正之容也。立，謂倚較立。巂、規通，車輪一轉爲一規，五巂謂輪五轉。輪高六尺六寸，圍一丈九尺八寸，五輪之地九丈九尺，每步六尺，蓋十六步半也。車上立視，遠不過此。有所敬而式，則目不得過馬尾，馬尾近車闌也。左右視曰顧，不得過轂，轂在車兩旁，顧過轂則掩後人之私也。車入國中不馳，則不用鞭策。彗，策末也。卹，撫摩也。以策彗撫恤其馬，勿令疾驅，垂鞭信步，塵不揚出軌外也。鄭以「勿」字連上讀作「没」，鑿也。凡國君乘車，遇大祭之牛必式，過宗廟必下。下牛式廟，文誤也。路馬，君馬駕路車者。人臣或效駕，或乘副車，必朝服，致敬也。載鞭策，載而不用也。不敢使僕授己綏，自奮衣上也。不敢曠左，左必式也。步路馬，謂君出，牽馬以駕，或君歸稅駕也。必中道，不行邊側也。路馬所食草，以足蹴踏之，是蔑視乘輿也。齒，謂問馬之年齒，馬老則晏駕，故忌之。誅，謂謫罰。

按：此類衰世諸侯貴倨之禮，先王無是也。

【方氏析疑】乘路馬，必朝服，載鞭策，不敢授綏，左必式。

曰「乘路馬」，蓋始以馬駕路而閑習之，所以别於乘路車也。必朝服，僕與車左右之所同也，載鞭策不敢授綏，謂御者也。蓋不敢授左右以綏，而使自登乘君之乘車。「不敢曠左，左必式」已前見，而覆舉「左必式」者，明不獨陪乘，必式調駕，時亦必式也。右不式者，時視險易而登下無常也。舊説自馭以行，不敢使車右以綏授己，似據周官有「自左馭」之文，然惟太僕前王則然，非乘倅車者之常儀也，果自左馭，尚可以式乎？

步路馬，必中道。

曰「步路馬」，所以别於乘也，謂無事時行之，以達其氣，非然則馬以生疾。

【江氏擇言】君命召，雖賤人，大夫、士必自御之。

鄭注：御當爲「迓」。君雖使賤人來召己，必自出迎之，尊君命也。

方氏云：自御，爲之僕。

張子云：御，謂御車。奉君命而召，雖所召者賤，使者當親御之。

按：詩「百兩御之」，春秋傳「跛者御跛者」，御之音迓者多矣，當從鄭氏注。方氏、張子各爲一説，皆未安。如君使賤人來召，其人未必皆乘車。若謂使者親御所召之人，則所召者必俟駕而後行乎？君使賤人召大夫，固有之；使大夫召賤人，恐無是事。如有之，必是賢者，不可謂賤人。

國中以策彗卹勿驅，塵不出軌。

鄭注：入國不馳。彗，竹帚。卹勿，搔摩也。

朱子云：策彗，疑謂策之彗，若今鞭末韋帶耳。

按：當從鄭氏、朱子説。「邮勿」，雙聲假借字也。

【欽定義疏】故君子式黄髮，下卿位，入國不馳，入里必式。

正義　鄭氏康成曰：「式黄髮」，敬老也。「下卿位」，尊賢也。卿位，卿之朝位也，君出，過之而上車；入，未至而下車。「入國不馳」，愛人也。馳善躪人也。孔疏：何胤云：「躪，躐也。車馳則好行刺人。」「入里必式」，不誣十室。孔疏：論語云：「十室之邑，必有忠信如丘者焉。」

孔氏穎達曰：此以下明雜敬禮也。君子，謂人君也。人初老則髮白，太老則髮黄，故見而式，敬也。人君尚爾，則大夫、士可知。卿位，路門之内，門東北面位也。國中人多，馳車則害人。二十五家爲里，里有門，必式禮之，爲敬也。

通論　孔氏穎達曰：迎賓客，則樂師注云「登車於大寢西階之前，反降於阼階之前」。或下卿位，是諸侯禮；樂師是天子禮。

方氏慤曰：黄髮，則老之尤者，詩所謂「黄髮兒齒」是矣。

馬氏晞孟曰：能敬老，然後能敬賢；能敬賢，然後能敬人民。昔禹見耕者則式，過十室之邑則下。孔子見負版、凶服者則式，見楚狂接輿則下。武王式商容之閭，魏文侯式段干木之門。君子凡在所敬者，奚嘗不式且下哉！記之所言，特其大率而已。

餘論　馬氏晞孟曰：傳曰「丞相進見，御座爲起，乘輿爲下」，此「下卿位」之意。詩曰「維桑與梓，必恭敬止」，此入里必式之意。石慶入里門不下車，而其父責之，張湛望里門則步，君子多之。則「入里必式」者，父母國之道也。

存疑 吕氏大臨曰：車之所過，則門外之朝位也。卿立於位以俟君，君過之則下，非卿之虛位也。

存異 吕氏大臨曰：入里必式，先人之居在焉也。

案 聘享行於廟，廟在雉門內，則迎賓宜於雉門。燕禮行於寢，則迎賓宜於路門。孔疏此卿位據燕禮，君南鄉邇卿，是卿位在路門內之東也。吕氏則謂門外之朝位，不知所指何門。若三槐、九棘之位，則在詢萬民之朝，其內乃闕門，臣猶得以車過而身下之，君未至闕早下乎？疑是路門外。正朝之位，其左右皆卿大夫日治事之所，故君出過此，乃升車；入至此，即下車，以爲敬也。若內朝之位，則宗人嘉事也。朝臣有復逆，乃入不下，卿日朝之位而下，卿不常入之位乎？

君命召，雖賤人，大夫、士必自御之。

正義 鄭氏康成曰：御，當爲「迓」。迓，迎也。君雖使賤人來，必自出迎之，尊君命也。

通論 鄭氏康成曰：春秋傳曰「跛者御跛者，眇者御眇者」，皆迓也，世人亂之。

餘論 馬氏晞孟曰：春秋洮之盟，尊王人；雞澤之盟，尊單子、平丘；召陵之盟，尊劉子；郪之盟，尊單伯。蓋朝服雖敝，必加於上；弁冕雖舊，必加於首；王人雖微，必先諸侯，所以尊王命也。「君命召雖賤人，大夫、士必自御之」，其意亦若是而已矣。

【存異】張子曰：御，謂御車也。奉君命而召，雖所召者賤，使者當自御之。

方氏愨曰：自御，爲之僕也。故僕人之禮，前經有降等者以此。

【案】詩「百兩御之」、儀禮「媵御沃盥」，「御」字並詁「迓」字。鄭注自不可易，竟作「御車」解，非。方氏証以降等之説，更舛。降等者，謂士降於大夫一等，大夫降於卿一等，亦非謂貴者自降也。

介者不拜，爲其拜而蓌拜。

【正義】鄭氏康成曰：蓌則失容節。孔疏：蓌，挫也。戎容暨暨，著甲而拜，則挫損其威容。

朱子曰：蓌，猶言有所枝拄，不利屈伸也。

【通論】陳氏祥道曰：鄢陵之戰，郤至不拜楚使；崤之役，蹇叔之子不拜其父；細柳之屯，周亞夫不拜其君，可謂知此矣。又曰：古者介冑有不可犯之色，故「介者不拜」。兵法曰「軍容不入國，國容不入軍」，軍容入國，則民德廢；國容入軍，則民德弱。兵車不式，危事不齒，介者不拜，不以國容入軍也。

【存異】鄭氏康成曰：蓌，猶詐也。

孔氏穎達曰：著鎧而拜，形儀不足，似詐也。

案 鄭讀爲去聲，而訓「蓌」爲「挫」，言所以不拜者爲拜，則損其威也，如此則不拜矣。下「拜」字何解？朱子讀爲平聲，言介者之不拜，非全不拜也。特其所爲拜者，直其身，亦不俯其首，若有枝拄，而不得屈下者，然則「爲」字、「拜」字俱有著落。左傳「三肅使者」，則此「蓌拜」即肅拜也。注疏又以「似詐」爲説，則并非挫損義矣。

祥車曠左。乘君之乘車，不敢曠左，左必式。

正義 鄭氏康成曰：祥車，葬之乘車，空神位也。乘君之乘車，君存，惡空其位也。

孔氏穎達曰：祥，猶吉也。吉車謂生時所乘，葬時用爲魂車。車上貴左，僕在右，空左以擬神也。王者五路：玉、金、象、木、革。王自乘一，餘四路從行。臣乘此車，不敢空左，空左則似祥車，凶也。案：御者即居左而虚中。會同，王乘金路，猶以革路行。案：會同必田獵，車攻篇是也。戎右職云「會同充革車」注：「充之，謂居左也。」「左必式」者，不敢自安，故恒憑式。乘車君皆在左，若兵戎革路，則君在中。案：革路而虚中，又似革路之祥車，故反使右居左。蓋御者執御雖左，不嫌右居左。無擊刺之事，則有嫌也。

通論 陳氏祥道曰：乘車之禮，君處左，車右處右，僕處中，故造車者必慎於左。考工記所謂「終日馳騁，左不楗也」，器物不敢措之於左」，月令所謂「載耒耜於參，保介之御閒」是也。後世虚左以迎，皆古之遺制耳。此乘車爲然，兵車則御者在左，戎右在右，將帥居中。昔晉伐齊，郤克將中軍，解張御，鄭緩爲右。解張曰：「自始合，而矢貫余手及肘，余折以御，左輪朱殷。」傷手而血殷左輪，則御在車左矣。此將帥所乘也。士卒所乘，則左人持弓，右人持矛，中人御，故書戒左不攻於左，右不攻於右。御非其馬之正，言左右而又言「御」，則御在中可知也。左傳僖公三十三年「秦師過周北門，左右免胄而下」，言左右下，則御在中，不卜可知也。宣公十二年楚樂伯曰「致師者，左射以菆」，是左人執弓也。成公十六年欒鍼爲晉侯右，曰「寡君使鍼持矛焉」。哀公二年衛太子爲簡子右，禱曰：「蒯聵不敢自佚，備持矛焉。」是右人持矛也。蓋御無定位，右有常處，故將帥車則御在左，士卒車則御居中。右人之持矛，雖將帥、士卒之車不同，而所居常在右，所職常持矛也。此三人乘車之法也。

僕御婦人，則進左手，後右手。

正義 鄭氏康成曰：遠嫌也。

孔氏穎達曰：僕在中央，婦人在左，進左手持轡，使形微相背。若進右手，則近相嚮，故後右手，以遠嫌也。

御國君，則進右手，後左手而俯。

正義 鄭氏康成曰：敬也。

孔氏穎達曰：御國君，則禮以相向爲敬，故進右手。既御，不得常式，故但俯俛而爲敬也。

國君不乘奇車。車上不廣欬，不妄指。

正義　鄭氏康成曰：出入必正也。奇車，獵衣之屬。孔疏：獵車之形，今之鉤車是也。衣車如鼈而長，漢桓帝時禁臣下乘之。廣，猶弘也。廣欬爲若自矜。

孔氏穎達曰：國君不可乘奇邪不正之車。車已高，在上而聲大欬，似自驕矜又驚衆也。妄，虚也。車上無事，虚以手指揮四方，並爲惑衆也。

通論　馬氏睎孟曰：先王之時，車不中度，不鬻於市。蓋造車之法，軫方以象地，蓋圓以象天，輪輻以象日月，蓋弓以象星。圓者中規，方者中矩，立者中權，横者中衡。玉路以象德之美，金路以象義之和，象路以象義之辨，革路以象義之制，木路以象仁之質。凡欲人君俯仰而觀之，則思合天地之德；周旋而眡之，則思合日月星辰之明。出入不逾於規矩權衡，言動不離於道德仁義。然後奇邪之志不萌於心，而中正之行可律於下。所謂器以藏禮，禮以出信也，非禮之奇車，其可乘哉？

餘論　胡氏銓曰：自五路之外，皆奇異之車，如漢宣乘軨獵車也。

立視五巂，式視馬尾，顧不過轂。

正義　鄭氏康成曰：立，平視也。案：惟婦人不立乘，男子皆立，故以立之所視爲平。巂，猶規也，謂輪轉之度。巂，或爲「槊」。陸德明曰：又作「蘂」。「式視馬尾」，小俛也。「顧不過轂」，爲掩在後。

孔氏穎達曰：車輪一周爲一規，乘車之輪，高六尺六寸，徑一圍三，得一丈九尺八寸，五規爲九十九尺，六尺爲步，總爲十六步半。在車上所視，則前十六步半也。馬引車，其尾近車闌前，車上憑式下頭時，不得遠矚，但瞻視馬尾。轂，車轂也。若轉頭不得過轂，過轂則掩後人私也，論語云「車中不内顧」是也。

方氏慤曰：「立視五巂」，則不至於逾遠；「式視馬尾」，則不至於偪下；「顧不過轂」，則不至於掩後。

陳氏澔曰：立，謂立於車上。

通論 馬氏晞孟曰：周官道右「詔王之車儀」，「不廣欬」，口之儀也；「不妄指」，手之儀也；「立視五巂，式視馬尾」，目之儀也；「顧不過轂」，首之儀也。立欲平，故視五巂；式欲俯，故視馬尾。

存異 胡氏銓曰：子巂，鳥名。車上平視不過五巂，猶云不過百雉也。雉飛不過三丈，則五巂當亦取其飛之遠近爲喻。孔氏以巂爲「規」，案巂，音攜，不近規也。恐非。

案 周禮考工記匠人有五雉、七雉、九雉之制。又左傳「都城不過百雉」，杜注：「方丈曰堵，三堵曰雉。一雉之墻，長三丈，高一丈。」故取以名。子規之飛，遠近無定斷，以車輪之周爲是，不得援爾雅「巂周」，陸璣云「巂周，子規也」爲証。

國中以策彗卹勿驅，塵不出軌。

正義朱子曰：策彗，疑謂策之彗，若今時鞭末韋帶耳。

孔氏穎達曰：軌，車轍也。

姚氏舜牧曰：彗，掃也。邺，恤也。彗掃而加存恤焉，勿急策以驅前。

存異鄭氏康成曰：彗，竹帚。邺勿，搔摩也。

孔氏穎達曰：入國不馳，故不用鞭。策，取竹帚帶葉者爲杖，形如埽帚，故云策彗。云「邺勿」者，以策微近馬體，不欲令疾也。但僕搔摩之時，其形狀邺勿然。車行遲，故塵埃不起不飛。

辨正吴氏澄曰：彗邺，謂掃拂之。勿驅，謂勿以策策馬，令疾行也。「彗邺」句，「勿驅」二字句，兩轅中間相去之度爲「軌」。馬行不疾，則車塵不遠，故不出軌也。

案舊説以「邺勿」釋「搔摩」，欠妥。草廬吴氏以「勿驅」二字爲句，較是。

國君下齊牛，式宗廟。大夫、士下公門，式路馬。

正義鄭氏康成曰：皆廣敬也。路馬，君之馬。

賈氏公彦曰：路，大也。故人君路門、路馬之等，皆稱「大」。

方氏慤曰：齊牛，祭牲也。歲時必齊戒以朝之，故謂之「齊牛」。

辨正孔氏穎達曰：案齊右職云「凡有牲事則前馬」，注云：「王見牲則拱而式。」又引曲禮云「國君下宗廟，式齊牛」，鄭注周官與此文異。熊氏云：「此文誤，當以周禮注『下宗廟，式齊牛』爲正。」路馬，君之馬也。敬君，故至門下車；重君物，故式路馬。

案 以下二句準之，當以周禮齊右注所引爲是。

乘路馬，必朝服，載鞭策，不敢授綏，左必式。

正義 鄭氏康成曰：載鞭策，不敢執也。

孔氏穎達曰：乘路馬，謂臣習儀獨行時也。路馬，君之車馬。臣雖得乘之，猶不可慢，故必朝服而自御。「載鞭策」者，又不敢執杖杖馬，故但載杖以行也。「不敢授綏」者，君在則僕人授綏。今習儀者，身既居左自馭，而乘雖有車右，而不敢授綏與己也。「左必式」者，既不曠左，故亦居左式而敬之。

步路馬，必中道，以足蹙路馬芻，有誅。齒路馬，有誅。

正義 鄭氏康成曰：齒，數年也。誅，罰也。

孔氏穎達曰：步，猶行也，謂單牽君馬行時，必在中道正路，爲敬也。芻，食馬草也。蹙，謂以足蹴蹋之。及論量君馬歲數，皆爲不敬，亦被責罰也。

馬氏晞孟曰：「載鞭策，不敢授綏」，「行必中道」，教其敬君物也。「蹙路馬有誅，齒路馬有誅」，戒其慢君物也。先王制禮，圖難於其易，爲大於其細，凡以止邪於未形而已。

通論 馬氏晞孟曰：周官大宰「八柄」言誅，内史「八枋」言殺，此誅，所以爲殺也，宰夫「治不以時舉者」，禁殺戮「凡傷人見血而不以告者，以告而誅之」，皆所以爲責也。

然則「蹙芻」「齒馬」之誅，蓋亦責之而已。少儀曰「有貳車者之乘馬、服車，不齒；觀君子之衣服、服劍、乘馬，勿賈」，君子尚然，況其君乎？

【杭氏集説】客車不入大門。婦人不立乘。犬馬不上於堂。故君子式黃髮，下卿位，入國不馳，入里必式。

孔氏穎達曰：迎賓客，則樂師注云「登車於大寢西階之前，反降於阼階之前」。或「下卿位」是諸侯禮，樂師是天子禮。

姚氏際恒曰：卿位，鄭氏謂卿之朝位，則是人君下臣之虛位，必無此理。呂與叔謂卿立于位，以候君過，君過之則下，非卿之虛位也。亦迂折，且如是，何不避之，無使君勞乎？愚按，此君子指人臣而言，故下曰「入國」「入里」，謂凡爲大夫、士者，必下卿之位，貴貴也。此「位」字，亦不必定于朝位。

姜氏兆錫曰：式者，敬老也。下者，敬大臣也。禮，君出則過卿位而後登車，入則未至卿位而先下車也。不馳者，恐車馬躪蹂人也。必式者，十室猶有忠信，況二十五家乎？所謂「不誣十室」也。　又曰：鄭氏曰：「發句言『故』，明此衆篇雜辭也。」愚按，呂氏注云：「不入大門，敬之也。不立乘，安之也。則君子之式且下也，蓋亦以爲敬；而不馳，亦以安人與？『犬馬』句，則因乘車之禮而類及之也。」

君命召，雖賤人，大夫、士必自御之。

可疑。

姚氏際恒曰：御，鄭氏訓迓，自當如是解。但前後言御車，此獨以「御」爲「迓」，終

姜氏兆錫曰：御，迎也。以貴迎賤，敬君命也。

介者不拜，爲其拜而蓌拜。

盧氏植曰：蓌作蹲。

朱子曰：蓌有所枝拄，不利屈伸。

姚氏際恒曰：蓌從艸，似謂尨茸不調順之象。唐陸氏、孔氏謂「挫也，挫損其威」，恐非古人用字之義。鄭氏謂「猶詐也」，益屬臆説。字書竟以「蓌」字義爲「詐」，且音詐，可笑也。

姜氏兆錫曰：介，甲也。朱子曰：「蓌者，言其枝拄，不利屈伸也。」又曰：此二條於上下文不屬，蓋言禮之以君命伸，與禮之以軍事殺，而類及之也。

任氏啟運曰：亦用肅拜也，左傳「郤至三肅使者」。

祥車曠左。乘君之乘車，不敢曠左，左必式。

姜氏兆錫曰：祥車，猶言吉車。疏謂葬禮用生時乘車爲魂車，故名也。曠，空也。車貴左，僕偏在右，空左以擬神也。乘君之乘車，則不敢爾者，王五路，玉、金、象、木、革，王自乘一而已，餘四則從臣乘之。若空左，恐疑於祥車也。左必式，蓋雖居車左，而不敢

安於左矣。又曰：此言乘君車之禮。

僕御婦人，則進左手，後右手。御國君，則進右手，後左手而俯。

姜氏兆錫曰：進，猶前也。疏謂僕在中，婦人在左，進左手以持轡，使身微相背，遠嫌也。又曰：俯，謂俯首也。禮以相向爲敬，故進右後左，而俯首以致敬也。又曰：此言僕御執轡不同之節。

國君不乘奇車。

盧氏植曰：不如法者之車也。

姚氏際恒曰：奇，讀如「奇耦」之奇，猶郊特牲云「鼎俎奇」。奇車，猶後世言單車。君行必有陪乘，謂之副車，上文之「乘君乘車」是也。所以備非常，故國君不乘單車而出。鄭氏釋爲「奇正」之奇，非。

姜氏兆錫曰：奇車，注謂奇邪不正之車，獵車、衣車之屬也。疏謂獵車，即今之鈎車、衣車，如鼈而長也。一謂奇如「奇耦」之奇，言別有副車也。

立視五巂，式視馬尾，顧不過轂。

陳氏澔曰：立，謂立於車上。

姜氏兆錫曰：方氏曰：不廣欬者，慮聲容之駭聽也；不妄指者，慮手容之駭視也。巂，謂規也，車輪一周爲一規。乘車之輪，高六尺六寸，徑一圍三，得一丈九尺八寸，五規爲九丈九尺，六尺爲步，總爲十六步半。立車上者，視當如是也。式，謂憑式也。馬駕車，其尾近車闌，式時不得遠矚，但得視馬尾而已。不過轂，即車中不内顧之意也。

國中以策彗卹勿驅，塵不出軌。

吴氏澄曰：彗卹，謂掃拂之。勿軀，謂勿以策策馬，令疾行也。「彗卹」句，「勿驅」二字句。兩轅中間相去之度爲軌，馬行不疾，則車塵不遠，故不出軌也。

姚氏舜牧曰：彗，掃也。卹，恤也。彗掃而加存恤焉，勿急策以驅前。

姚氏際恒曰：策彗，策之如彗者。彗，帚也。卹者，少少不加深策也。勿驅，所以明其卹也。塵不出軌，所以狀其勿驅也。勿驅，猶「入國勿馳」。鄭氏讀卹勿，謂搔摩，杜撰。

朱氏軾曰：「勿驅」句，較直截。

陸氏奎勳曰：策之彗，若今時鞭末韋帶。朱子云然，鄭氏以卹勿爲搔摩，改讀速没，甚迂。本文明云以策末卹之而勿驅，則塵不出軌，陳氏自誤句讀爾。

姜氏兆錫曰：策篲，朱子謂策之篲，若今韋帶也。卹勿，猶搔摩也。入國不馳，唯以策篲微近馬體，搔摩之而已，蓋不用鞭策也。車轍曰軌，行緩，故塵埃不揚出軌外也。一云「國中以策篲卹」句，「勿驅」句，「篲卹」二字相連，如搔摩之義，亦通。

國君下齊牛，式宗廟。大夫、士下公門，式路馬。

賈氏公彦曰：路，大也，故人君路門、路馬之等，皆稱大。

姜氏兆錫曰：下，謂下車也。首二句文誤，熊氏謂當作「國君下宗廟，式齊牛」也。又曰：此章中二節泛言乘車之儀，而前後指言君、大夫、士之異禮也。

齊氏召南曰：經文自誤，當云「國君下宗廟，式齊牛」，疏引熊氏説正之。

乘路馬，必朝服，載鞭策，不敢授綏，左必式。步路馬，必中道，以足蹙路馬芻，有誅。齒路馬，有誅。

姚氏際恒曰：國君下齊牛，式宗廟，熊氏謂宜云「下宗廟，式齊牛」是也。以足蹙路馬，皆有誅，即以誅訓責，然亦過嚴，非先王之典禮也。

姜氏兆錫曰：路，路車也，謂臣乘君之車馬，以習儀也。禮，君乘車居左，勇士右，僕馭執鞭授綏。今臣乘君車居左，必衣朝服，以示敬。鞭策但載而不用，其車自馭以行，而無僕授綏，亦不敢使車右以綏授己，而居左亦必式，而如不自安，凡皆敬也。又曰：步，謂行步而調習之也。必中路者，以邊側卑褻，且或傾跌也。蹙，踐。芻，草。誅，責也。齒者，閱其齒以量年數也。馬氏曰：「察馬力必以年，校馬年必以齒，而亦責之者，非其所職，且慢君物也。先王制禮，凡以止邪於未形而已。」又曰：此章言敬君路馬之禮也。

方氏苞曰：乘路馬，蓋始以馬駕路而閑習之，所以别於乘路車也。必朝服，僕與車左右之所同也。載鞭策，不敢授綏，謂御者也，蓋不敢授左右以綏，而使自登。乘君之乘車，不敢曠左，左必式，已前見。而覆舉左必式者，明不獨陪。乘必式，調駕時亦必式也。右不式者，時視險易，而登下無常也。舊説自馭以行，不敢使車右以綏授己，似據周官「有自左馭」之文，然惟大僕前王則然，非乘倅車者之常儀也。果自左馭，尚可以式乎？曰「步路馬」，所以別於乘也，謂無事時行之，以達其氣，非然，則馬以生疾。

【孫氏集解】故君子式黄髮，下卿位，入國不馳，入里必式。

鄭氏曰：發句言「故」，明此衆篇雜辭也。式黄髮，敬老也。下卿位，尊賢也。卿位，卿之朝位也。君出，過之而上車；入，未至而下車。入國不馳，愛人也，馳善躪人也。入里必式，不誣十室。

孔氏曰：此以下明雜敬禮也。君子，謂人君也。黄髮，老人也。卿位，路門之内，門東北面位。燕禮、大射「卿大夫門右，北面」，「公降阼階，南鄉，爾卿」是也。尋常出入，出則過卿位而上車，入則未到卿位而下車。若迎賓客，則樂師注云：「登車於大寢西階之前，反降於阼階之前。」或下卿位是諸侯禮，樂師是天子禮。國中人多，若馳車，則躪人，故不馳。論語云：「十室之邑，必有忠信如某者焉。」是不誣十室也。

愚謂燕朝、治朝皆有卿位，人君日視朝於治朝，此「卿位」謂治朝之位也。樂師注謂「王有車出之事，登降於大寢之階前」，以考工記應門、路門皆取節於車者觀之，則人君之車，皆於路門内登降信矣。下卿位者，蓋出則於路門外下車，入則於雉門内下車，過之而復登車與?

君命召,雖賤人,大夫、士必自御之。

鄭氏曰:御當爲「迓」,迎也。君雖使賤人來,必自出迎之,尊君命也。春秋傳曰「跛者御跛者,眇者御眇者」,皆迓也。

介者不拜,爲其拜而蓌拜。

孔氏曰:介,甲鎧也。

朱子曰:蓌,猶言有所枝拄,不利屈伸也。

愚謂拜者必跪,介者所以不拜者,爲其拜則枝拄其拜,故不拜也。○陳氏祥道曰:兵法「軍容不入國,國容不入軍」。軍容入國,則民法廢,國容入軍,則民德弱。兵車不式,危事不齒,介者不拜,不以國容入軍也。

祥車曠左。乘君之乘車,不敢曠左,左必式。

鄭氏曰:曠左,空神位也。祥車,葬之乘車。不曠左,君存,惡空其位。

孔氏曰:祥,猶吉也。吉車爲平生所乘,葬時用爲魂車。曠,空也。車上尚左,空左,以擬神也。乘車,謂君之次路也。王有五路,王自乘一,餘四路皆從行。臣乘此車,不敢曠左,若曠左,則似祥車,故乘者自居左也。左必式者,雖處左,而不敢自安,故恒憑式。乘車君皆在左,若戎路,則君在中央,御者在左。

愚謂載柩之車爲喪車，故謂生時所乘，用爲魂車者爲祥車。

僕御婦人，則進左手，後右手。御國君，則進右手，後左手而俯。

鄭氏曰：進左手，後右手，遠嫌也。進右手，後左手而俯，敬也。

孔氏曰：僕在中央，婦人在左，僕御之時，進左手持轡，形微相背，遠嫌也。御國君，則進右手，後左手者，禮以相嚮爲敬也。而俯者，既御不得恒式，故但俯俛而爲敬也。

國君不乘奇車。

鄭氏曰：出入必正。奇車，獵衣之屬。

孔氏曰：國君出入必正，不可乘奇邪不正之車。盧氏云：「不如法者之車也。」隱義曰：「獵車之形，今之鉤車是也。衣車，如鼈而長，漢桓帝時禁臣下乘之。」

國君不乘奇車。

鄭氏曰：不廣欬，爲若自矜；不妄指，爲惑衆。

孔氏曰：車已高，若在上大欬，似自驕矜，又驚衆也。妄，虚也。在車上高，若無事，忽虚以手指麾於四方，並爲惑衆也。

立視五巂，式視馬尾，顧不過轂。

鄭氏曰：立，平視也。巂猶規也，謂輪轉之度。式視馬尾，小俛。顧不過轂，爲掩在後。

孔氏曰：巂、規聲相近。規是圜，故讀從規。車輪一周爲一規。乘車之輪，高六尺六寸，徑一圍三，總一規爲一丈九尺八寸，五規爲九丈九尺，六尺爲步，總爲十六步半。在車上所視，則前十六步半也。馬引車，其尾近在車闌前，憑式下頭時，不得遠矚，而瞻視馬尾。若轉頭，不得過轂，過轂則掩後人私也。論語云「車中不内顧」，是也。

國中以策彗卹勿驅，塵不出軌。

鄭氏曰：入國不馳。彗，竹帚。卹勿，搔摩也。

孔氏曰：入國不馳，故不用鞭策，但取竹帚帶葉者爲杖，形如埽帚，故曰「策彗」。「卹勿」者，以策微近馬體，搔摩之，不欲令疾也。軌，車轍也。車行遲，故塵埃不飛揚出轍外也。

朱子曰：策彗，疑謂策之彗，若今時鞭末韋帶耳。

吴氏澄曰：彗卹，謂埽拂之。勿驅，謂勿以策策馬令疾行也。

國君下齊牛，式宗廟。大夫、士下公門，式路馬。

鄭氏曰：自此下，皆廣敬也。路馬，君之馬。

孔氏曰：齊右職云「凡有牲事，則前馬」，注云「王見牲則拱而式」，又引曲禮曰「國君下宗廟，式齊牛」，與此文異。熊氏云：「此文誤，當以周禮注爲正。」馬比門輕，故有下、式之異。

方氏慤曰：齊牛，祭牲也。歲時齊戒而朝之，故謂之齊牛。愚謂國君至宗廟下車，敬祖考也。廣其敬，則於齊牛亦式之，爲其神之所享也。大夫、士至公門下車，敬君也。廣其敬，則於路馬亦式之，爲其君之所乘也。

乘路馬，必朝服，載鞭策，不敢授綏，左必式。

鄭氏曰：載鞭策，不敢執也。

愚謂乘路馬，謂以他車駕路馬而調習之也。必朝服者，敬路馬也。蓋御與左皆然。鞭，馬箠，策，馬杖。載之者，備而不敢用也。不敢授綏者，不以綏授居左者，辟御君之禮也。此二句言御者之法。左必式者，又言居左之法也。大夫、士式路馬，御者不能式，居左者恒必式也。此與上乘路車，皆言「左必式」，則乘路車路馬者，御與左皆别人矣。

步路馬，必中道，以足蹙路馬芻，有誅。齒路馬，有誅。

鄭氏曰：齒，數年也。誅，罰也。

孔氏曰：步，猶行也。牽行君馬，必在中道正路，爲敬也。芻，食馬草也。芻供君馬所食，若以足蹴踏之，則有責罰，論量君馬年數，亦被責罰，皆廣敬也。

【朱氏訓纂】故君子式黄髮，注：敬老也。正義：君子，謂人君也。人初老則髮白，太老則髮黄。**下卿位。**注：尊賢也。卿位，卿之朝位也。君出，過之而上車；入，未至而下車。**入國不馳，**注：愛人也。馳善躪人也。何胤云：躪，躐也。**入里必式。**

注：不誣十室。

君命召，雖賤人，大夫、士必自御之。注：御當爲「訝」。訝，迎也。人君雖使賤人來，必自出迎之，尊君命也。

介者不拜，爲其拜而蓌拜。注：蓌則失容節。蓌，猶詐也。說文新附：蓌，拜失容也。釋文：蓌，盧本作「蹲」。正義：介，甲鎧也。蓌，挫也。戎容暨暨，著甲而屈拜，則挫損其威容。臧氏琳曰：蓌字不知所從。玉篇作㚄，云：「亦作蓌。」㚄，蓋蹲之俗。說文：「夊，行遲曳夊夊，象人兩脛骨有所躧。」此字從坐從夊，當爲會意字，欲拜而不能下，但兩足履地，其狀如坐然。

祥車曠左。注：空神位也。祥車，葬之乘車。正義：祥，猶吉也。吉車，謂平生時所乘也，葬時因爲魂車。鬼神尚吉，故葬魂乘吉車也。曠，空也。車上貴左，故僕在右，空左以擬神也。**乘君之乘車，不敢曠左，左必式。**注：君存，惡空其位。正義：乘車，謂次路也。戎右職云：「會同充革車。」鄭云：「會同，王雖乘金路，猶以革路行。充之者，謂居左也。」雖處左而不敢自安，故恒憑式。

僕御婦人，則進左手，後右手。注：遠嫌。正義：僕在中央，婦人在左，左手持轡，形微相背。若進右手，則相嚮，相嚮則生嫌。**御國君，則進右手，後左手而俯。**注：敬也。正義：禮以相嚮爲敬，故進右手。既御，不得恒式，故但俯俛爲敬也。

國君不乘奇車。注：出入必正也。　正義：盧氏曰：「不如法者之車也。」**車上不廣欬，**注：爲若自矜。廣，猶宏也。　正義：又驚衆也。**不妄指，**注：爲惑衆。**立視五巂。**注：立，平視也。巂，猶規也，謂輪轉之度。巂，或爲槼。　正義：乘車之輪，高六尺六寸，徑一圍三，三六十八，得一丈八尺又六寸，爲一尺八寸，總一規爲一丈九尺八寸，五規爲九十九尺。六尺爲步，總爲十六步半。在車上所視，則前十六步半地。**式視馬尾，**注：小俛。　正義：馬引車，其尾近在車欄前，故車上馮式，下頭時，不得遠矚，而令瞻視馬尾。**顧不過轂。**注：謂掩在後。　正義：轉頭不得過轂，過轂則掩後人私也。論語云「車中不內顧」是也。**國中以策彗卹勿驅，塵不出軌。**注：入國不馳。彗，竹帚。卹勿，搔摩也。　正義：不馳，故不用鞭策，但取竹帚帶葉者爲杖，形如埽帚。以策微近馬體，不欲令疾也。軌，車轍也。車行遲，故塵埃不起，不飛揚出轍外也。

國君下齊牛，式宗廟。大夫、士下公門，式路馬。注：皆廣敬也。路馬，君之馬。　正義：齊右注引曲禮曰：「國君下宗廟，式齊牛。」熊氏云：「此文誤，當以周禮注爲正。」公門，謂君之門也。敬君，至門下車。重君物，故見君馬而式之也。馬比門輕，故有下、式之異。

乘路馬，必朝服，載鞭策，不敢授綏，左必式。注：載鞭策不敢執也。　正義：謂臣行儀習禮，獨行時也。路馬，君之車馬，雖得乘之猶不可慢，必朝服而自御乘之也。又不敢執杖杖馬，但載杖以行也。不敢授綏者，君在則僕人授綏。今習儀者身既居左，自馭而乘，雖有車右，不敢授綏與己也。左必式者，既不空左，故亦居左，式而敬之。**步路馬，必中道。**正義：此謂單牽君馬行時。步，猶行也。若牽行君之馬，必在中道，正路爲敬也。**以足蹙路馬芻，有誅。齒路馬，有誅。**注：齒，欲年也。誅，罰也。釋文：蹙，本又作蹴。説文：蹴，躡也。正義：芻，食馬草也。此草擬供馬食，若以足蹴蹋之者，則被責罰也。若論量君馬歲數，亦爲不敬。

【郭氏質疑】故君子式黄髮，下卿位。

鄭注：「卿位，卿之朝位。君出，過之而上車；入，未至而下車。」孔疏：「君子，謂人君也。」

嵩燾案：周禮宰夫「掌治朝之法」，司士「正朝儀之位」，大僕「眡燕朝則正位」，朝士「掌外朝之法」，天子、諸侯皆有三朝，雉門之外，外朝也，朝士掌之；路門之内，治朝也，宰夫、司士掌之；路寢，燕朝也，大僕掌之，亦謂之内朝。所謂「正位」者，如王南面，三公北面，孤東面，卿大夫西面，臨時界畫其方位而已，惟外朝左九棘、右九棘，面三槐，樹槐棘以表之，爲有定位，故朝士但云「掌外朝之法」，而不云「正位」。小司寇「掌外朝之政，以致萬民」，國有大故，謀及庶人，亦於外朝，無於此下卿位之理。案，「司士正治朝之位」，所正者，北面、東面、西面之等，而卿大夫皆西面。朝士云：「左九棘，孤卿大夫位焉，羣士在其後。」是天子三朝，卿大夫同位，諸侯之卿異位，亦與大夫、士分左右列，而同位一庭之中。下車當庭，但當云下朝位而已，不得言下卿位也。於禮亦別無可徵。凡朝皆有位，三朝則卿位凡三，當三下之，尤恐非宜。鄭注周禮大僕「燕朝於路寢之庭」，而樂師注「登車於大寢西階之前，降車於阼階之前」，則亦進越卿位矣。案孔疏引燕禮、大射禮，卿大夫門右，北面，公降阼階，南鄉爾卿。此爲公始降階，迎賓之儀。儀禮於此下云「皆少進」，明非定位也。疏據以當卿位，尤失之。疑此「君子」通言之。周禮匠人「九分其國」，以爲九分，九卿治之。三代建國，統治於君，九卿各有官府以分治。周禮「辨方正位」，書召誥「攻位於洛、汭」，位謂王居，九卿治所即爲卿位，「下卿位」者，貴貴也。案「下」言國君下宗廟，謂不以車入廟中，宗廟在雉門外，外朝在焉。云「下宗廟」，過朝位不下可知。大夫、士下公門，於卿亦不下也。故知此「君子」通言之。鄭據人君言之，則「下卿位」句不可通，而「入國」「入里」之文，施之國君，亦爲不倫矣。

國中以策彗卹勿驅，塵不出軌。

鄭注：「彗，竹帚。」孔疏：「不用鞭策，取竹帚帶葉者爲杖，故云『策彗』。」

嵩燾案：説文：「彗，埽竹也。」用以埽者，竹之梢也。朱子經説疑謂策之彗，若今時鞭末韋帶是也，似不當別取竹帚爲策。經意謂舉策而垂其彗，以搔摩馬背，不振而揚之。説文：「勿，州里所建旗，象其柄，有三游。」「勿」本以趣民，而下所建旗則止，故又引申爲禁止。「卹」有撫卹之意，言以策彗搔馬背，若撫摩之。「勿」字多借爲「没」字，故鄭注作「没」音。爾雅釋詁「蠠没」，郭注：「猶黽勉也。」漢書劉向疏作「密勿」。鄭注周易：「亹亹，猶没没也。」其注祭義云：「勿勿，猶勉勉也。」經言「卹勿」，與「蠠勿」義略近。吴氏澄以「彗卹」句、「勿驅」二字句，云：「彗恤者，謂埽拂之。」然經言「驅之，五步而立」，則猶在路門内，車驅而騶則猶在大門内。「馳驅」二字自别。説文：「馳，大驅也。」廣韻：「馳，疾驅也。」走馬謂之馳，策馬謂之驅，「以策彗卹勿」即所以驅也。國中不得言「勿驅」，明矣。此自當以鄭注爲正。

曲禮注疏長編卷十九

曲禮下第二

【疏】正義曰：案鄭目録云：「義與前篇同，簡策重多，分爲上下。」

二·一 **凡奉者當心**[一]**，提者當帶。**高下之節。○奉，本亦作「捧」，同芳勇反。提，徒兮反。

[一] 凡奉者當心節　惠棟云：「『凡奉』節、『執天子之器』節、『凡執』節、『執主器』節、『立則磬折』節，宋本合爲一節。」○鍔按：「凡奉」上，阮校有「禮記注疏卷四校勘記」「阮元撰盧宣旬摘録」「曲禮下第二」等二十二字。

【疏】「凡奉」至「當帶」〔一〕。○正義曰：此一節論臣所奉持及俛仰裼襲之節〔二〕，各依文解之。

○「凡奉者當心，提者當帶」，物有宜奉持之者，有宜提挈之者，各因其宜。奉之者，謂仰手當心，奉持其物。提之者，謂屈臂當帶，而提挈其物。帶有二處：朝服之屬，其帶則高於心；深衣之類，其帶則下於脇。何以知然？玉藻説大帶云：「三分帶下，紳居二焉。」紳長三尺，而居帶之下三分之二，則帶之下去地四尺五寸矣。人長八尺爲限，若帶下四尺五寸，則帶上所餘正三尺五寸，故知朝服等帶則高也。而深衣云「帶，下毋厭髀，上毋厭脇，當無骨者」，故知深衣之帶則下也。今云「提者當帶」，謂深衣之帶。且古人恒著深衣，此明平常提奉，故益可知也。

【衛氏集説】鄭氏曰：高下之節。

孔氏曰：自此至「則襲」一節論臣所奉持及俛仰裼襲之節。物有宜奉持之者，有宜提挈之者，各因其宜。奉之者，必仰手當心以奉之。提之者，必屈臂當帶而提之。帶有二：朝服之帶，高於心；深衣之帶，下於脅。此謂深衣之帶。蓋古人常著深衣故也。

〔一〕　凡奉至當帶　惠棟校宋本無此五字。

〔二〕　此一節論臣所奉持及俛仰裼襲之節　閩、監、毛本同，浦鏜校云：「『此一節』當作『自此至則襲』五字。」案：宋本本連五節爲一節，故云「此一節」云云。衛氏集説作「自此至則襲一節」，蓋以意增損之。

藍田呂氏曰：奉者承之以兩手也，提者挈之以一手也。

廬陵胡氏曰：案玉藻與深衣説，則朝服之帶當心上，而深衣之帶當脅下。凡提挈物者，高下皆以帶爲準，不必專指深衣之帶。

馬氏曰：容止不有禮，則不可觀。進退不有禮，則不可度。古人以一威儀之肅慢爲利害之所召，一執玉之俯仰爲禍福之所係，則凡見於奉提、操執、行立、屈伸之末者，其可忽哉？邾子執玉高，其容仰，子貢以爲驕。執天子之器則上衡，君子以爲禮者。執主器以高爲貴，執己器以下爲敬故也。詩曰：「奉璋峩峩」，是奉者必高，故言當心。禮曰：「長者與之提攜。」是提者必下，故言當帶。

【吴氏纂言】呂氏曰：奉者，承之以二手也。提者，挈之以一手也。孔氏曰：物有宜奉持之者，有宜提挈之者。奉之者必仰手當心，提之者必屈臂當帶。

【陳氏集説】疏曰：物有宜奉持者，有宜提挈者。奉者仰手當心，提者屈臂當帶，深衣之帶也，古人常服深衣。

【欽定義疏】正義 鄭氏康成曰：高下之節。

孔氏穎達曰：自此至「則襲」一節，論臣所奉持及俯仰裼襲之節。物有宜奉持者，有宜提挈者。奉者仰手當心，提者屈臂當帶。帶有二，朝服之帶高於心，深衣之帶下於脅。此謂深衣之帶，以古人恒著深衣故也。

呂氏大臨曰：奉者承之以兩手，提者挈之以一手。

【通論】馬氏晞孟曰：古人以一威儀之肅慢爲利害之所召，一執玉之俯仰爲禍福之所係，則凡見於奉提、操執、行立、屈伸之末者，其可忽哉？邾子執玉高，其容仰，子貢以爲驕。執天子之器則上衡，君子以爲禮者。執主器以高爲貴，執己器以下爲敬也。詩曰：「奉璋峩峩」，是奉者必高，故言當心。禮曰：「長者與之提攜。」是提者必下，故言「當帶」。

【杭氏集説】姜氏兆錫曰：奉持者仰手以當心，提挈者屈臂以當帶。

【孫氏集解】鄭氏曰：高下之節。

孔氏曰：凡物有宜奉持之者，有宜提挈之者，各因其宜。奉之者，謂仰手當心，奉持其物。提之者，謂屈臂當帶，而挈其物。帶有二處：朝服之屬，其帶則高於心；深衣之類，其帶則下於脅。何以知然？玉藻説大帶云：「三分帶下，紳居二焉。」紳長三尺，而居帶下三分之二，則帶之下去地四尺五寸矣。人長八尺爲限，若帶下四尺五寸，則帶上所餘正三尺五寸，故知朝服等帶則高也。而深衣之「帶，下毋厭髀，上毋厭脅，當無骨者」，故知深衣之帶則下也。今云「提者當帶」，謂深衣之帶。且古人恒著深衣，此明尋常提奉，益可知也。

愚謂疏以此爲尋常提奉之法是也，而謂深衣之帶與朝服等之帶高下不同，則未然。

人長八尺，頭長一宣一尺三寸三分寸之一，自肩以下六尺六寸三分寸之二，帶下四尺五寸，則肩之下二尺一寸三分寸之二，帶之所在也。衣之度二尺有二寸，帶正當其下際，則於束衣不固。故喪服記云：「衣帶下尺。」衣當帶下之處，別以一尺續之，然後可以束帶而固衣也。由此言之，朝祭之帶與深衣之帶，其高下並同，而不在心上亦明矣。

【朱氏訓纂】注：高下之節。　正義：帶有二處，朝服之帶高於心，深衣之帶下於脇。今云「提者當帶」，謂深衣之帶，古人恒著深衣。

二·二　**執天子之器則上衡，**謂高於心，彌敬也。此衡謂與心平。○上，時掌反。**國君則平衡，大夫則綏之，士則提之。**綏，讀曰「妥」。妥之，謂下於心。○綏，依注音妥，湯果反，又他回反。

【疏】「執天」至「提之」。○正義曰：嚮明常法[一]，此以下明臣各爲其君上提奉之禮也。執，持也。上，猶高也。衡，平也。平，謂人之拱手，正當心平，故謂心爲衡。天子至尊，器不宜下，故臣爲擎奉，皆高於心，彌敬也。此衡謂與心平也。凡言「衡」有二處。若「大夫衡視」，則面爲衡。此爲天子執器，則上衡謂高心也。既有二處不同，故鄭云「此

[一] 正義曰嚮明常法　惠棟校宋本無「正義曰」三字。○鍔按：「正義」上，阮校有「執天子之器節」六字。

衡與心平」，明他衡者不與心平也。

○「國君則平衡」者，國君，諸侯也。降於天子，故其臣爲奉持器，與心齊平也。

○「大夫則綏之」者，綏，下也。又降於諸侯，故其臣爲奉器，下於心也。

○「士則提之」者，上云「大夫綏之」，已下於心，今爲士提之，又在綏之下，即上「提者當帶」。然凡常提物，尚得當帶，今爲士提物，更在帶下者，士臣爲士，卑遠於君，故厭降在下。故禮云「大夫之臣不稽首，以辟君」，其義同也。

【衛氏集説】鄭氏曰：衡，謂與心平。上衡，謂高於心，彌敬也。綏，讀曰「妥」。妥之，謂下於心。

孔氏曰：前明常法，此又明臣爲君上提奉之禮。執，持也。上，猶高也。衡，平也，平，人之拱手，正當心平。天子至尊，故臣爲擎奉，皆高於心。國君降於天子，故臣爲擎奉，與心齊平。凡言「衡」有二處。若「大夫衡視」，則面爲衡。此衡謂與心平也。大夫又降於諸侯，故下於心。士卑，故提之，又在綏之下，上云「提者當帶」。

嚴陵方氏曰：夫器，無貴賤，因人而爲貴賤。自天子以至於士，貴賤之等，各有差等，故人愈貴，而執器者愈恭焉。

山陰陸氏：衡高七尺七寸，中人八尺，則所謂「平衡」，與眉齊矣。「上衡」又少高焉。眉一名衡，豈爲是歟？眉爲衡，則鼻爲準，頄爲顴之類可知，「上衡」若今奉御食器上眉是也。

廬陵胡氏曰：衡，權衡也。執天子之器宜加敬，如衡之昂也。「上」猶高昂。「平」謂不昂。綏，安舒貌，如所謂綏旌。

【吴氏纂言】鄭氏曰：衡，與心平。上衡則高於心，彌敬也。妥之，謂下於心。

孔氏曰：前明常法，此明臣爲君上提奉之禮。執，持也。人之拱手，正當心平。天子至尊，故臣爲奉，器高於心。國君降於天子，故其臣爲奉，器與心齊平。大夫又降於諸侯，故其臣爲奉，器下於心也。士卑，故士臣爲士，提物又在綏之下。提之者，當帶也。

【陳氏集説】疏曰：上，高也。衡，平也。平正當心，天子器不宜下，故臣爲擎奉，皆高於心。諸侯降於天子，故臣爲奉，持器與心平。大夫降於諸侯，故其臣奉器下於心。綏，下也。士提之，則又在綏下。

【欽定義疏】正義 鄭氏康成曰：衡謂與心平，上衡謂高於心，彌敬也。綏，讀曰「妥」。妥之，謂下於心。

孔氏穎達曰：此又明臣爲君上提奉之禮。執，持也。上，高也。衡，平也。凡「衡」有二，「大夫衡視」，則面爲衡。此衡謂心也，人之拱手當心。天子至尊，器不宜下，故臣爲擎奉，皆高於心。國君降於天子，故臣爲奉，持器與心齊。大夫又降於諸侯，故其臣奉器下於心。士卑，故提之，又在綏之下，即上「提者當帶」。

方氏慤曰：器因人而爲貴賤。自天子至於士，貴賤各有等差，故人愈貴而執器者愈恭焉。

存疑　孔氏穎達曰：凡常提物，尚得當帶，今爲士提物，更在帶下者，士卑，故厭降在下也。

存異　陸氏佃曰：衡高七尺七寸，中人八尺，則所謂「平衡」與眉齊矣。「上衡」又少高焉，若今奉御食器上眉是也。

案　衡，平也，心與手齊之謂。朱子以「上如揖、下如授」爲平衡，則衡之以心爲準明矣。陸以眉言未確。鄭謂綏下於心，則提下於綏，當帶也。孔謂更下於當帶，亦未確。

【杭氏集説】孔氏穎達曰：凡常提物，尚得當帶，今爲士提物，更在帶下者，士卑，故厭降在下也。

姚氏際恒曰：衡與綏，皆準車上之器爲言。衡高七尺七寸，中人八尺，衡蓋與眉齊。綏，登車之索，正立執綏，蓋與手齊。上衡者，在眉之上；平衡者，與眉齊；綏之者，在心之下，與手齊。當執綏處曰「綏之」，如挽其綏也。後云「國君綏視，大夫衡視」與此同。但此以高下言，彼以遠近言也。鄭氏以衡爲心，以綏爲妥，非。又此處以綏爲下，後「國君綏視」，以綏爲高，前後游移，故益知不足憑也。

姜氏兆錫曰：上，高也。衡之言平，此謂當心而平也。當心如衡平，故謂當心爲衡。

綏，垂下貌。天子器不宜下，故上於衡；諸侯與衡平，降於天子也；大夫綏之，又降於諸侯也；士提之，則又下矣。

【孫氏集解】鄭氏曰：上衡謂高於心，彌敬也。此衡謂與心平。綏，讀曰「妥」。妥之，謂下於心。

孔氏曰：衡，平也。人之拱手，正當心平，故謂心爲衡。天子至尊，器不宜下，臣爲擎奉，皆高於心，彌敬也。凡衡有二處，若「大夫衡視」，則面爲衡，故鄭云「此衡謂與心平」也。國君降於天子，故其臣爲奉器，與心齊平也。爲士提之，又在綏之下，即上「提者當帶」也。

愚謂執猶奉也。上謂尋常奉物，故不分尊卑，皆與心齊。此謂行禮之時，爲其君執物，故分別尊卑以爲高下也。論語孔子執圭，「上如揖，不如授」，此國君平衡之法，當心者也。由是推之，則上衡高於心，綏之下於心，可見矣。士則提之者，謂當帶與提物同也。

馬氏晞孟曰：古人以一威儀之肅慢爲吉凶之所召，以一執玉之俯仰爲禍福之所係，則夫見於奉持操執行走屈伸之際者，其可忽乎？

【朱氏訓纂】執天子之器則上衡，注：謂高於心，彌敬也。此衡，謂與心平。正義：執，持也。上，猶高也。衡，平也。天子至尊，器不宜下，故臣爲擎奉，皆高於心，彌敬也。**國君則平衡，**正義：平，謂人之拱手正當心平，故謂心爲衡。**大夫則綏之，士則提**

之。注：綏，讀曰「妥」。妥之，謂下於心。

【郭氏質疑】鄭注：衡謂與心平，上衡謂高於心。綏讀曰「妥」，妥之謂下於心。

嵩燾案：周禮梓人「鄉衡而實不盡」，鄭司農云：「衡謂麋衡，曲禮『執君器齊衡』。」是鄭司農以衡當眉，禮言衡者不一，皆實有所指。周禮：「輿人爲車，輪崇，車廣，衡長。」輈人職謂之「衡任」。鄭注：「在兩軛之閒。」梟氏「甬上謂之衡。」鄭注：「此二名者，鍾柄。」玉人「衡四寸」，鄭司農云：「衡，勺柄。」鄭注：「衡，古文横，謂勺徑也。」左傳桓二年「衡紞紘綖」，杜注：「衡，維持冠者。」玉藻「幽衡，蔥衡」，鄭注：「佩玉之衡。」皆假衡爲名。漢書律曆志：「衡，平也。」故衡可訓爲平，而此經云「上衡」「平衡」，明有所指，必非以衡爲平之假借。鄭注梓人「衡，平也」，與此同訓。而經言「上衡」「平衡」，則是上於平、平於平也，似於詞爲不文。疑此「執器」與上「奉提」連文，說文「奉，承也」，「提，挈也」，「挈，縣持也」，「執，持也」，凡握而持之曰執，縣持之曰提，加敬而承之曰奉。詩「奉璋峩峩」，則執天子之器，極於奉而止，無因更加於奉之上也。覲禮「奉束帛」「奉篋服」，聘禮「奉束帛加璧」「奉束錦」「奉幣」，周書顧命「奉同瑁」「奉圭兼幣」。凡執天子、諸侯圭幣，皆曰奉。射禮有執弓、執旌，聘禮有執筴、執圭、執幣，燕禮有執冪，其食飲饋奠，執鐙、執豐、執爵、執觶，自士禮以達於諸侯，其儀並同。蓋凡執器者，皆有授受之節，豈得於士之器提而挈之？經云「執器」者，通詞也。天子以下常用之器，執之皆有其節。凡器有典守者，有監造者，皆可以執言之。「衡」者，佩玉之衡，正當帶閒，「上衡」，則上於帶。「平衡」者，平其肘，倚於帶閒。「綏之」，謂曲肘向後而手稍垂。「提之」，則縣挈於旁。四者之異，皆不上於心，不下於帶。案「上衡」「平衡」，皆兩手執持，「綏之」「提之」，則從左右手之便。下文「國君綏視，大夫衡視」，衡又下於綏。綏如「武車綏旌」之綏，言下垂也。此云綏，承衡言之。下云綏視，承袷言之。鄭據綏下於衡，遂以爲視天子、視國君、視大夫士之節者，誤。天子視不上於袷，不下於帶，袷帶之閒惟所視。國君則稍下於袷，大夫則當帶閒所視，上下皆有常節，與此節文義，可以參觀而得之。案荀子「平衡曰拜，下衡曰稽首」，楊倞注「平衡謂罄折，頭與腰平」，正此義。

二·三　**凡執主器，執輕如不克。**重慎之也。主，君也。克，勝也。○勝，音升。

【疏】「凡執」至「不克」。○正義曰：鄉明持奉高下之節[一]，此辨持奉之容儀也。主亦君也。禮，大夫稱主。今此言主，上通天子諸侯，下含大夫爲君者，故并曰「主」。士則不然。克，勝也。尊者之器，不論輕重，其臣執之，唯宜重慎，器雖輕小，而執之恒如實重，如不勝之容也。故論語云：孔子「執圭，鞠躬如也，如不勝」，聘禮曰「上介執玉如重」

[一]　正義曰鄉明持奉高下之節　惠棟校宋本無「正義曰」三字。○鍔按：「正義」上，阮校有「凡執主器節」五字。

是也。

二·四　**執主器，操幣圭璧，則尚左手，行不舉足[一]，車輪曳踵。**重慎也。尚左手，尊左也。車輪，謂行不絕也[二]。○操，七刀反。曳，以制反。踵，支勇反。

【疏】「執主」至「曳踵」。○正義曰：又明提奉用手足之儀也。圭璧，瑞玉也。尚，上也。謂執持君器及幣玉也。若擎奉此物，則右手在下，左手在上。左尊，故云尚左手。○「行不舉足，車輪曳踵」者，曳，拽也。踵，脚後也。若執器行時，則不得舉足，但起前拽後，使踵如車輪曳地而行，故云「車輪曳踵」。

【吴氏纂言】凡執主器，執輕如不克。

鄭氏曰：主，君也。克，勝也。重慎之也。

孔氏曰：禮，大夫稱主。此言主，通天子、諸侯。尊者之器，不論輕重，其臣執之，雖

[一] 行不舉足　石經同，岳本、嘉靖本同，正義亦作「行不舉足」。釋文出「行舉足」云：「一本作『行不舉足』。」○鍔按：「行不」上，阮校有「執主器節」四字。

[二] 車輪謂行不絕也　閩、監、毛本同。岳本「也」作「地」，嘉靖本同，宋監本同。案：經傳通解亦作「地」，考文引古本「也」上有「地」字，正義云：「如車輪曳地而行。」注有「地」字爲是。

輕如重而有不勝之容。論語孔子「執圭」「如不勝」，聘禮「上介執玉如重」是也。

執主器，操幣圭璧，則尚左手，行不舉足，車輪曳踵。

鄭氏曰：尚左手，尊左也。車輪，謂行不絶地。

孔氏曰：圭璧，瑞玉也。尚，上也。執持君器及幣玉，則右手在下，左手在上也。曳，拽也。踵，脚後也。執器行時不得舉足，但起前拽後，使踵如車輪拽地而行之。

【陳氏集説】大夫稱主，此則通上下貴賤言之。如不克，似不能勝也。聘禮曰：「上介執玉如重」。尚左手，謂左手在上，左陽，尊也。踵，脚後也。執器而行，但起其前而曳引其踵，如車輪之運於地，故曰「車輪曳踵」。方氏曰：左手不如右强，尚左手，所以爲容，下右手所以致力。

【欽定義疏】正義 鄭氏康成曰：主，君也。克，勝也。如不克，重慎之也。操幣圭璧，尤重慎之。尚左手，尊左也。車輪，謂行不絶地。

孔氏穎達曰：此明奉持及手足之儀禮。大夫稱主，此言主，上通天子諸侯，下含大夫爲君者。士則不然。尊者之器，其臣執之宜謹，器雖輕小，恒如重而不勝，故孔子「執圭」「如不勝」。「上介執玉如重」是也。圭璧，瑞玉也。尚，上也，謂執持君器及幣玉，則右手在下，左手在上。曳，拽也。踵，脚後也。執器行時，不得舉足，但起前拽後，使踵如車輪曳地行也。

通論 方氏慤曰：玉藻曰：「執龜玉，舉前曳踵。」士相見禮曰：「執玉者，則唯舒武。」舉前曳踵與此同意。

存異 方氏慤曰：左手不如右强。尚左手，則下右手，可知尚左手所以爲容，下右手所以致力。

吕氏大臨曰：人手利於用右。以利用者，在下防失墜也。車輪曳地，行步之慎也。

案 吉事尚左手，凶事尚右手。操幣圭璧皆吉事，故尚左。如方、吕說，則當言必用右手，非正義也。

【杭氏集説】姜氏兆錫曰：主者，通王侯、大夫、士而言。克，勝也，如不克，聘禮所謂「上介執玉如重」是也。「尚」「上」通。方氏曰：「右手力强，尚左，所以爲容；下右，所以致力也。舉，起也。足後曰踵，謂其行不全起足，而曳引其後踵，如車輪之運於地也，此執主器之行容也。佩，玉佩也，謂僂折如磬之背，而玉佩從兩邊懸垂也，此執主器之立容也。」

【孫氏集解】凡執主器，執輕如不克。

鄭氏曰：重慎之也。主，君也。克，勝也。

孔氏曰：主亦君也。禮，大夫稱主，今此言主，上通天子諸侯，下含大夫。尊者之器，不論輕重，其臣執之，唯宜重慎，器雖實輕，而執之猶如實重，如不勝之容也。故論語云：

孔子「執圭，鞠躬如也，如不勝」，聘禮曰「上介執玉如重」是也。

執主器，操幣圭璧，則尚左手；行不舉足，車輪曳踵。

鄭氏曰：重，慎也。尚左手，尊左也。車輪，謂行不絶也。

孔氏曰：圭璧，瑞玉也。尚，上也。謂執持君器及幣玉，則右手在下，左手在上。左尊，故云「尚左手」。曳，拽也。踵，腳後也。行時不舉足，但起前拽後，使踵如車輪曳地也。

愚謂尚左者，謂以左手爲尊也。少儀云：「笏、書、脩、苞苴、弓、茵、席、枕、几、穎、杖、琴、瑟、戈有刃者、櫝、策、籥，其執之皆尚左手。」上篇言執弓遺人之法，右手執簫，左手承弣。此執弓尚左手之法也，則其餘可推矣。蓋凡物之有上下者，則以左手執其上端，右手執其下端，如弓之左執弣，右執簫；冠之右執項，左執前；衣之左執領，右執要是也。其無上下者，則但以左手所執之處爲尊。其以之授人，則亦以左手之所執授之。若奉席如橋衡。鄭謂「横奉之，左昂右低，如有首尾」是也。凡執物皆然，若幣圭璧，則圭有上下，幣與璧無上下，而執之皆以左手爲尊也。

【朱氏訓纂】凡執主器，執輕如不克。注：重慎之也。主，君也。克，勝也。正義：論語云：孔子「執圭，鞠躬如也，如不勝」。聘禮曰：「上介執圭如重」是也。**執主器，操幣圭璧，則尚左手；行不舉足，車輪曳踵。**注：重慎也。尚左手，尊左也。車輪，謂行不絕地。正義：曳，拽也。踵，脚後也。若執器行時，不得舉足，但起前拽後，使踵如車輪曳地而行。

二·五 **立則磬折垂佩。主佩倚則臣佩垂，主佩垂則臣佩委。**君臣俛仰之節。倚，謂附於身。小俛則垂，大俛則委於地。○折，之列反，一音逝。佩，步内反，本或作「珮」，非。倚，范於綺反，徐其綺反。**執玉，其有藉者則裼，無藉者則襲。**藉，藻也。裼、襲文質相等耳[一]。有藻爲文，裼見美亦文；無藻爲質，襲充美亦質。圭璋特而襲，璧琮加束帛而裼，亦是也。○藉，在夜反，下同。裼，星歷反。藻，音早，本又作「繅」。琮，才冬反。

【疏】「立則」至「則襲」。○正義曰：鄉明奉持[二]及手足之儀，此明授受時禮也。立，倚也。佩，謂玉佩也。帶佩於兩邊，臣則身宜僂折，如磬之背，故云磬折也。身既僂折，則所著之佩從兩邊出，縣垂於前也。

○「主佩倚」者，主，謂君也。倚，猶附也。君宜直立，則佩直附倚身，而縣垂不出前。

[一] 裼襲文質相等耳 閩、監、毛本「等」作「變」，岳本、嘉靖本同，衛氏集説同。○鍔按：「裼襲」上，阮校有「立則磬折垂佩節」七字。

[二] 正義曰鄉明奉持 惠棟校宋本無「正義曰」三字。

前也。

○「則臣佩垂」者，君若直立，佩倚於身，則臣宜曲折，曲折則佩不得倚身，故縣垂於前也。

○「主佩垂，則臣佩委」者，主，君也。言君若重慎，折身而佩垂，則臣彌曲，故佩磬委於地。然臣不發初太曲，必待君僂而後方曲者，亦「授立不跪」之義也。

○「執玉，其有藉者則裼，無藉者則襲」。○凡執玉之時，必有其藻以承於玉。若盡飾見美之時，必垂藻於兩端。令垂向於下，謂之有藉，當時所執之人，則去體上外服，以見在内裼衣，故云「有藉者則裼」也。其事質充美之時，承玉之藻不使下垂，屈而在手，謂之無藉，當時所執之人，則掩其上服，襲蓋裼衣，謂之「無藉者則襲」。此謂執玉之人，朝聘行禮，或有裼時，或有襲時。

○注「圭璋」至「是也」。○正義曰：鄭云此者，以經云裼襲者，人之裼襲，欲明玉亦有裼襲。

云「圭璋特而襲」者，上公享王，圭以馬；享后，璋以皮。皮馬既不上於堂，其上唯特有圭璋。圭璋既是寶物，不可露見，必以物覆襲之，故云「圭璋特而襲」也。

云「璧琮加束帛而裼」者，謂侯伯子男享天子，璧以帛；享后，琮以錦。既有帛錦承玉，上唯用輕細之物蒙覆以裼之，故云「璧琮加束帛而裼」也。

云「亦是」者，非但人有裼襲，其玉亦有裼襲之義。此皇氏之説。熊氏以爲上明賓介二人爲裼襲，圭璋特以下又明賓主各自爲裼襲：謂朝時同圭璋特，賓主俱襲；行享時用璧琮加束帛，賓主俱裼，亦是也。凡執玉，天子「執冒四寸，以朝諸侯」，注云：「德能覆蓋天下。四寸者，方以尊接卑，以小爲貴。」又孔安國注顧命云：「方四寸，邪刻之。用之以冒諸侯之圭，以爲瑞信〔一〕。」子男執璧，蓋亦刻驗覆之，但無以言焉。又執鎮圭以朝日及祭天地宗廟。知者，典瑞云「王執鎮圭以朝日」，又鄭志云「祭天地宗廟亦執之」。是朝日既執鎮圭，則夕月亦當然也。大宗伯云：「王執鎮圭。」注：「以四鎮之山爲繅飾〔二〕，圭長尺有二寸。」故玉人云「鎮圭尺有二寸，天子守之」是也。其五等諸侯，大宗伯又云「公執桓圭」，注云：「雙植謂之桓。桓，宮室之象，所以安其上也。圭長九寸。」故玉人云「命圭九寸，公守之」是也。宗伯又云「侯執信圭，伯執躬圭」，注云：「蓋皆象以人形爲瑑飾〔三〕，文有麤縟耳。欲其慎行以保身。圭皆長七寸。」故玉人云：「命圭七寸，謂之信圭，侯守之；命圭七寸，謂之躬圭，伯守之。」江南儒者解云：「直者

〔一〕用之以冒諸侯之圭以爲瑞信　惠棟校宋本、閩、監、毛本並作「圭」，是也。此本誤「至」。

〔二〕注以四鎮之山爲繅飾　惠棟校宋本「繅」作「瑑」，閩、監、毛本作「琢」。案：作「繅」非也，作「琢」亦誤，當作「瑑」。浦鏜校云「『瑑』誤『琢』」，下『瑑飾』『瑑』同」，是也。

〔三〕蓋皆象以人形爲瑑飾　閩、監、毛本同，惠棟校宋本「瑑」作「瑑」。

爲信，其文縟細[一]；曲者爲躬，其文麤略。」義或然也。宗伯又云：「子執穀璧，男執蒲璧。」注云：「穀所以養人，蒲爲席，所以安人。不執圭者，未成國也。」言以爲穀稼及蒲葦之文[二]，蓋皆徑五寸。故大行人云「子執穀璧，男執蒲璧，五寸」是也[三]。凡圭，廣三寸，厚半寸，剡上左右各寸半。知者，是聘禮記文。其璧則内有孔，外有玉，其孔謂之好。故爾雅釋器云：「肉倍好謂之璧，好倍肉謂之瑗，肉好若一謂之環。」此謂諸侯所執圭璧，皆朝於王及相朝所用也。故典瑞前既陳玉，則云「朝覲、宗遇、會同於王，諸侯相見亦如之」是也。其公侯伯朝后皆用璋。知者，以聘禮聘君用圭，聘夫人以璋。則知於天子及后亦然也。其子男既朝王用璧，朝后宜用琮，以璧、琮相對故也。鄭注小行人云：「其上公及二王之后，享天子，圭以馬；享后，璋以皮。其侯伯子男，享天子，璧以帛；享后，琮以錦。」其玉小大，各如其命數。知者，玉人云「璧琮九寸，諸侯以享天子」是也。其諸侯相朝所執之玉，與朝天子同。其享玉，皆以璧享君，以琮享夫人，知者，聘禮璧以享君，琮以享夫人，明相朝禮亦當然。子男相享則降用琥以繡，璜以黼。故鄭注小行人云「其於諸侯，亦用璧琮耳。子男於諸侯，則享用琥璜，下其瑞」是也。其諸侯之臣，聘天

[一] 其文縟細　閩、監、毛本作「縟」，此本「縟」誤「縛」。

[二] 言以爲穀稼及蒲葦之文　閩、監本「以」作「琢」。惠棟校宋本「言以」作「蓋琢」，是也。

[三] 男執蒲璧五寸是也　閩、監、毛本同，惠棟校宋本「是」作「長」，此本「五」誤「三」。

子及聘諸侯，其聘玉及享玉，降其君瑞一等。故玉人云「瑑圭璋八寸，璧琮八寸，以覜聘」是也。其藉玉之藻，鄭注周禮云：「繅所以藉玉，以韋衣木，廣袤各如其玉之大小。」天子則以五采畫之，諸侯則三采，子男二采，其卿大夫亦二采。故典瑞云：「王五采五就，公侯伯三采三就，子男二采二就。」又云「瑑圭璋璧琮繅，皆二采一就」是也。熊氏云：「五采五就者，采別二行爲一就，故五就也。三采三就者，亦采別二行爲一就，故三就也。二采二就者，亦采別二行爲一就，故再就也。二采一就者，以卿大夫卑，二采，采則別唯一行，共爲一就。」知然者，雜記及聘禮記三采六等，則知天子諸侯采別爲二等也。」此是周法。其殷以上，則禮説含文嘉云：「天子、三公、諸侯皆以三帛以薦玉。」宋均注云：「其殷禮三帛，謂朱白倉，象三正。其五帝之禮，薦玉用一色之帛。」故鄭注虞書：「三帛，高陽氏之後用赤繒，高辛氏之後用黑繒，其餘用白繒。」其餘，謂堯、舜之諸侯。既以采色畫韋衣於板上，前後垂之，又有五采組繩以爲繫。其組，上以玄爲天，下以黃爲地，長尺，無事則以繫玉，有事則垂爲飾。故聘禮記：「皆玄纁繫，長尺，絢組。」注云「采成文曰絢。繫，無事則以繫玉，因以爲飾，皆用五采組，上以玄，下以絳爲地」是也。其裼襲之義者，藻藉有二種：一者以韋衣木畫之也，二者絢組垂之。若板之藻藉則當有，今言無者，據垂之也。其垂藻之時則須裼，屈藻之時則須襲。案聘禮賓至主人廟門之外，

「賈人東面坐，啟櫝取圭，垂繅，不起而授上介」，注云：「不言裼襲者，賤，不裼[一]。」以賈賤，故不言裼，明貴者垂藻當裼也。又云「上介不襲，執圭屈繅授賓」，注：「上介不襲者，以盛禮不在於己。」明屈藻合襲也。又云「賓襲執圭」，又云「公襲，受玉」。於時圭皆屈藻，故賓與公執玉皆襲，是屈藻之時皆襲，則所謂「無藉者襲」是也。聘禮又云：「賓出，公授宰玉，裼降立。」是授玉之後乃裼也。又云「賓裼，奉束帛加璧享」，是有藉者裼。凡朝之與聘，賓與主君行禮，皆屈而襲。至于行享之時，皆裼也。知者，以聘禮行聘則襲，受享則裼。凡享時，其玉皆無藉藻。故崔靈恩云：「初享，圭璋特，故有藻。其餘則束帛加璧，既有束帛，不須藻。」凡諸侯朝天子，皆行三享之禮。故大行人云公侯伯子男，並云「廟中將幣三享」。覲禮云「四享」者，鄭注云：「四，當爲三。初享，或用虎豹之皮。其次享，三牲、魚、腊、龜、金、丹、漆，唯國所有。分爲三享，皆以璧帛致之。」若其臣出聘，唯行一享。故聘禮致夫人聘享唯一享也。裼所以異於襲者，凡衣，近體有袍襗之屬，其外有裘。夏月則衣葛，其上有裼衣，裼衣上有襲衣，襲衣之上有常著之服，則皮弁之屬也。掩而不開，則謂之爲襲；若開此皮弁及中衣，左袒，出其裼衣，謂之爲裼。故鄭注聘禮云：「裼者，左袒也。」一玉之上，若垂藻之時，其人則裼，屈藻之時，其人則襲，

[一] 不言裼襲者賤不裼　閩、監、毛本同，惠棟校宋本「不裼」下有「也」字。

則裼襲不相因。表記云「裼襲不相因」者，彼謂各執其物，執龜玉者則襲，受享者則裼，與此同也。

【衛氏集説】凡執主器，執輕如不克。執主器，操幣圭璧，則尚左手，行不舉足，車輪曳踵。立則磬折垂佩。主佩倚則臣佩垂，主佩垂則臣佩委。

鄭氏曰：重謹之也。主，君也。克，勝也。尚左手，尊左也。車輪，謂行不絶也。佩倚及垂委，是君臣俯仰之節。倚，謂附於身，小俛則垂，大俛則委於地。

孔氏曰：此明持奉手足之儀，及授受時禮也。禮，大夫稱主，此言主，上通天子諸侯，下含大夫爲君者。士則不然。尊者之器，不論輕重，其臣執之，唯宜謹重，器雖輕小，執之恒如重而不勝之容。故孔子「執圭」「如不勝」，而聘禮「上介執玉如重」是也。圭璧，瑞玉也。尚，上也。謂執持君器及幣玉，則右手在下，左手在上，左尊也。曳，拽也。踵，脚後也。執器行時，不得舉足，但起前拽後，使踵如車輪曳地行也。立，倚也。佩，謂玉佩也，帶佩於兩邊，臣則身宜僂折，故云磬折也。身既僂折，則所帶之佩從兩邊出，縣垂於前也。君若直立，而佩倚於身，則臣宜曲折，故佩垂於前。君若重謹，折身而佩垂，則臣身當彌曲，故佩罄委於地。

馬氏曰：玉藻曰：「足容重，手容恭，立容德。」又曰：「立容辨，卑毋讇。」曲禮曰：「立如齊。」則自「奉者當心」，以至「尚左手」者，手容恭也。「行不舉足，車輪曳踵」者，足容重也。「磬折垂佩」者，立容德而辨卑如齊也。

嚴陵方氏曰：少儀言：「執虚如執盈。」少者且然，而況壯者乎？孔子「執圭」「如不勝」，聖人且然，而況常人乎？執主器尚左手者，左手不如右强，尚左手則下右手可知矣。尚左手所以爲容，下右手所以致力而已。玉藻曰「執龜玉，舉前曳踵」，士相見禮曰：「執玉者則唯舒武。」舉前曳踵，與此同意。

藍田吕氏曰：尚左手者，人手利於用右，不利於用左，以利用者在下，防失墜也。不舉，足如車輪之曳地，則行步之慎也。立則磬折，垂佩。「主佩倚，則臣佩垂，主佩垂，則臣佩委」，謂君臣授受之節也。如前所謂「尊卑垂帨也」。凡授受者，尊卑皆磬折，故垂佩也。然臣當加恭於君，故有佩倚、佩垂、佩委之差也。必俟主佩倚，然後臣佩委。猶授立不跪，授坐不立，亦各從其所宜也。

山陰陸氏曰：朝則結佩，今其言如此，則所謂結佩，結雙璜而已。

執玉，其有藉者則裼，無藉者則襲。

鄭氏曰：藉，藻也。裼、襲文質相變耳。有藻爲文，裼見美亦文；無藻爲質，襲充美亦質。圭璋特而襲，璧琮加束帛而裼，亦是也。

孔氏曰：執玉，謂諸侯所執圭璧朝於王，及諸侯相朝所用也。藉，謂藉玉之藻。鄭注覲禮云：「繅所以藉玉，以韋衣木，廣袤各如其玉之大小。」天子則以五采畫之，諸侯則三采，子男二采，卿大夫亦二采。故典瑞云：「王五采五就，公侯伯三采三就，子男二采二就。」又云「瑑圭璋璧琮繅，皆二采一就」是也。既以采色畫韋衣於板上，前後垂之，又有五采組繩以爲繫，上玄下黄，長尺，無事則以繫玉，有事則垂爲飾。故聘禮云「皆玄纁繫，長尺，絢組」是也。板之藻藉則常有，今言無者，據垂之也。裼所以異於襲者，凡衣，近體有袍襗之屬，其外有裘。夏月則衣葛，其上有裼衣，裼衣上有襲衣，襲衣上有常著之服，則皮弁之屬也。掩而不開，則謂之襲。若開此皮弁及中衣，左袒，出其裼衣謂之裼。故鄭注聘禮云：「裼者，左袒也。」今謂執玉之人朝聘行禮，既有藻以承其玉，若盡飾見美之時，必垂藻於兩端，謂之有藉，當時所執之人則裼。若事質充美之時，承玉之藻不使下垂，屈而在手，謂之無藉，當時所執之人則襲。案聘禮賓至主人廟門之外，「賈人東面坐，啟櫝取圭，垂繅，不起而授上介」，注云：「賤，不裼也。」以賈賤，故不言裼，明貴者垂藻當裼也。又云：「上介不襲，執圭屈繅授賓。」注：「上介不襲者，以盛禮不在於己。」明屈藻合襲也。又云：「賓襲執圭。」又云：「公襲，受玉。」於時圭皆屈藻，此所謂「無藉者襲」也。聘禮又云：「賓出，公授宰玉，裼降立。」是授玉之後乃裼也。又云：「賓裼，奉束帛加璧享。」是有藉者裼也。凡朝聘，賓與主君行禮，皆屈而襲。至于行享之時，則皆裼也。知者，以聘禮行聘則襲，受享則裼。凡享時，其玉皆無藉藻。故崔靈恩云：「初享，圭璋特，故有藻。其餘則束帛加璧，既有束帛，不須藻也。」又皇氏曰：鄭注「圭璋特而襲，璧琮加束帛而裼」者，以經據人之裼襲，欲明玉亦有裼襲也。上公享王，圭以馬；享后，璋以皮。皮馬既不上於堂，其上唯特有圭璋。圭璋是寶物，不可露見，必以物覆襲之，故云「特而襲」也。侯伯子男享天子璧以帛，享后琮以錦。既有帛錦承玉，上唯用輕細之物蒙覆以裼之，故云「加束帛而裼」也。又熊氏曰：鄭注上明賓介二人爲裼襲，圭璋特以下又明賓主各自爲裼襲：謂朝時用圭璋特，賓主俱襲；行享時用璧琮加束帛，賓主俱裼也。

藍田吕氏曰：聘禮：「上介不襲，執圭屈繅授賓。賓襲執圭。公襲，受圭。」「授宰玉，裼降立。賓裼，奉束帛加璧享。」當上介授賓，固以屈繅矣。而云「上介不襲」，及賓以「束帛加璧享」，則無繅藉矣。乃云「賓裼，則以垂藻。」屈藻，爲有藉。無藉，固不可行矣。竊意玉雖以藻爲藉，此云「有藉無藉」者，必以所加爲言，如束帛之類。謂之藉也，始致君命，圭璋特達，是無藉也，故賓與公皆襲。既享束帛加璧，是有藉也，故賓裼。如此則義理可推。

長樂劉氏曰：此直謂朝聘時耳。圭璋璧琮琥璜，皆玉也。執璧琮琥璜，則與帛錦繡黼同升。所謂有藉，則裼。裼者，禮差輕，尚文也。執圭璋則特達，所謂無藉，則襲。襲者，禮方敬，尚質也。裼襲繫於有藉無藉，不繫於有繅無繅。又繅非藉，藉非繅。藉者，薦也。繅者，組也。禮之質文，以圭璋琥璜爲輕重，而不在一尺之組爲屈伸也。

馬氏曰：周官典瑞：「王執鎮圭，繅藉五采五就以朝日。公執桓圭，侯執信圭，伯執躬圭，繅皆三采三就。子執穀璧，男執蒲璧，繅皆二采再就。以宗遇會同于王，諸侯相見，亦如之。瑑圭璋璧琮繅，皆二采一就，以頫聘。」然則玉之有繅藉，所以著其用貞剛之德，而藉之以柔順也。繅藉有采就，所以著其德之有隆殺，玉之用雖殊而有藉，則一禮言「有藉則裼，無藉則襲」何也？玉有以繅爲之藉，有以帛束爲之藉。以繅爲藉所以飾之，束帛爲藉所以將之，則「有藉則裼，無藉則襲」之説，特施於束帛之藉而已。考之聘禮，方聘之時，賓襲執圭，公襲受玉，其襲而不裼者，以未有束帛之藉故也。及享之時，賓裼奉束帛加璧，其裼而不襲者，以有束帛之藉故也。記曰：「不文飾也，不裼。裘之裼也，見美也。服之襲也，充美也。禮不盛，服不充。」蓋禮存於内心，則以充美爲敬。禮存於外心，則以見美爲敬。聘禮於其始相見也，執圭鞠躬，以誠致其禮而已，故襲所以稱其内心也。及其受享，則發氣盈容，以文致其物而已，故裼所以稱其外心也。後世學者以有藉爲垂繅，無藉爲屈繅，而其甚又有「圭璋特而襲」之説。然則聘禮「賈人取圭垂繅，宰執圭屈繅，使者受圭垂繅」，「上介執圭屈繅，及使者歸，使者執圭垂繅，上介執璋屈繅」，凡此謂垂繅，屈繅可也，謂之有藉無藉，非也。周官小行人：「圭以馬，璋以皮。皮馬雖非上堂之物，其爲藉也，亦束帛之類而已。」謂圭璋特而襲，亦非也。聘禮「上介執圭，不襲」，則一於裼而已。玉藻言「執玉龜襲」，則一於襲而已。又何也？上介不襲，以聘之盛禮不在己故也。執玉龜襲，以執主器故也。聘禮亦曰：「凡執玉無藉者，襲。」

山陰陸氏曰：藉，若璧藉以帛，琮藉以錦云爾，非所謂繅藉也。聘禮曰：「所以朝天子，圭與繅皆九寸，三采六等，朱白蒼，問諸侯，朱緑繅，八寸。」又曰「凡執玉無藉」者，襲聘禮一書也。言繅，又別言藉，則藉與繅異。大行人曰：「公繅藉九寸，侯伯繅藉七寸。」若此者，繅也。小行人曰：「璧以帛，琮以錦，琥以繡，璜以黼。」若此者，藉也。

廬陵胡氏曰：鄭氏謂裼襲指執玉之人，非也。經意蓋謂玉有藻以藉者，以袒裼而露見其美。無藻以承者，則以物覆襲之不暴露也。豈謂人自裼襲？

新安朱氏曰：鄭説兩義，詞太簡略，指不分明，疏家所引皇氏、熊氏説，始以垂屈言之，但所云「今言無者，據垂之也」，乃與經文及所説上下文皆相反，疑其「據」字之下脱一「不」字。至於圭璋璧琮之義，則皇氏爲失。又所引崔靈恩云璧琮「既有束帛，則不須藻」，似亦牴牾，疑璧琮雖有藻，而屈之，當爲無藉，特以加於束帛。故從有藉之例，而執之裼耳。陸氏但取鄭注，後説似亦有理，然今未敢斷其是非，故悉著其説，以俟知者。

【吴氏纂言】立則磬折垂佩。主佩倚則臣佩垂，主佩垂則臣佩委。

鄭氏曰：倚，謂附於身。小俛則垂，大俛則委於地，君臣俛仰之節也。

孔氏曰：此授受時禮也。佩，謂玉佩。帶佩於兩邊，臣則身宜僂折，身既僂折，則所帶之佩從兩邊出，縣垂於前。君若直立，而佩倚附其身，則臣宜曲折，故佩垂於前。君若重謹，折身而佩垂，則臣身當彌曲，故佩垂於地。

吕氏曰：謂君臣授受之節也。凡授受者，尊卑皆磬折，故垂佩。然臣當加恭於君，故有佩倚、佩垂、佩委之差也。

執玉，其有藉者則裼，無藉者則襲。

鄭氏曰：璧琮加束帛而裼，圭璋特而襲。裼，見美文也。襲，充美質也。

孔氏曰：凡衣近體有袍襗之屬，其外有裘，夏月則衣葛，其上有裼衣，裼衣上有襲衣，襲衣上有常服，若皮弁服之屬也。掩而不開，謂之襲；若開此皮弁服及中衣，左袒，出其裼衣，謂之裼。

劉氏曰：此謂朝聘時爾。藉者，薦也，非繅。圭璋璧琮琥璜，皆玉也。執璧琮琥璜，則與帛錦繡黼同升。所謂有藉裼者，禮差輕，尚文也。執圭璋則特達，所謂無藉襲者，禮方敬，尚質也。裼襲繫於有藉無藉，不繫於有繅無繅。禮之質文，以圭璋璧琮琥璜爲輕重也。

【陳氏集説】立則磬折垂佩。主佩倚則臣佩垂，主佩垂則臣佩委。僂折如磬之背而玉佩從兩邊懸垂，此立容之常。然臣之於君，尊卑殊等，則當視其高下之節，而倍致其恭敬之容可也。微俛則倚於身，小俛則垂，大俛則委於地，皆於佩見其節。**執玉，其有藉者則裼，無藉者則襲。**古人之衣，近體有袍襗之屬，其外有裘，夏月則衣葛，或裘或葛，其上皆有裼衣，裼衣上有襲衣，襲衣之上有常著之服，則皮弁服及深衣之屬是也。掩而不開謂之襲，若開而見出其裼衣，則謂之裼也。又聘禮注云：「曲禮云：『執玉，其有藉者則裼，無藉者則襲。』所謂無藉，謂圭璋特達，不加束帛，當執圭璋之時，其人則襲也。有藉者，謂璧琮加於束帛之上，當執璧琮時，其人則裼也。曲禮所云，專主圭璋特而襲，璧琮加束帛而裼一條言之，先儒乃以執圭而垂繅爲有藉，執圭而屈繅爲無藉，此則不然。」竊詳經文，裼襲是一事，垂繅屈繅又别是一事，不容混合爲一説。

【郝氏通解】凡奉者當心，提者當帶。執天子之器則上衡，國君則平衡，大夫則綏之，士則提之。凡執主器，執輕如不克。執主器，操幣圭璧，則尚左手；行不舉足，車輪曳踵。立則磬折垂佩。主佩倚則臣佩垂，主佩垂則臣佩委。執玉，其有藉者則裼，無藉者則襲。

此節記將奉授受之禮。仰手當心曰奉，屈臂當帶曰提，帶在腰與心之下。器，謂圭璋之類。衡，平也。手以心爲衡。上衡，謂高於心。平衡，謂當心。綏，心下。提，則帶間矣。蓋分愈尊則禮愈恭，非謂士與大夫之器，使者遂可忘敬也。執主器，通上下言之。執輕如不克，即論語云「執圭如不勝」，聘禮云「執玉如重」之意。尚左手，謂以左手在上。左尊而文，右卑而武，右手在下，便用力也。行不舉足，拖曳其踵，如車輪之運不離地也。磬形倨句，人身立而俛似之，身俛則佩玉從傍懸出而垂也。倚，謂身直立，佩倚身不垂也。委，謂身大俯，佩委于地也。蓋言主臣授受之容，主立臣俛，主俛臣俯也。玉，謂圭璧，古者以圭璧爲禮。執，謂賓主執以相授受。藉，謂以采繒包裹之，所謂繅也。單曰裼，重曰襲。玉有藉，則赤手併其繅執之，所謂裼也。玉無藉，則以衣重掩其手執之，所謂襲也。有藉而又襲，則握不固，無藉而裼，則手澤汙之也。鄭作襲裘、裼裘解，非也。凡言裼者，袒露之稱；襲者，掩護之名。非但衣有裼襲，執器皆然。

【江氏擇言】執玉，其有藉者則裼，無藉者則襲。

鄭注：藉，藻也。裼、襲文質相變耳。有藻爲文，裼見美亦文；無藻爲質，襲充美亦質。圭璋特而襲，璧琮加束帛而裼，亦是也。

孔疏云：裼所以異於襲者，凡衣，近體有袍襗之屬，其外有裘，夏月則衣葛，其上有裼衣，裼衣上有襲衣，襲衣之上有常著之服，則皮弁之屬也。掩而不開，則謂之襲；若開此皮弁及中衣，左袒，出其裼衣，謂之爲裼。故鄭注聘禮云：「裼者，左袒也。」

按：聘禮，聘君以圭，聘夫人以璋，皆特達，無束帛以藉。其時使者襲，而君受玉亦襲，享君以璧，享夫人以琮，皆有束帛藉之。其時使者裼，而君受玉亦裼。此經所謂有藉無藉者本謂此，而注疏併以垂繅、屈繅言之，且以此説爲主。朱子斷歸一説，陳氏所引者是也。

又按：鄭氏注玉藻云「袒而有衣曰裼」，注聘禮云「凡袒裼者左」，此二語最明。蓋袒而有衣曰裼，對袒而無衣爲肉袒也。凡喪禮之袒，射禮之袒，祭禮迎牲、割牲及養老禮割牲之袒，皆肉袒也。非肉袒則皆曰裼。凡袒裼者左，謂開出前衿，袒出上服之左袖，露其裼衣。唯覲禮侯氏右，肉袒請事，注云：「刑宜施於右也」。後人不識古人袒袖之禮，裼襲之義不明。陳氏此注本孔疏，獨删其「左袒出裼衣謂之裼」數句，則所謂開而見出其裼衣者，從何處開出乎？

又按：裼衣外之衣，疏家有兩説：孔氏此疏，謂裼衣外有襲衣，襲衣外有常著之服。至檀弓襲裘、裼裘及喪大記襲裘加武疏，則謂裼衣外即爲上服，前後自違異。賈公彦聘禮疏亦謂裼衣外有上服，當以此疏爲正。蓋不袒即謂之襲，非别有襲衣，其中衣則在裘之内也。

【欽定義疏】立則磬折垂佩。主佩倚則臣佩垂，主佩垂則臣佩委。

正義 鄭氏康成曰：君臣俯仰之節。倚，謂附。於身小俛則垂，大俛則委於地。

孔氏穎達曰：此明授受時禮。立，倚也。佩，玉佩也，帶佩於兩邊。臣身宜僂折，如磬之背，故云「磬折」也。身既僂折，則所帶之佩從兩邊出，懸垂於前也。君若直立而佩倚於身，則臣宜曲折，故佩垂於前。君若折身而佩垂，則臣身當彌曲，故佩委於地。然必待君僂而後臣曲者，亦「授立不跪」之義也。

吕氏大臨曰：凡授受者，尊卑皆磬折，故垂佩也。然臣當加恭於君，故有佩倚、佩垂、佩委之差。

通論　馬氏晞孟曰：玉藻曰「足容重，手容恭，立容德」，又曰：「立容辨卑，毋讇」。曲禮曰「立如齊」，則自「奉者當心」，以至「尚左手」者，手容恭也。「行不舉足，車輪曳踵」者，足容重也。「磬折垂佩」者，立容德而辨卑如齊也。案：「手容恭、足容重」者，君子之常，此則尤重慎之。「立容德」亦君子之常，此又視君以爲節，所謂「立容辨」也。馬説微混。

執玉，其有藉者則裼，無藉者則襲。

正義　鄭氏康成曰：裼、襲文質相變耳。圭璋特而襲，璧琮加束帛而裼。孔疏：熊云「圭璋特」以下，明賓主各自爲裼襲，謂朝時用圭璋特，賓主俱襲；行享時用璧琮加束帛，賓主俱裼。

孔氏穎達曰：凡衣，近體有袍襗之屬，其外有裘。夏則衣葛，其上有裼衣，裼衣上有襲衣，襲衣之上有常著之服，則皮弁服之屬也。掩而不開謂之襲。若開此皮弁服及中衣，左袒，出其裼衣，謂之裼。

賈氏公彦曰：凡服，四時不同。冬襯身襌衫，又有襦袴，襦之上有裘，裘有裼衣，裼衣之上又有上服皮弁、祭服之等。見裼衣者，謂袒衿前上服，見裼衣也。

劉氏彝曰：此直謂朝聘時耳。圭璋璧琮琥璜，皆玉也。執璧琮琥璜，則與帛錦繡黼同升。所謂有藉則裼，禮差輕，尚文也。執圭璋，則特達。所謂無藉則襲，禮方敬，尚質也。

陸氏佃曰：藉，若璧藉以帛，琮藉以錦云爾，非繅藉也。大行人曰「公繅藉九寸，侯伯繅藉七寸」，若此者繅藉也。小行人曰「璧以帛，琮以錦，琥以繡，璜以黼」，若此者藉也。

存疑 鄭氏康成曰：藉，藻也。有藻爲文，裼見美亦文；無藻爲質，襲充美亦質。孔氏穎達曰：凡執玉時，必有其藻，以承於玉。若見美之時，必垂藻兩端，執玉之人去體上外服，以見在内裼衣。充美之時，承玉之藻，不使下垂，屈而在手，執玉之人掩其上服，襲蓋裼衣。又曰：上公享王圭以馬，享后璋以皮，皮馬不上堂，惟特有圭璋。圭璋是寶物，不可露見，必以物覆襲之，故云「圭璋特而襲」。侯伯子男享天子璧以帛，享后琮以錦，既有帛錦承玉，上唯用輕細之物蒙覆以裼之，故云「璧琮加束帛而裼」。云「亦是」者，非但人有裼襲，玉亦有裼襲之義，此皇氏說。藉玉之藻，鄭注覲禮「以韋衣木，廣袤如其玉之大小」。天子以五采畫之，諸侯三采，子男二采，其卿大夫亦二采。既畫韋衣於板上，又有五采組繩以爲繫，其組上玄爲天，下黄爲地，長尺，無事但繫玉，有事則垂之以爲飾。若板之藻藉則常有，今言無者，據垂之也。其垂藻之時則須裼，屈藻之時則須襲。又曰：凡享時其玉皆無藉藻，故崔靈恩曰：「初享圭璋特，故有藻，餘則束帛加璧。既有束帛，不須藻。」

辨正 朱子曰：鄭説兩義，詞太簡略，指不分明。疏家所引皇氏、熊氏説，始以「屈垂」言之，但所云「今言無者，據垂之也」，乃與經文及所説上下文俱相反，疑「據」字下脱一「不」字。至於圭、璋、璧、琮之義，則皇氏爲失，又所引崔靈恩云「璧琮既有束帛，則不須藻」，似亦牴牾。疑璧琮雖有藻而屈之，當爲無藉，特以加於束帛，故從有藉之列，而執者裼耳。其陸氏但取注後説，亦似有理。

案有藉、無藉之説有三：圭璋特，束帛加璧，一也；屈繅、垂繅，二也；以物覆襲，三也。「圭璋特」之説又有二：朝聘天子以圭，后以璋，一也；享時六幣，圭以馬，璋以皮，二也。以物覆襲之，非，朱子已詳之矣。據朱子以璧琮、屈繅爲「無藉」，因加帛而從有藉之列，是仍不計繅之垂屈，而計帛之有無也。況據聘禮，賈人取圭授宰，宰取圭授上介。使者執圭反命，俱曰「垂繅」，而不聞其裼。宰執圭授使者，上介受圭出授賈人。執圭授賓，執璋反命，俱曰「屈繅」，而不聞其襲。若以上介不襲，注盛禮不在己之説解之，則使者反命垂繅不裼，豈亦得委之盛禮不在己耶？故陸氏取鄭後説，朱子是之。至朝聘及享用圭璋者，則當襲，享用璧琮者則當裼。以聘禮準之，自明也。又裼襲之説，孔謂裼衣上有襲衣，襲衣上有皮弁服之類；賈謂裼衣上有皮弁服之類，疑賈得之。蓋弁服、祭服皆直領，領之内有左右二衽，各屈其衽於内，則露裼衣爲見美。衽左右交，則不見裼衣，爲充美耳。若另有一襲衣，則由裼而襲，必先釋禮衣。加一襲衣，復加禮衣，由襲而裼，亦必先釋禮衣。去此襲衣，仍反禮衣，設一更衣之次乃可，而禮無文也。

【杭氏集説】立則磬折垂佩。主佩倚則臣佩垂，主佩垂則臣佩委。

姚氏際恒曰：「立則磬折垂佩」一句，汎言立容宜如此也。因垂佩而及主臣竝立之儀，君有時不垂佩者，則佩倚是也；臣有時不止垂佩者，則佩委是也。孔氏謂此是授受時禮，蓋附會上「尊卑垂帨」而云，絶不足據，何獨不得曰言語時，即古者君受朝覲皆立。

姜氏兆錫曰：此即執主器之立容，而推言之也。言立容，雖以垂佩爲正，而臣於君尊卑殊等，又當視其高下之節，而倍致恭敬之容。微俯則倚前，小俯則垂下，大俯則委地，皆於佩見其節也。

執玉，其有藉者則裼，無藉者則襲。

賈公彦曰：凡服，四時不同。冬襯身禪衫，又有襦袴，襦之上有裘，裘有裼衣，裼衣之上又有上服皮弁、祭服之等。見裼衣者，謂袒衿前上服，見裼衣也。

萬氏斯大曰：儀禮聘禮記曰：「凡執玉，無藉者襲。」此條蓋即是語而申之。有藉，謂既聘而享，束帛加璧，璧在帛上，如物有承藉然。無藉，謂執圭行聘特達，無所藉。按，聘禮：「聘之日，賈人取圭，授上介，上介授賓，賓襲，執圭入門左，揖讓，升西楹西，東面致命。公執襲受玉，賓出，公側授宰玉。」所謂無藉者，襲也。「賓既出，公裼而降，賓乃裼，奉束帛，加璧享，君入門左，揖讓如初。升，致命，公受幣，賓出。」所謂有藉者，裼也。古人冬月衣裘，行禮有當裼時，有當襲時，不得相因。大抵禮盛則襲，禮殺則裼，故玉藻曰：「禮不盛，服不充。」又曰：「服之襲也，充美也；裘之裼也，見美也。」聘禮盛，故襲；享禮殺，故裼。　按，裼有與袒連言者，見於詩，見於孟子，大都皆傲慢不恭之狀；有與襲對言者，見於聘禮之賓主，見於曾子、子游之弔，而最詳于玉藻之篇，大都皆行禮時，文質相變之宜，二者不得相混。鄭氏注聘禮云：「裼者，免上衣，見裼衣，凡襢裼者左。」玉藻云：「裼衣之上復有衣，袒而有衣曰裼。」賈疏云：「冬時褻身禪衫，又有襦袴，襦袴上有裘，裘上有裼衣，裼衣上又有上服，皮弁、祭服之等。裼者，袒衿前上服，見裼衣也，襲者掩之。」孔疏云：「近體有袍襗之屬，其外有裘，裘上有裼衣，裼衣上有襲衣，襲衣上有常著之服，則皮弁之屬也。掩而不開，謂之襲；開皮弁及中衣，左袒出其裼衣，謂之裼。」說微不同，皆不免與袒裼混。　愚考玉藻言諸裘，皆言「衣以裼之」，知裘外之衣謂之裼衣也。又言「裘之裼也，見美也」「君在則裼，盡飾也」，夫臣之見君，必朝服，則裼衣即朝服矣。即如「既聘而享，賓主必裼以將事」，則裼衣非禮服乎？推此，則凡裘外之裼衣，皆禮服矣，其謂之裼者何？說文「裼」字從衣從易，裘因事變衣，因裘易也。又裼有裼義，古人禮服皆直領，無衿，裘上衣裼衣，胸前裘色自然微露，如袒者然，是之謂見美，是之謂盡飾，故曰裼。　其襲奈何？玉藻云：「服之襲也，充美也。」夫其於裼曰裘之裼，裼在裘外也；於襲曰服之襲，襲在裼外也。裼衣見美盡飾，而加衣以掩之，使美充於內，而不外見，故曰襲。然經不詳襲衣之制，據說文，釋襲爲左衽袍，古唯大小斂之衣皆左衽，非聖人所許，反復思之，疑即深衣也。　古人禮服無衽，中衣袍襗之屬，有右衽，未必有左袵。唯深衣右袵在外，當右旁，左袵在内，當左旁，且衣裳相連，全體深邃，服之以掩蓋裼衣，則美不外著。又深衣篇曰：「可以爲文，可以爲武，可以治擯相，可以治軍旅，其用至廣。」聘禮，文事也，擯、相類也，禮盛而服之以襲，不亦可乎？吾爲約而言，曰冬時服裘，裘上有裼衣，加深衣則曰襲，不加深衣則曰裼，裼、襲之解，如是而已矣。又裼襲專就裘説，不兼葛説。

姚氏際恒曰：鄭氏曰：「藉，藻也，有藻爲文，裼見美，亦文。無藻爲質，襲充美，亦質。」按，藻、繅通，鄭此説蓋誤執覲禮「奠圭于繅上」及周禮「典瑞繅藉」之文也。孔氏引皇氏義，謂聘禮有垂繅、屈繅，以垂繅爲有藉，屈繅爲無藉。不知繅者，連綴于圭上，可垂可屈，非此之所謂有藉無藉者也。覲禮因圭本無藉，故拜時謂以繅奠，非繅即藉也。典瑞以繅、藉連言，非是，而與此有藉、無藉亦別。況爲藉即繅，又不應謂之繅藉矣。聘禮云：「上介不襲，執圭屈繅，授賓。」聘禮記云：「凡執玉，無藉者襲。」則是屈繅與無藉自分兩義，安得合而爲一乎？且聘禮執圭皆襲，惟執璧無繅，安得謂垂繅爲有藉則裼乎？又垂繅可謂之無藉，而反謂之有藉；屈繅可謂之有藉，而反謂之無藉，皆不可通也。鄭又曰：「圭璋特而襲，璧琮加束帛而裼。」亦是也。此本聘禮爲説，蓋以有束帛爲有藉，無束帛爲無藉，正是此文之義，不當以爲後一説耳。孔氏不諳注意，又誤疏之曰：「聘禮云『賓襲執圭』，又云『公襲，受玉，于時圭璧皆屈繅』，聘禮一屈一垂，介既屈繅，則賓授公受，不言垂繅，自可知。此以爲屈繅，亦誤。所謂無藉者襲。『賓裼，奉束帛，加璧享』，是謂有藉者裼。」按，以繅爲藉者，鄭前一說也；以束帛爲藉者，鄭後一說也。今以鄭前一說釋「無藉者襲」，以鄭後一說釋「有藉者裼」，尤失理。如其璧無繅，正自宜襲，今乃反裼，何得取爲「有藉則裼」之證乎？疏又有因鄭後一說而更誤者，引皇氏曰：「鄭云亦是者，非但人有裼、襲，其玉亦有裼、襲。云圭璋特而襲者，上公享王圭以馬，享后璋以皮，皮、馬既不上堂，惟特有圭璋，不可露見，必以物覆襲之也。云璧琮加束帛而裼者，既有束帛承玉，上惟用輕細之物蒙覆，以裼之也。」按，襲、裼從來指人，無指玉者，豈容杜撰？且所謂「以物覆襲」與「用輕細之物蒙覆以裼」者，此二物果何物耶？郝仲輿踵其說，而又變之，謂「以赤手執之爲裼，以衣重掩其手執之爲襲」。按，聘禮云：「公側受宰玉，裼，降立」，如郝義，「裼」字不當在「受」之下矣。又曰：「賓襲，迎于外門外，賓亦迎」，如郝義，「襲」「裼」字不當在迎之上矣。又玉藻上言裘之裼、襲，下接執玉龜，襲亦可云以衣重掩其手乎？郝又曰：「行禮之服無倏裼倏襲，升降授受，須臾不上堂，不入次，易服何所？然則執玉，必冬裘而後可乎？」按，古人行禮多有如此迂重者，郝溺今以疑古，故不謂然，其實非也。檀弓記子游一弔之頃，亦先裼後襲，固不嫌于倏變也。裼、襲不必專指裘，夏月衣亦有裼、襲也。郝又引詩「載衣之裼」，謂單曰裼，然則亦是單，非赤手矣，與已說矛盾，引之何爲乎？此本無足辨，恐人惑其說，故辨之。此與聘禮記「凡執玉，無藉者襲」之説同。無藉者襲，則有藉者裼矣。

朱氏軾曰：行享禮時，用璧琮，又加束帛，置璧琮于帛上，如以帛承藉璧琮然，故曰有藉。行聘禮時，圭璋特，不加束帛，故曰無藉。廬陵胡氏謂「玉有藉者，袒而露之；無藉者，覆而襲之」，此説自當。

姜氏兆錫曰：古人之衣，近體有袍襗之屬，外有裘若葛，其上皆有裼衣，裼衣上有襲衣。掩而不開謂之襲，開而見出謂之裼。聘禮注引此條，云：「無藉，謂圭璋特達，不加束帛，故執圭璋之時，其人則襲。有襲，謂以璧琮之時，其人則裼也。一説執圭而垂繅爲有藉，執圭而屈繅爲無藉也」。愚按，裼、襲所以異者，蓋因有藉、無藉，而爲之質、文也。味「有」「無」字義，聘禮注得之。又曰：此章言執主器之禮。

齊氏召南曰：按，陳氏集説曰：「此所云，專主『璋特而襲，璧琮加束帛而裼』一條言之。先儒乃以執圭而垂繅爲有藉，執圭而屈繅爲無藉，此則不然。竊詳文裼、襲是一事，垂繅、屈繅又是一事，不容混合爲一説。按注、疏言執玉亦有裼、襲，乃正説外又添旁説耳。至裼、襲正説，後疏引聘禮注言之甚詳，原未嘗混爲一説也。」

林氏希元曰：按諸儒之説，裘上外衣尚有三重：裼衣一重也，襲衣一重也，正服一重也。襲與裼之異，只在第二重上分別耳。第二重衣直領而露出裼衣，則謂之裼，蓋以所露者言也。第二重衣曲領而掩蔽裼衣，則謂之襲，蓋以所掩者言也。

【孫氏集解】立則磬折垂佩。主佩倚則臣佩垂，主佩垂則臣佩委。

鄭氏曰：君臣俛仰之節。倚，謂附於身。小俛則垂，大俛則委於地。

愚謂上文「行不舉足，車輪曳踵」，言行步之儀，此又言立而授受之儀也。磬折，謂身微僂，如磬之曲折也，磬折則佩垂於前。立則磬折垂佩者，謂非與君相授受者，則賓主之立，皆以磬折垂佩爲度。上篇言「遺人弓者」、「尊卑垂帨」是也。主，君也。佩倚者，身直則佩倚附於身也。此又言與君相授受之法。君佩或倚或垂者，物或重或輕，或受器於己臣，或受之於他國之聘賓，故有不必爲恭而佩倚者，有恭敬而佩垂者。臣則視君之身容以爲節，而皆視君加恭，所以尊君也。

執玉，其有藉者則裼，無藉者則襲。

劉氏彝曰：此謂朝聘時圭璋璧琮琥璜，皆玉也。執琥璜璧琮，則與帛錦繡黼同升，所謂「有藉」，有藉則裼。裼者，禮差輕，尚文也。執圭璋則特達，所謂「無藉」，無藉則襲。襲者，禮方敬，尚質也。

愚謂裼，露也，謂摺上衣之衽於內，而露其中衣也。襲，重也。謂舒其上衣之左衽以重於右襟之下，而掩其中衣也。裼爲見美，襲爲充美，行禮以裼、襲爲文質之異。聘時崇敬，賓主皆襲，而其玉則圭、璋也，圭、璋則特達而無藉者也。聘禮「賓襲，執圭」，「公側襲，受玉於中堂與東楹之間」是也。行享尚文，賓主皆裼，而其玉則璧、琮也，璧、琮則加於束帛而有藉者也。聘禮「公側授宰玉，裼，降立，擯者出請，賓裼，奉束帛加璧享」是也。裼、襲因聘、享而分，不分玉之有藉、無藉而起，而玉有藉、無藉，聘、享時亦不同，故記會而言之。○鄭氏曰：藉，藻也。裼、襲，文質相變耳。有藻爲文，裼見美亦文；無藻爲質，襲充美亦質。圭、璋特而襲，璧、琮加束帛而裼，亦是也。

孔氏曰：凡執玉之時，必有藻以承乎玉。鄭注覲禮云：「繅所以藉玉，以韋衣木，廣袤各如其玉之大小。」典瑞云：「王五采五就，公侯伯三采三就，子男二采二就。」又曰：「瑑圭璋璧琮繅，皆二采一就」是也。又有五采組繩以爲繫，無事則以繫玉，有事則垂爲飾。故聘禮記「皆玄纁，繫長尺絢組」是也。是藻藉有二種，一者以韋衣木畫之，一者絢組垂之。玉藻説詳雜記下。今言「無」者，據垂之也。朱子曰：今言「無」者，據垂之也，與經文及所説上下文俱相反，疑據下脱一「不」字。愚謂疏云「據垂之」者，蓋謂以韋衣木之藉常在，不可以言「無藉」，今言「有藉」「無藉」者，據絢組繫可垂者而言之也。其垂藻之時則須裼，屈藻之時則須襲。案聘禮賓至主人廟門外，「賈人東面坐，啓櫝取圭，垂繅，不起而授上介」，注云：「不言裼、襲者，賤不裼。」明貴者垂藻當裼也。又云「上介不襲，執圭，屈繅，授賓」，注云：「上介不襲，以盛禮不在於己。」明屈繅合襲也。又云：「賓襲，執圭。」又云：「公襲，受玉。」於時圭皆屈藻，是屈藻之時皆襲，所謂「無藉者襲」也。又云：「賓裼，奉束帛加璧享。」是有藉者裼。凡享時，其玉皆無藻藉。故崔靈恩云：「初享，「享」字當作「聘」。圭、璋特，故有藻。其餘則束帛加璧，既有束帛，故無藻。」朱子曰：崔靈恩云「璧、琮既有束帛，則不須藻」，似亦牴牾。疑璧、琮雖有藻而屈之，特以加束帛，故從有藉之例而執者裼耳。○按此上申注前說。鄭云「圭、璋特而襲，璧、琮加束帛而裼」者，以經云「裼」「襲」者，人之裼、襲，欲明玉亦有裼、襲。圭以馬，璋以皮，皮馬不上於堂，其上特有圭、璋，寶物不可露見，必以物蒙覆之，故云襲。璧以帛，琮以錦，既有帛錦承玉，上惟用輕細之物蒙覆以裼之，此皇氏之說。熊氏以爲「圭、璋特」以下，明賓主各自爲裼、襲：朝時用圭、璋特，賓主俱襲；享時璧、琮加束帛，賓主俱裼。按此上皇氏、熊氏二說並申注後說。

愚謂此條注有二義，而疏爲三說。垂藻爲有藉而賓主裼，屈藻爲無藉而賓主襲，此解注前說之義，一也。皇氏謂圭、璋特爲無藉，故用物蒙覆爲襲；璧、琮加束帛爲有藉，惟用輕細之物蒙覆爲裼。熊氏謂朝時圭、璋特，賓主俱襲；享用璧、琮加束帛，賓主俱裼。此並解注之後說，二也。聘、享之玉，別無他物蒙覆，皇氏臆說無據，此不待辨而明者。至玉之垂藻、屈藻，則見於聘禮者甚詳：始受君命，賈人取圭垂繅以授宰，宰屈繅以授使者，使者垂繅以授上介，上介屈繅以授賓。既歸反命，使者執圭垂繅，上介執璋屈繅。然惟於上介授賓言「不襲」，而其時圭則屈繅也。其餘皆不言裼、襲之變。然則圭之垂繅、屈繅，與人之裼、襲初不相因矣。禮於上介授賓言「不襲」，欲明襲者惟賓一人。上介雖將行聘禮，執圭猶不襲耳，非以屈繅之必襲而特見其不襲者也。故劉氏、陸氏惟取熊氏之説，而朱子亦以爲然。○凡衣，冬有裘，夏有絺、綌，春秋有襌絅、袍、繭。其上有中衣，中衣上有禮衣，若朝服皮弁服之屬是也。禮衣皆直領而對襟，其當胸左右各餘一寸以爲衽，衽恒摺於衣內，而露其中衣，謂之裼。若禮之尤重者，則舒其衽而掩於中衣，謂之襲。經記但言裼，無言裼衣者，而注疏乃以禮服內之衣指爲裼衣，實則裼衣即中衣也。中衣之所用，與上服同，而別以華美之物爲之領緣，如諸侯則黼繡丹朱，大夫士雖不可考，亦要必視其上服之色爲華，故裼謂之見美。下文云：「天子視，不上於袷。」中衣與深衣同制，故有袷。古人以裼爲常，裼則露其中衣之袷，故視天子者據之以爲節。然則裼衣之即中衣明矣。孔疏謂「裼衣上有襲衣，襲衣上有常著之服，皮弁之屬」，則裼衣上服之間多一襲衣矣。聘禮賈疏謂「冬有裘，裘上有裼衣，裼衣上有上服，皮弁祭服之等。夏有絺綌，春秋則袷褶，其上有中衣，中衣上有上服」。此不別言襲衣，視孔爲優然，不知裼衣即中衣，而誤以爲冬夏之分，則亦未爲得也。○自篇首至此，皆明執物之儀。

【朱氏訓纂】立則磬折垂佩。主佩倚則臣佩垂，主佩垂則臣佩委。注：君臣俛仰之節。倚，謂附於身。小俛則垂，大俛則委於地。正義：此明授受時禮也。佩，謂玉佩也。帶佩於兩邊，臣則身宜僂折，如磬之背，所著之佩從兩邊出，縣垂於前也。倚，猶附也。君若直立，佩倚於身，則臣宜曲折，佩不得倚，故縣垂於前。君若折身而佩垂，則臣彌曲，故佩垂委於地。然必待君僂而後方曲者，亦授立不跪之義也。

執玉，其有藉者則裼，無藉者則襲。注：藉，藻也。裼、襲文質相變耳。有藻爲文，裼見美亦文。無藻爲質，襲充美亦質。圭、璋特而襲，璧琮加束帛而裼，亦是也。正義：熊氏以爲上明賓、介二人爲裼、襲，「圭璋特」以下，又明賓、主各自爲裼、襲，謂朝時用圭璋特，賓主俱襲；行享時用璧琮加束帛，賓主俱裼。裼所以異於襲者，凡衣近體有袍襗之屬，其外有裘，夏月衣葛，其上有裼衣，裼衣上有襲衣，襲衣上有常著之服，則皮弁之屬掩而不開，則謂之爲襲。若開此皮弁及中衣，左袒出其裼衣，謂之爲裼。故鄭注聘禮云：「裼者，左袒也。」江氏永曰：按聘禮，聘君以圭，聘夫人以璋，皆特達，無束帛以藉。其時使者襲，而君受玉亦襲，享君以璧，享夫人以琮，皆束帛藉之。其時使者裼，而君受玉亦裼。此經所謂有藉無藉者，本謂此。又按裼衣外之襲衣，疏家有兩説：孔氏此疏謂裼衣外有襲衣，襲衣外有常著之服。至檀弓、喪大記疏則裼衣即爲上服，前後違異。賈氏聘禮疏亦謂裼衣有上服，當以此疏爲正。蓋不袒即謂之襲，非別有襲衣，其中衣則在裘之内也。

【郭氏質疑】**執玉，其有藉者則裼，無藉者則襲。**

鄭注：「藉，藻也。有藻爲文，裼見美亦文；無藻爲質，襲充美亦質。圭璋特而襲，璧琮加束帛而裼，亦是。」孔疏引崔氏云：「圭璋特，故有藻。其餘束帛加璧，既有束帛，不須藻。」熊氏云：「朝時用圭璋特，賓主俱襲。行享時用璧琮加束帛，賓主俱裼。」皇氏云：「上公享天子圭以馬，享后璋以皮，皮馬不上堂，其上惟有圭璋，必以物覆襲之。侯伯子男享天子璧以帛，享后琮以錦，既有帛錦承玉，其上惟用輕細之物蒙覆以裼之。」

嵩壽案：鄭注析「藉」爲二義，孔引諸家疏，又析爲三義。據周禮典瑞，大圭、鎮圭，繅藉五采五就；桓圭、信圭、躬圭，三采三就；穀璧、蒲璧，二采再就；瑑圭、璋、璧琮，二采一就。玉人，大璋、中璋、邊璋，皆有繅。是禮玉無不用繅藉者，崔申鄭義，殆誤也。案鄭注本析分二義，崔誤合爲一。皇氏之説尤謬。聘禮：「賓裼，奉束帛加璧享。」加璧，謂加於束帛之上，易「藉用白茅」，馬氏融云：「在下曰藉。」此言藉者，以束帛承藉之義。熊氏用鄭注，後説爲長。其云「藻藉」者，非也。竊疑「藻藉」二字之義，諸儒均未分明。聘禮記：「朝天子，圭與繅，皆九寸。」「繅三采六等，朱白蒼。問諸侯，朱緑繅，八寸。皆玄纁繫，長尺，絢組。」鄭注古文繅或作藻，今文作璪。説文：「璪，玉飾，如水藻之文。」左傳桓二年「藻率」，杜注：「以韋爲之，所以藉玉。」率如玉藻「凡帶有率，無箴功」，謂緶緝之，玉人所云「藻，以象德」者是也。而鄭注典瑞：「繅有五采文，所以薦玉，木爲中幹，用韋衣而畫之。就，成也。」「一帀爲一就。」既云以韋衣木，則一帀一就之文將何所指？弁師「五采繅，十有二就」，鄭注：「合五采絲爲之繩」「繩之每一帀貫五采玉」。弁師、巾車言就者，皆繩之一帀也，詳味聘禮記之文。「皆玄纁繫，長尺，絢組」，承上「繅九寸」「繅八寸」言之，是所謂「三采二采」者，其組也，其藻藉但有玄、纁二色，禮文簡括，互證之自明。董子春秋繁露：「主天法商，玉厚九分，白藻五絲。主地法夏，玉厚八分，白藻四絲。主天法質，玉厚七分，白藻三絲。主地法文，玉厚六分，白藻二絲。」白藻者，上玄下纁，用白爲水藻文。五絲、四絲、三絲、二絲，即所謂五采五就。以次及二采一就，言所繫之絢組也。聘禮言「垂繅」者，垂其組，「屈繅」者，斂其組，藉下之玄纁，繫旁之組，通名爲繅。鄭注聘禮「賈人東面，坐，啟櫝，取圭，垂繅」云：「繅有繫組。」語最合經旨，而言之不詳，自皇氏侃以下皆不能明矣。周禮大行人，桓圭九寸，繅藉九寸；信圭、躬圭七寸，繅藉七寸；穀璧、蒲璧五寸，繅藉五寸。藉之長廣，一如其玉之數。鄭注聘禮：「繅所以藉玉。」其或拜則奠於其上。屈繅者，斂之繅之，制僅足以藉玉，何爲更斂之？而以韋衣木之繅，亦無能加斂也。據儀禮聘禮，賈人取圭垂繅，授上介，上介不襲，執圭屈繅，授賓，賓襲，執圭。公襲，受玉於中堂、東楹之間，賓出，公側授宰玉，裼，降，立，擯者出請，賓裼，奉束帛加璧享。儀禮言襲、裼之文，惟見於此。鄭注：「裼者，免上衣，見下衣。凡襢裼者左。」孔疏：「近體有袍襗之屬，其外有裘，夏則葛。其上有裼衣，裼衣上有襲衣，襲衣上有常著之服，若皮弁之屬。掩而不開謂之襲，若開皮弁及中衣，左袒，出其裼衣，謂之裼。」賈疏但云：「裼衣上有皮弁服。」然皆承鄭注「免上衣，見下衣」之文，謂裼別爲一衣。據禮有袒衣，有中衣，有表。説文：「表，上衣也。」論語：「當暑，袗絺綌，必表而出之。」加衣於上曰表，開其左右袒曰裼。説文「裸」「裎」「裼」三字連文，並云「袒也」。鄭注「免上衣」，亦即袒意。禮無以裼衣爲名者，自賈疏乃有裼衣之文，而鄭義亦隱矣。玉藻：「以帛裹布，非禮也。」即謂中衣，冬裘、夏葛，皆中衣也。故曰：「表裘不入公門，袗絺綌不入公門。」論語「狐貉之厚以居」者，表裘也，上加緇衣、素衣，即爲禮服。經言「裼裘」特詳，裘有羔裘、狐裘、麛裘之别，裼之所以爲文也，惟加敬則襲。賈疏以玉藻裼衣與皮弁禮服之色微有異同，因謂裼衣上有皮弁服。據士冠禮，爵弁服，纁裳，純衣，緇帶；皮弁服，素積，緇帶；玄端，玄裳，黄裳，雜裳，緇帶。皆詳於裳而略於衣，蓋衣、裳本同色，而鄭注周禮司服，凡冕服，皆玄衣纁裳，韋弁，以韎韋爲衣裳；皮弁服，白布衣，積素以爲裳；冠弁，緇布衣，亦積素以爲裳。其詩采芑箋：「天子韋弁服，朱衣裳。」其論語注：「緇衣羔裘，視朝之服。素衣麛裘，視朔之服。黄衣狐裘，司服所云『兵事，韋弁服』之服。」如鄭説，是一韋弁服而衣已三異。詩秦風傳：「錦衣狐裘，朝廷之服。」與玉藻正合。必謂裼衣上别有禮服，是緇衣羔裘上又加緇衣，恐非制也。孔氏乃以出其裼衣爲裼，裼衣何衣而特出之以爲飾乎？求之諸經之文，鄭注近之，而詞多隱而未宣，諸疏承之，而愈舛矣。説文：「膻，肉袒也。」詩：「膻裼暴虎。」是襢裼之襢，説又作膻。古人肉襢，蓋出左背，而禮服之衽亦左掩右開之，則扱兩衽於旁，與左襢者自别。鄭引襢裼爲訓，亦恐失之。

二·六 〇**國君不名卿老、世婦**[一]**。大夫不名世臣、姪娣。士不名家相、長妾。**

[一] 國君不名卿老世婦節 惠棟云：「『國君』節、『君大夫之子』節，宋本合爲一節。」

雖貴，於其國家猶有所尊也。卿老，上卿也。世臣，父時老臣。○姪，大節反，字林丈一反。娣，大計反。相，息亮反。長，丁丈反，下注「長老」同。

【疏】「國君」至「長妾」。○正義曰：此一節總明稱謂之事，各依文解之。○「國君不名卿老」者，人君雖有國家之貴，猶宜有所敬，不得呼其名者也。卿老，謂上卿，上卿貴，故曰卿老。世婦者，謂兩媵也，次於夫人而貴於諸妾也。言諸侯雖貴，不得呼其名也。○「大夫不名世臣、姪娣」者，世臣，父在時老臣也。姪是妻之兄女，娣是妻之妹，從妻來爲妾也。大夫不得呼世臣及貴妾名也。然王制云「大夫不世爵」，此有世臣者，子賢謂襲父爵者也。○「士不名家相、長妾」者，家相，謂助知家事者也。長妾，妾之有子者也。士不得呼此二等人名也。不名長妾者，熊氏云：「士有一妻二妾，言長妾者，當謂娣也。故鄭注昏禮云娣尊姪卑。」義或然也。

【衛氏集說】鄭氏曰：雖貴，於其國家猶有所尊也。卿老，上卿也。世臣，父時老臣。孔氏曰：自此至「同名」一節，總明稱謂之事。世婦，謂兩媵也，次於夫人而貴於諸妾。諸侯雖貴，猶宜有所敬，不得呼卿老、世婦之名。姪，妻之兄女。娣，妻之妹，從妻來爲妾也。大夫不得呼世臣及貴妾名也。家相，謂助知家事者。長妾，妾之有子者。士不得呼此二等人名也。熊氏云：「士有一妻二妾，言長妾者，當謂娣也。」

藍田呂氏曰：君之使臣，臣之事君，尊卑之勢雖殊，其所以相敬之道一也，故曰：「君使臣以禮，臣事君以忠。」古者幼名，男子冠而字，女子笄而字，所以別長幼也。君之於臣妾，雖冠笄亦名，惟臣妾之長者不名，所以別貴賤也。卿老、世臣、家相皆其貴臣也；世婦、姪娣、長妾皆其貴妾也。均臣妾也，特異其貴者，蓋以禮敬之不敢慢也。諸侯之臣：上大夫卿、下大夫、上士、中士、下士，凡五等。卿老者，即上大夫卿也。自天子至於士，其臣之貴者皆稱老。記曰：「天子之吏，自稱於諸侯曰『天子之老』。列國之大夫使於諸侯，自稱曰『寡君之老』。」又諸侯使卿弔于他國，辭曰「一介老某相執綍」，此天子諸侯之臣稱老者也。魯臧氏老，將如晉，問此大夫之臣稱老者也。士昏禮納采，「主人降，授老雁」，此士之臣稱老者也。孟莊子不改父之臣，與父之政，則大夫有世臣也。謂吾姑者，謂之姪，姪者，妻之昆弟之子也。娣，其妹也。皆大夫之貴妾也。

馬氏曰：卿老、世臣、家相，梱外之貴者也。世婦、姪娣、長妾，梱內之貴者也。貴臣、貴妾死而緦，況生而可名之乎？書稱「成王之於周公曰：『公明保予。』康王之於畢公曰：『惟公克勤小物。』」言天子同姓謂之伯父、叔父，異姓謂之伯舅、叔舅，故平王稱齊桓公以伯舅，稱晉文侯以「父義和」。是天子之於臣，亦有所不名也。

文。廣安游氏曰：古之制禮者，於君臣之際雖有自然之分，而其相與之際，皆以禮爲節文。非若秦、漢以下，尊君卑臣，上下相絶也。故古之待諸侯者，不專以臣禮也，亦有賓禮焉。不專以治外之道治也，亦以家人之道治焉。如此不名卿老、世婦、世臣、姪娣、家相、長妾，則其治外如治内，所以爲卿老、世臣、家相之禮，猶夫世婦、姪娣、長妾之禮也。後世一以天子之尊，巍然於上以臨羣臣，名呼隸役之，君臣之間，邈然相絶。蓋其爲天下，既不以禮而專從事於法矣。

講義曰：禮必有所尊，非獨在下者欲尊其上也。雖居己之下，猶或有尊焉，故君於卿老、世婦，大夫於世臣、姪娣，士於家相、長妾，皆不稱其名。不以其爲臣妾而略之也。

金華應氏曰：所謂故國者，非喬木之謂也，有世臣之謂也。古者立國，必有世家大族以培護其本根，且有世臣大老以隆固其棟幹。人君常寵異而尊禮之，所以存忠厚，養恭敬也，氣脉不墜，於先世典刑可厲乎？後來國之卿老、家之世臣、士之家相，尊卑不同而輔贊，則一敬之而不名，所以示夫外之有所統也。若夫内助之賢，而舊者如世婦、姪娣、長妾，雖其分不敵於女君，其貴實隆於諸御，敬之而不名，所以示夫内之有所統也。内外有所敬而不名，則受其所敬者，莫不竭其忠而盡心，覩其可敬者，莫不知所畏而稟命。然後國政家事有所統一，而緩急有所憑藉而倚重矣。

山陰陸氏曰：士昏禮：「女從者畢袗玄。」鄭氏謂「從者，姪娣也。」則士有姪娣明矣。

【吴氏纂言】鄭氏曰：雖貴，於其國家，猶有所尊也。卿老，上卿也。世臣，父時老臣。孔氏曰：世婦，謂兩媵也，次於夫人而貴於諸妾。諸侯雖貴，猶宜有所敬，不得呼卿老、世婦之名。姪，妻之兄女。娣，妻之妹，從妻來爲妾也。大夫不得呼世臣、貴妾名也。家相，助知家事者。長妾，妾之有子者。士不得呼此二等人名也。熊氏曰：「士有一妻二妾，言長妾者當爲娣也。」

呂氏曰：卿老、世臣、家相，貴臣也。世婦、姪娣、長妾，貴妾也，均臣妾也，特異其貴者。

【陳氏集説】不名，不以名呼之也。疏曰：上卿貴，故曰卿老。世婦，兩媵也，次於夫人而貴於諸妾也。世臣，父在時老臣也。姪是妻之兄女，娣是妻之妹，從妻來爲妾也。大夫不世爵，此有世臣者，子賢襲父爵也。家相，助知家事者。長妾，妾之有子者。

【方氏析疑】士不名家相、長妾。曰「長妾」，則不辨其有子與否，以積勞績，故異其禮。

【欽定義疏】正義 鄭氏康成曰：雖貴，於其國家，猶有所尊也。卿老，上卿也。世臣，父時老臣。

孔氏穎達曰：此一節總明稱謂之事。世婦，謂兩媵，次於夫人而貴於諸妾。諸侯雖貴，猶宜有所敬，不得呼卿老、世婦之名。姪，妻之兄女。娣，妻之妹，從妻來爲妾也。大夫不得呼世臣及貴妾名也。家相，謂助知家事者。長妾，妾之有子者。士不得呼此二等人名也。

熊氏安生曰：士有一妻二妾，言長妾者，當謂娣也。

應氏鏞曰：古者立國，必有世家大族，且有世臣大老，人君常寵異而尊禮之，所以存忠厚，養恭敬也。國之卿老，家之世臣，士之家相，尊卑不同而輔贊則一，敬之而不名，所以示外之有所統也。若夫内助之賢而舊者，如世婦、姪娣、長妾，雖其分不敵於女君，其貴實隆於諸御，敬之而不名，所以示内之有所統也。内外有所敬而不名，則受其所敬者，莫不竭其忠而盡心；覩其可敬者，莫不知所畏而稟命，然後國政家事有所統一，而緩急有所倚重矣。

通論 吕氏大臨曰：古者幼名，男子冠而字，女子笄而字，所以别長幼也。君之於臣妾，雖冠笄亦名，惟臣妾之長者不名，所以别貴賤也。卿老、世臣、家相，皆其貴臣也。世婦、姪娣、長妾，皆其貴妾也，均臣妾也。特異其貴者，以禮敬之，不敢慢也。卿老者，即上大夫卿也。自天子至於士，其臣之貴者皆稱老。記曰：「五官之長曰伯。」其擯於天子也，曰「天子之吏」。自稱於諸侯，曰「天子之老」。列國之大夫使於諸侯，自稱曰「寡君之老」。又諸侯使卿弔於他國，辭曰「一介老某相執紼」。此天子、諸侯之臣稱老者也。

【餘論】孔氏穎達曰：大夫不世爵，此有世臣者，子賢襲父爵者也。

【杭氏集説】孔氏穎達曰：大夫不世爵，此有世臣者。子賢，襲父爵者也。

姜氏兆錫曰：不名，不以名呼之也。疏曰：「卿老，謂上卿。世婦，謂兩媵也。世臣，謂老臣。乃子賢，襲父爵者。姪，謂妻之兄女。娣，謂妻之妹，皆從妻來爲妾者。家相，助知家事者。長妾，妾有子者。」

方氏苞曰：長妾則不辨其有子與否，以積勞績，故異其禮。

【孫氏集解】鄭氏曰：雖貴，於其國家猶有所尊也。卿老，上卿。世臣，父時老臣。孔氏曰：上卿貴，故曰卿老。世婦謂兩媵，貴於諸妾也。姪是妻之兄女，娣是妻之妹，從妻來爲妾也。家相，謂助知家事者。長妾，謂妾之有子者。

呂氏大臨曰：卿老、世臣、家相，皆貴臣也。世婦、姪娣、長妾，皆貴妾也。愚謂上卿謂之卿老者，諸侯之卿自稱曰「寡君之老」也。諸侯娶一國，則二國往媵之。諸侯一娶九女，夫人與左右媵各有姪娣。世婦，妾之貴者，謂二媵也。或曰：左氏每言以夫人之姪娣爲繼室，夫人之姪娣貴於左右媵也。世臣，父時舊臣也。大夫士娶，亦有姪娣。左傳：「穆叔娶於莒，曰戴己，生文伯，其娣聲己生惠叔。」又曰：「臧宣叔娶於鑄而死，繼室以其姪。」家相，臣之主家事者，所謂宰也。長妾，妾之長者。士昏禮曰：「雖無娣，媵先。」士娶或不必有姪娣，故但推其年長者爲貴也。

【朱氏訓纂】注：雖貴，於其國家猶有所尊也。卿老，上卿也。世臣，父時老臣。正義：世婦，兩媵也，次於夫人而貴於諸妾也。姪是妻之兄女，娣是妻之妹，從妻來爲妾也。王制云：「大夫不世爵」，此有世臣者，子賢，襲父爵者也。家相，謂助知家事者也。長妾，妾之有子者也。熊氏云：「士有一妻二妾，言長妾者，當謂娣也。故鄭注昏禮云：『娣尊姪卑。』」義或然也。

【郭氏質疑】士不名家相、長妾。

孔疏：「長妾，妾之有子者。」又引熊氏云：「士有一妻二妾，言長妾者，當謂娣也。」

嵩燾案：喪服「緦麻」章「貴臣貴妾」，鄭注：「士卑，無臣，妾又賤，不足殊，有子則爲之緦，無子則已。」此即孔疏所本，然儀禮自列「貴臣貴妾」於「士爲庶母」下，亦不專指大夫言之。「貴臣貴妾」自屬通辭。從其娣姪言之，則娣爲長，亦貴妾也。士昏禮：「女從者畢袗玄，在其後。」鄭注：「女從者，謂姪娣也。」似士昏亦得備姪娣。經不云「貴妾」而云「長妾」，正以士卑不必盡備姪娣，妾年長者服役久，宜異視之，不與羣妾齒。即經求義，固自明曉，無庸別爲之辭。

曲禮注疏長編卷二十

二·七 **君大夫之子，不敢自稱曰「余小子」。** 辟天子之子未除喪之名。君大夫，天子大夫有土地者。○辟，音避，本又作「避」，下同。**大夫、士之子，不敢自稱曰「嗣子某」。不敢與世子同名。** 辟僭傚也。其先之生，則亦不改。世，或爲「大[一]」。○僭，作念反。傚，胡孝反。

【疏】「君大」至「同名」。○此以下明孝子在喪，擯者接對賓客之辭也。君大夫，謂天子大夫有地者。大夫有地者則亦稱曰君，故云君大夫也。天子未除喪，自稱曰「余小子」，今大夫有地，雖同曰君，而其子在喪，不敢同天子稱「余小子」也。

[一] 世或爲大　岳本同，嘉靖本同。閩、監、毛本「大」作「太」。考文引宋板、古本、足利本作「大」，疏標起止「注辟僭至爲大」同。○鍔按：「世或」上，阮校有「君大夫之子節」六字。

○「大夫士之子，不敢自稱曰嗣子某」者，此諸侯稱大夫、士之子也[一]。諸侯在喪之「嗣子某」，臣之子避之也。

○「不敢與世子同名」者，世子，謂諸侯之適子也。諸侯之臣爲其子作名，不得與君適子名同也。白虎通云：「生在稱世子何？繫於君也。」

○注「辟僭」至「爲大」。○正義曰：若名子與君世子同，則嫌其名自比擬於君，故云「避僭傚也[二]」。世子貴，不得同[三]，則與庶子同不嫌，又若其子生在君之世子前，已爲名，而君來同之，此是君來同，己不須易也，故穀梁昭七年傳云：「何爲君臣同名？君子不奪人親之所名，重其所由來也。」是臣先名，君後名同之，臣不改也[四]。又案雜記云：「與君之諱同，則稱字。」若先生與世子同名，亦當然也。諸侯之子不可同，天子之子故宜不也。異義：「公羊說，臣子先死，君父猶名之。孔子云『鯉也死』，是已死而稱名。左氏說：既没，稱字而不名。桓二年，宋督弑其君與夷及其大夫孔父。先君死，故

[一] 此諸侯稱大夫士之子也　閩本同，監、毛本「稱」作「之」。案：「之」字是也。此「稱」字與下「之嗣子某」「之」字蓋互易。
[二] 故云避僭傚也　閩、監、毛本作「傚」，此本誤「傚」。
[三] 世子欲不得同　閩、監、毛本同。惠棟校宋本「欲」作「貴」，不誤。
[四] 臣不改也　閩、監、毛本作「改」，此本誤「故」。

稱其字。穀梁同左氏説。許愼謹案：同左氏、穀梁説，以爲論語稱『鯉也死』時，實未死，假言死耳。」鄭康成亦同左氏、穀梁之義，以論語云「鯉也死，有棺而無椁」，是實死未葬已前也。故鄭駁許愼云：「設言死，凡人於恩猶不然，況賢聖乎？然鯉也死，未滿五十。鯉死稱伯魚者，案冠禮二十已稱『伯某甫』，未必要五十也，但五十直稱『伯』耳。」焦氏問：「案春秋『君在稱世子，君薨稱子某，既葬稱子』，無言嗣子某者也。又大夫之子當何稱？」張逸答曰：「此避『子某』耳，大夫之子稱未聞。」案，稱「嗣子某」，或殷禮也。

【衛氏集説】鄭氏曰：君大夫，天子大夫有土地者。不敢稱曰「余小子」，辟天子之子未除喪之名。大夫、士之子，亦辟其君之子未除喪之名。不與世子同名，辟僭傚也，其先之生則亦不改。

孔氏曰：此以下明孝子在喪，擯者接對賓客之辭。大夫有地者，則亦稱曰「君」。天子未除喪，自稱曰「余小子」。今大夫有地，雖同曰「君」，而其子在喪，不敢同天子稱也。大夫、士之子，諸侯之大夫、士之子也。諸侯在喪，稱「嗣子某」，臣之子宜辟之。世子謂諸侯之適子也，諸侯之臣爲其子作名，不得與君適子名同。同則嫌其名，自比儗於君也。世子貴，不得同。又若其子生在其君之世子前，已爲名而君來同，已不須易也。故穀梁昭七年傳云：「何爲君臣同名，君子不奪人親之所名，重其所由來也。」又雜記云：

「與君之諱同，則稱字。」

張氏曰：稱「嗣子某」，或殷禮也。案春秋：「君在，稱『世子』。君薨，稱『子』。」無言「嗣子某」者，大夫之子稱未聞。

臨川王氏曰：君大夫之子，國君及大夫之子也。

藍田吕氏曰：「君大夫」之稱，未之聞也。先儒云：「天子大夫，有土地者」。其説雖不經見，然攷之此章，立文之意，義當然也。蓋言君大夫之子，不敢自稱曰「余小子」，辟嗣天子之稱也。辟嗣天子者，必天子之大夫也。又言大夫、士之子，不敢自稱曰「嗣子某」，辟嗣諸侯之稱也。辟嗣諸侯者，必諸侯之士、大夫也。謂之「君大夫」者，食采於畿内，爵則諸侯，位則大夫也。謂之「君大夫之子」者，嗣爲天子之大夫也。大夫、士之子者，嗣爲諸侯之大夫、士也。記云：「天子未除喪，曰『予小子』。」考之詩、書「閔予小子，嗣王朝於廟之詩也」。「以予小子揚文、武烈」，洛誥之文，在成王營成周之時也。今「予小子」，祗勤于德，周官之文，在成王滅淮夷之後也，皆非未除喪之稱。然此章所云，恐非自稱之文，當止曰「小子」可也。

馬氏曰：詩曰：「嗟！予小子。」書曰：「眇眇予末小子。」皆天子未除喪之稱也。蓋天子域中之大，故必謙以「小子」。諸侯有繼世之禮，故必命以嗣。此在下者所以必辟之也。禮：「諸侯在凶服，曰『適子孤』。」春秋傳曰：「在喪，公侯曰『子』。」儀禮士喪服曰：「哀子某。」是國君與士之所自稱者，如此而已。然則春秋之例，踰年稱「公」，何耶？蓋以臣民之心不可一日無君，故踰年稱「公」。以孝子之心，三年不忍當，故三年稱「子」。衛宣公未葬，而嗣子稱侯，非禮也。晉有小子侯，僭禮也。大夫、士之子，先國君而名同之者，猶稱字，蓋君雖不奪其名，而臣不可不稱字。

【吴氏纂言】王氏曰：君、大夫之子，國君及大夫之子也。

澄曰：國君及天子之大夫，其子自稱當辟天子之子。諸侯之大夫與士，其子自稱當辟諸侯之子。國君及天子大夫之子，不敢與王世子同名。諸侯大夫、士之子，不敢與國君世子同名。

鄭氏曰：君大夫，天子大夫有土地者，不敢稱「余小子」，辟天子之子未除喪之名。大夫、士之子不敢稱「嗣子某」，亦辟其君之子未除喪之名也，不與世子同名。辟，僭效也，其先之生則亦不改。

孔氏曰：大夫有地者稱曰君，故云君大夫。天子未除喪，稱「余小子」。今大夫有地雖同曰君，而其子在喪不敢同天子稱也。大夫、士之子，諸侯之大夫、士之子也。諸侯在喪，稱嗣子某臣之子，宜辟之世子，謂諸侯之適子。諸侯之臣爲其子作名，不得與君適子名同，同則嫌其名自比儗於君也。世子貴，不得同，則與庶子同不嫌。又若其子生在君之世子前，已爲名而君來同，已不須易也。故穀梁昭七年傳云：「何爲君臣同名？君子不奪人親之所名，重其所由來也」，雜記云：「與君之諱同，則稱字。」

【陳氏集說】列國之君與天子之大夫，其子皆不敢自稱「余小子」，避嗣天子之稱也。列國之大夫與士之子，不敢自稱「嗣子某」，避嗣諸侯之稱也。呂氏曰：世子，君之適子也，諸臣之子不敢與之同名，亦避君也。若名之在世子之前，則世子爲君亦不避。穀梁傳曰：「衛齊惡，衛侯惡，何爲君臣同名也？君子不奪人名，不奪人親之所名。」

【欽定義疏】 **正義** 鄭氏康成曰：君大夫，天子大夫有土地者。不敢稱曰「余小子」，辟天子之子未除喪之名。大夫、士之子，亦辟其君之子未除喪之名。呂氏大臨曰：「君大夫爲天子大夫有土地者，其説雖不經見，然此章立文之意，義當然也。蓋辟嗣天子者，必天子大夫之子；辟嗣諸侯者，必諸侯大夫之子也。」不與世子同名，辟僭傚也。其先之生，則亦不改。孔疏：案穀梁昭七年傳云：「何爲君臣同名？君子不奪人親之所名，重其所由來也。」是臣先名，君後名同之，臣不改也。又案雜記云「與君之諱同則稱字」，若先生與世子同名，亦當然。

孔氏穎達曰：此已下明孝子在喪，擯者接對賓客之辭。大夫、士之子，諸侯之大夫、士之子也。世子，謂諸侯之適子也。

通論 馬氏晞孟曰：詩曰「嗟予小子」，書曰「眇眇予末小子」，皆天子未除喪之稱也。蓋天子，域中之大，故必謙以「小子」。諸侯有繼世之禮，故必命以嗣。此在下者，所以必辟之也。禮，諸侯在凶服，曰「適子孤」，春秋傳曰「在喪，公侯曰子」，儀禮士喪服曰

「哀子某」，是國君與士之所自稱者，如此而已。然則春秋之例，逾年稱「公」，何耶？蓋以臣民之心不可一日無君，故逾年稱公。以孝子之心，三年不忍當，故三年稱「子」。衛宣公未葬，而嗣子稱侯，非禮也。晉有小子侯，僭禮也。

存疑 孔氏穎達曰：焦氏問：「案春秋，君在稱世子，君薨稱子某，既葬稱子，無言『嗣子某』者，又大夫之子當何稱？」張逸答曰：「此避子某耳。大夫之子稱未聞。」案，稱「嗣子某」，或殷禮也。案：殷禮稱「嗣子某」，未確。

王氏安石曰：君大夫之子，國君及大夫之子也。

【杭氏集說】孔氏穎達曰：焦氏問：「案春秋『君在稱世子，君薨稱子某，既葬稱子』，無言『嗣子某』者。又大夫之子當何稱？」張逸答曰：「此避『嗣子某』耳，大夫之子稱未聞。」案，稱「嗣子某」，或殷禮也。

姜氏兆錫曰：列國之君，與天子之大夫，其子皆不敢稱「余小子」者，避嗣王也。列國之大夫與士，其子皆不敢稱「嗣子某」者，避嗣君也。呂氏曰：「世子，天子之適子也，故國君之子不敢與同名。惟名在其前，則世子雖爲君，亦不避也。穀梁傳曰：『衛齊惡、衛侯惡，何爲君臣同名也？君子不奪人名，不奪人親之所名。』」又曰：此章言上下名稱之禮。

【孫氏集解】鄭氏曰：君大夫之子，不敢自稱曰「余小子」，辟天子之子未除喪之名。

君大夫，天子大夫有采地者。大夫士之子，不敢自稱曰「嗣子某」，亦辟其君之子未除喪之名；不敢與世子同名，辟僭傚也。其先之生，則亦不改。

愚謂余小子，天子在喪自稱之辭；嗣子某，諸侯在喪自稱之辭。下文云「諸侯在凶服曰適子孤」，與此稱「嗣子某」不同者，蓋「嗣子某」，在喪而稱於臣民之辭；「適子孤」，在喪而稱於諸侯之辭也。晉有小子侯，此諸侯在喪而僭天子之稱者。左傳趙襄子謂楚隆曰：「嗣子不廢舊業而敵之。」此大夫在喪而僭諸侯之稱者。世子，君之適子。諸侯世國，大夫不世家，故諸侯之子謂之世子。不敢與世子同名，尊儲貳也。

【朱氏訓纂】君大夫之子，不敢自稱曰「余小子」。注：辟天子之子未除喪之名。君大夫，天子大夫有土地者。正義：此以下明孝子在喪，擯者接對賓客之辭也。**大夫、士之子，不敢自稱曰「嗣子某」。**注：亦辟其君之子未除喪之名。**不敢與世子同名。**注：辟僭傚也。其先之生則亦不改。世，或爲大。

二·八 〇**君使士射，不能，則辭以疾，言曰：「某有負薪之憂。」**射者所以觀德，唯有疾可以辭也。使士射，謂以備耦也。憂，或爲「疾」。〇使，音史。射，市夜反。則辭以疾，如字，本又作「有疾」。爲疾，如字，本又作「疚」，音救。

【疏】「君使」至「之憂」[一]。正義曰：射法，每兩人相對以決勝負，名之曰「耦」。耦貴賤必對，故卿與卿耦，大夫與大夫耦，或奇餘不足，則使士備耦。案，大射君與賓耦，卿大夫自相耦，又有「士御於大夫」。又司射誓耦：「卑者與尊者爲耦，不異侯。」是言士得備預爲耦，故此有使士射之禮也。

○「不能，則辭以疾」者，士若不能，不得云不能，但當自稱有疾也。所以然者，夫射以表德，士既升朝，必宜有德，若不能，則是素餐之辱，兼辱君不知人，誤用己也。

○「言曰：某有負薪之憂」者，此稱疾之辭也。某，士名也。負，檐也[二]。薪，樵也。大樵曰薪。詩云：「析薪如之何？匪斧不克。」是大，故用斧也。憂，勞也。言己有檐樵之餘勞，不堪射也。不直云疾而云負薪者，若直云疾，則似傲慢，故陳疾之所由，明非假也。然士禄代耕，且後問庶人子云「能負薪」，而今云「士負薪」者，亦謙辭也。兼言昔未爲士時經檐樵，今猶發動昔日之勞也。白虎通云：「天子病曰不豫，言不復豫政也。諸侯曰負子，子，民也，言憂民不復子之也。」桓十六年，衛侯朔出奔齊。公羊云有疾曰「負茲」，諸侯之疾所以名不同者，蓋「子」「茲」聲相近，其字相亂，未知孰是。音義隱

[一] 君使至之憂　惠棟校宋本無此五字。○鍔按：「君使」上，阮校有「君使士射節」五字。

[二] 負檐也　閩、監本同。毛本「檐」作「擔」，下「檐樵」同。○按：依説文，當作「儋」，古書多假「檐」爲之。擔，俗字也。

云：「天子曰不豫，諸侯曰不兹，大夫曰犬馬，士曰負薪。」○注「使士射，謂以備耦也。憂，或爲疾」○正義曰：知非士自射而云「備耦」者，熊氏云：「若其自射，不須云『使』，又不應辭。以其言使言辭，故云備耦。」

【衛氏集説】鄭氏曰：射者所以觀德，唯有疾可以辭也。使士射，謂以備耦也。憂，或爲疾。

孔氏曰：射法，每兩人相對以決勝負，名之曰「耦」。貴賤必對，故卿與卿耦，大夫與大夫耦。或奇餘不足，則使士備耦。案，大射君與賓耦，卿大夫自相耦，又有士耦於大夫。又司射誓耦：「卑者與尊者爲耦，不異侯。」是言士得備預爲耦。故此有使士射之禮也。「某有負薪之憂」，此稱疾之辭也。某，士名也。負，擔也。大樵曰薪。詩云：「析薪如之何？匪斧不克。」憂，勞也。言己擔樵之餘勞，不堪射也。庶人子負薪，今士云者，謙辭。

藍田吕氏曰：男子生，桑弧蓬矢以射天地四方。言射者，男子之所有事也。不能射，則幾於非男子也。故不能射者，男子恥之。士雖不能射，可以疾爲辭，而不可以不能辭也。孟仲子曰：「有采薪之憂，不能造朝。」采薪，猶負薪也。

長樂劉氏曰：周之士以鄉三物選，未有不閑六藝而爲士者。及其末世，禮教衰微，而士有不能射者，猶未忘乎三物之教。故托以負薪之勞焉。

馬氏曰：先王之時，司徒以六藝教民，州長歲時會射于州序。故鄉之所共有射器，而鄉大夫之所詢有射禮。其於射也，有司徒以作其耦，有司馬以正其儀，有扑以戒其失，有算以課其功。勝者則先升後降，袒決張弓以飲不勝者。不勝者後升先降，說拾弛弓以飲於勝者，而其辱有不肖之稱。方是時也，其相尚以射如此，庸詎有士不能乎？所謂不能者，非不能也，不善於此而已。詩曰：「無射亦保。」

吴郡范氏曰：射者，男子之事，一藝而文武之道備焉。其爲法也，内志欲正，外體欲直，容止欲比於禮，節度欲比於樂，有揖遜之儀，有反求諸己之道。蓋立武之外，又足以致心檢形，防非僻而蹈中正。古人進德脩業，凡可以自助者皆習焉，射蓋其一端也，是以人人能之，而不能者以爲恥。君使之射而偶未習焉，則不敢以不能對，而以疾辭。負薪之憂，賤人之疾也，真不能而不敢以不能對，則當時之士，皆習於射可知。大抵古人進德脩業之外，又於日用之常有可以閑邪而存誠者，無所不用其至。其可攷者，佩玉也、琴瑟也、射也。故君子無故玉不去身，士無故不徹琴瑟，君子無所争，必也射乎？不能則辭以疾，可謂無所不用其至矣。夫假於外物猶若此，而況其收視反聽退藏於密，以存其心養其性者乎？後世乃以弧矢爲武夫之事，琴瑟爲樂工之職，若佩玉則僅於祭服，不得已而時用之耳。成大。

【吴氏纂言】鄭氏曰：射者所以觀德，惟有疾可以辭也。使士射，謂備耦也。

孔氏曰：射法，每兩人相對，以決勝負，名之曰「耦」。貴賤必對，故卿與卿耦，大夫與大夫耦。或奇餘不足，則使士備耦。按，大射君與賓耦，卿大夫自相耦，又有「士御於大夫」。又司射誓耦：「卑者與尊者爲耦，不異侯。」是言士得備預爲耦，故此有使士射之禮也。某有負薪之憂，此稱疾之辭也。某，士名也。負，擔也。薪，樵也，大樵曰薪。

澄曰：負薪之憂，謂病而不能負薪，謙辭也。

吕氏曰：男子生，桑弧蓬矢以射天地四方。射者，男子之事也。不能射，則幾於非男子，故恥之。士雖不能射，可以疾辭，不可以不能辭也。

范氏成大曰：射一藝而文武之道備焉。内志欲正，外體欲直，容止欲比於禮，節度欲比於樂，有揖遜之儀，有反求諸己之道。蓋立武之外，又足以制心檢形，防非僻而蹈中正。古人進德脩業，凡可以自助者皆習焉，射蓋其一也。是以人人能之，而不能者以爲恥。君使之射而未習焉，則不敢以不能對，而以疾辭。真不能而不敢以不能對，則當時之士，皆習於射可知。古人於日用之常有可以閑邪存誠者，無所不用其至。佩玉也、琴瑟也、射也。無故玉不去身，無故不徹琴瑟，射不能則辭以疾。後世以弧矢爲武夫之事，琴瑟爲樂工之職，若佩玉則僅存於祭服，不得已而時用之爾。

【陳氏集説】吕氏曰：射者，男子之所有事，不能，可以疾辭，不可以不能辭也。負薪賤役，士之所親事者，疾則不能矣，故曰「負薪之憂」也。

【欽定義疏】 **正義** 鄭氏康成曰：射者所以觀德，惟有疾可以辭也。孔疏：士既升朝，必宜有德；若不能，則是素餐之辱，兼辱君不知人，誤用己也。使士射，謂以備耦也。孔疏：大射君與賓耦，卿大夫自相耦，又有「士御於大夫」。又司射誓耦：「卑者與尊者爲耦，不異侯。」是士得備預爲耦。憂，或爲「疾」。

孔氏穎達曰：「某有負薪之憂。」此稱疾之辭也。某，士名也。負，擔也。大樵曰薪。詩云：「析薪如之何？匪斧不克。」庶人子負薪，今士云者，謙辭。

黄氏震曰：憂，言有疾而憂，無力擔薪。

【通論】呂氏大臨曰：男子生，桑弧蓬矢以射天地四方。言射者，男子之所有事也。故不能射者，男子恥之，可以疾爲辭，而不可以不能辭也。

馬氏晞孟曰：先王之時，相尚以射，如此庸詎有士不能乎？所謂不能者，非不能也，不善於此而已。

【案】大射比耦，告之命之皆由司射，士耦於大夫，亦司射命之。其得與於比，即君使之也。

【杭氏集説】黄氏震曰：憂，言有疾，而憂無力擔薪。

姚氏際恒曰：不能而託疾，此恐未宜。

姜氏兆錫曰：呂氏曰：「射者，男子所有事，可以疾辭，不可以不能辭也。負薪賤役，士所親事，疾則不能矣。」

【孫氏集解】鄭氏曰：射所以觀德，惟有疾可以辭也。使士射，謂以備耦也。

孔氏曰：射以觀德，士既升朝，必宜有德，不得云「不能」，但當自言「有疾」也。某，士名也。負，擔也。大樵曰薪。士祿代耕，而云「負薪」，亦謙辭也。憂，勞也。若直云「疾」，則似傲慢，故陳疾之所由，言己有擔樵之餘勞，故不堪射，明非假也。

呂氏大臨曰：射者，男子之所有事也，不能射，則幾於非男子矣。故士不能射，可以疾辭，而不可以「不能」辭也。孟敬子曰：「有采薪之憂，不能造朝。」采薪，猶負薪也。愚謂孟子集注云：「負薪之憂，言病不能負薪也。」義亦通。

【朱氏訓纂】注：射者，所以觀德，唯有疾可以辭也。使士射，謂以備耦也。正義：案大射君與賓耦，卿大夫自相耦，又有「士御於大夫」。又司射誓耦：「卑者與尊者爲耦，不異侯。」是言士得備預爲耦。負，擔也。薪，樵也。憂，勞也。言已有擔樵之餘勞，不堪射也。庶人子云能負薪，今云士負薪者，亦謙辭。

二·九　**侍於君子，不顧望而對，非禮也。**禮尚謙也。不顧望，若子路帥爾而對[一]。

【疏】「侍於」至「禮也」。○正義曰：謂多人侍而君子有問，若指問一人，則一人

[一] 若子路帥爾而對　宋監本同，嘉靖本同。閩、監、毛本「帥」作「率」，岳本同。考文引宋板作「帥」，足利本作「帥爾先對」。「帥」字是也，「先」字非也。正義標起止云「禮尚至而對」，是正義本不作「先」。○鍔按：「若子」上，阮校有「侍於君子節」五字。

直對；若問多人，則侍者當先顧望，坐中或有勝己者宜前，而已不得率爾先對，先對非禮也。

○注「禮尚」至「而對」。○正義曰：此證問多人而不顧望對者。論語云：子路、曾晳、冉有、公西華侍於孔子，孔子問四人「各言其志」，而子路率爾先對云：「願治千乘之國。」而孔子哂之，云：「爲國以禮，其言不讓，是故哂之。」

【衛氏集説】鄭氏曰：禮尚謙也。不顧望，若子路率爾而對。

孔氏曰：謂多人侍而君子有問，若指問一人，則一人直對。若問多人，則侍者當先顧望，坐中或有勝己者宜前，而已不得率爾先對也。

藍田吕氏曰：不顧望而對，則如恐人之先己，若有所争然。

嚴陵方氏曰：顧，於後有所省。望，於前有所瞻。必顧望而後對者，以示其不敢專也。

廬陵胡氏曰：顧望，若漢文問上林尉，尉左右視。

金華應氏曰：顧望者，從容詳審，有察言觀色之意。言不輕發，必當其可，非但謙遜而已。

【吴氏纂言】鄭氏曰：禮尚謙，不顧望，若子路率爾而對。

孔氏曰：謂多人侍，若君子指問一人，則一人直對；若問多人，則當先顧望，坐中或有勝己者宜前，而己不得率爾先對也。

方氏曰：顧於後，望於前，示其不敢專也。

胡氏曰：若漢文問上林尉，尉左右視。

應氏曰：顧望者，從容詳審，有察言觀色之意。言不輕發，非但謙巽而已。

【陳氏集説】呂氏曰：顧望而後對者，不敢先他人而言也。應氏曰：有察言觀色之意。

【郝氏通解】國君不名卿老、世婦。大夫不名世臣、姪娣。士不名家相、長妾。君大夫之子，不敢自稱曰「余小子」。大夫、士之子，不敢自稱曰「嗣子某」。不敢與世子同名。君使士射，不能，則辭以疾，言曰：「某有負薪之憂。」侍於君子，不顧望而對，非禮也。

此稱謂應對之禮。國君，諸侯也。卿老，上卿。世婦，下夫人一等，貴妾也。大夫之世臣，先世之家老也。姪娣，亞嫡之稱，皆妾也。舊謂姪即妻之兄女，娣即妻之妹，恐不盡然。從嫡來嫁，即爲姪娣，未必一室三女，定嫁一國也。家相，家臣之長。長妾，妾之有子者。皆不呼其名，優禮之也。君子不恃尊貴而忽其所親任，以養恭敬，重顧託，勸忠義也。君大夫之子，諸侯之大夫子也。天子、諸侯對諸父及在喪自稱余小子，大夫之子不得稱也。天子、諸侯新立稱嗣君，喪未除稱子，大夫與士之子皆不得稱也。世子，諸侯子。大夫、士名子，不得與君世子同，避尊也。大射禮君與賓耦，臣以貴賤各自爲耦，大夫不足則使士備耦，士如不能射則以疾辭。其以疾辭也，則託賤事，曰「有負薪之憂」，言薪勞致疾也。凡疾，天子曰不豫，諸侯曰不兹，亦曰負子，大夫曰犬馬，士曰負薪，皆義起之名。侍於君子，顧望而對，非獨侍也。如子路、曾晳、冉有、公西華侍坐，子路率爾而對，是不顧望也。夫子哂之曰：「其言不讓以此。」

【江氏擇言】鄭注：禮尚謙也。不顧望，若子路率爾而對。

應氏曰：顧望者，從容詳審，有察言觀色意，言不輕發，非但謙孫而已。

按：當兼應氏説乃備。夫子亦曰：「未見顏色而言謂之瞽。」

【欽定義疏】正義 鄭氏康成曰：禮尚謙也。不顧望，若子路率爾而對。

孔氏穎達曰：謂多人侍，而君子有問，若指問一人，則一人直對；若問多人，則侍者當先顧望，坐中或有勝己者宜前，而已不得率爾先對也。

吕氏大臨曰：不顧望而對，則如恐人之先己，若有所争然。

方氏慤曰：顧，於後有所省望，於前有所瞻。

應氏鏞曰：「顧望」者，從容詳審，有察言觀色之意。言不輕發，必當其可，非但謙遜而已。

案「不顧望而對」，則未見顏色而言矣。疑所重在君子，而同侍者次之。

【杭氏集説】姚氏際恒曰：前云「辭讓而對」，言其出之口也。此云「顧望而對」，言其見之形也。更深妙可思。

姜氏兆錫曰：呂氏曰：「顧望而後對者，不敢先人也。」應氏曰：「有察言觀色之意。」　又曰：此章類言應對之禮。

【孫氏集解】鄭氏曰：禮尚謙也。不顧望，若子路率爾而對。

【朱氏訓纂】注：禮尚謙也。不顧望，若子路率爾而對。　應子和曰：顧望者，從容詳審，察言觀色之意。言不輕發，必當其可，非但謙遜而已。

二·一〇　○**君子行禮**[一]**，不求變俗。**求，猶務也。不務變其故俗，重本也。謂去先祖之國，居他國。**祭祀之禮，居喪之服，哭泣之位，皆如其國之故，謹脩其法而審行之**[二]。其法，謂其先祖之制度。若夏、殷。

【疏】「君子」至「行之」[三]。○正義曰：此一節論臣去本國行禮之事，各依文解之。○「君子行禮」者，謂去先祖之國，居他國者也。求，猶務也。俗者，本國禮法所行

[一]　君子行禮節　惠棟云：「『君子行禮』節、『去國三世』節、『去國三世』節，宋本合爲一節。」

[二]　謹脩其法而審行之　閩、監本同，石經同，岳本、嘉靖本同。毛本「脩」作「修」，疏同。

[三]　君子至行之　惠棟校宋本無此五字。

也。明雖居他國，猶宜重本，行故國法，不務變之從新也。如杞、宋之臣入於齊、魯，齊、魯之臣入於杞、宋，各宜行己本國禮法也。此云不變俗，謂大夫出在他國，不變己本國之俗。案鄭答趙商，以爲「衛武公居殷墟，故用殷禮」，即引此云「君子行禮，不求變俗」。如鄭之意，不變所往之國舊時風俗。與此不同者，熊氏云：「若人臣出居他國，亦不忘本，故云不變本國風俗。人君務在化民，因其舊俗，往之新國，不須改也。」然則「不求變俗」，其文雖一，但人君、人臣兩義不同。熊氏云：「必知人君不易舊俗者，王制云：『脩其教，不易其俗。』又左傳定四年：封魯，因商奄之人[一]；封康叔於殷虛[二]，啓以商政；封唐叔於夏虛，啓以夏政，皆因其舊俗也。」案有列於朝，有詔於國，三代之內。喪服：「爲舊君齊衰三月。」傳曰：「三諫不從，待放未絶者，爵禄尚有列於朝，出入尚有詔於國。」如喪服所云，大夫待放之時，名爲有列有詔，不至三世者，熊氏云：「彼據爲舊君著服，故以未去之時名爲有列有詔。此據去國之後，但有列有詔，仍行舊國之禮。斷章取證，故彼此不同。」

○「祭祀之禮」者，此陳不變之事。若祭祀之禮不變，即夏立尸，殷坐尸，周旅酬六尸，及先求陰陽、犧牲騂黑之屬也。

[一] 封魯因商奄之人　閩、監、毛本同。惠棟校宋本「魯」下有「公」字，與定四年傳合。

[二] 封康叔於殷虛　閩、監、毛本「虛」作「墟」。惠棟校宋本亦作「虛」，下「封唐叔於夏虛」同。

「居喪之服」者，殷雖尊貴，猶服傍親，周則以尊降服。○「哭泣之位」者，殷不重適，以班高處上。周世貴正嗣，孫居其首。○「皆如其國之故」者，謂故俗也。凡上諸事，悉不改革，行之如本國俗也。然上既舉三條，餘冠昏之屬，從可知也。○「謹脩其法，而審行之」者，并結前事，各令分明，謹脩本國之法，審慎以行之。其法，謂其先祖之制度。若夏、殷子孫在周者，悉行其先世之禮，是不變俗也。

【衛氏集説】鄭氏曰：求，猶務也。不務變其故俗，重本也，謂去先祖之國居他國者，其法謂其先祖之制度。

孔氏曰：自此至「之法」，論臣去本國，行禮之事。俗者，本國禮法。所行不務，變之從新也。祭祀之禮不變，即夏立尸，殷坐尸，周旅酬六尸，及先求陰陽、犧牲、騂黑之屬也。居喪之服，如殷雖尊貴，猶服旁親，周以尊降服。哭泣之位，如殷不重適，以班高處上。周世貴正嗣，孫居其首。皆如其國之故，謂故俗也。舉此三條，餘冠、昏之屬從可知。謹脩其法，若夏、殷子孫在周，則各謹脩先世之禮法，審慎以行之也。

熊氏曰：王制云：「脩其教，不易其俗。」又左傳定四年：封魯，因商奄之人；封康叔於殷墟，啟以商政；封唐叔於夏墟，啟以夏政，皆因其舊俗也。蓋人君務在化民，因其舊俗往之，新國不須改也。

橫渠張氏曰：行禮不求變俗於新國，舊俗之法雖未盡善，不遽矯變之也。蓋懷舊臣之恩義，不變父母邦之舊法也。

藍田吕氏曰：孔子去魯，曰：「遲遲吾行也，去父母國之道也。」子路去魯，謂顏淵曰：「何以贈我？」曰：「去國，則哭于墓而後行。」古之君子重去父母之國，如此則其去也，豈得已哉？道合則從，不可則去，君臣之義也。故以道去其君者，君所以待之者，三有禮焉。故臣爲舊君反服，而君未之絶也。樂，樂其所自生，禮不忘其本，吾於父母之國，夫豈不懷？況以道去君，君待之有禮，則舍故從新，仁人君子有所不忍，此行禮所以不求變俗也。俗者，吾父母之國俗也，雖去而之他國，至於祭祀之禮、居喪之服、哭泣之位，皆如其舊。謹脩審行而不輕改者，不忍忘吾父母之國也。

馬氏曰：從俗禮也，變俗亦禮也。求變俗非禮也。君子之於俗，可則從，否則變。宜從而變則爲亂常，宜變而從則爲泥俗。周禮本俗六以安萬民。成王封康叔，啓以商政。封唐叔，啓以夏政，以其宜從而從之也。易在革則去故，在鼎則取新。五帝不同樂而治，三代不同禮而王，以其宜變而變之也。如此則豈故拂民，以求變俗哉？凡因彼而已，君子之不求變俗多矣。特言祭祀、居喪、哭泣之位者，以人情於此，尤不忍變故也。滕之諸臣曰：「喪祭從先祖」是也。

李氏曰：先王盛時，道德一於上，而風俗齊於下。家無異道，人無異德，而祭祀、居喪、哭泣之禮，有所不同，無害其爲同也，故「脩其教不易其俗」，是以俗安，而不偷且。周之治於都鄙曰：「禮俗以馭其民。」以王畿之禮俗，猶不必其同也。」故土均氏曰：「禮俗、喪紀、祭祀，皆以其地微惡爲輕重之法。」蓋地之微惡不齊，故禮俗之異，以其禮俗之異則治之法，不得不異也。

廣安游氏曰：舊俗之禮，君子不求變之者，因其俗之故常而行，禮則不煩而易爲力。古之爲法者，行乎其簡而不行乎其煩，行乎其常而不行乎其變。苟變俗而行禮，則煩而難行，人且不聽。祭祀、喪服、哭泣三者，則又加於鬼神，鬼神所安而不可輕易者也。所謂國之故者，言其故之所自來，皆有祖述，而不苟然也。且不變之説有三：非鬼神之所安，一也；煩而難行，二也；非天子不議禮、不制度，三也。故夫不變其俗以行禮，在乎謹脩其法而審行之，使不失其故耳。

嚴陵方氏曰：治其壞謂之脩，措諸事謂之行，脩之有詳略，不可不慎也。故言謹行之，有當否，不可不察也，故言審。

廬陵胡氏曰：謂去父母之國而居他國者，非也。此但謂行禮，安知去國乎？俗，謂本國之俗。君子居本國，不當變易風俗，求合於禮而已。

【吴氏纂言】君子行禮，不求變俗。祭祀之禮，居喪之服，哭泣之位，皆如其國之故。

鄭氏曰：求，猶務也。謂去先祖之國，居他國。不務變其故俗，重本也。

孔氏曰：俗者，本國禮法所行。雖居他國，如杞、宋之臣入於齊、魯，齊、魯之臣入於杞、宋，各宜行故國禮法，不務變之從新也。祭禮、喪服、哭位悉不改革，行之如本國儀。舉三條，餘冠、昏之屬可知也。

吕氏曰：子路去魯，顏淵曰：「去國則哭於墓而後行。」古之君子，重去父母之國如此，則其去也，豈得已哉？樂，樂其所自生，禮不忘其本，父母之國，夫豈不懷？舍故從新，有所不忍，此行禮所以不求變俗也。俗者，吾父母之國俗也。雖去而之他國，至於祭祀之禮、居喪之服、哭泣之位，皆如其舊。

【陳氏集説】言卿大夫、士有徙居他國者，行禮之事，不可變其故國之俗，皆當謹修其典法而審慎以行之。

【納喇補正】集説 言卿大夫有徙居他國者，行禮之事，不可變其故國之俗，皆當謹修其典法而審慎以行之。

竊案 此鄭氏説也，諸儒多從之。此乃誤認「如其國之故」一語，遂謂人臣去國者，不變其故國之俗，與下文「去國三世」，混爲一事，殊非本義。此君子蓋指在位者言，不求變俗，不改其舊俗也。特言喪祭者，尤人情所不忍變也。王制云：「脩其教，不易其俗。」左傳：封魯，因商奄之人；封康叔於殷墟，啓以商政；封唐叔於夏墟，啓以夏政，皆因其舊俗也，豈得以下章之説，爲此章之説乎？李氏及廣安游氏、廬陵胡氏皆常以注義爲非，今即其説而引伸之。

【江氏擇言】按：舊説謂不變其本國之故俗，詳經文本指，似不如此。蓋謂禮當從宜，君子居人國，不求變異於俗。凡祭祀之禮，居喪之服，哭泣之位，皆如今所居之故俗，斟酌其宜，謹修其法而審慎以行之，雖不違俗，亦不苟徇俗也。

【欽定義疏】正義 鄭氏康成曰：求，猶務也。不務變其故俗，重本也。謂去先祖之國，居他國者。其法，謂其先祖之制度。

孔氏穎達曰：此一節論臣去本國行禮之事。俗者，本國禮法所行，不務變之從新也。

張子曰：行禮不求變俗，於新國，舊俗之法，雖未盡善，不遽矯變之也。蓋懷舊君之恩義，不變父母邦之舊法也。

通論 熊氏曰：王制云：「修其教，不易其俗。」又左傳定四年：封魯，因商奄之民，封康叔於殷墟，啓以商政；封唐叔於夏墟，啓以夏政，皆因其舊俗也。蓋人君務在化民，因其舊俗，往之新國，不須改也。

孔氏穎達曰：祭祀之禮不變，即夏立尸，殷坐尸，周旅酬六尸，及先求陰陽、犧牲、騂黑之屬也。居喪之服，如殷雖尊貴，猶服旁親，周則以尊降服。哭泣之位，如殷不重適，以班高處上。周世貴正嗣，孫居其首。皆如其國之故，謂故俗也。舉此三條，餘冠、昏之屬從可知。

馬氏晞孟曰：從俗，禮也。變俗，亦禮也。求變俗，非禮也。君子之於俗，可則從，否則變。宜從而變，則爲亂常；宜變而從，則爲泥俗。周禮本俗六以安萬民。易在革則去故，在鼎則取新，豈故拂民以求變俗哉？凡因彼而已，君子之不求變俗多矣。特言祭祀、居喪、哭泣之位者，以人情於此，尤不忍變故也。

案 不求變俗矣，又曰謹修而審行，則其不忘本，國中仍自有道處之，與生今反古者不同，夫是之謂君子。

【杭氏集説】姚氏際恒曰：鄭氏以下文言去國之事，遂以此節亦作去國解，非也。文無「去國」字，其云謹修審行，乃是有治民之責者，豈去國之曰乎？曲禮文固皆相因，此云「如其國之故」，故下云「人臣去國」也。非下云去國，此亦云去國也。

姜氏兆錫曰：求，猶務也。不務變其故俗，所謂宜於土俗也。其法，即所謂國之故也。如其故，則不變。然謹修而審行之，則亦不至以俗而違禮矣。熊氏曰：「王制云：『修其教，不易其俗。』」又左傳云：封魯，因商奄之人；封康叔于殷墟，啟以商政；封唐叔于夏墟，啟以夏政，皆因其舊俗也。」李氏曰：「先王盛時，道德一于上，風俗齊于下，而喪祭哭泣之禮，有不同者，無害其爲同也。周官太宰『八則』禮俗以馭其民，土均氏『禮俗、喪紀、祭祀，皆以其地美惡爲輕重之法』，蓋地不齊，故禮俗異，而治之法不復同也。」愚按，二説則本章上節謂「開國定制者，不求變其國之故俗」，而下節謂「去本國之新國者，不即忘其本國之故俗」也，其義例各見如此，而舊注混上下節爲一義，則率矣。其法，謂其先祖之制度，若夏、殷。

【孫氏集解】鄭氏曰：求，務也。不務變其故俗，重本也。謂去先祖之國，居新國。

孔氏曰：君子行禮，謂去先祖之國，居他國者也。雖居他國，猶宜重本，行故國法，不務變之從新也。祭祀之禮，即夏立尸，殷坐尸，周旅酬六尸，及先求陰陽、犧牲、騂黑之屬也。居喪之服者，殷雖尊貴，猶服傍親；周則以尊遞降。哭泣之位者，殷不重適，以班高處上。周貴正嗣，孫居其首。舉此三條，餘冠、昏之禮從可知也。

愚謂祭祀之禮、居喪之服、哭泣之位，此三者，列國所行，容有不同，非但爲夏、殷、周之殊制也。雖禮無明文可見，然以喪禮言之，如幕則或布或綃，袝則或合或離，拜則或稽顙而後拜，或拜而後稽顙；士喪禮沐稻，而喪大記則沐粱；士喪禮小斂陳衣於房中，南領西上，而喪大記則大夫、士同西領北上；士喪禮大斂亦陳衣於房中，南領西上，而喪大記大夫、士皆陳衣於序東，西領南上。蓋禮之大體不容或異，而其儀文曲折之間，不能盡一。故冢宰八則：「六曰禮俗，以馭其民」。禮者其所同，俗者其所不盡同者也。謹脩之者，講習於平時；審行之者，致詳於臨事。

【王氏述聞】⊙謹脩其法⊙反本脩古⊙脩乎軍旅

家大人曰：曲禮曰：「祭祀之禮，居喪之服，哭泣之位，皆如其國之故，謹脩其法而審行之。」脩，當爲「循」字之誤也。隸書循、脩二字相似，故書傳中「循」字多訛作「脩」。漢北海相景君碑陰「故循行都昌台、丘暹」。金石録曰：「案後漢書百官志注『河南尹官屬有循行一百三十人』，而晉書職官志『州縣吏皆有循行』。今此碑陰，載故吏都昌台、丘暹而下十九人皆作『循行』，他漢及晉碑數有之，亦與此碑陰所書同，豈循、脩字畫相近，遂致訛謬邪？隸續曰循循二字，隸法只争一畫，書碑者好奇，所以從省借用。」謹循其法，射義曰：「卿大夫以循法爲節。」趙策曰：「承教而動，循法無私。」正承如其國之故而言，謂君子謹遵故法，非謂於故法有所損益，亦非謂故法已廢而君子脩之也。禮器曰：「禮也者，反本脩古，不忘其初者也。」正義曰：「脩，定本及諸本作『循』字，當作『脩』。」案定本及諸本是也。鈔本北堂書鈔禮儀部一引此亦作「循古」。陳禹謨改「循」爲「脩」。循古者，遵循古道而不失，正所謂「不忘其初」也。下文「玄酒之尚，鸞刀之貴，槀鞂之設」，皆是循古，非脩古也。莊子徐無鬼篇曰：「反己而不窮，循古而不摩。」商子更法篇曰：「湯、武之王也，不循古而興。」史記商君傳同，索隱引商子作「脩」，非。淮南氾論篇曰：「不知法制之原，雖循古終亂。」書傳多言循古，則作「循」者是也。祭義曰：「孝弟發諸朝廷，行乎道路，至乎州巷，放乎獀狩，脩乎軍旅。」脩，亦當爲「循」。放，亦至也。循，亦行也。説文「循，順行也。」上文曰「孝以事親，順以聽命，錯諸天下，無所不行」是也。家語正論篇正作「循于軍旅」。

【朱氏訓纂】注：求，猶務也。不務變其故俗，重本也。謂去先祖之國，居他國。其法，謂其先祖之制度。若夏、殷。王氏念孫曰：「修」當爲「循」字之誤也。謹循其法，正承「如其國之故」而言，謂君子謹遵故法，非謂於故法有所損益，亦非謂故法已廢，而君子修之也。

【郭氏質疑】鄭注：不務變其故俗，重本也。謂去先祖之國，居他國者。其法，謂其先祖之制度。

嵩燾案：孔疏於此引熊氏云：「王制：『脩其教，不異其俗。』左傳定四年：封魯，因商奄之民；封康叔於殷墟，啟以商政；封唐叔於夏墟，啟以夏政。」疑熊義爲優。家語孔子相衛司徒敬子之喪，用殷禮，曰：「喪事吾從其質。」鄭志答趙商：「衛武公居殷墟，故用殷禮，所謂因其國之故，大率質文之別而已。其正朔色，尚及車服禮儀之等，自有本朝法度，不可踰越。」「其法」者，所奉一王之大法，謹脩而審行之，期使因俗者仍不逾夫法，而法之行，亦不與俗相戾也。三代立一王之法，以整齊天下，而俗之所趨，時之所宜，君子不爲苟異，要使其法脩明於上，動而不過其則。孟子云：「魯人獵較，孔子亦獵較。」即因俗之義也。案：不求變俗，正謂所處之地之俗，君子不求立異也。注反以去國用其故俗爲言，則亦有意立異矣。

二·一一 **去國三世，爵禄有列於朝，出入有詔於國，**三世，自祖至孫。踰久可以忘故俗，而猶不變者，爵禄有列於朝，謂君不絶其祖祀，復立其族。若臧紇奔邾，立臧爲矣。詔，告也。謂與卿大夫吉凶往來相赴告。○三世，盧、王云：「世，歲也，萬物以歲爲世。」朝，直遥反，下皆同。復，扶又反，下「復還」同。紇，恨發反，徐胡切反，沈胡謁反。**若兄弟宗族猶存，則反告於宗後。**謂無列無詔者。反告，亦謂吉凶也。宗後，宗子也。

【疏】「去國」至「宗後」。正義曰：此以下明在他國而得變俗者也。將明得變改[一]，上先明未得者也。

○「去國三世」，謂三諫不從，及他事礙被黜出，入新國已經三世者，則鄭注云「三世，自祖至孫」也。

○「爵禄有列於朝」者，謂本國君不絶其祖祀，復立族爲後在朝者也。

○「出入有詔於國」者，出入，猶吉凶之事[二]更相往來也。詔，告也。去已三世，而本國之君猶爲立後不絶，則若有吉凶之事，當與本國卿大夫往來出入，共相赴告，故云「出入有詔於國」。

[一] 將明得變改　閩、監、毛本同。惠棟校宋本「改」作「故」，續通解同。○鍔按：「將明」上，阮校有「去國三世爵禄有列於朝節」十一字。

[二] 出入猶吉凶之事　閩、監本同。毛本「猶」作「有」，續通解同。

○注「若臧」至「爲矣」。○正義曰：引之者，證有列位也。臧紇，武仲也，時爲季氏家廢長立少[一]，故與孟氏相惡，遂出奔邾。魯人以臧紇有功，復立其異母兄臧爲以守先祀，是有列也。故魯襄二十三年左傳云：臧紇奔邾，使告臧賈，且致大蔡焉。曰：「紇不佞，失守宗祧，敢告不弔。紇之罪，不及不祀。子以大蔡納請，其可。」賈曰：「是家之禍，非子之過。賈聞命矣。」再拜受龜，使爲以納請，遂自爲也。魯立臧爲[二]，紇致防而奔齊，是其事也。

○「若兄弟」至「宗後」。○此是出已三世，而爵禄無列於朝、吉凶不相詔告而不仕新國者。宗族兄弟，謂本國之親。宗後，大宗之後也。己本國不列不告，若宗族猶存，兄弟尚在，已有吉凶，當反還告宗適，不忘本故也。前告國者，亦告兄弟耳。然既未仕新國，猶用本國禮也。音義隱云：「雖無列於朝，有吉凶，猶反告於宗後。其都無親在故國[三]，不復來往也。」

【吴氏纂言】去國三世，爵禄有列於朝，出入有詔於國，謹修其法而審行之。

鄭氏曰：三世，自祖至孫。踰久可以忘故俗，而猶不變，爵禄有列於朝，謂君不絶其

[一] 時爲季氏家廢長立少　閩、監、毛本作「家」，此本「家」誤「冢」。
[二] 魯立臧爲　閩、監、毛本「魯」作「乃」。○按：作「乃」與襄廿三年傳合。
[三] 其都無親在故國　閩、監、毛本作「都」，此本誤「郡」。

祖祀。若臧紇奔邾，立臧爲矣。詔，告也，謂與卿大夫吉凶往來相赴告也。其法，謂其先祖之制度。

呂氏曰：謹脩審行而不輕改者，不忍忘吾父母之國。

澄曰：爵禄有列於朝，謂已雖去國，而君爲别立一人，承其宗祀，猶爲卿大夫也。出入有詔於國，謂已雖去國，然舊國之卿大夫家有吉凶事，則有使者出而告已。已有吉凶，則亦遣使入而告彼也。

【孫氏集解】鄭氏曰：三世，自祖至孫。踰久可以忘故俗，而猶不變者，爵禄有列於朝，謂君不絶其祖祀，復立其族。若臧紇奔邾，立臧爲矣。詔，告也。謂與卿大夫吉凶往來相赴告。宗後，宗子也。

愚謂三世，言其遠也。爵禄有列於朝，謂其宗族尚有爲卿大夫者也。自此而往謂之出，自彼而至謂之入。出入有詔於國，謂與舊國以吉凶之事相赴告者也。以道去君而未絶者，爲舊君有服，則君之喪固赴之，而其死亦必赴於舊君矣。至於三世，則已遠，然爵禄尚有列於朝，則與其舊君猶以吉凶之事相赴告，蓋其義猶未絶也。兄弟宗族猶存，則僅存而已，而未必有列於朝矣。如是，則雖可以無詔於國，而要不可自絶於其宗也，故必反告於宗後。

【朱氏训纂】**去國三世，爵禄有列於朝，出入有詔於國，**注：三世，自祖至孫。踰久可以忘故俗，而猶不變者，爵禄有列於朝，謂君不絶其祖祀，復立其族。若臧紇奔邾，立臧爲矣。詔，告也。謂與卿大夫吉凶往來相赴告。**若兄弟宗族猶存，則反告於宗後。**注：反告，亦謂吉凶也。宗後，宗子也。

二·一二 **去國三世，爵禄無列於朝，出入無詔於國，唯興之日，從新國之法。**以故國與己無恩。興，謂起爲卿大夫。

【疏】「去國三世，爵禄無列於朝，出入無詔」至「之法」。○正義曰：此猶是論無列無詔而反告宗後者[一]，今得仕新國者也。但仕新國有異，故重言「三世」也。○「唯興之日，從新國之法」者，唯興，謂己始仕也。雖有宗族相告，己仕新國，而本國無列無詔，故所行禮俗，悉改從新也。然推此而言，若本國猶有列詔者，雖仕新國，猶行故俗。何以知然？既云無列而從新，明有列理不從也[二]。又若無詔而不仕新者，不得從新。何以知然？既云「唯興」，明不興則不從。無列無詔，唯興之日，三世即從新國

[一] 正義曰此猶是論無列無詔而反告宗後者　閩、監、毛本作「論」，此本誤「之」。惠棟校宋本無「正義曰」三字。○鍔按：「正義」上，阮校有「去國三世爵禄無列於朝節」十一字。

[二] 明有列理不從也　閩本同，惠棟校宋本同，監、毛本「理」作「則」。

之制。孔子去宋既久，父爲大夫，尚冠章甫之冠，送葬皆從殷制者，熊氏云：「案句命決云[一]：丘爲制法之主，黑綠不伐蒼黃[二]，聖人特爲制法，不與常禮同也。」〇注「興，謂起爲卿大夫」。〇正義曰：鄭注云「起爲卿大夫」者[三]，則若爲士猶卑，不得變本也[四]。

【衛氏集説】去國三世，爵禄有列於朝，出入有詔於國，若兄弟宗族猶存，則反告於宗後。去國三世，爵禄無列於朝，出入無詔於國，唯興之日，從新國之法。

鄭氏曰：三世，自祖至孫。踰久可以忘故俗，而猶不變者，爵禄有列於朝，謂君不絶其祖祀，復立其族，若臧紇奔邾，立臧爲矣。詔，告也，謂與卿大夫，吉凶往來相赴告也。若兄弟宗族猶存，謂無列無詔者反告，亦謂吉凶也。宗後，宗子也。興，謂起爲卿大夫。從新國之法，謂故國與己無恩。

孔氏曰：此以下明在他國而得變俗者。去國，謂三諫不從，及他事被黜。兄弟宗族，謂本國之親。宗後，大宗之後也。己於本國無列無詔，然未仕新國，宗族猶存，兄弟尚在，

[一] 案句命決云　閩本同，監、毛本「句」作「鉤」，是也。
[二] 黑綠不伐蒼黃　閩、監、毛本同，惠棟校宋本「伐」作「代」。
[三] 鄭注云起爲卿大夫者　閩、監本「注」作「意」，考文引宋板同。毛本「注」字無。
[四] 不得變本也　惠棟校宋本此下標「禮記正義卷第五終」，又記云「凡二十七頁」。

己有吉凶，當反還告宗適，不忘本也。若本國無列無詔，而今始仕新國者，所行禮悉改從新也。推此而言，則「故國猶有列詔」者，雖仕新國猶行故俗。若無列無詔，而不仕新國者，猶不得從新矣。

臨川王氏曰：有列，則有詔。先王脩其教，不易其俗，故國各有法也。

藍田吕氏曰：以道去君，君未之絶。雖三世之久，爵禄猶有列於朝者，謂君爲之立後，以承先祀，而食其田禄。出入猶有詔於國者，如去魯之齊，又之晉，復歸於魯。君既未絶之，則出入他國，猶反告於舊君也。如是者，若其兄弟宗族猶存，則必有宗子。冠、取妻必告，死必赴，不忘親也。如去國三世，收其田里，掃其宗廟。舊君與己，出入不相聞也，則去吾父母之國其日遠，在吾君臣之際，其恩絶，可以變舊國之俗，從新國之法矣。然猶俟起爲卿大夫，然後從新者，厚之至也。

嚴陵方氏曰：以傳統而爲後，故謂之「宗後」。夫於朝猶有列，於國猶有詔，於家猶有宗與族，則彼所以待我者，恩好猶未絶也，如之何其遽絶之哉？則反告之禮，固所宜矣。至於爵禄無列於朝，出入無詔於國，則宗族不存，亦可知矣，如之何其反告之哉？

馬氏曰：人臣有舊君之服，不過齊衰三月而已。去國三世，出入猶詔於國，吉凶猶詔於宗後，何也？舊國者，人之所不能忘。宗族者，人之所不可絶。今夫鳥獸之過故鄉，猶回翔躑躅而後去。狐之將死，猶正丘首而後斃，況於人乎？故太公封於齊，世葬於周，君子以爲不忘其本。則去國三世，而恩義不斬，理固然也。蓋爵禄有列於朝，則是不棄其後也。出入有詔於國，則是不絶其好也。如此則吾之所以反告者，其可已乎夫？爵禄有列於朝，則有宗後以合其族。爵禄無列於朝，則無宗後之法，無宗後則不特不反告而已，故唯興之日，從新國之法。蓋方其未仕也，雖守舊國之法可也，及興而仕，人則有所隸矣，其可復爲未仕之所爲乎？

山陰陸氏曰：言君子去國三世，不失其位。至於他邦，而爵禄有列於朝，出入有詔於國，若舊國兄弟宗族猶存，則反告於宗後。蓋去國三世，兄弟宗族，容有弗存者矣。若去國三世，其在新國，爵禄無列，出入無詔，是去國而失其位也。舊國無恩，可知故唯興之日從新國之法。孟子曰：「有故而去，則君使人導之出疆，又先之於其所往。」如是而爵禄無列於新國之朝，或寡矣。

廬陵胡氏曰：孔子去宋既久，尚冠章甫之冠，送葬皆從殷制，不從新國之法者，與此異也。

廣安游氏曰：古之爲天下者，以家道爲之。天子有其宗族以保天下，諸侯有其宗族以保其國，卿大夫、士有宗族以保其家，故其禮皆以宗族之存亡爲之輕重也。若爵禄無列於朝，則君無恩於己矣。出入無詔於國，則宗族無恩於己矣。若此者當變，猶不遽變也，於其興起爲卿大夫之日，然後從新國之法焉，皆所以重其本之道也。

【吴氏纂言】去國三世，爵禄無列於朝，出入無詔於國，若兄弟宗族猶存，則反告於宗後，唯興之日，從新國之法。

兄弟、宗族猶存者，謂雖猶有兄弟、宗族在舊國，然不爲卿大夫而無爵禄矣。舊國之卿大夫，亦與此不相赴告吉凶矣。故已有吉凶，但遣使往舊國，私告於其無爵禄之宗子也。蓋爵禄無列，則舊國之君，其恩已絶矣。出入無詔，則舊國之卿大夫其恩已絶矣。舊國君臣雖皆與己無恩，而吾一己兄弟、宗族之恩則不可絶也。故有吉凶，猶當反告宗後者，兄弟宗族之統也。告于宗後，則兄弟宗族偏知之矣。

孔氏曰：兄弟宗族，謂本國之親。宗後，大宗之後也。出已三世，雖本國無列無詔，然有兄弟宗族在，己有吉凶，猶當告於宗嫡，不忘本故也。其都無親在，則不復來往。此是無列無詔而反告宗後。今得仕新國者，雖有宗族相告，已仕新國而本國無列無詔，故所行禮俗，悉改從新也。推此而言，若本國猶有列有詔，雖仕新國，猶行故俗。若無列無詔而不仕新國，亦不得從新國之法。

鄭氏曰：若兄弟宗族猶存，謂無列無詔者反告，亦謂吉凶也。興，謂起爲卿大夫。

【陳氏集説】去國三世，爵禄有列於朝，出入有詔於國，若兄弟宗族猶存，則反告於宗後。去國三世，爵禄無列於朝，出入無詔於國，唯興之日，從新國之法。去本國雖已三世，而舊君猶仕其族人於朝，以承祖祀，此人往來出入他國，仍詔告於本國之君。其宗族兄弟猶存，則必有宗子，凡冠、娶妻必告，死必赴，不忘親也。若去國三世，朝無仕宦之列，出入與舊君不相聞，其時已久，其義已絶，可以改其國之故矣。然猶必待興起而爲卿大夫，乃從新國之法，厚之至也。

【方氏析疑】去國三世，爵禄有列於朝，出入有詔於國，若兄弟宗族猶存，則反告於宗後。去國三世，爵禄無列於朝，出入無詔於國，唯興之日，從新國之法。

陳氏集説謂去國三世之久，往來出入他國，仍告於本國之君，亦不勝其擾矣。蓋即出入於本國也，其暫歸入也。旋，反出也。爵禄無列於朝，則惟告於宗後，不敢復告君矣。

【江氏擇言】去國三世，爵禄有列於朝，出入有詔於國，若兄弟宗族猶存，則反告於宗後。去國三世，爵禄無列於朝，出入無詔於國，唯興之日，從新國之法。

陳氏云：去本國雖已三世，而舊君猶仕其族人於朝，以承祖祀，此人往來出入他國，仍詔告於本國之君。其宗族兄弟猶存，則必有宗子，凡冠、娶妻必告，死必赴，不忘親也。若去國三世，朝無仕宦之列，出入與舊君不相聞，其時已久，其義已絶，可以改其國之故矣。然猶必待興起而爲卿大夫，乃從新國之法，厚之至也。

按：有列則有詔，猶存則反告。無列則無詔，事相因也。陳氏謂出入有詔於國，爲此人往來出入他國，仍詔告於本國之君，最是。舊説謂與卿大夫吉凶往來相赴告，又謂兄弟宗族猶存者爲無列無詔，皆非是。

又按：此經互文見義，兄弟宗族猶存，而反告於宗後，於有列有詔者言之，則無列無詔而兄弟宗族猶存者，亦當反告可知矣。唯興之日，從新國之法，於無列無詔者言之，則有列有詔而未興者，不忍從新國之法可知矣。古人行文多如此。臨川吳氏割上章「謹修其法而審行」之句，竄入「有詔於國」之下，移「若兄弟宗族猶存」二句，竄入「出入無詔於國」之下，則上章皆「如其國之故」句下，辭義有不足矣。

【欽定義疏】去國三世，爵禄有列於朝，出入有詔於國，若兄弟宗族猶存，則反告於宗後。去國三世，爵禄無列於朝，出入無詔於國，唯興之日，從新國之法。

正義　鄭氏康成曰：三世，自祖至孫。逾久可以忘故俗，而猶不變者，爵禄有列於朝，君不絶其祖祀，復立其族。若臧紇奔邾，立臧爲矣。詔，告也，謂與卿大夫吉凶往來相赴告也。若兄弟宗族猶存，謂無列無詔者。反告，亦謂吉凶也。宗後，宗子也。興，謂起爲卿大夫。從新國之法，謂故國與己無恩。

孔氏穎達曰：此以下明在他國而得變俗者。去國，謂被黜。兄弟宗族，謂本國之親。宗後，大宗之後也。已於本國無列、無詔，然未仕新國。宗族猶存，兄弟尚在，已有吉凶，當反還告宗適，不忘本也。若本國無列、無詔而今始仕新國者，所行禮悉改從新也。

方氏慤曰：以傳統而爲後，故謂之「宗後」。夫於朝猶有列於國，猶有詔於家，猶有宗與族，則彼所以待我者，恩好猶未絶也。如之何其遽絶之，反告之宜矣。

存疑 孔氏穎達曰：「故國猶有列詔」者，雖仕新國，猶行故俗。若無列、無詔而不仕新國者，猶不得從新矣。

方氏慤曰：無列、無詔，則宗族待我亦可知矣。如之何其反告之哉。

游氏桂曰：古之爲天下者，以家道爲之，天子有其宗族以保天下，諸侯有其宗族以保其國，卿大夫、士有其宗族以保其家，故其禮皆以宗族之存亡爲之輕重也。若爵禄無列於朝，則君無恩於己矣。出入無詔於國，則宗族無恩於己矣。若此者當變，猶不遽變也。於其興起，爲卿大夫之日，然後從新國之法焉。皆所以重其本之道也。

案 孔子相衛，司徒敬子之喪用殷禮，子游問曰：「君子行禮，不求變俗，夫子變俗乎？」子曰：「非也，喪事吾從其質而已。」則此上二句，似謂君子適他國而行禮，固不變他國之俗，如所謂「禮從宜，使從俗」，禹袒而入裸國者。然喪祭之禮，猶必修故國之法，而特審以行之。不敢忘本，亦不敢與彼國大戾也。鄭、孔以爲本國之故俗，熊以爲彼國之舊俗，似能得之。至孔謂故國有列詔，雖仕新國猶行故俗，恐既起家爲彼卿大夫，而不從彼國之禮法，於君臣之義有未安。

又案：無列無詔而兄弟宗族猶存，則猶反告於族，禮未盡變也。若興則從新，不以兄弟宗族猶存而泥舊法矣。此中有輕重差等之分焉，總以明君子去國之禮，厚之至也。若吴氏澄於「出入有詔於國」下，入「謹修其法而審行之」句；於「出入無詔於國」下，補「若兄弟宗族猶存，則反告於宗後」句，方謂「無列無詔」即併無宗族。游氏以「出入無詔爲宗族」薄己，恐皆未然。

後。【杭氏集説】去國三世，爵禄有列於朝，出入有詔於國，若兄弟宗族猶存，則反告於宗後。去國三世，爵禄無列於朝，出入無詔於國，唯興之日，從新國之法。

盧氏植曰：世，歲也。萬物以歲爲世。

姜氏兆錫曰：三世，注謂自祖至孫也。爵禄有列於朝，謂君不絶其祖祀，復立其族。若臧紇奔邾，立臧爲爲後也。詔，猶告也。謂族猶列爵在朝，則凡有行止，與本國卿大夫相赴告也。兄弟言其親，宗族言其遠，宗後通言大宗小宗，謂雖無列爵在朝，而但有兄弟宗族，猶與其宗子反而告之也。凡其不忘本之意如此，至如其俗已微，其身亦曰遠，則時久義絶，若可改其本國之故矣。然猶必待興起而爲卿大夫，乃從新國之法也。其始終不忘本者，又何如哉？按注、疏以「若兄弟宗族」二句承「無列」「無詔」而言，與本文似不相合。然本文「若」字中自具「無列」「無詔」，而不言者，省文也。蓋上段「詔國」與「告宗」義相連，而下段「無列」與「唯興」義又相足，故各從便言之。凡經傳省文、互文之例，類如此。

方氏苞曰：陳氏集説謂「去國三世之久，往來出入他國，仍告于本國之君」，亦不勝其擾矣。蓋即出入於本國也，其暫歸入也，旋反出也，爵禄無列於朝，則惟告於宗後，不敢復告君矣。

【孫氏集解】鄭氏曰：出入無詔於國，以故國於己無恩。興，謂起爲卿大夫。

愚謂去國三世，爵禄無列於朝，則出入無詔於國矣。然猶未可遽變其舊俗，唯起而爲卿大夫，然後可以從新國之法。蓋始爵者得自爲宗，既可以自别於其宗，則雖變其舊俗可矣。其有列有詔而興者亦當然。嫌無列無詔者或不待興而遽變舊俗，故特明之。○自「君子行禮」至此，論去國者行禮之事。

【朱氏訓纂】注：以故國與己無恩。興，謂起爲卿大夫。江氏永曰：按此經互文見義。兄弟宗族猶存，而反告於宗後，於有列有詔者言之，則無列無詔而兄弟宗族猶存者，亦當反告可知矣。唯興之日，從新國之法，於無列無詔者言之，則有列有詔而未興者，不忍從新國之法可知矣。

【郭氏質疑】爵禄有列於朝，出入有詔於國。

鄭注：爵禄有列於朝，君不絶其祖祀。詔，告也，謂與卿大夫吉凶往來相赴告也。

嵩燾案：鄭意「爵禄」「出入」，皆舉故國言之，而於下云「兄弟宗族猶存」「謂無詔無列」者，上下四語，自相差參。吴氏澄因移上節「謹脩其法而審行之」句於「出入有詔於國」下，又補「若兄弟宗族猶存」二句於「出入無詔於國」下，尋求文義殊不爾。「出入有詔於國」，如大夫、士私行，出疆必請，反必告，當就所處之國言之。「有列於朝」，出入不可以私，非凶喪大事不得外出。「兄弟宗族」，則故國所立爲後者，三世仕於他國，舊君之義絶矣。「告於宗後」，明不與舊君相聞也。以三世爲言，知三世以前雖爲大夫，猶用故國之俗。三世而無有仕者，則終守故國之俗行之，俟興起，受命爲大夫，乃從新國之法。文義本自分明，説經者一循鄭氏之説，而章法句法隔閡多矣。案此與上「君子行禮」兩節，文義相因，而事各别，鄭注誤合爲一。然經於故國言俗，於新國言法，字法極分明。法者，行禮之大經，俗則質文繁簡之從宜者也。去國而猶循用其國之俗，至於三世而遂已矣。吉凶之事，以告其國之嗣爲後者可也。若未仕，仍不變其國之俗，鄭以「爵禄」「出入」爲復立其族，則其族之嗣爲後者，出入自告於其君，與去國者何涉？而經以「出入有詔於國」「出入無詔於國」爲文，明所係者出入不得私也。

二·一三　○**君子已孤不更名**[一]。亦重本。**已孤暴貴**[二]，**不爲父作謚**[三]。子事父，無貴賤。○爲，于僞反。謚，音示。

【疏】「君子」至「作謚」[四]。○正義曰：此一節論父没不可輒改爲名、謚之事。

[一] 君子已孤節　惠棟校宋本自此節起至「庶方小侯」節止爲卷六，首題「禮記正義卷第六」。
[二] 已孤暴貴　閩、監本同，石經同，岳本、嘉靖本同。毛本「暴」作「㬥」，疏同。
[三] 不爲父作謚　閩、監本同，石經同，嘉靖本同。毛本「謚」作「諡」，岳本同。疏放此。○按：當作「謚」。
[四] 君子至作謚　惠棟校宋本無此五字。

「已孤不更名」者，不復改易，更作新名。所以然者，名是父之所作，父今已死，若其更名，似遺棄其父，故鄭注云「亦重本」也。言「亦」者，亦上行本國之俗，上是重本，故云亦也。

「已孤暴貴，不爲父作謚」者，此孤不辨老少，唯無父則是也。暴貴，本爲士庶，今起爲諸侯，非一等之位，故云暴貴也。謚者，列平生德行而爲作美號。若父昔賤，本無謚，而己今暴貴，升爲諸侯，乃得制謚，而不得爲父作謚。所以爾者，父賤無謚，子今雖貴，而忽爲造之，如似鄙薄父賤，不宜爲貴人之父也。或舉武王爲難，鄭答趙商曰：「周道之基，隆於二王，功德由之，王迹興焉。凡爲人父，豈能賢乎！若夏禹、殷湯則不然矣。」

〇注「子事父，無貴賤」。〇正義曰：子不得言己昔賤今貴，父賤不宜爲貴人之父也。

【衛氏集説】鄭氏曰：不更名，亦重本。暴貴不爲父作謚，子事父無貴賤。

孔氏曰：此一節論父没不可輒改爲名、謚之事。名是父所作，父死更作新名，似遺棄其父也。暴貴，謂非一等之位，若本爲士庶，今起爲諸侯者也。謚者，列平生德行而爲作美號。若父昔賤，己今暴貴，忽爲造謚，似鄙薄父賤不宜爲貴人父也。

藍田吕氏曰：已孤不更名，有所不忍也。已孤暴貴，不爲父作謚，有所不敢也。不忍，愛也。不敢，敬也。愛、敬盡於事親而已。古者子生三月，妻以子見，而父名之。斯名也，父之所命也，親存而有所稟命，猶可更也。已孤更之，輕廢父命，孝子之所不忍也。

父爲士，子爲天子諸侯，則祭以天子諸侯，其尸服以士服，是可以已之禄養其親，不敢以己之爵加其親也。父之爵卑，不當謚，而己之爵當謚，以己當謚而作其父謚，是以己爵加其父，欲尊其親而反卑之，非所以敬親也。然則周之追王，大王、王季何也？當周之興，王迹基於大王、王季、文王，世世脩德，至武王而有天下。武王、周公追述其功，義起斯禮，非後世追王之比也？

馬氏曰：名雖不可更，以字行可也。今律有所避忌，則行字者聽是也。謚雖不可作，德盛者可也，武王、周公追謚大王、王季是也。

【吴氏纂言】鄭氏曰：不更名，重本。暴貴不爲父作謚，子事父無貴賤也。

孔氏曰：名是父所作，死更作新名，似遺棄其父也。暴貴，謂非一等之位。若本爲士庶，今起爲諸侯者也。謚者，列平生德行而爲作美號。若父昔賤，己今暴貴，忽爲造謚，似鄙薄父賤，不宜爲貴人父也。

吕氏曰：已孤不更名，有所不忍也。已孤，暴貴，不爲父作謚，有所不敢也。不忍，愛也，不敢，敬也。古者子生三月而父名之，親存有所稟命而更猶可也。已孤更之，輕廢父命，孝子之所不忍也。父爲士，子爲天子諸侯，則祭以天子諸侯，其尸服以士服，是可以己之禄養其親，不敢以己之爵加其親也。父之爵法不當謚，而己之爵法當謚，以己當謚而作其父謚，是以己爵加其父，欲尊其親而反卑之，非所以敬親也。然則周之追王大王、王季何也？當周之興，王業基于大王、王季，文王，世世脩德，至武王而有天下。武王、周公追述其功，義起斯禮，非後世追王之比也。

馬氏曰：名雖不可更，以字行可也。今律有所辟忌，則行字者聽，謚雖不可作，德盛者可也。武王、周公追尊大王、王季是也。

【陳氏集説】君子已孤不更名。名者，始生三月之時父所命也，父没而改之，孝子所不忍也。**已孤暴貴，不爲父作謚。**文王雖爲西伯，不爲古公、公季作謚，周公成文、武之德，亦不敢加太王、王季以謚也。

吕氏曰：父爲士，子爲天子諸侯，則祭以天子諸侯，其尸服以士服，是可以已之禄養其親，不敢以已之爵加其親也。父之爵卑，不當謚，而以已爵當謚而作之，是以已爵加其父，欲尊而反卑之，非所以敬其親也。

【欽定義疏】正義 鄭氏康成曰：「不更名」，亦重本。「暴貴不爲父作謚」，子事父，無貴賤。

孔氏穎達曰：名是父所作，父死作新名，似遺棄其父也。謚者，列平生德行而爲作美號。若父昔賤，己今暴貴，忽爲造謚，似鄙薄父賤，不宜爲貴人之父也。

通論 吕氏大臨曰：「已孤不更名」，有所不忍也。「已孤暴貴，不爲父作謚」，有所不敢也。不忍，愛也；不敢，敬也。愛敬盡於事親而已。古者子生三月，妻以子見而父名之。斯名也，父之所命也。親存而有所稟命，猶可更也。已孤更之，輕廢父命，孝子之所不忍也。父之爵卑不當謚，而己之爵當謚，以己當謚而作其父謚，是以己爵加其父，欲尊其親而反卑之，非所以敬親也。然則周之追王大王、王季，何也？周之王迹基於大王、王季、文王，世世修德，至武王而有天下。武王、周公追述其功，義起斯禮，非後世追王之比也。

存疑 孔氏穎達曰：暴貴，謂非一等之位。若本爲士庶，今起爲諸侯者也。馬氏晞孟曰：名雖不可更，以字行可也。今律有所避忌，則行字者聽是也，謚雖不可作，德盛者可也。武王、周公追謚大王、王季、文王是也。

【杭氏集説】 孔氏穎達曰：暴貴，崛起爲諸侯。

朱氏軾曰：未有子貴而不尊其父者，子爲天子諸侯，父尸服以士，此不通之論也。此言「不爲父作謚」，謚者，如謚爲「文」、謚爲「武」之類。若大王、王季，止尊以王號，非謚也。

姜氏兆錫曰：名者，始生三月，父所命也，父没而更之，不忍也。文王雖爲西伯，不爲古公、公季作謚，周公成文、武之德，追王太王、王季，而謚則闕也。呂氏曰：「父爲士，子爲王侯，則祭以王侯，是以己禄養親也。以己爵當謚，而爲之作之，是以己爵加其父，欲尊而反卑之，非敬也。」　又曰：此章言孤子之禮。

任氏啟運曰：當通天子及大夫而言。身爲天子，則能作謚，爲諸侯、大夫，亦得請於君而作謚，然不爲父作謚者。吕大臨曰：「父爵不當謚以己爵，當謚而爲父作之，是以己爵加其父，故不敢也。或舉武王謚文王爲難，鄭氏曰：『周道之隆，基于二后，功德由之，王迹興焉。』」

【孫氏集解】鄭氏曰：已孤不更名，亦重本。不爲父作謚，子事父無貴賤。

孔氏曰：暴貴，謂士庶起爲諸侯，非一等之位也。謚者，列平生德行爲作美號。父賤無謚，今忽爲造之，似如鄙薄父賤，不宜爲貴人之父也。或舉武王爲難，鄭答趙商曰：「周道之基，隆於二王，功德由之，王迹興焉。凡爲人父，豈能賢乎！若夏禹、殷湯則不然矣。」

愚謂已孤不更名，重違其父也。君子不奪人親之所名，而況敢自奪乎？謚本於尊者所成，故天子之謚，本之於天。諸侯之謚，請之於王。子無謚其父之法也。武王庚戌柴望之後，然後三王皆稱王，蓋告於天而王之也。若私爲父立謚，在天子爲蔑天道，在諸侯爲亂王章，而亦非所以尊其父矣。

【朱氏訓纂】君子已孤不更名。注：亦重本。　正義：名是父之所作，父今已死，若其更名，似遺棄其父。**已孤暴貴，不爲父作謚。**注：子事父，無貴賤。　正義：謚者，列平生德行而爲作美號。若父賤無謚，已今暴貴，升爲諸侯，不得爲父作謚。所以爾者，似鄙薄父賤，不宜爲貴人之父也。或舉武王爲難，鄭答趙商曰：「周道之基，隆於二王，功德由之，王迹興焉。凡爲人父，豈能賢乎！若夏禹、殷湯則不然矣。」

二·一四 **居喪未葬，讀喪禮；既葬，讀祭禮。喪復常[一]，讀樂章。** 爲禮各於其時。**居喪不言樂，祭事不言凶，公庭不言婦女。** 非其時也。

【疏】「居喪」至「婦女」[二]。○正義曰：此一節明行禮各有時之事，各隨文解之。○「居喪」者，居父母之喪也。喪禮，謂朝夕奠下室、朔望奠殯宮及葬等禮也。此禮皆未葬以前。○「既葬，讀祭禮」者，祭禮，虞、卒哭、祔、小祥、大祥之禮也。○「喪復常，讀樂章」者，復常，謂大祥除服之後也。樂章，謂樂書之篇章，謂詩也。禫而後吉祭，故知禫後宜讀之。此上三節事須預習，故皆許讀之。

【衛氏集説】鄭氏曰：爲禮各於其時，「居喪言樂」而下，謂非其時也。孔氏曰：此一節明行禮各有時之事。居喪，居父母之喪也。喪禮，謂朝夕奠下室、

[一] 喪復常　各本同，石經同。通典一百五作「喪止復常」，考文云：「足利本作『喪畢復常』。陳澔注本亦或有『畢』字。」○鍔按：「喪復」上，阮校有「居喪未葬節」五字。

[二] 居喪至婦女　惠棟校宋本無此五字。

朔望奠殯宫及葬等禮也。祭禮，謂虞、卒哭、祔、小祥、大祥之禮也。復常，謂大祥除服之後也。樂章，樂書之篇章，謂詩也。此上三節事須預習，故皆許讀之。

横渠張氏曰：禮在平日，豈不常學？如祭禮、樂章，豈必喪終乃學？此言者蓋爲切於用，故至其時又復講求。居喪者，他書不可觀，惟喪祭可讀。若觀他書，却似都忘。

藍田吕氏曰：學必於其時，言必於其所。居喪者，自大功以上，廢業則哀，不志於學矣。然送死之大事，莫詳於喪禮，必誠必信，勿之有悔，則未葬，不可不知也。事死之經，莫詳於祭禮，所以追養致孝，則既葬不可不知也。讀是書也，非肄業也，當是時不知是事，不以禮事其親也。喪復常者，既禫踰月，則即吉也。居喪不言樂，至此始可以讀樂章也。古者吉凶之事，不相干也。哀樂之情，不可以貳也。貳則不誠，不足以奉大事，故喪，凶事也，不言樂。祭，吉事也，不言凶。如臨喪不笑，臨樂不歎之比，皆以其非所也。肅敬者，公庭之事也。燕昵者，私庭之事也。婦人私昵之事，不可以言於公庭。

長樂劉氏曰：讀喪禮者，重其喪葬，不敢自任，必求範於先王也。讀祭禮者，祭有等降，不敢以非禮事其先也。讀樂章者，言祭於先廟，未始不用樂而歌其詩，不忘其祖先之德也。

馬氏曰：斬衰之喪，唯而不對。齊衰之喪，對而不言。大功之喪，言而不及議。小功之喪，議而不及樂。夫小功之喪，議而不及樂，況大於此而可言樂乎？古者易服而葬，周官蜡氏：「凡大祭祀，禁凶服。」祭義：「郊之祭，喪者不敢哭。」以爲交於神明者，不可以凶也。又況祭祀可言凶乎？男正位乎外，女正位乎内。内言不出，外言不入。凡欲無相瀆而已，又況公庭可言婦女乎？「居喪不言樂」，後世猶有如衛孫文子者。「公庭不言婦女」，後世猶有如陳靈公者，此季札、泄冶所以譏之。

長樂陳氏曰：非喪而讀喪禮，則非人子之情。居喪而不讀喪禮，不失之過，則失之不及。未葬而讀祭禮，則非孝子之情。既葬而不讀祭禮，不失之黷，則失之怠。喪未除而讀樂章，則哀不足。喪復常而不讀樂章，則樂必崩，故曰「居喪，讀喪禮；既葬讀祭禮；喪復常，讀樂章」。宰予欲短喪，孔子以爲不仁。閔子騫、子夏援琴而哀樂，孔子皆以爲君子，則「喪復常，讀樂章」，先王之中制也。

【吴氏纂言】居喪未葬，讀喪禮；既葬，讀祭禮。喪復常，讀樂章。

孔氏曰：居喪，居父母之喪也。喪禮，謂朝夕奠下室、朔望奠殯宫及葬等禮也。祭禮，謂虞、卒哭、祔、小祥、大祥之禮也。復常，謂大祥除服之後也。樂章，樂書之篇章，謂詩也。此上三事須豫習，皆許讀之。

張子曰：居喪者，他書不可觀，惟喪禮、祭禮可讀。禮在平日，豈不嘗學。如祭禮、樂章，豈必葬畢、喪終乃學。蓋謂切於用，故至其時又復講求。

居喪不言樂，祭事不言凶，公庭不言婦女。

鄭氏曰：非其時也。

吕氏曰：古者，吉凶之事不相干，哀樂之情不可以貳。喪，凶事也。不言樂，祭吉事也。不言凶，如臨喪不笑、臨樂不歎之比。肅敬者公庭之事，燕褻者私庭之事也。婦人私褻之事，不可以言於公庭。

馬氏曰：斬衰之喪，唯而不對。齊衰之喪，對而不言。大功之喪，言而不及議。小功之喪，議而不及樂。又況大於此而可言樂乎？古者易服而葬，周官蜡氏：「凡大祭祀，禁凶服。」祭義：「郊之祭，喪者不敢哭。」以爲交於神明者，不可以凶也，又況祭祀可言凶乎？男外女内，内言不出，外言不入，欲無相瀆而已，又況公庭可言婦女乎？居喪不言樂，後世猶有如衛孫文子者。公庭不言婦女，後世猶有如陳靈公者。

【陳氏集説】復常，除服之後也。樂章，弦歌之詩也。吕氏曰：讀是書，非肄業也，當是時不知是事，不以禮事其親者也。吉凶之事不相干，哀樂之情不可以貳。故喪，凶事也，不言樂；祭，吉事也，不言凶。公私之事，不可相干，私事不可言於公庭，故公庭不言婦女。

【郝氏通解】君子行禮，不求變俗。祭祀之禮，居喪之服，哭泣之位，皆如其國之故，謹脩其法而審行之。去國三世，爵禄有列於朝，出入有詔於國，若兄弟宗族猶存，則反告于宗後。去國三世，爵禄無列於朝，出入無詔於國，唯興之日，從新國之法。君子已孤不

更名。已孤暴貴，不爲父作謚。居喪未葬，讀喪禮；既葬，讀祭禮。喪復常，讀樂章。居喪不言樂，祭祀不言凶，公庭不言婦女。

君子守禮不苟同于俗，然亦當諧人情，合時宜，不必以己意輕變俗。凡祭祀之禮，居喪之服，哭泣之位，國有舊典，惟謹脩成法，審慎行之，使適時宜、當人情而已。去國，謂當世卿大夫以事出奔，或被放逐。自祖至孫，去國三世，猶有宗人仕於故國之朝，則猶故臣也。吉凶之事，往來出入，皆當告於故國之君。若無列於朝者，可以不告，但兄弟宗族有存者，亦當反告於大宗之後，示不背本也。若三世去國，無列亦無兄弟宗族，則其家猶當守故國之禮。子孫有興起仕于新國者，然後乃可從新國之法耳。子生三月，父名之，名有不便，父更之。父没子孤，名不便，亦不更也。故春秋傳曰「君子不奪人親之所名」，爲其不可更也。凡貴人死，累其生平爲之謚，君命也。亦有處士没，鄉國人私謚者，公論也。如父初死無謚，死後其子驟貴，追作父謚，是彰死者無述，而以子貴要名，非所以敬親也。禮不豫凶事，人子於親喪尤弗忍豫，然居喪不知禮，無以自盡，故即居喪讀禮。如含、襲、斂、殯、成服、啓殯、遷柩之類，未葬之禮也；虞、卒哭、祔、祥、禫之類，既葬之禮也，皆於未葬時讀之。既葬而祔，則人事終而神事始，廟祭各有禮，當於既葬讀之。喪畢復吉，祥禫已終，思慕未平，當讀樂章，如雅頌之類，借弦歌以漸釋其憂痛也。居喪哀，故不言樂。祭事吉，故不言凶。公庭闑外，故不言婦女。禮者，因時稱情而已。

【欽定義疏】居喪未葬，讀喪禮；既葬，讀祭禮。喪復常，讀樂章。

正義 鄭氏康成曰：爲禮各於其時。

孔氏穎達曰：居喪，居父母之喪也。喪禮，謂朝夕奠下室、朔望奠殯宮及葬等禮也。祭禮，謂虞、卒哭、祔、小祥、大祥之禮也。復常，謂大祥除服之後也。樂章，樂書之篇章，謂詩也。此上三節，事須預習，故皆許讀之。

通論 張子曰：禮在平日，豈不常學？如祭禮、樂章，豈必喪終乃學。此言者，蓋爲切於用，故至其時又復講求。居喪者，他書不可觀，惟喪祭禮可讀，若觀他書，却似都忘。

陳氏祥道曰：非喪而讀喪禮，則非人子之情；居喪而不讀喪禮，不失之過則失之不及。未葬而讀祭禮，則非孝子之情；既葬而不讀祭禮，不失之黷則失之怠。喪未除而讀樂章，則哀不足；喪復常而不讀樂章，則樂必崩。宰予欲短喪，孔子以爲不仁。閔子騫、子夏援琴而哀樂各異，孔子皆以爲君子。則喪復常，讀樂章，先王之中制也。

居喪不言樂，祭事不言凶，公庭不言婦女。

正義 鄭氏康成曰：非其時也。

通論 馬氏晞孟曰：斬衰之喪，唯而不對。齊衰之喪，對而不言。大功之喪，言而不及議。小功之喪，議而不及樂。夫小功之喪，議而不及樂，況大於此而可言樂乎？古者易服而葬，周官蜡氏：「凡大祭祀，禁凶服。」祭義：「郊之祭，喪者不敢哭。」以爲交於神明者，不可以凶也，又況祭祀可言凶乎？男正位乎外，女正位乎内。内言不出，外言不入，凡欲無相瀆而已，又況公庭可言婦女乎？

【杭氏集説】居喪未葬，讀喪禮；既葬，讀祭禮。喪復常，讀樂章。

吕氏大臨曰：讀喪禮、祭禮，欲以禮事其親也。服除讀樂章，先生制禮，不敢過也。

姚氏際恒曰：陳用之曰：「非喪而讀喪禮，非人子之情；非葬而讀祭禮，則非孝子之情。」此説釋記文自是，然畢竟喪、祭二禮，平時不一寓目，臨時讀之，能一一自盡否？得無犯臨渴掘井之誚乎？此處似當更詳，不可全泥也。

朱氏軾曰：樂章，即祭之樂章，承上言。既葬，雖讀祭禮，而祭之樂章，則必待除服乃讀。　又曰：祭禮不止祥、禫、虞、祔，凡祭，莫非追慕感愴，讀之不至忘哀，非必用之而後讀也。

姜氏兆錫曰：復常，除服之後。樂章，弦歌之詩。此歷明所當讀也。

任氏啟運曰：送死，人之大事，一有不當，終天之恨也。人當具慶，固有所不忍言。然至居喪而後讀喪禮，豈有及乎？平時服習，而臨時慎加檢點，更得一真淳知禮之友，以詔相之，亦庶乎其無憾也。

居喪不言樂，祭事不言凶，公庭不言婦女。

姜氏兆錫曰：吉凶不相干，故不言樂、不言凶。公私不相干，故不言婦女。此歷明所不當言也。　又曰：此章類言吉凶公私之禮。

【孫氏集解】居喪未葬，讀喪禮；既葬，讀祭禮。喪復常，讀樂章。

鄭氏曰：爲禮各於其時。

孔氏曰：喪禮，謂朝夕奠及葬等事。祭禮，虞、卒哭、祔、小祥、大祥之禮。復常，大祥除服之後。樂章，樂書之篇章，謂詩也。禫而後吉祭，禫後宜讀之。

愚謂凶事不豫習，故喪葬之禮至居喪乃讀之。古人以弦誦爲常，除喪則反其所業也。

居喪不言樂，祭事不言凶，公庭不言婦女。

鄭氏曰：非其時也。

馬氏晞孟曰：小功之喪，議而不及樂，況大於此而可言樂乎？周官蜡氏：「凡大祭祀，禁凶服。」祭義：「郊之祭，喪者不敢哭。」又況祭祀可言凶乎！内言不出，外言不入，凡欲無相瀆而已，況公庭可言婦女乎！

【朱氏訓纂】居喪未葬，讀喪禮；既葬，讀祭禮。喪復常，讀樂章。注：爲禮各於其時。　正義：喪禮，謂朝夕奠下室、朔望奠殯宮及葬等禮也。祭禮，虞、卒哭、祔、小祥、大祥之禮也。復常，謂大祥除服之後也。樂章，樂書之篇章，謂詩也。禫而後吉祭，故知禫後宜讀之。**居喪不言樂，祭事不言凶，公庭不言婦女。**注：非其時也。

二·一五 〇**振書端書於君前**[一]**，有誅。倒筴側龜於君前，有誅。**臣不豫事，不敬也。振，去塵也。端，正也。倒，顛倒也。側，反側也。皆謂甫省視之。〇倒，多老反。去，羌呂反，下「徹猶去」「去琴瑟」同。顛，丁田反。

【疏】「振書」至「有誅」[二]。〇正義曰：此一節總明臣當預事，並明臣入公門當謹敬之禮也，各依文解之。

〇「振書」者，拂去塵也。書，簿領也。端，正也。誅，責也。臣不豫慎，若將文書簿領於君前，臨時乃拂整，則宜誅責也。

〇「倒筴側龜於君前，有誅」者，倒，顛倒也。側，反側也。龜筴，君之卜筮所須也。不預周正而來，在君前方顛倒反側齊正，則有責罰也。

〇注「臣不」至「視之」。〇正義曰：甫者，始也。謂不豫整理，今於君前始正之。

【衛氏集說】鄭氏曰：臣不豫事，不敬也。振，去塵也。端，正也。倒，顛倒也。側，反側也。皆謂甫省視之。

孔氏曰：此一節明臣當豫事。書，簿領也，不豫拂整。龜筴，君之卜筮所須也，不豫

[一] 振書端書於君前節 惠棟云：「『振書』節、『龜筴』節、『君子將營宮室』節，宋本合爲一節。」

[二] 振書至有誅 惠棟校宋本無此五字。

周正，皆宜誅責也。

嚴陵方氏曰：端，謂正其簡書。筴有本末，故曰「倒」。龜有背面，故曰「側」。倒筴、側龜與振書，其過非大，然皆有誅，疑若已甚。蓋以羣臣之衆，而奉一人之尊，不可不謹也，抑所以防其漸歟。

【吴氏纂言】鄭氏曰：振，去塵也。端，正也。倒，顛倒也。側，反側也。皆謂甫省視之，臣不豫事，不敬也。孔氏曰：書，簿領也。誅，責也。臣當豫事整理，若文書簿領於君前，臨時乃拂整。龜筴，君之卜筮所須，不豫周正，來在君前方顛倒反側齊正之，則宜有責罰也。方氏曰：端，謂正其簡書。筴有本末，故曰「倒」。龜有背面，故曰「側」。倒筴、側龜與振書、端書，其過非大，然皆有誅。蓋以臣之奉君，不可不謹也。

【陳氏集説】人臣以職分内事事君，每事當謹之於素，文書簿領已至君前，乃始振拂其塵埃而端整之；卜筮之官，龜筴其所奉以周旋者，於君前而有顛倒反側之狀，此皆不敬其職業而慢上者，故皆有罰。

【欽定義疏】正義 鄭氏康成曰：臣不豫事，不敬也。振，去塵也。端，正也。倒，顛倒也。側，反側也。皆謂甫省視之。孔疏：甫者，始也。不豫整理，今於君前始正之。

孔氏穎達曰：此明臣當豫事。書，簿領也，不豫拂整；龜筴，君之卜筮所須也，不豫周正，皆宜誅責也。

方氏慤曰：筴有本末，故曰「倒」；龜有背面，故曰「側」。倒筴、側龜與振書，其過非大，然皆有誅，蓋以羣臣之衆而奉一人之尊，不可不謹也。抑所以防其漸歟！

【杭氏集說】姜氏兆錫曰：振，拂也。書，謂文書也。言史掌文書，若已至君前，乃始拂塵埃而正之，怠矣；卜筮官掌龜筴，若君前猶或顛倒，或反側，慢矣。故皆有罰也。 又曰：此章言尊君之禮。

【孫氏集解】鄭氏曰：臣不豫事，不敬也。振，去塵也。端，正也。倒，顛倒也。側，反側也。皆謂甫省視之。

孔氏曰：書，簿領也。文書、筴龜不豫整理，今於君前始正之，皆有誅責也。

方氏慤曰：此非大過，而皆有誅，蓋以羣臣之衆而奉一人，不可不謹也。抑所以防其漸與。

【朱氏訓纂】振書端書於君前，有誅。倒筴側龜於君前，有誅。注：臣不豫事，不敬也。振，去塵也。端，正也。倒，顛倒也。側，反側也。皆謂甫省視之。 正義：書，簿領也。誅，責也。

曲禮注疏長編卷二十一

二·一六　**龜筴、几杖、席蓋、重素、袗絺綌，不入公門。**龜筴，嫌問國家吉凶。几杖，嫌自長老。席蓋，載喪車也。雜記曰：「士輤，葦席以爲屋，蒲席以爲裳帷。」重素，衣裳皆素，喪服也。袗，單也。孔子曰：「當暑，袗絺綌，必表而出之。」爲其形褻。○重素，直龍反，注同。重素，衣裳皆素。袗，之忍反。輤，千見反。葦，于鬼反。爲其，于僞反。**苞屨、扱衽、厭冠，不入公門。**此皆凶服也。苞，藨也，齊衰藨蒯之菲也。問喪曰：「親始死，扱上衽。」厭，猶伏也，喪冠厭伏。苞，或爲「菲」。○苞，白表反，草也。扱，初洽反。衽，而審反。厭，於涉反。藨，白表反，一音扶苗反。齊衰，本又作「齋」，音咨；下七雷反，下文同。蒯，苦怪反。菲，扶味反，屨也。**書方、衰、凶器，不以告，不入公門。**此謂喪在內，不得不入，當先告君耳。方，板也[一]。士喪禮下篇曰：「書

[一] 方板也　閩、監本同，岳本、嘉靖本同，毛本「板」作「版」。釋文出「方板」云：「字又作『版』。」正義本作「板」。毛本改從釋文又本，非。○鍔按：「方板」上，阮校有「龜筴節」三字。

賵於方，若九、若七、若五。」凶器，明器也。○板，字又作「版」，音同。賵，芳仲反，車馬曰賵。**公事不私議。**嫌若姦也。

【疏】「龜筴」至「公門」。○正義曰：此以下明臣物不得入君門者也[一]。

○「龜筴」者，謂臣之龜筴也，將入，嫌問國家吉凶。

○「几杖」者，臣之几杖也，若將入，謂欲驕矜，嫌自長老。

○「席蓋」者，喪車蓋也。臣有死於公宮，可許將柩出門，不得將喪車凶物入也。車比棺爲緩，宜停外也。

○「重素」者，衣裳皆以素，謂遭喪之服也，亦不宜著入也。

○「袗絺綌」者，袗，單也。絺綌，葛也。上無衣表，則肉露見，爲不敬，故不著入也。

○「不入公門」者，并結上諸條事，皆不得入也。若尸乘以几至廟門，及八十杖於朝，則几杖得入公門也。

○注「龜筴」至「形褻」。○正義曰：引雜記證席蓋是喪車也。輤，喪車邊牆也，在上曰屋，在邊曰裳帷。士喪車用葦席爲上屋，蒲席以爲邊牆也。然天子諸侯染布爲蒨色，大夫但布而不染，士用席而亦言輤者，因天子輤通名也。今言席蓋，謂士耳。舉士爲例，

[一] 正義曰此以下明臣物不得入君門者也　惠棟校宋本無「正義曰」三字，餘同。閩、監、毛本「君」作「公」。

卿大夫喪車亦不得入。

云「重素，衣裳皆素，喪服也」者，若臣之待放，衣裳皆素，既是待放，本無得入公門之理，此云「重素不入公門」者，謂私服。又文王世子公族有死罪，公親素服，唯君得素服入，臣則不可。引論語證入公門不單也。形褻，謂肉露見也。

○「苞屨」至「公門」。○「苞屨」，謂藨蒯之草爲齊衰喪屨。

○「扱衽」者，親始死，孝子徒跣，扱上衽也。

○「厭冠」者，喪冠也。厭帖無者彊[一]，爲五服喪所著也。

○「不入公門」者，此并五服之内，喪服差次，不合入，不得著入公門也。苞，謂杖齊衰之屨，故喪服「杖齊衰」章云：「疏屨者，藨蒯之菲也。」此云「苞屨、扱衽不入公門」，服問云：「唯公門有税齊[二]。」注云：「不杖齊衰也。於公門有免齊衰，則大功有免絰也。」如鄭之言，五服入公門與否，各有差降。熊氏云：「父之喪，唯扱上衽，不入公門，冠絰衰屨皆得入也。杖齊衰，則屨不得入；不杖齊衰，衰又不得入；其大功，絰又不得

[一] 厭帖無者彊　閩本同，惠棟校宋本「彊」字同，「者」作「耆」。監、毛本「者彊」作「梁纚」，衛氏集説同。案：當作「耆彊」，宋本是也。古訓「耆」爲「彊」。逸周書謚法云：「耆，强也。」左氏昭廿三年傳「不懦不耆」，杜預注亦云：「耆，彊也。」疏意蓋謂無耆彊之謂，厭帖而已。「耆」作「者」，形近之誤也。

[二] 唯公門有税齊　閩、監、毛本同，惠棟校宋本「齊」下有「衰」字。○按：服問有「衰」字。

入；其小功以下，冠又不得入。此厭冠者，謂小功以下之冠，故云不入公門。凡喪冠皆厭，大功以上，厭冠宜得入公門也。」凡喪屨，案喪服斬衰用菅屨，杖齊衰用苞，不杖齊衰用麻，大功用繩，故小記云：「齊衰三月，與大功同者繩屨。」其小功以下，鄭引舊説云：「小功以下，吉屨無絇。」

○「書方」者，此謂臣有死於公宫，應須凶具，此下諸物，並宜告而後入者也。書，謂條録送死者物件數目多少，如今死人移書也。方，板也。百字以上用方板書之，故云書方也。

○「衰」者，孝子喪服也。

○「凶器」者，棺材及棺中服器也[一]。

○「不以告，不入公門」者，臣在公宫而死，營凶器所須而不得輒將入公門，故須告也。然衰之屬，今厭冠、苞屨尚不入，云衰告乃入者，熊氏云：「上不入，謂公宫庫、雉、路之門。今此不入公門者，國城之門。謂卿大夫之喪從外來，書方、衰、凶器須告乃入。」今謂既同稱公門，又國城之内，百姓民衆所居，方、衰、凶器，須告乃入，事恐非也。蓋公門非一，或是公之外門，及百官治事之處，君許其在内殯及將葬之禮，故有明器、書方，須

[一] 及棺中服器也　閩、監、毛本同，惠棟校宋本「服」作「明」。

告乃入。

○注「士喪」至「器也」。○正義曰：證喪禮書方也。送死者車馬曰賵，衣服曰襚，亦通曰賵。「若九、若七」等，謂書送物於板行列之數多少。物多則九行，少則七行、五行也。

書方、衰、凶器，不以告，不入公門。

【衛氏集説】龜筴、几杖、席蓋、重素、袗絺綌，不入公門。苞屨、扱衽、厭冠，不入公門。

鄭氏曰：龜筴，嫌問國家吉凶。几杖，嫌自長老。席蓋，載喪車也。雜記曰：「士輤，葦席以爲屋，蒲席以爲裳帷。」重素，衣裳皆素，喪服也。袗，單也。孔子曰：「當暑，袗絺綌，必表而出之。」爲其形褻也。苞，藨也，齊衰藨蒯之菲也。問喪曰：「親始死，扱上衽。」厭，猶伏也，喪冠厭伏。苞，或爲「菲」，此皆凶服也。方，板也。士喪禮曰：「書賵于方，若九，若七，若五。」凶器，明器，此謂喪在内不得不入，當先告君耳。

孔氏曰：此以下明臣入公門當謹慎其物，有不得入者。席蓋，喪車蓋也。臣有死於公宮，可許將柩出門，不得將喪車凶物入也。車比棺爲緩，宜停外也。絺綌，葛也。上無衣表，則肉露見，爲不敬，故不著入也。若尸乘以几至廟門，及八十杖於朝，則几杖得入公門也。厭冠，謂厭帖無梁纚，爲五服喪所著也。書，謂條録送死者物件數目多少，如今死人移書也，百字以上用方板書之，故云「書方」。衰，喪服也。凶器者，棺材及棺中明器也。臣在公宫而死，凶具宜告而入也。

藍田吕氏曰：几所以凴，杖所以扶，席所以坐，蓋所以禦日與雨，袗絺綌所以袢暑，皆燕安之具。入公門而用之，近不恭也。孔子表而出之。表，謂加上服以蔽之，單則褻也。孔子雖不入公門，亦表而出之，則與衆加恭也。吉冠有纚有梁，而喪冠無之，故厭然也。君子不奪人之喪，雖入公門，無所辟也。臣子之義，嫌於不祥，故舉其重而辟之。士所以入公門，説齊衰也，言脱齊衰，則大功以下不脱也。大功以下，雖不脱衰，而厭冠必脱也。齊衰、厭冠、衰屨，皆脱也。斬衰固脱矣。其未成服者，雖扱衽，亦不入，皆嫌於不祥也。衰，五服之衰也。書方、衰、凶器三者，皆爲臣妾有死於宫者，君亦許之，殯而成喪，然必告君乃得入也。爲君使而死公館，復私館、不復公館者，公宫與公所異也。明死於公宫者，得成喪也。

馬氏曰：先王之時，掌蓍龜有官，賜几杖有等。周官：「若有祭事，則龜人奉龜。凡國事，筮人共筮。」龜、蓍非君命而入公門，則是掌筴龜者可以擅卜筮也。几杖，非尸與七十者而入公門，則是人臣可以自長老也。扱衽者，孝子未成服之飾。周官閽人：「掌王宫中門之禁，喪服凶器不入宫。」蟜固曰：「士唯公門説齊衰。」與此同義。然閽人：「潛服賊器不入宫，奇服怪民不入宫。」少儀曰：「大白兵車不入廟門。」玉藻曰：「非列采不入公門。表裘不入公門，襲裘不入公門。」則公門之禁多矣。曲禮之所言，特其大略而已。

山陰陸氏曰：「苞屨、扱衽、厭冠，不入公門」，此謂齊衰服者。故曰：「士唯公門説齊衰。」凡服皆先納屨，屨而後服，服而已冠。厭冠，冠在下。以此厭冠、齊衰喪冠，厭於斬衰故也。先儒謂扱衽，於擗踊爲妨則扱衽，蓋成服之服。

廬陵胡氏曰：龜筴，嫌有異謀。若南蒯將叛，枚筮是也。

公事不私議。

鄭氏曰：嫌若姦也。

馬氏曰：公事而私議，則是弼違者，可以後言也。然季孫使冉有訪田賦於仲尼，仲尼不對，而私於冉有，何也？聖人之於人，可與言，未嘗不言；不可與言，未嘗失言。季孫之用田賦，固非孔子之所能正，其私於冉有，豈得已哉？

【吴氏纂言】龜筴、几杖、席蓋、重素、袗絺綌，不入公門。

鄭氏曰：龜筴，嫌問國家吉凶。几杖，嫌自長老。席蓋，載喪車也。雜記曰：「士輤，葦席以爲屋，蒲席以爲裳帷。」重素，衣裳皆素，喪服也。袗，單也。孔子曰：「當暑，袗絺綌，必表而出之。」爲其形褻。

孔氏曰：臣有死於公宫，許將柩出，不得將喪車凶物入。絺綌，葛也。上無衣表，則肉露見爲不敬，故不著入也。若尸乘以几至廟門，及八十杖於朝，則几杖得入也。

苞屨、扱衽、厭冠，不入公門。

鄭氏曰：苞，藨也，齊衰藨蒯之菲也。問喪曰：「親始死，扱上衽。」厭，猶伏也。喪冠厭伏，此皆凶服也。

書方、衰、凶器，不以告，不入公門。

鄭氏曰：方，版也。士喪禮下篇云：「書賵於方，若九，若七，若五。」此謂喪在内，不得不入，當先告君爾。

孔氏曰：書，謂條録，死者物件數目多少，如今死人移書也。百字以上用方版書之，故云書方。衰，喪服也。凶器者，棺材及棺中明器也。臣在公宫而死，凶具宜告而入也。

公事不私議。

公朝之事，當與同列議之於公朝，不可議之於私家也。若冉求仕于季氏而退朝之晏，乃對夫子曰：「有政。」政者，魯國之政，所謂公事也。季氏不與魯大夫議之於公朝，乃獨與其家臣議之於私家，故夫子譏之。

鄭氏曰：嫌若姦也。

【陳氏集説】龜筴、几杖、席蓋、重素、袗絺綌，不入公門。龜筴所以問吉凶，嫌豫謀也。几杖所以優高年，嫌自尊也。席所以坐卧，蓋所以蔽日與雨，絺綌所以涼體。袗，單也，單則見體而褻。此三者，宴安之具也。重素，衣裳皆素也。以非吉服，故亦不可以入公門。**苞屨、扱衽、厭冠，不入公門。**苞，讀爲藨，以藨蒯之草爲齊衰喪屨也。扱衽，以深衣前衽扱之於帶也。蓋親初死時，孝子以號踊履踐爲妨，故扱之也。厭冠，喪冠也。吉冠，有纚有梁，喪冠無之，故厭帖然也。此皆凶服，故不可以入公門。

書方、衰、凶器，不以告，不入公門。方，板也。書方者，條録送死物件於方板之上也。衰，五服之衰也。凶器，若棺椁牆翣明器之屬。不以告，不入公門，謂告則可入者，蓋臣妾有死於宮中者，君亦許其殯而成喪，然必先告乃得將入也。

公事不私議。馬氏曰：季孫使冉有訪田賦於仲尼，仲尼不對而私於冉有，何也？季氏用田賦，非孔子所能止，其私於冉有，豈得已哉？

【納喇補正】席蓋、重素、袗絺綌，不入公門。

集説 席所以坐卧，蓋所以蔽日與雨。

竊案 鄭注：「席蓋，載喪車也。」雜記曰：『士輤，葦席以爲屋，蒲席以爲裳帷。』」孔氏疏之曰：「輤，喪車邊牆也，在上曰屋，在邊曰裳帷。士喪車用葦席爲上屋，蒲席爲邊牆也。舉士爲例，卿大夫喪車亦不得入。」又曰：「席蓋，喪車蓋也。臣有死於公宫，可許將柩出門，不得將喪車凶物入也。車比棺爲緩，宜停外也。」愚案鄭、孔席蓋之説，與下「重素」正爲一類。集説易爲席與蓋，非是。卿大夫朝畢，在公門内聽事，豈容不敷席而坐？又豈容不以蓋蔽雨日乎？

公事不私議。

集説 馬氏曰：「季氏使冉有訪田賦於仲尼，仲尼不對，而私於冉有，何也？季氏用田賦，非孔子所能止，其私於冉有，豈得已哉。」

竊案 公家之事，當與同列議於公朝，不可與家臣謀於私室。若冉有退朝之晏，而曰「有政」，是公事私議也，故孔子譏之。若田賦之訪而私於冉有，此因訪而私論其事理，豈謀議之謂哉？馬氏以爲不得已，誤矣。

【欽定義疏】龜筴、几杖、席蓋、重素、袗絺綌，不入公門。苞屨、扱衽、厭冠，不入公門。書方、衰、凶器，不以告，不入公門。

正義 鄭氏康成曰：龜筴，嫌問國家吉凶。几杖，嫌自長老。孔疏：若尸乘以几至廟門，及八十杖於朝，則几杖得入公門也。席蓋，載喪車也。孔疏：喪車蓋也。臣有死於公宮，可許將柩出門，不得將喪車凶物入也。車比棺爲緩，宜停外。雜記曰：「士輤，葦席以爲屋，蒲席以爲裳帷。」孔疏：舉士爲例，卿大夫喪車亦不得入。重素，衣裳皆素，喪服也。孔疏：臣待放，則重素。既待放，自不得入，此謂其私服。袗，單也。孔子「當暑，袗絺綌，必表而出之」，爲其形褻也。孔疏：上無衣表，則肉露見，爲不敬。苞，藨也，齊衰藨蒯之菲也。問喪曰：「親始死，扱上衽。」厭，猶伏也，喪冠厭伏。孔疏：厭帖無梁纚，爲五服喪所著也。苞，或爲「菲」，此皆凶服也。孔疏：服問「唯公門有稅齊衰」，鄭注此不杖齊衰，五服入公門與否，各有差降。熊氏云：「父之喪，唯扱上衽不入，冠絰衰屨皆得入。」杖齊衰，則屨不得入，不杖齊衰，衰又不得入，大功絰又不得入，小功、冠又不得入。此厭冠，謂小功以下之冠，大功已上宜得入也。方，板也。士喪禮曰：「書賵於方，若九、若七、若五。」孔疏：送死者之物通曰「賵」。若九、若七等，書板行列之數，多則九行，少則七行、五行也。凶器，明器也，此謂喪在內不得不入，當先告君耳。

孔氏穎達曰：此以下明臣物不得入公門者。書，謂條録送死物件數目多少，百字以上用方板書之，故云「書方」。衰，孝子喪服也。凶器，棺材及棺中服器也。臣在公宫而死，君許其在内殯，及將葬之禮，故有明器、書方，須告乃入。

吕氏大臨曰：几所以馮，杖所以扶，袗絺綌所以褻袢暑，皆燕安之具。入公門而用之，近不恭也。君子不奪人之喪，雖入公門無所辟也。臣子之義，嫌於不祥，故舉其重而辟之。衰，五服之衰也。書方、衰、凶器，三者皆爲臣妾有死於宫者。君亦許之殯而成喪，然必告君乃得入也。爲君使而死公館，復私館不復公館者，公宫與公所異也，明死於公宫者得成喪也。

通論 馬氏晞孟曰：先王之時，掌蓍龜有官，賜几杖有等。周官：「若有祭事，則龜人奉龜。凡國事，筮人共筮。」龜、筮非君命而入公門，則是掌筴龜者可以擅卜筮也。几杖，非尸與七十者而入公門，則是人臣可以自長老也。周官閽人「掌王宫中門之禁，喪服凶器不入宫」，蟜固曰：「士唯公門説齊衰」，與此同義。然閽人：「潛服賊器不入宫，奇服怪民不入宫」，少儀曰：「太白兵車不入廟門」，玉藻曰：「非列采不入公門，表裘不入公門，襲裘不入公門」，則公門之禁多矣！曲禮之所言，特其大略而已。

胡氏銓曰：龜筴，嫌有異謀，若南蒯將叛，枚筮是也。

存異　呂氏大臨曰：席所以坐，蓋所以禦日與雨。

陸氏佃曰：先儒謂扱衽，於擗踴爲妨則扱衽，蓋成服之服。

案　鄭説席、蓋與重素爲類是也。呂分爲二，則路門外九室爲卿大夫治事之所，豈能不席而坐？郭門以内，雨日皆不蔽乎？凡親始死因無衰，故扱上衽。成服則齊斬矣！如陸説，豈扱齊斬之衽乎？

公事不私議。

正義　鄭氏康成曰：嫌若姦也。

餘論　馬氏晞孟曰：公事而私議，則是弼違者可以後言也。然季孫使冉有訪田賦於仲尼，仲尼不對，而私於冉有，何也？聖人之於人，可與言未嘗不言，不可與言未嘗失言。季孫之用田賦，固非孔子之所能正，其私於冉有豈得已哉？

案　公事私議，若季氏專魯國政，不與同列議於公朝，而與家臣謀於私室耳。若君、大夫來訪，則直告之，非私議也。

【杭氏集説】龜筴、几杖、席蓋、重素、袗絺綌，不入公門。苞屨、扱衽、厭冠，不入公門。書方、衰、凶器，不以告，不入公門。

姚氏際恒曰：席、蓋，呂與叔謂坐席、禦日與雨之蓋，此説是。又與几杖爲一類也。鄭氏謂載喪車，引雜記「士輤，葦席以爲屋，蒲席以爲裳帷。」，然則何獨舉士之喪車爲言乎？此執禮解禮之謬也。孔氏曰「舉士爲例，卿大夫喪車亦得入」，此辭遁處。成容若主鄭説，駁呂説，謂卿大夫公門内聽事，豈容不敷席而坐？又豈容不以蓋蔽雨日？按，若加隆大臣，則席蓋亦或得入，如「尸與七十得入几杖」是也。若其常，恐未宜。

姜氏兆錫曰：龜筴以問吉凶，嫌豫謀也。几杖以優高年，嫌自尊也。席以共坐卧，蓋以蔽雨暘，求安也。重素者，衣裳皆素，非吉服也。袗絺綌者，不表而出，將見體也。故公門皆不可入。又曰：苞爲藨者，喪屨用藨蒯爲之也。衽，謂深衣前衽，初喪，恐妨號踊，故扱於帶也。厭冠，亦謂喪冠。吉冠有纓有梁，喪冠無之，故厭帖然也。凡皆喪服，故亦不入。又曰：方，版也，謂書録送死物件於方版也。衰者，五服之衰。凶器者，若棺椁、墻翣、明器之屬。數者，臣妾死於宫中，必以入，然必先告乃可也。

任氏啟運曰：按熊氏謂父之喪，扱上衽，不入公門，冠絰衰屨猶入。杖齊穰，苞屨不入公門，冠衰猶入。不杖齊衰，衰不入公門，冠絰猶入。大功，絰不入。小功以下，冠不入。蓋有所不入者，以敬君，而猶有所不去者，君子不奪人之喪也，且亦惟公門脱齊衰耳。今俗以凶服爲忌，至有居父母之喪，而無往不玄服者，何歟？

公事不私議。

姚氏際恒曰：公事不私議，謂議公事者，當公議之不可私也。鄭氏謂「嫌若姦」是

也。馬彥醇曰：「季孫使冉有訪田賦于仲尼，仲尼不對，而私於冉有。季孫用田賦，非孔子所能止，其私于冉有，豈得已哉？」按，孔子本無公議之責，又季孫使人訪，則是反屬于私，尤非公也。比擬皆失，安得取彼文「私」字，證此「私」字，而爲孔子斡旋乎？無謂甚矣。集說、集注皆載其說，故辨之。

姜氏兆錫曰：無位者不得議，有位者亦當議於公朝也。又曰：馬氏曰：「季孫使冉有訪田賦於仲尼，仲尼不對，而私於冉有，何也？季氏用田賦，非孔子所能止，其私於冉有，豈得已哉？」愚按，論語朱傳「不在其位，不謀其政者，常也。若卿大夫問而對者，則有矣」，然則不對田賦，第以其問，非所問耳。即私於冉有，亦非私議也。若季氏與家臣議於私室，而子警之也，則爲私議矣。

【孫氏集解】龜筴、几杖、席蓋、重素、袗絺綌，不入公門。 又曰：此章言尊公朝之禮。

鄭氏曰：龜筴，嫌問國家吉凶。几杖，嫌自長老。席蓋，載喪車也。雜記曰：「士輤，葦席以爲屋，蒲席以爲裳帷。」重素，衣裳皆素，喪服也。袗，單也。孔子曰：「當暑，袗絺綌，必表而出之。」

孔氏曰：龜筴，臣之龜筴也。

愚謂大夫七十而致事，若不得謝，則君賜之几杖，未受賜者，不得以几杖入朝也。席，

坐席也。朝内卿大夫視事之室，蓋有君所常設之席，故不可持席以入，嫌其自表異也。蓋以禦雨，亦以表尊。朝位在庭，雨則廢。持蓋，嫌其表尊也。鄭謂「席蓋爲喪車」，非也。果爾，則當言車，不當但舉其席蓋也。素，白色繒也。重素，素冠、素衣、素裳，司服所謂「素服」，遭災變之所服也。絺綌，褻衣，其上宜有中衣與禮衣焉，所謂「必表而出之」也，袗絺綌則不敬矣。

苞屨、扱衽、厭冠，不入公門。

鄭氏曰：此皆凶服也。苞，藨也，齊衰藨蒯之菲也。問喪曰：「親始死，扱上衽，喪冠厭伏。」

孔氏曰：苞屨，謂藨蒯之草爲屨，杖齊衰之屨也。故喪服「杖齊衰」章云：「疏屨者，藨蒯之菲也。」此云「苞屨不入公門」，服問云：「唯公門有稅齊衰。」注云：「不杖齊衰也。於公門有免齊衰，則大功有免絰也。」如鄭此言，五服入公門與否，各有差降。熊氏云：「父之喪，唯扱上衽，不入公門，冠絰衰屨皆得入也。杖齊衰則屨不得入，不杖齊衰，衰又不得入；其大功，絰又不得入；其小功以下，冠又不得入。此厭冠者，謂小功以下之冠，故云『不入公門』。凡喪冠皆厭，大功以上，厭冠宜得入公門也。」

愚謂未殯之前，主人非君命，不出大門，而云「扱衽不入公門」者，謂臣有死於公宫，若叔弓於禘祭涖事而卒者，則其子不以扱衽入也。三年之喪，雖權制，亦必卒哭乃服金革之事，未卒哭以前，無以冠絰、衰麤入公門之禮。苞屨不入公門，蓋謂爲妻杖期之服。若爲母杖期，卒哭變服之前，亦無入公門之禮也。厭，伏也。喪冠謂之厭冠者，以其無武而其狀卑伏也。雜記曰：「委武玄縞而後蕤」，是喪至大祥，冠始有武也。服問曰：「雖朝於君，無免絰，唯公門有稅齊衰。」則齊衰之喪入公門者，自身以下之服，悉變之，惟其在首者，自若也。厭冠不入，則必並首絰去之矣，其爲大功以下者與？

書方、衰、凶器，不以告，不入公門。

鄭氏曰：此謂喪在内，不得不入，當先告君耳。方，版也。士喪禮下篇曰：「書賵於方，若九、若七、若五。」凶器，明器也。

孔氏曰：書，謂條録送死者物件數目，如今死人移書也。百字以上用方版書之，故曰「書方」。

愚謂此謂有死於宫中而君所不主其喪者，故此諸事須告君乃入也。

公事不私議。

鄭氏曰：嫌若姦也。

愚謂此所以杜專擅之端。冉有與季氏議政於私室，孔子非之。

【朱氏訓纂】龜筴、几杖、席蓋、重素、袗絺綌，不入公門。注：龜筴，嫌問國家吉凶。几杖，嫌自長老。席蓋，載喪車也。雜記曰：「士輤，葦席以爲屋，蒲席以爲裳帷。」

重素，衣裳皆素，喪服也。袗，單也。孔子曰：「當暑，袗絺綌，必表而出之。」爲其形褻。　正義：臣有死於公宫，可許將柩出門，不得將喪車凶物入也。絺綌，葛也，上無衣表，則肉露見，爲不敬。不入公門者，并結上諸事。若尸乘以几至廟門，及八十杖於朝，則几杖得入公門也。**苞屨、扱衽、厭冠，不入公門。**注：此皆凶服也。苞，藨也，齊衰藨蒯之菲也。問喪曰：「親始死，扱上衽。」厭，猶伏也，喪冠厭伏。苞或爲菲。　正義：熊氏云：「父之喪，唯扱上衽，不入公門。冠絰衰屨皆得入也。杖齊衰，則屨不得入；不杖齊衰，衰又不得入；其大功，絰又不得入；小功以下，冠又不得入。此厭冠者，謂小功以下之冠。」**書方、衰、凶器，不以告，不入公門。**注：此謂喪在內，不得不入，當先告君耳。方，版也。士喪禮下篇曰：「書賵於方，若九、若七、若五。」凶器，明器也。　正義：臣在公宫而死，君許其在內殯及將葬之禮，故有明器、書方，須告乃入。**公事不私議。**注：嫌若姦也。　吴幼清曰：公朝之事，當與同列議于公朝，不可議之私家。

【郭氏質疑】席蓋。

鄭注：席蓋，載喪車也。雜記曰：「士輤，葦席以爲屋，蒲席以爲裳帷。」

嵩燾案：鄭意據此爲車蓋，而誤入雜記葦席、蒲席之文，連席蓋言之，據雜記「其輤有裧，緇布裳帷，素錦屋」，鄭注「輤，載柩之車飾」，輤取名於櫬與蒨，輤以覆蓋，裳帷以蔽車，屋以蔽棺，士覆車及棺皆以席，非以席爲蓋也，與此所引似忤。蓋所以覆車，左傳莊公三十二年：「投蓋於稷門。」正謂蓋重且巨，無因挾之以入公門。呂氏大臨云：「席所以坐，蓋所以禦日與雨，席、蓋當爲二物。」國語：「暑不張蓋。」家語：「孔子將出，雨而無蓋。」司馬相如賦：「蜺爲旌，翠爲蓋。」皆此。几杖、席蓋爲一類，重素、袗絺綌爲一類，几杖、席蓋皆所以自便安者，以入公門，亦爲不敬。案，朝燕布席，有司掌之。曾子問「諸侯相見，及旅見天子，入門，雨霑服，失容，則廢足」，爲席蓋不入公門之確證。

二·一七　○**君子將營宮室，宗廟爲先，廄庫爲次**[一]**，居室爲後。**重先祖及國之用。○廄，九又反。○**凡家造**[二]**，祭器爲先，犧賦爲次，養器爲後。**大夫稱家謂家。始造事。犧賦，以稅出牲。○凡家造，才早反，一本作「凡家造器」，「器」，衍字。犧，許宜反。養，羊尚反，一如字。**無田祿者，不設祭器；有田祿者，先爲祭服。**祭器可假，祭服宜自有。**君子雖貧，不粥祭器；雖寒，不衣祭服；爲宮室，不斬於丘木。**廣敬鬼神也。粥，賣也。丘，壟也。○粥，音育。衣，於既反。

[一] 廄庫爲次　閩、毛本同，監本「廄」作「廐」，嘉靖本同。石經作「廄」，岳本同。○鍔按：「廄庫」上，阮校有「君子將營宮室節」七字。

[二] 凡家造節　惠棟云：「『凡家造』節、『大夫士去國』節，宋本合爲一節。」

【疏】「凡家」至「丘木[一]」○正義曰：此一節總論大夫所造祭器、衣服，并明祭器所寄之事，各依文解之。

○「凡家造」，謂大夫始造家事也。大夫稱家。

○「祭器爲先」者，崇敬祖禰，故在先。

「犧賦爲次」者，諸侯、大夫少牢。此言犧，謂牛。即是天子之大夫，祭祀賦斂邑民供出牲牢，故曰「犧賦」。

○「養器爲後」者，養器，供養人之飲食器也。自贍爲私，宜後造。然諸侯言「宗廟」，大夫言「祭器」；諸侯言「廄庫、居室」，大夫言「犧賦、養器」者，互言也。此據有地大夫，故得造祭器。若無田禄者，但爲祭服耳。其有地大夫，祭器、祭服俱造，則先造祭服，乃造祭器。此言「祭器爲先」者，對犧賦、養器爲先，其實在祭服之後。

○「無田」至「祭服」。○嚮明得造祭器，此明不得造者，下民也[二]。若大夫及士有田禄者，乃得造器，猶不具，唯天子、大夫四命以上者得備具。若諸侯、大夫，非四命無田禄，則不得造。故禮運云：「大夫聲樂皆具，祭器不假，非禮也。」據諸侯大夫言之也。

[一] 凡家至丘木　惠棟校宋本無此五字。
[二] 此明不得造者下民也　閩、監、毛本「下民」作「不同」。

熊氏以禮運據天子大夫得造，不得具[一]，非也。○「有田禄者，先爲祭服」者，若有田禄，雖得造器，而先爲祭服，後爲祭器耳。所以然者，緣人形參差，衣服有大小，不可假借，故宜先造；而祭器之品量同官可以共有[二]，以其制同，既可暫假，故營之在後。

【衛氏集説】鄭氏曰：宗廟爲先，廄庫爲次，重先祖及國之用。大夫稱家謂家，始造事。犧賦，以税出牲。無田禄者，祭器可假。有田禄者，祭服宜自有。粥，賣也。丘，壟也。不粥、不衣、不斬，廣敬也。

孔氏曰：自此至於士，總論大夫所造祭器、衣服，并明祭器所寄之事。家造，大夫始造家事也。崇敬祖禰，故祭器爲先。諸侯、大夫少牢，此言犧，謂牛。即是天子之大夫，祭祀賦斂邑民共出牲牢，故曰「犧賦」。養器，共養人之飲食器也。自贍爲私，宜後造。然諸侯言「宗廟」，大夫言「祭器」，諸侯言「廄庫、居室」，大夫言「犧賦、養器」者，互言也。有地，大夫祭器、祭服俱造，則先造祭服，乃造祭器。此言祭器爲先者，對犧賦、養器爲先，其實在祭服之後也。然大夫及士有田禄者，乃得造器，猶不具，唯天子、大夫四命

[一] 得造不得具　閩、監、毛本作「具」，此本「具」誤「其」。
[二] 同官可可以共有　閩本同。考文引宋板「可」字不重，衛氏集説同。監、毛本上「可」字作「同」。案：「可」字不重，是也。

以上者得備具。若諸侯、大夫非四命，無田禄則不得造。故禮運云：「大夫祭器不假，聲樂皆具，非禮也。」據諸侯大夫言之也。若有田禄，雖得造器，必先爲祭服，後爲祭器耳。緣人形參差，衣服有大小，不可假借，故宜先造。而祭器之品量，同官可以共有，可暫假也。

廬陵胡氏曰：家，謂人家。鄭云「大夫稱家」，非也。若止謂大夫造祭器，則下云「祭器不踰竟」，何以兼士乎？犧，牛也。鄭云：「天子之大夫，祭祀賦邑民共牲牢，故曰『犧賦』。」然據禮及孟子，惟諸侯得有犧牲，大夫豈得有乎？禮言「諸侯、大夫少牢」，亦不言「天子、大夫大牢」也。要之犧賦，總言牲耳。

藍田吕氏曰：君子之行，莫先於敬鬼神。誠不欺於鬼神，則於天下也何有？故言禮者，必以祭祀爲先。營宫室者，必以宗廟爲先。造器者，必以祭器爲先。有田禄者，先爲祭服，示有尊也。言「營宫室」，雖大夫有宗廟皆然，非獨諸侯也。言「家造者」，雖士有田禄者皆然，非獨大夫也。宗廟、祭器，事吾先也，廄庫、犧賦，待吾衆也。居室、養器，奉吾私也，此先後之序也。廄以養牛馬、犧牲，庫以藏兵也。犧賦亦謂器也，犧牲之器如牢互、盆簝之屬也。賦，兵賦也，其器如弓矢、旗物、戈劒之屬也。孟子曰「惟士無田，則亦不祭，牲殺、器皿、衣服不備」故也。不祭則薦而已，與庶人同。故不設祭器也。有田禄則牲殺、器皿、衣服皆不可不備，祭器所以事其先，粥之則無以祭，無以祭則不仁也。祭服所以接鬼神，衣之則褻，褻之不敬也。丘木所以庇其宅兆，爲宫室而斬之，是慢其先而濟吾私也，是亦不敬也。

馬氏曰：大王之遷豳也，宗廟奕奕，然後百堵皆興；宣王之考室也，嗣續妣祖，然後築室百堵，則古人之營宫室者，豈嘗不先宗廟哉？檀弓曰：「喪不慮居，爲無廟也。」記以士之臣爲家相，則士亦可以稱家也。周官載師有士田，則士之有田禄者，亦可以設祭器也。

嚴陵方氏曰：以無田禄者不設祭器，故禮運以祭器不假爲非禮。以有田禄者必具祭器，故王制以祭器不假爲禮。此其辨也。

山陰陸氏曰：不設祭器，即用養器。可知無田禄者，謂若孟子所謂「下士與庶人在官者同禄，禄足以代其耕」，亦其一端，此雖有禄，非田禄也。

【吴氏纂言】君子將營宫室，宗廟爲先，廄庫爲次，居室爲後。凡家造，祭器爲先，犧賦爲次，養器爲後。

鄭氏曰：先宗廟，次廄庫，重先祖及國之用。家造，謂家始造事。犧賦，以税出牲。

孔氏曰：賦斂，邑民供出牲牢，故曰「犧賦」。養器，供養人之飲食器也。

吕氏曰：營宫室，大夫有宗廟皆然，非獨諸侯也。言家造，士有田禄者皆然，非獨大夫也。宗廟、祭器，事吾先也。廄庫、犧賦，待吾衆也。居室、養器，奉吾私也。此先後之序也。廄以養牛馬犧牲，庫以藏兵也。犧賦，亦謂其器也。犧牲之器，如牢互、盆鐐之屬也。賦，兵賦也。其器如弓矢、旗物、戈劍之屬也。

澄曰：凡家造，謂凡人家所造之器。犧賦，謂犧牲兵賦之器，吕説得之。

無田禄者，不設祭器；有田禄者，先爲祭服。君子雖貧，不粥祭器；雖寒，不衣祭服；爲宫室，不斬於丘木。

方氏曰：無田禄者，不設祭器，故禮運以「祭器不假」爲非禮。有田禄者，必具祭服，故王制以「祭器不假爲禮」。

鄭氏曰：祭器可假。有田禄者，祭服宜自有。粥，賣也。丘，壟也。不粥、不衣、不斬，廣敬也。

孔氏曰：大夫及士有田禄者，乃得造器，猶不具。唯天子大夫四命以上者得備具，若諸侯非四命，無田禄則不得造。故禮運云：「大夫聲樂皆具，祭器不假非禮也」，據諸侯大夫言之也。若有田禄雖得造器，必先爲祭服，後爲祭器。緣人形參差，衣服有大小，不可假借，故宜先造。而祭器之品量其制同，既可暫假，故營之在後。

吕氏曰：孟子曰「惟士無田，則亦不祭，牲殺、器皿、衣服皆不備」故也。不祭則薦而已，與庶人同，故不設祭器也。有田禄則牲殺、器皿、衣服皆不可不備。祭器所以事其先，粥之則無以祭，無以祭則不仁也。祭服所以接鬼神，衣之則褻，褻則不敬也。丘木所以庇其宅，兆爲宫室而斬之，是慢其先而濟吾私，亦不敬也。

【陳氏集説】君子將營宫室，宗廟爲先，廐庫爲次，居室爲後。

君子，有位者也。宗廟所以奉先，故先營之。廐以養馬，庫以藏物，欲其不之用也，故次之。居室則安身而已，故又次之。**凡家造，祭器爲先，犧賦爲次，養器爲後。**犧賦亦以造言者，如周官牛人供牛牲之互與盆簝之類，鄭注：「互，若今屠家懸肉格。盆以盛血。簝，受肉籠也。」　疏曰：家造，謂大夫始造家事也。諸侯大夫少牢，此言犧，牛也。天子之大夫祭祀，賦斂邑民供出牲牢，故曰「犧賦」。**無田禄者，不設祭器；有田禄者，先爲祭服。君子雖貧，不粥祭器；雖寒，不衣祭服；爲宫室，不斬於丘木。**　呂氏曰：祭器可假，服不可假也。丘木所以庇宅兆，爲宫室而斬之，是慢其先而濟吾私也。

【方氏析疑】無田禄者，不設祭器。

注疏「諸侯大夫非四命無田禄，不得造祭器」，非也。諸侯之國，命大夫不常有，皆不得造，又將誰假乎？況士寓祭器於士，則士亦得造矣。孟子曰：「惟士無田，則亦不祭。」又曰：「卿以下，必有圭田。」蓋以田之有無爲斷。若下士與庶人在官者有禄而無田，則第以養器設薦耳。

【欽定義疏】 正義 鄭氏康成曰：宗廟爲先，廐庫爲次，重先祖及國之用。大夫稱家，謂家始造事。犧賦，以税出牲。祭器可假，祭服宜自有。孔疏：人形參差，衣服有大小，不可假借，故先造；而祭器之品量同官同可以共有，故在後。粥，賣也。丘，壟也。不粥、不衣、不斬，廣敬也。

孔氏穎達曰：崇敬祖禰，故祭器爲先。諸侯、大夫少牢。此言「犧」，謂牛，即是天子之大夫祭祀，賦斂邑民，供出牲牢，故曰「犧賦」。養器，供養人之飲食器也。自贍爲私，宜後造。然諸侯言宗廟，大夫言祭器，諸侯言廄庫、居室，大夫言犧賦、養器者，互言也。無田禄者，但爲祭服。有地大夫祭器、祭服俱造，則先造祭服，乃造祭器。上言祭器爲先者，對犧賦養器爲先，其實在祭服後也。

通論 孔氏穎達曰：大夫及士有田禄者，乃得造器，猶不具。唯天子大夫四命以上者得備具。若諸侯大夫，非四命、無田禄，則不得造。故禮運云：「大夫祭器不假，聲樂皆具，非禮也。」據諸侯大夫言之也。熊氏以禮運據天子大夫得造，不得具，非。

存疑 馬氏睎孟曰：大王之遷豳也，作廟翼翼，然後百堵皆興；宣王之考室也，嗣續妣祖，然後築室百堵。見古人之營宮室，豈嘗不先宗廟哉？檀弓曰「喪不慮居，爲無廟也」，記以士之臣爲家相，則士亦可稱家。周官載師有士田，則士之有田禄者，亦可以設祭器也。

胡氏銓曰：家，謂人家。鄭云「大夫稱家」，非也。若止謂大夫造祭器，則下「祭器不逾竟」，何以兼士乎？犧，牛也。鄭云：「天子之大夫祭祀，賦斂邑民，共牲牢，故曰『犧賦』。」然據禮及孟子，惟諸侯得有犧牲，大夫豈得有乎？禮言諸侯大夫少牢，亦不言天子大夫大牢也。要之犧賦，總言牲耳。案詩言「以我犧羊」，是羊亦可言犧。

案 宗廟祭器之先後，自天子至士，當無不然。蓋適士二廟，官師一廟。有廟則得祭，而祭器可造矣。鄭注以國君及大夫分之。孔疏又以互言爲説。馬氏增士，則備矣。胡謂「人家」，非也。惟士無田，則亦不祭，即庶士無廟，亦不祭也。安得盡人造祭器乎？又據此記，大夫以索牛。儀禮大夫止少牢禮，則鄭謂用牛者，天子之大夫；止用羊者，諸侯之大夫亦是也。

【杭氏集説】君子將營宫室，宗廟爲先，廄庫爲次，居室爲後。

姜氏兆錫曰：君子，有位者也。宗廟以奉先，其事重矣。廄以養馬，庫以貯物，皆以備用也。居室則安身而已。故其序如此。

凡家造，祭器爲先，犧賦爲次，養器爲後。

姚氏際恒曰：凡家造，亦統言之，不必以家爲大夫。下云「大夫、士祭器不踰竟」，則士亦有祭器矣。犧賦，呂與叔曰：「亦器也。犧牲之器，如牢互、盆簝之屬。賦，兵賦也，其器如弓矢、旗物、弓劍之屬。」愚按，犧亦祭器，但其粗而易爲者耳。

姜氏兆錫曰：此亦上條先後之意也。犧賦言造者，如周官牛人供牛牲之互與盆簝之類。疏曰：「家造，謂大夫始造家事者也。」諸侯之大夫，祭用少牢而已，此天子之大夫，賦其邑太牢，故名「犧賦」也。養器，謂生人奉養之器。

無田禄者，不設祭器；有田禄者，先爲祭服。

姚氏際恒曰：先爲祭服，則得設祭器可知，此對仗立言之妙，又以祭服易成故耳。鄭氏謂器可假，祭服宜自有，然則祭器可不必自有矣。不知不然，此執禮運「大夫祭器不假」，爲非禮之説也。按王制以大夫祭器不假爲禮，則禮運之説非也。鄭既不別是非，又强添「假」字以解此文，皆謬。孔氏曰：「緣人形參差，衣服有大小，不可假借，故宜先造。祭器之品量同官同，既可暫假，故營之在後」，雖極意挽回，然而費辭甚矣。

姜氏兆錫曰：不設祭器，則服可知。先爲祭服，而器隨之矣。孟子曰「惟士無田，則牲殺、器皿、衣服不備，不敢以祭」，此言有田禄者先爲祭服。而上文言「家造，祭器爲先」者，蓋彼自對犧賦，以類而言器用，故互文如此。

方氏苞曰：注疏「諸侯大夫非四命無田禄，不得造祭器」，非也。諸侯之國，命大夫不常有，皆不得造，又將誰假乎？况士寓祭器於士，則士亦得造矣。孟子曰「惟士無田，則亦不祭」，又曰「卿以下必有圭田」，蓋以田之有無爲斷。若下士與庶人，在官者有禄而無田，則第以養器設薦耳。

君子雖貧，不粥祭器；雖寒，不衣祭服；爲宫室，不斬於丘木。

陳氏選曰：君子甯身之困，不忍慢其先，孝敬之至也。

姜氏兆錫曰：丘，謂丘墓也。器服以祭先，木以庇墓，皆不敢慢先以營私也。又曰：此章君子尊祖敬宗之意。

【孫氏集解】君子將營宮室，宗廟爲先，廄庫爲次，居室爲後。

鄭氏曰：重先祖及國之用。

愚謂君子，謂諸侯也。廄，養馬者。庫，藏財物者。宗廟所以奉先祖，故爲先。廄庫所以資國用，故爲次。居室所以安身，故爲後。綿之詩曰：「縮版以載，作廟翼翼。」此宗廟爲先也。又曰：「乃立皋門，皋門有伉。」天子之皋門，於諸侯爲庫門，此廄庫爲次也。又曰：「乃立應門，應門將將。」王之正門曰應門，其内乃爲寢室，是居室爲後也。

凡家造，祭器爲先，犧賦爲次，養器爲後。

鄭氏曰：大夫稱家。謂家始造事。犧賦，以賦出牲。

孔氏曰：祭器爲先者，尊崇祖禰也。犧賦爲次者，諸侯大夫少牢，此云犧謂牛，即是天子之大夫。祭祀賦斂邑民供出牲牢，故曰「犧賦」。養器，供養人之飲食器也。自贍爲私，宜後造。諸侯言「宗廟」，大夫言「祭器」，諸侯言「廄庫」「居室」，大夫言「犧賦」「養器」，互言也。

愚謂月令季冬命大史次諸侯之列，賦之犧牲，以共皇天上帝、社稷之饗；命同姓之邦，共寢廟之芻豢；命宰歷卿大夫至於庶民土田之數而賦犧牲，以共山林、名川之祀。大夫有采地，其祭祀之犧牲，亦令民供之，故曰「犧賦」。士祭以特牲，大夫祭以少牢，此言犧賦，則用大牢矣。左傳鄭子張「黜官，薄祭，祭以特羊，殷以少牢」。然則大夫之殷祭，固以大牢與？殷祭者，謂有大事省於其君，干祫及其高祖也。

無田祿者，不設祭器；有田祿者，先爲祭服。

鄭氏曰：祭器可假，服宜自有。

孔氏曰：大夫及士有田祿者乃得造器，猶不具，唯天子大夫四命以上者得備具。若諸侯大夫，非四命，無田祿，則不得造。故禮運云：「大夫聲樂皆具，祭器不假，非禮也。」有田祿者，雖得造器，而先爲祭服，後爲祭器，緣人形參差，衣服有大小，而祭器之品量同官同，可以暫假也。

愚謂田祿者，大夫士各有采地，無采地者，其祿亦皆出於公田之所入，疏以田祿專爲采地，非也。王制：「大夫、士有田則祭，無田則薦。」若必采地乃謂之有田，則士之得祭者寡矣。孟子曰：「士之失位，猶諸侯之失國家也。惟士無田則亦不祭。」是知凡仕者即爲有田，不必待賜采地也。不設祭器者，無田祿則力不能設祭器，且薦之需器少，可以假而有也。

君子雖貧，不粥祭器；雖寒，不衣祭服；爲宮室，不斬於丘木。

鄭氏曰：廣敬鬼神也。粥，賣也。丘，壟也。

【朱氏訓纂】君子將營宮室，宗廟爲先，廏庫爲次，居室爲後。注：重先祖及國之用。**凡家造，祭器爲先，犧賦爲次，養器爲後。**注：大夫稱家。謂家始造事。犧賦，以税出牲。正義：諸侯大夫少牢，此言犧，謂牛，即是天子之大夫。祭祀賦歛邑民供出牲牢，故曰「犧賦」。養器，供養人之飲食器也。自贍爲私，宜後造。**無田禄者，不設祭器；有田禄者，先爲祭服。**注：祭器可假，祭服宜自有。**君子雖貧，不粥祭器；雖寒，不衣祭服；爲宫室，不斬於丘木。**注：廣敬鬼神也。粥，賣也。丘，壟也。　吕與叔曰：丘木，所以庇其宅兆，爲宫室而斬之，是慢其先而濟吾私也。

【郭氏質疑】凡家造，祭器爲先，犧賦爲次。

鄭注：大夫稱家，謂家始造事。

嵩燾案：鄭意以「君子將營宫室」節，主諸侯言之，此節主大夫言之。孔疏又引禮運之文「大夫祭器不假，非禮也」，儀禮「諸侯大夫少牢」，此言犧謂牛，因據以申鄭義，云此爲「天子之大夫」，據下文「無田禄者不設祭器，君子雖貧，不粥祭器」，是士受田禄，皆得有祭器。王制：「宗廟之器，不粥於市。犧牲不粥於市。」經意正分宫室與器用之造於家者言之，馬氏晞孟兼大夫、士爲説，至允。鄭注：「犧賦以税出牲，有田則有犧賦。」吕氏大臨所云「犧牲之器，牢互盆簝之屬，皆隨犧牲而具」者，周禮牛人所謂「載公任器」者是也。祭祀之牲通名犧，説文：「犧，宗廟之牲也。」尚書孔傳：「色純曰犧，體完曰牷。」毛詩傳：「犧，純也。」鄭注：「犧，牛毛純也。」其注牧人「犧牲」云：「毛羽完具也。」則并兼羽物言之。詩：「與我犧羊。」左傳：「見雄雞自斷其尾。云『自憚其犧也』。」周禮犬人：「其犬牲，用牷物。」犧、牷不專屬之牛明矣，疏申鄭義，似亦失之。

二·一八 ○**大夫、士去國，祭器不踰竟**[一]。此用君禄所作，取以出竟，恐辱親也。○去國，祭器不踰竟，音境，注及下同；一本作「大夫、士去國」，下「去國踰竟」亦然。**大夫寓祭器於大夫，士寓祭器於士。**寓，寄也，與得用者。言寄，覬己後還。○寓，魚具反。覬，音冀。

【疏】「大夫」至「於士」。○正義曰：此以下明人臣三諫不從，去國之禮。○「祭器不踰竟」者，既明出禮，先從重物爲始也。踰，越也。此祭器是君禄所造，今既放出，故不得自隨越竟也。

注云「此用」至「親也」，無德而出，若猶濫用其器，是辱親也。隱義云：「嫌見奪，故云恐辱親也。」

「大夫寓祭器於大夫，士寓祭器於士」者，寓，猶寄也。既不將去，故留寄其同僚。

[一] 大夫、士去國祭器不踰竟　石經同，岳本、嘉靖本同。釋文出「去國祭器不踰竟」云：「一本作『大夫、士去國』，下『去國踰竟』亦然。」○鍔按：「大夫」上，阮校有「大夫士去國節」六字。

必寄之者，冀其復還得用也。魯季友奔陳，國人復之。傳曰「季子來歸」是也。

○注「寓寄」至「後還」。○正義曰：此解言「寄」之義也。夫物不被用[一]，則生蟲蠹，故寄於同官，令彼得用，不使毀敗，冀還復用。大夫、士義皆然也。

【衛氏集説】鄭氏曰：祭器用君禄所作，取以出竟，恐辱親也。寓，寄也，與得用者。言寄，覬己復還。

孔氏曰：此以下明人臣三諫不從，去國之禮。踰，越也。既放出，故祭器不得自隨越竟。無德而出，若猶濫用其器，是辱親也。物不被用，則生蟲蠹，既不將去，故寄於同僚，令彼得用，不使毀敗，冀還復用。大夫、士義皆然也。

長樂劉氏曰：祭器出於田禄也，棄田禄而去之，亦不以祭器踰竟，欲以廉潔事其祖先。己既不義其禄，祖先亦不義其器也。

嚴陵方氏曰：「祭器不踰竟」者，不敢以君禄所造之器，而用於他人之國也。大夫、士寓祭器者，不欲使之爲無用之器，故各寄於得用之家也。

馬氏曰：君之於臣也，在竟則有賜環之禮，在他國則有幣召之禮。故孔子在陳未嘗不思歸魯；孟子去齊，未嘗不思反。予夫豈悻悻然？若小丈夫示其必不復哉！此祭器

[一]　夫物不被用　監、毛本作「被」，衛氏集説同。此本誤「彼」，閩本「被」作「常」。

所以必寓也。昔微子去殷，抱祭器而之周者，抱君之祭器也，抱己之祭器不可也。抱己之祭器猶不可，況春秋之時，有載祏而行者，有載寶而歸者，甚有至於己邑自隨者，此君子之所疾也。傳曰：「臣之禄，君實有之，義合則進，否則奉身而退。」若孔悝、南宫敬叔、孫林父之徒，豈知此哉？

【吴氏纂言】鄭氏曰：祭器用君禄所作，取以出竟，恐辱親也。寓，寄也，與得用者。言寄，覬己後還。

孔氏曰：此明人臣三諫不從，去國之禮。踰，越也。既放出，祭器不得自隨。物不被用則生蟲蠹，既不將去，故寄於同僚，令彼得用，不使毁敗，冀還復用。大夫、士義皆然也。

方氏曰：「祭器不踰竟」者，不敢以君禄所造之器，而用之於他人之國也。大夫、士寓祭器者，不欲使之爲無用之器，故各寄於得用之家也。

【陳氏集説】吕氏曰：臣之所以有宗廟祭器以事其先者，君之禄也。今去位矣，乃挈器以行，是竊君之禄以辱其先，此祭器所以不踰竟也。寓寄於爵等之同者，使之可用也。

馬氏曰：微子抱祭器而之周，何也？君子爲己不重，爲人不輕。抱君之祭器，可也；抱己之祭器，不可也。

【欽定義疏】正義 鄭氏康成曰：此用君禄所作，取以出竟，恐辱親也。寓，寄也，與得用者。言寄，覬己復還。

孔氏穎達曰：此以下明人臣去國之禮。逾，越也。既放出，故祭器不得自隨越竟。無德而出，若猶濫用其器，是辱親也。物不被用，則生蟲蠹，既不將去，故寄於同僚，令彼得用，不使毁敗，冀還復用。大夫、士義皆然也。

方氏慤曰：祭器不逾竟，不敢以君禄所造之器用之他人之國也。又不欲使爲無用之物，故各寄於得用之家。

通論 馬氏晞孟曰：君之於臣也，在竟則有賜環之禮，在他國則有幣召之禮。故孔子在陳，未嘗不思歸魯；孟子去齊，未嘗不思反。予夫豈悻悻然？若小丈夫示其必不復哉！此祭器所以寓也。昔微子去殷，抱祭器而之周者，抱君之祭器也，抱己之祭器不可也。抱己之祭器猶不可，況春秋之時，有載祏而行者，有載寶而歸者，甚至有以己邑自隨者，此君子之所疾也。傳曰：「臣之禄，君實有之，義合則進，否則奉身而退。」若孔悝、南宫敬叔、孫林父之徒，豈知此哉？

【杭氏集説】姜氏兆錫曰：吕氏曰：「有祭器以事其先者，君之禄也。今去位矣，乃挈器以行，是竊君禄以辱先也。寓寄於同爵者，使可用也。」又曰：馬氏曰：「微子抱祭器歸周，何也？君子爲己不重，爲人不輕。抱祭器歸，可也；抱己祭器，不可也。」

【孫氏集解】鄭氏曰：此用君禄所作，取以出竟，恐辱親也。寓，寄也，與得用者。言寄，覬己復還。孔氏曰：物不被用，則生蟲蠹，故寓於同官，令彼得用，不致敗壞，冀還復用。大夫、士皆然也。

愚謂此寓祭器有三義：一使人得資其用，二令器不朽蠹，三已還得復取之也。

【朱氏訓纂】注：此用君禄所作，取以出竟，恐辱親也。寓，寄也，與得用者。言寄，覬己復還。

二·一九 **大夫、士去國，踰竟，爲壇位，鄉國而哭；素衣，素裳，素冠；徹緣，鞮屨，素簚，乘髦馬，不蚤鬋，不祭食；不説人以無罪；婦人不當御。三月而復服。** 言以喪禮自處也。臣無君，猶無天也。壇位，除地爲位也。徹，猶去也。鞮屨，無絇之菲也。簚，覆笭也。髦馬，不鬄落也。蚤，讀爲爪。鬋，鬋鬢也[一]。不自説於人以無罪，嫌惡其君也。御，接見也。三月一時，天氣變，可以遂去也。簚，或爲「幕」。○壇，徐音善，注同。鄉，許亮反。緣，

[一] 鬋鬋鬢也 閩、監、毛本同，岳本、嘉靖本同。考文云：「古本『鬢』作『鬚』。」釋文出「鬋」字，又云：「鄭云謂『鬋鬢』也。」○按：段玉裁云：「喪大記『爪手翦須』可證此亦當『鬋須』，非『鬋鬢』也。釋文引鄭注作『翦』，乃『鬋』之假借字。」○鍔按：「鬋鬋」上，阮校有「大夫士去國踰竟節」八字。

悦絹反。鞮，都兮反，又徒兮反。鞮屨，屨無絇。簚，本又作「幭」，莫歷反，注同，白狗皮覆笭。髦，音毛。蚤，依注音爪，謂除爪也。鬋，子淺反。絇，求俱反。笭，力丁反，車闌。鬄，吐歷反，又他計反。説，亦劣反，又如字。惡，烏路反。見，賢遍反，下文「見國君」、注「謂見」同。幕，莫歷反，又音莫。

【疏】「大夫」至「復服」[一]。○正義曰：此大夫、士三諫而不從，出在竟上，大夫則待放三年，聽於君命，若與環則還，與玦便去。隱義云：「去國當待於也[二]。若士不待放，臨去皆行此禮也。」

○「爲壇位，鄉國而哭」者，壇者，除地而爲壇。臣之無君，猶人無天也。嫌去父母之邦，有桑梓之變[三]，故爲壇，鄉國而哭，以喪禮自變處也[四]。所以待放必三年者，三年一閏，天道一變，因天道變，望君自改也。然在竟未去，聽君環玦，不謂待歸而謂待放者[五]，既已在竟，不敢必放，言唯待君見放乃去也。

○「素衣，素裳，素冠」者，今既離君，故其衣、裳、冠皆素，爲凶飾也。

[一] 大夫至復服　惠棟校宋本無此五字。

[二] 去國當待於也　閩、監、毛本「於」作「玦」。按：此本「於」當「放」字之誤。

[三] 有桑梓之變　閩、監、毛本「變」作「戀」，衛氏集説同，是也。

[四] 以喪禮自變處也　閩、監、毛本同。考文引宋板「變」作「戀」，非也。

[五] 不謂待歸而謂待放者　閩、監、毛本作「放」，此本誤「於」。

○「徹緣」者，緣，中衣緣也。素服裏亦有中衣，若吉時，中衣用采緣，此既凶喪，故徹緣而純素。

○「鞮屨」者，謂無絇飾屨也。屨以絇爲飾，凶故無絇也。士冠禮云「玄冠黑屨[一]，青絇博寸。」鄭云：「絇之言拘也。以爲行戒，狀如刀衣鼻，在屨頭。」故解者云：古屨以物繫之爲行戒[二]，故用繒一寸，屈之爲絇，絇爲絇著屨頭[三]，以容受繫穿貫也。其屈之形，似漢時刀衣鼻也，其色或青或黑，不同，而冠禮「屨，夏用葛，冬用皮」，又各隨裳色。今素裳，則屨白色也。

○「素簚」者，素，白狗皮也。簚，車覆蘭也[四]。禮，人君羔幦虎犆，大夫鹿幦豹犆。今此喪禮，故用白狗皮也。既夕禮云「主人乘惡車，白狗幦」是也。然吉凶覆笭，不必用皮者，象始服牛馬，初當用皮爲覆。

○「乘髦馬」者，吉則翦剔馬毛爲飾，凶則無飾，不翦而乘之也。

[一] 玄冠黑屨　儀禮士冠禮「冠」作「端」。

[二] 古屨以物繫之爲行戒　惠棟校宋本同，閩本「屨」誤「絇」，監、毛本「屨」誤「絇」。

[三] 絇爲絇著屨頭　閩、監、毛本「絇著」作「拘著」。

[四] 簚車復蘭也　惠棟校宋本同，閩、監、毛本「蘭」作「闌」。

○「不蚤鬋」者[一]，以治手足爪也[二]。鬋，鬄治鬚髮也。吉則治鬋爲飾，凶，故不鬋也。士虞禮曰「蚤鬋」，謂爪鬋鬚也。

○「不祭食」者，祭，祭先也。夫食盛饌則祭食之先，喪凶，故不祭也。

○「不説人以無罪」者，善則稱君，過則稱己。今雖放逐，猶不得鄉人自説道己無罪而君惡，故見放退也。

○「婦人不當御」者，御，接見也。吉時婦人以次侍御寢宿，今喪禮自貶，故不也。

○「三月而復服」者，自貶三月，然後事事反還如吉禮而遂去也。所以三月者，爲一時，天氣一變，故三月，人情亦宜易也。

○注「鞮屨無絇之菲也」。○正義曰：「知鞮是無絇之屨」者，案周禮屨人：屨舄皆有絇、繶、純。案鞮屨氏無絇、繶之文，故知是無絇之菲也。

云「髦馬不鬄落也」者，以其稱髦馬，與童子垂髦同，故知不鬄落鬃鬣。案大戴禮王度記云：「大夫俟放於郊，三年得環乃還，得玦乃去。」此踰國三月乃行，不同者，得玦之後，從郊至竟，三月之内而行此禮也。

【衛氏集説】鄭氏曰：言以喪禮自處也。臣無君，猶無天也。壇位，除地爲位也。

[一] 不蚤鬋者　閩、監、毛本同，惠棟校宋本「鬋」作「翦」，假借字。

[二] 以治手足爪也　閩、監、毛本同。惠棟校宋本「以」作「蚤」，衛氏集説同。

徹，猶去也。鞮屨，無絇之菲也。簚，覆笭也。髦馬，不鬄落也。蚤，讀爲爪。鬋，鬋鬢也。不自說於人以無罪，嫌惡其君也。御，接見也。三月一時，天氣變，可以遂去也。簚，或爲「幕」。

孔氏曰：此大夫、士三諫不從，出在竟上。大夫則待放三年，聽於君命，若予環則還，予玦便去。若士則不待放，臨去皆行此禮也。壇者，除地而爲壇也。去父母之邦，有桑梓之戀，故爲壇位，鄉國而哭。衣、裳、冠，皆素，爲凶飾也。緣，中衣緣也。素服裏有中衣，吉時用采緣，凶喪，故徹緣而純素。屨以絇爲飾。士冠禮云：「玄冠黑屨，青絇博寸。」鄭云：「絇之言拘也。」古屨以物繫之爲行戒，故用繒一寸，屈之爲絇，著屨頭以受穿貫。今凶，故無絇也。素簚，白狗皮。爲之簚，車覆闌也。禮，人君羔幦虎犆，大夫鹿幦豹犆。今此喪禮，故用白狗皮也。既夕禮云「主人乘惡車，白狗幦」是也。吉則翦剔馬毛爲飾，凶則無飾，不翦而乘之。蚤，治手足爪也。鬋，剔治鬚髮也。吉則治鬋爲飾，凶，故不翦也。不祭食者，食盛饌則祭食之先，喪凶，故不祭也。不說人以無罪者，善則稱君，過則稱己。今雖放逐，猶不得向人說己無罪也。吉時婦人以次侍御，今喪禮自貶，故不也。自貶三月，然後事事反還如吉禮而遂去也。三月，爲一時，天氣一變，則人情亦宜易也。

臨川王氏曰：孔氏云：「大夫三年待放竟上，士不待放。」恐無此禮。孔子屢仕屢去，豈常行待放之禮乎？或者古之大夫有得罪，被放於竟上，三年而後聽其去者乎？故季孫請因於費以待察。春秋有放大夫之文，蓋緣此禮也。又三諫不從則去，亦不可必以爲常。要之，三諫不從而不能去，則苟祿者也，如孔子去國，乃未嘗一諫也。且待放，得環則還，是以待放要君耳。三諫不從，以爲不合，則可以去，雖有庶幾，其君或改之心，如孟子三宿，然後出晝可也，何待三年？

藍田吕氏曰：大夫、士去國，喪其位也。大夫、士喪位，猶諸侯之失國家，去其墳墓，捐其宗廟，無祿以祭，故必以喪禮處也。爲壇而哭，衣、冠、裳以素，輿馬不飾，食不祭，内不御，心喪之禮也。禮，庶民爲國君齊衰三月，寄公爲所寓士仕焉而已者，大夫以道去而猶未絶者，皆服齊衰三月，言與民同也。今去其君，雖非喪也，然重絶君臣之義，故以心喪自處，而期以三月，故曰：「三月而復服也。」鞮屨，革屨也。周官鞮屨氏，蓋蠻夷之服也。革去毛而未爲韋，非吉屨也。孔子去魯以微罪行，樂毅云：「忠臣去國，不潔其名。」以己無罪而説於人，則君有罪矣。君子不忍爲者，厚之至也。

馬氏曰：爲壇位，鄉國而哭，以至婦人不當御，皆處之以凶禮也。既夕禮曰：「主人乘惡車，白狗幦。」馬不齊髦，周禮喪車大禛，則素篾者，未練之禮也。士虞禮曰：「既祔，則沐浴，櫛，搔翦。」則不搔翦者，未祔之禮也。然喪禮或以菅，或以蒯，或以繩，或以麻，而不以鞮屨。鞮，夷狄之屨也。喪不飲酒食肉，不特不祭，食則不祭食者，非盛禮之食也。凡此特自貶而已，又不必純之以凶禮也。古之去國者，其仁至於鄉國而哭，其義至於不説人以無罪。子鮮之去衛，不鄉衛國而坐，非所謂仁。元咺之奔晉，則訟其君以求勝，非所謂義也。

山陰陸氏曰：素衣、素裳、素冠、徹緣，此服蓋準練衣，小變也。

嚴陵方氏曰：復服者，復其常服之事也。以上諸服，皆非常服之事，故於此言「復」焉。

廣安游氏曰：古之以凶禮自處者三，而喪事不與焉：戰勝以喪禮處之，凶災以喪禮處之，去國以喪禮處之。戰勝以喪禮處之，重用兵也；凶災以喪禮處之，重天災也；去國以喪禮處之，重去本也。且非特以喪禮自處也，人將以喪禮弔之焉。去國則弔之，凶災則弔之，故夫去國，古人之所大患也。棄其君者，棄其位，棄其宗廟，棄其父母之邦，此其去國之可悲也明矣。趙宣子亡不越竟，反不討賊。董狐以弑君書之，蓋不踰竟則其復也易，踰竟則其復難，不踰竟則其禮未有變也，踰竟則變禮，而以喪處之二者，謂憂之輕重，蓋不同矣。且假使宣子亡而越竟，是潔其身而去國也，反而討賊，是爲國除亂也。今也内不討賊，外不潔身，則弑君之罪將誰任其責哉？此董狐所以罪之也。

【吴氏纂言】鄭氏曰：言以喪禮自處也。臣無君，猶無天也。壇位，除地爲位也。徹，猶去也。鞮屨，無絇之扉也。簚，覆笭也。髦馬，不鬄落也。蚤，讀爲爪。鬋，鬌也。不自説於人以無罪，嫌惡其君也。御，接見也。三月一時，天氣變，可以遂去也。

孔氏曰：大夫、士三諫不從。出在竟上，大夫則待放三年，聽於君命，若予環則還，予玦則去。若士則不待放，臨去皆行此禮也。去父母之邦，有桑梓之戀，故爲壇位，鄉國而哭。衣、裳、冠皆素，爲凶飾也。素服裹有中衣，吉時用采緣，凶喪，故徹緣而純素。屨以絇爲飾，凶故無絇。素簚，白狗皮爲車覆幭也，吉則鬋鬣馬毛爲飾，凶則不鬋而乘之。蚤，治手足爪也。鬋，鬋治須髮也，吉則治鬋，食則祭先，喪凶故不也。善則稱君，過則稱己。今雖放逐，猶不得向人説無罪也。吉時婦人以次侍御，今喪禮自貶，故不也。自貶三月，然後事事反還如吉禮而遂去也。三月爲一時，天氣一變，則人情亦宜易也。

臨川王氏曰：孔氏云：「大夫三年待放竟上，士不待放。」恐無此禮。孔子屢仕屢去，豈常行待放之禮乎？或者古之大夫有得罪，被放於竟上，三年而後聽其去者乎？故季孫請囚於費以待察，春秋有放大夫之文，蓋緣此禮也。又三諫不從則去，亦不可必以爲常。要之，三諫不從而不能去，則苟禄者也。故孔子去國，乃未嘗一諫也。且待放，得環則還，是以待放要君爾。三諫不從以爲不合，則可以去，雖有庶幾，其君或改之心。如孟子三宿，然後出晝可也，何至三年？

方氏曰：復服者，復其常服之事也。以上諸事皆非常服之事，故於此言復焉。

游氏曰：古之以凶禮自處者三，而喪事不與焉。凶災以喪禮處之，戰勝以喪禮處之，去國以喪禮處之，重天災也，重用兵也，重去本也。棄其君、棄其位、棄其宗廟、棄其父母之邦，此去國之可悲也。非特己以喪禮自處，人亦以喪禮弔之。

【陳氏集説】壇位，除地而爲位也。鄉國，向其本國也。徹緣，去中衣之采緣而純素也。鞮屨，革屨也。周禮注云：「四夷舞者所扉。」素簚，素，白狗皮也；簚，車覆闌也。既夕禮云「主人乘惡車，白狗幦」是也。髦馬，不翦剔馬之髦鬣以爲飾也。蚤，治手足爪也。鬋，剔治鬚髮也。祭食，食盛饌則祭先代爲食之人也。「不説人以無罪」者，己雖遭放逐而出，不自以無罪解説於人，過則稱己也。御，侍御寢宿也。凡此皆爲去父母之邦，捐親戚，去墳墓，失禄位，亦一家之變故也，故以凶喪之禮自處。三月爲一時，天氣小變，故必待三月而後復其吉服也。

【郝氏通解】振書端書於君前，有誅。倒筴側龜於君前，有誅。龜筴、几杖、席蓋、重素、袗絺綌，不入公門。苞屨、扱衽、厭冠，不入公門。書方、衰、凶器，不以告，不入公門。公事不私議。君子將營宫室，宗廟爲先，廄庫爲次，居室爲後。凡家造，祭器爲先，犧賦爲次，養器爲後。無田禄者，不設祭器；有田禄者，先爲祭服。君子雖貧，不粥祭器；雖寒，不衣祭服；爲宫室，不斬於丘木。大夫、士去國，祭器不踰竟。大夫寓祭器於大夫，士寓祭器於士。大夫、士去國，踰竟，爲壇位，鄉國而哭；素衣，素裳，素冠；徹緣，鞮屨，素簚，乘髦馬，不蚤鬋，不祭食；不説人以無罪；婦人不當御。三月而復服。

文書龜筴之類，各有典司，不先事夙戒，臨期君前振理，顛倒反側，是玩上廢職也。

誅，責罰也。龜筴所以豫謀，几杖所以優老，席所以安息，蓋所以蔽雨暘。衣裳重素，則不吉。袗，單也。絺綌，葛類，單則見體，近媟慢也。公門，君朝門。苞作藨，蒯草所爲，齊衰之屨也。扱衽，親初死，孝子以衣前衽扱帶間，匆遽之容。厭冠，冠伏帖不起也。吉冠峨起，喪冠厭伏。書方，小木版，既夕禮「書賵于方」，謂以方板書贈死之物，告于柩者也。凶服，衰也。凶器，棺椁明器之屬。不以告，不入，謂用必告而後入也。公事，謂朝政，而以私議，非姦則專也。凡營室，安神爲急，畜藏次之，安身爲後。凡造家具，祭器爲急，牲牢之具次之，自養爲後。祭牲曰犧，賦取諸民也。無田禄，謂無采地之入，無以供祭祀，則不設祭器。有田禄可祭，則先爲祭服，以祭器可暫假而徐備也。貧粥祭器，寒衣祭服，斬墓木爲宫室，皆蔑視祖考而褻瀆神，背禮殉私，不敬之大者。士、大夫祭器因田禄設，失位去國，無禄廢祭，則不宜挈祭器行，以寄於故國之同爵者，令可用也。既出境，乃除地爲壇位，回向本國哭。捐親戚，去墳墓，無田不祭，故用喪禮。冠、衣、裳皆素，有采緣者徹之，著革屨，覆軾之篾用素皮，駕不剪剔之髦馬。蚤，謂治手足爪。鬋，謂剔治鬢鬚。皆容飾之事，故不爲也。食盛饌故有豆間之祭，去國食無盛饌，故不祭。不説人以無罪，不以己出爲無罪，向人解説也。婦人不當御，謂不侍寢也。待三月後，諸事乃復如平時，皆用喪禮也。

愚按：此臣子遭放逐之變，而大去其國者，如魯逐公孫歸父之類，若孔子去魯，焉用此爲。惟春秋大夫去國者多，衰世之禮也。

【方氏析疑】注謂「三月一時，天氣變，可以遂去。」疏謂「事事反還吉禮而後去。」又云：「大夫待放三年，得玦乃去。從郊至竟，三月乃行。」皆非也。經言「踰竟」，則已出其畿疆矣，於踰竟後始言爲壇而哭，變用喪禮，則哭後即行至所之之國，計數三月，而後復常明矣。

【江氏擇言】鞮屨。

鄭注：無絇之菲也。

呂氏云：革，屨也。周官有鞮屨氏，革去毛而未爲韋，非吉屨也。

按：呂氏説是。

【欽定義疏】正義 鄭氏康成曰：言以喪禮自處也。臣無君，猶無天也。壇位，除地爲位也。案：書「三壇同墠」，禮「去壇爲墠」，是築土爲壇，除地爲墠，二者異也。但「檀」字、「擅」字俱諧聲，是「亶」字原有二音。鄭訓除地即壇，與「墠」通。徐氏壇音善，以此。徹，猶去也。鞮屨，無絇之菲也。簚，覆笭也。髦馬，不鬄落也。蚤，讀爲爪。鬋，鬋鬢也。不自説於人以無罪，嫌惡其君也。御，接見也。三月一時，天氣變，可以遂去也。簚，或爲「冪」。

孔氏穎達曰：此大夫、士三諫不從，出在竟上。大夫則待放三年，予環則還，予玦便去。士則不待放，臨去皆行此禮。又曰：去父母之邦，有桑梓之戀，故爲壇位，鄉國而哭，衣、裳、冠皆素，爲凶飾也。緣，中衣緣也。吉時用采緣，凶喪，故徹緣而純素。屨以絇爲飾，凶故無絇也。屨又隨裳色，今素裳，則屨白色也。素簚，白狗皮爲簚也。吉則翦鬄馬尾爲飾，凶則不翦而乘之。蚤，治手足爪也。鬋，鬄治鬚髮也。吉則治鬋爲飾，凶故不翦也。祭，祭先也。食盛饌則祭食之先，喪凶，故不祭也。不説人以無罪者，善則稱君，過則稱己，今雖放逐，猶不得向人説己無罪也。吉時婦人以次侍御，今喪禮自貶，故不御也。自貶三月，然後事事反還如吉禮而遂去也。三月爲一時，天氣一變，則人情亦宜易也。王度記云「大夫俟放於郊三年」，此云「三月」，不同者，得玦之後，從郊至竟，三月之内行此禮也。

呂氏大臨曰：大夫、士去其墳墓，捬其宗廟，無禄以祭，故必以喪禮處也。大夫以道去而猶未絶者，皆服齊衰三月，言與民同也。今去其君，雖非喪也，然重絶君臣之義，故以心喪自處，而期以三月，故曰「三月而復服」也。

通論 游氏桂曰：古之以凶禮自處者三，而喪事不與焉：戰勝以喪禮處之，凶災以喪禮處之，去國以喪禮處之。戰勝以喪禮，重用兵也；凶災以喪禮，重天災也；去國以喪禮，重去本也。且非特以喪禮自處也，人將以喪禮弔之焉。去國則弔之，凶災則弔之，故去國，古人之所大患也。棄其君者，棄其位，棄其宗廟，棄其父母之邦，此其可悲也明矣。

馬氏晞孟曰：凡此特自貶而已，又不必純之以凶禮也。古之去國者，其仁至於嚮國而哭，其義至於不説人以無罪。子鮮之去衛，不嚮衛而坐，非所謂仁。元咺之奔晉，則訟其君以求勝，非所謂義也。案：元咺可非，子鮮未可貶。

存疑 王氏安石曰：孔氏云：「大夫三年待放竟上，士不待放。」恐無此禮。孔子屢仕屢去，豈常行待放之禮乎？案：三年待放，説本公羊，似不可駁。

【杭氏集説】姚氏際恒曰：孔氏曰：「此大夫、士三諫而不從。」又曰：「大戴禮云：『大夫俟放于郊三年，得環乃還，得玦乃去。』此國踰三月乃得，不同者，得玦之後，從郊至竟，三月之内行此禮。」按記文言「大夫、士去國」，不必定是三諫不從。若果三諫不從，則當逃之矣。即下文。即不然，如孟子「三宿出晝」是也。乃引大戴記被放俟郊三年之説，有何交涉乎？且大戴記言三年、言郊，曲禮言三月、言竟，又無得玦之説，何得曰「得玦之後，從郊至竟，三月之内行此禮」乎？孔氏好爲附會如此。

姜氏兆錫曰：墠位，除地爲位也。鄉國，向本國也。徹，去也，去中衣之采緣，而緣以素也。鞮屨，周禮注「四夷舞者，所扉革屨」是也。簚者，車覆闌也，以白狗皮爲之，既夕禮「主人乘惡車，白狗幦」是也。髦馬者，馬不鬄髦鬣也。治手足爪曰蚤，治鬚髮曰鬋。食不祭先代爲食之人者，禮不備也。不自以無罪解説於人者，過則稱己也。御，謂侍御寢宿也。凡此皆爲去父母之邦，捐親戚，去墳墓，失禄位，乃變故之大者，故以凶禮自處也。「必待三月，而後復其吉服」者，三月爲一時，天氣小變故也。　又曰：言人臣去國之禮。

方氏苞曰：注謂「三月一時，天氣變，可以遂去」，疏謂「事事及還吉禮而後去」，又云「大夫待放三年，得玦乃去。從郊至竟，三月乃行」，皆非也。經言踰竟，則已出其畿疆矣。于踰竟後始言爲壇而哭，變用喪禮，則哭後即行，至所之之國，計數三月，而後復常，明矣。

【孫氏集解】鄭氏曰：言以喪禮自處也。臣無君，猶無天也。壇位，除地爲位也。徹，猶去也。鞮屨，無絇之菲也。幭，覆笭也。髦馬，不鬄落也。蚤，讀爲爪。鬋，鬋鬢也。不自説於人以無罪，嫌惡其君也。御，接見也。三月一時，天氣變，可以遂去也。

孔氏曰：此大夫、士三諫不從，出在竟上。大夫則待放三年，聽於君命，若予環則還，予玦則去。若士則不待放，臨去皆行此禮也。壇者，除地而爲壇也。去父母之邦，有桑梓之戀，故爲壇位，鄉國而哭。衣、裳、冠皆素，爲凶飾也。緣，中衣緣也。素服裏亦有中衣，若吉時，中衣用采緣，此既凶喪，故徹緣而純素。屨以絇爲飾。士冠禮云「玄端黑屨，青絇博寸」，鄭云「絇之言拘也」。古屨以物繫之爲行戒，故用繒一寸，屈之爲絇，著屨頭，以受穿貫，今凶，故無絇也。素，白狗皮也。幭，車覆闌也。禮，人君羔幦虎犆，大夫鹿幦豹犆。今此喪禮，故用白狗皮也。既夕禮云「主人乘惡車，白狗幦」是也。吉則翦剔馬毛爲飾，凶則無飾，不翦而乘之。蚤，治手足爪也。鬋，剔治鬚髮也。吉則治鬋爲飾，凶，故不鬋也。不祭食者，食盛饌則祭食之先，喪凶，故不祭也。不説人以無罪者，善則稱君，過則稱己。今雖放逐，猶不得向人説己無罪也。吉時，婦人以次侍御，今喪禮自貶，故不也。自貶三月，然後事事反還如吉禮而遂去也。三月爲一時，天氣一變，則人情亦宜易也。

呂氏大臨曰：大夫、士去國，喪其位也。大夫、士喪位，猶諸侯之失國家，去其墳墓，捹其宗廟，無禄以祭，故必以喪禮處之。

馬氏晞孟曰：士虞禮曰：「既祔，則沐浴、櫛、搔翦」，則不蚤翦者，未祔之禮也。

愚謂踰竟乃行此禮者，未踰竟猶冀君之反之也。壇與墠通，除地也。位，張帷爲哭位也。左傳魯公孫歸生奔齊，墠帷復命於介，鄉國而哭者，哀離其父母之邦也。素，白繒也。衣裳及冠，皆以白繒爲之。周禮司服「大札、大荒、大烖，素服」，謂此服也。緣，中衣之緣。徹之者，爲采色之華美也。鞮屨，革履也。士冠禮曰：「白屨柎之以魁。」鞮屨蓋不柎者，故以其質名之。素簚者，白狗皮爲簚，而素繒緣之也。王之喪車，木車犬䄙疏飾，素車犬䄙素飾。是犬簚有不用素緣者，故言其緣以別之。盛饌則祭，不祭食，則疏食菜羹而已。

○王氏安石曰：孔氏云：「大夫三年待放竟上，士不待放。」恐無此禮。孔子屢仕屢去，豈常行待放之禮乎？或者古之大夫有得罪被放於竟上三年，而後聽其去者乎？故季孫請囚於費以待察，春秋有放大夫之文，蓋緣此禮也。又三諫不從則去，亦不可必以爲常。要之，三諫不從而不能去，則苟禄者也。如孔子去國，乃未嘗一諫也。且待放得環則還，是以待放要君耳！三諫不從，以爲不合則可以去，雖有庶幾其君或改之心，如孟子三宿然後出晝可也，何待三年？

愚謂大夫待放之説，出於公羊，然春秋二百四十年間，大夫之去國者多矣，未聞有待放三年而後去者。孔子去魯，曰：「遲遲吾行也。」孟子去齊，三宿而後出晝。以道去君者，宜無如孔、孟，亦未聞其待放三年而後去者也。孟子之告齊宣王曰：「諫行言聽，膏澤下於民。有故而去，則君使人導之出疆；去三年不反，然後收其田里。」古之去國者，其君臣相與有禮，不過如此，則其去固不俟三年，而必無待放竟上，賜環則還，賜玦則去之事矣。

【朱氏訓纂】注：言以喪禮自處也。臣無君，猶無天也。壇位，除地爲位也。徹，猶去也。鞮屨，無絇之菲也。簚，覆笭也。髦馬，不鬄落也。蚤，讀爲爪。鬋，鬋鬢也。不自説於人以無罪，嫌惡其君也。御，接見也。三月一時，天氣變，可以遂去也。簚，或爲幕。

説文：緣，衣純也。　正義：大夫待放三年，聽於君命，與環則還，與玦便去。壇者，除地而爲壇。去父母之邦，有桑梓之戀，故爲壇，鄉國而哭，以喪禮自處也。衣、裳、冠皆素，爲凶飾也。緣，中衣緣也。吉時，中衣用采緣，今既凶喪，故徹緣而純素。屨以絇爲飾，凶，故無絇也。素簚者素，白狗皮也。簚，車覆闌也。大夫鹿幦豹植，今此喪禮，故用白狗皮也。乘髦馬者，吉則翦剔馬毛爲飾，凶則不翦而乘之也。蚤，治手足爪也。鬋，剔治鬚髮也。吉則治翦爲飾，凶故不翦也。祭，祭先也。食盛饌，則祭食之先，喪凶，故不祭也。善則稱君，過則稱己。今雖放逐，猶不得嚮人道己無罪而君惡也。

【郭氏質疑】素衣，素裳，素冠：，徹緣，鞮屨。

鄭注：「言以喪禮自處也。鞮屨，無絇之菲。」孔疏：「緣，中衣緣也。素服裏有中衣，吉時，用采緣；凶喪，故徹緣而純素。」

嵩燾案：喪服衰三升，以次至小功十升，若十一升，而朝服十五升，緦錫衰亦十五升而抽其半，是喪服以治麻疏密爲差。鄭注周禮司服：「皮弁服十五升，白布衣，積素以爲裳。」而注屨人云：「凡屨舄，各象其裳之色，素積白屨。」注士冠禮云：「皮弁者，以白鹿皮爲冠。」詩曹風箋：「麻衣，深衣，諸侯之服。」秦風傳：「素衣繡黼，丹朱中衣。」是皮弁服、深衣、中衣皆用素，不必即爲喪服。檜風傳：「素冠，練冠也。」箋又引玉藻「縞冠素紕」謂之「祥冠」，而閒傳云：「小祥，練冠，縓緣。大祥，素縞，麻衣。」深衣疏：「以布緣曰麻衣。」凡此練祥之服，竝未別爲中衣。鄭注檀弓「練衣黃裏，縓緣」云：「練，中衣，以黃爲内，緣爲飾。」疏以緣爲中衣，即本此。而經明言「徹緣」，亦與練祥之縓緣、素紕異矣。案鄭注喪服記「麻衣，縓緣」云：「小功布，深衣。」而注深衣云：「連衣裳，而純之以采。」朝服玄端以上，皆有裳無緣，惟深衣加緣。此云「徹緣」，蓋即深衣常服，而去其緣耳。云中衣者，誤也。周禮司服「眡朝，皮弁服」「凶事，服弁服」，後云：「大札、大荒、大烖，素服。」所云「素服」，即服弁服也，亦謂之素端。鄭注司服「其齊服有玄端、素端」云：「素端者，爲札荒有所禱請。」蓋所異者皮弁，而衣與裳皆同。鄭云「服弁，喪冠也」，恐誤。周禮明分凶事、弔事、衰服爲三，似未宜以凶事併入下凶服言之。喪服惟衰，素衣、素裳、素冠，非衰也。經云「徹緣」，但去深衣之緣以凶禮自處，非能於去國時制衣以行也。鞮屨亦非菲屨，説文：「鞮，革履也。」胡人履連脛，謂之絡鞮。鄭注周禮「鞮鞻氏，四夷舞者所屝也。」許別出胡人之絡鞮連脛者，尤允。鞮屨衹是革屨，便於奔走，蓋賤者之履也。鄭注連喪服爲文，遂據檀弓「繩屨無絇」釋之，皆恐未然。

二·二〇　**大夫、士見於國君**[一]**，君若勞之，則還辟，再拜稽首；**謂見君，既拜矣，而後見勞也。聘禮曰：君勞使者及介，君皆答拜。○勞，力報反，注及下「君勞」同。辟，婢亦反，

[一] 大夫、士見於國君節　惠棟云：「『大夫、士』節、『大夫、士相見』節、『凡非弔喪』節，宋本合爲一節。」盧文弨云：「案疏有男女在內，則當并合『大夫見於國君』節，或惠本誤記耳。」

下同。還辟，逡巡也。使，色吏反。**君若迎拜，則還辟，不敢答拜。**嫌與君亢賓主之禮。迎拜，謂君迎而先拜之。聘禮曰：大夫入門再拜，君拜其辱。

【疏】「大夫」至「答拜」[一]。○正義曰：此一節論君臣男女相答拜之法，各依文解之。

○「大夫、士見於國君」者，謂大夫、士出聘他國君之禮。「君若勞之，則還辟，再拜稽首」者，勞，慰勞也。還辟，逡巡也。初至，行聘享，私覿禮畢，而主君又別慰勞己在道路之勤，故己逡巡而退者，辟君之答己之意也。○案聘禮行聘享及私覿訖，賓出，主君送至大門内，主君問聘君、問大夫竟，乃云「公勞賓，賓再拜稽首，公答拜；公勞介，介再拜稽首，公答拜」，即此大夫出聘他國，君勞之是也。聘禮無「還辟」之文者，文不備也。

○注「謂見」至「答拜」。○正義曰：案聘禮：勞賓之前不見賓先拜，此云賓「既拜矣」，謂賓初行私覿之時已拜主君矣，在後始主君勞，故曰「既拜矣，而後見勞。」引聘禮者，證君勞賓再拜之事，熊氏以爲「唯云『大夫、士』，謂小聘『大夫爲賓、士爲介』故也」。今謂大聘、小聘皆然，故鄭引聘禮以證之，此大夫之中則含卿也。知者，以此經皆總云大

[一] 大夫至答拜　惠棟校宋本無此五字。

夫，不別言卿，故知大夫含卿也。

「君若迎拜，則還辟，不敢答拜」者，君若迎，先拜賓[一]，賓是使臣，不敢當禮，則還辟逡巡不敢答主君之拜。

○注「嫌與」至「其辱」。○正義曰：此主君迎拜者，謂聘賓初至主國大門外，主君迎而拜之。故聘禮云「賓入門左，公再拜。賓辟，不答拜」是也。故鄭引聘禮「大夫入門再拜，君拜其辱」者，初入門，主君再拜其辱也。

【衛氏集説】鄭氏曰：謂大夫、士見君既拜矣，而復見勞也。聘禮曰：「君勞使者及介，君皆答拜。」「還辟，不敢答拜」，嫌與君亢賓主之禮。迎拜，謂君迎而先拜之。

孔氏曰：自此至「相答拜也」一節，論君臣男女相答拜之法。此謂大夫、士出聘他國君之禮。勞，慰也。還辟，逡巡也。稽首，頭至地也。初至，行聘享，私覿禮畢，而主君又別慰勞己在道路之勤，故逡巡而退辟也。聘禮無「還辟」之文者，文不備也。「君若迎拜」，謂聘賓初至大門外，主君迎而拜之。賓是使臣，不敢當禮，則逡巡不敢答主君之拜。故聘禮云「賓入門左，公再拜。賓辟，不答拜」是也。

藍田呂氏曰：「還辟，再拜稽首」，以君臣之禮見他國之君也。迎拜，則還辟，他國

[一] 君若迎先拜賓　閩、監、毛本作「君若」，此本「君若」誤「君君」。

之君以賓主之禮接己，而己不敢亢也。

馬氏曰：禮莫盛於再拜，拜莫重於稽首。儀禮、周官凡賓主君臣之接也，皆以再拜爲節。特、鄉飲，則主人三拜，衆賓一拜而已。士相見、聘禮，至於禮之殺者，亦一拜而已，再拜所以爲盛禮也。周官九拜先稽首，記曰：「稽首，服之甚。」孟武伯曰：「非天子寡君，無所稽首。」知武子曰：「天子在而君辱稽首，寡君懼矣。」此稽首所以爲禮之重也。所謂大夫者，聘禮之賓也。所謂士者，聘禮之介也。總而言之，皆謂之客。故周官司儀「君勞客，客再拜稽首」是也。然聘禮賓之受几、受幣、私覿，莫不稽首。其於郊勞與歸饔餼者，亦稽首。則大夫之稽首於國君者，非特拜勞而已。記之所言特一端也。聘禮「卿勞賓於郊，賓再拜。勞者不答拜。及歸饔餼，賓再拜，大夫不答拜。」昏禮「賓奠雁，再拜，主人不答拜」，則不敢答拜者，非特辟君之迎拜而已，記之所言，亦一端也。

葉氏棣曰：用下敬上，謂之貴貴。故大夫、士見於國君，不敢答拜。用上敬下，謂之尊賢。故下文「貴賤雖不敵，賓主相尊則先拜。」貴貴者，禮也。尊賢者，義也。

江陵項氏曰：荀子大略篇曰：平衡曰拜，謂磬折，頭與腰平如衡也。下衡曰稽首，至地曰稽顙。大夫之臣，拜不稽首，以是推之，則今之折腰。揖，即古之拜也，今之稽首。揖，即古之稽首也。今之拜伏，其頭至地，乃類古之稽顙耳。然今之拜，自是古之跪、俛、伏三事，殊與古拜不類。今之揖，其形用古之拜，其聲用今之喏，亦是兩事，皆與古揖不類也。古揖，舉手而無聲。

【吴氏纂言】鄭氏曰：謂大夫、士見君既拜矣，而復見勞也。迎拜，謂君迎而先拜之。不敢答拜，嫌與君亢賓主之禮。

孔氏曰：此謂大夫、士出聘他國君之禮。勞，慰也。還辟，逡巡也。稽首，頭至地也。初至，行聘享，私覿禮畢，而主君又別慰勞己在道路之勤，故逡巡而退辟也。按聘禮行聘享及私覿訖，賓出，主君送至大門内，主君問聘君、問大夫竟，乃云「公勞賓，賓再拜稽首，公答拜；公勞介，介再拜稽首，公答拜」，即此大夫出聘他國，君勞之是也。聘禮無「還辟」之文者，文不備也。君若迎拜，謂聘賓初至大門外，主君迎而拜之，不敢當禮，則逡巡不敢答主君之拜。故聘禮云「賓入門左，公再拜，賓辟不答拜」是也。

呂氏曰：還辟，再拜稽首，以君臣之禮見他國之君也。迎拜，則還辟它國之君，以賓主之禮接己，而已不敢亢也。

澄曰：還辟，謂身旋轉而開，闢以遜避也。

【陳氏集説】大夫、士見於國君，君若勞之，則還辟，再拜稽首。此言大夫、士出聘他國，見於主君，君若問勞其道路之勤苦，則旋轉退避乃再拜稽首也。**君若迎拜，則還辟，不敢答拜。**聘賓初至主國大門外，主君迎而拜之，賓則退卻，不敢答拜而抗賓主之禮也。

【方氏析疑】注疏並以聘禮詁，但事序既倒，辭意難明，且首節視聘禮，又多還辟之節，疑别言見本國君之禮。次節乃聘使初至，主君迎拜之禮也。大夫、士或始受爵，或承王事，達邦交，踰時而反，或以喪疾，久不見君，而君勞之，故旋辟，示不敢當，而稽首以拜君之勞。若聘禮，主君勞客，則一定儀節，不宜曰「若」。

【欽定義疏】正義 鄭氏康成曰：謂見君，既拜矣，而後見勞也。聘禮曰：「君勞使者及介，君皆答拜。」迎拜，謂君迎而先拜之。還辟，不敢答拜，嫌與君亢賓主之禮。聘禮曰：「大夫入門再拜，君拜其辱。」

孔氏穎達曰：還辟，逡巡也。聘禮行聘享，私覿禮畢，賓出，主君送至大門内，主君問聘君、問大夫竟。公勞賓，賓再拜稽首，公答拜；勞介，介再拜稽首，公答拜。蓋勞者，主君又别慰勞己在道路之勤，故逡巡而退避也。聘禮無「還辟」之文者，文不備也。君若迎拜，謂聘賓初至大門外，主君迎而拜之。賓是使臣，不敢當禮，則逡巡不敢答主君之拜。故聘禮云「賓入門左，公再拜，賓避不答拜」是也。大聘使卿大夫爲介，小聘大夫爲賓，士爲介，此大夫中含卿也。

吕氏大臨曰：還辟、再拜稽首，以君臣之禮見他國之君也。迎拜，則還辟他國之君，以賓主之禮接己，而已，不敢亢也。

吴氏澄曰：還辟，謂身旋轉而開闢，以遜避也。

通論 馬氏晞孟曰：禮莫盛於再拜，拜莫重於稽首。儀禮、周官凡賓主君臣之接也，皆以再拜爲節。特、鄉飲禮，則主人三拜，衆賓一拜而已。士相見、聘禮至於禮之殺者，亦一拜而已，再拜所以爲盛禮也。周官九拜先稽首，記曰「稽首，服之甚。」孟武伯曰：「非天子寡君，無所稽首。」知武子曰：「天子在而君辱稽首，寡君懼矣。」此稽首所以爲禮之重也。所謂大夫者，聘禮之賓也。所謂士者，聘禮之介也。總而言之，皆謂之客，故周官司儀「君勞客，客再拜稽首」是也。然聘禮賓之受几、受幣，私覿，郊勞與歸饔餼皆稽首，則記所言稽首，一端而已。聘禮卿勞賓於郊，賓再拜。勞者不答拜，歸饔餼，賓再拜，大夫不答拜。記所言不答拜，亦一端而已。

【杭氏集説】吴氏澄曰：還辟，謂身旋轉而開闢，以遜避也。

萬氏斯大曰：諸侯之上大夫卿，聘禮卿爲使者，至彼國曰「賓」，大夫爲上介，士爲衆介。此勞之，是行聘享私覿之後，主君送賓及大門内，公問君、問大夫訖，分勞賓，賓再拜稽首，公答拜，公勞介，介皆再拜稽首，公答拜。儀禮不言還辟，此文補之。按聘禮「聘之日，公皮弁迎賓于大門内，大夫納賓，賓入門左，公再拜，賓辟，不答拜」，辟，即還辟也。

姚氏際恒曰：此言大夫、士初見于君之禮也。大夫、士從外來，故君有勞之之禮，及迎拜之禮。鄭以聘禮釋之，非是。記文但言大夫、士，不言大夫、士聘；言國君，不言他國之君也。按，聘禮致館、受几、受幣、私覿、君勞、歸饔餼，賓莫不稽首，何獨以勞之之一端偶合，而遂謂聘禮乎？聘禮「君拜迎，賓不答拜；君拜送，賓不顧」，不顧，即不答拜。

使果爲聘禮，又安得但言答拜，不言拜送乎？鄭于「君勞」前補曰「賓見君，既拜矣」，聘禮賓私覿，已拜主君後，主君始勞，故補之。孔氏曰「聘禮無還辟之文，文不備耳」，皆執禮解禮穿鑿附會之甚者也。注疏之以爲聘禮者有，故以下云「君于士不答拜」，此處言君拜士，似不合，故以爲聘禮耳。不知云「君若迎拜」，若者，未定之辭。有迎拜，亦有不迎拜者在内。「君若勞之」亦同。釋經不可以辭害意，況其辭本自明白，何煩他説乎？又聘禮、士相見禮，君亦皆拜士，説見後。

姜氏兆錫曰：言大夫、士出聘而見其國君，其君若勞其勤苦，則還轉退辟而不敢當，乃再拜稽首，以致敬也。又曰：言初至其國大門外，其君若迎而拜之，則又還辟而不敢答拜。答拜則是抗賓主之禮矣。

方氏苞曰：注疏並以聘禮詁，但事序既倒，辭意難明。且首節視聘禮又多還辟之節，疑别言見本國君之禮；次節乃聘使初至，主君迎拜之禮也。大夫、士或始受爵，或承王事，達邦交，踰時而反，或以喪疾，久不見君，而君勞之，故旋辟，示不敢當，而稽首以拜君之勞。若聘禮主君勞客，則一定儀節，不宜曰若。

【孫氏集解】大夫、士見於國君，及下文「大夫見於國君」，「士見於大夫」，皆謂大夫、士私行出疆，或去己國而適他國，而見於其君與其大夫者也。左傳：「楚公子棄疾如晉，過鄭，鄭伯勞諸柤，辭不敢見；固請見之，見如見王。」此雖奉命出聘，而其見鄭伯非君命，亦當用此禮也。勞之，謂慰其道路之勤勞也。還辟者，逡巡不敢當也。再拜稽首者，答君之意也。迎拜者，迎之而拜其辱也。還辟不敢答拜者，不敢亢賓主之禮也。公食大夫禮「公迎賓再拜，賓亦再拜稽首」者，聘賓奉主君之命，與此私自見國君者不同也。言「君若勞之」，「君若迎拜」，則君蓋有不勞之、不迎拜者矣，亦以其私見國君，故禮之隆殺無定也。

鄭氏曰：勞之，謂見君，既拜矣，而後見勞也。聘禮曰：君勞使者及介，君皆答拜。迎拜，謂君迎而先拜之。聘禮曰：大夫入門再拜，君拜其辱。案聘禮云：「大夫納賓，賓入門左，公再拜。」此注云「大夫入門再拜」，蓋文有誤脱。

孔氏曰：此謂大夫、士出聘他國之禮。聘禮行聘享及私覿訖，賓出，主君送至大門內，主君問聘君、問大夫竟，乃云「公勞賓，賓再拜稽首；勞介，介再拜稽首」，即此大夫出聘他國，君勞之是也。迎拜，謂聘賓初至主國大門外，主君迎而拜之。案聘禮：「主君迎賓於大門內。」此疏云「大門外」，蓋亦傳寫之誤。

愚謂注言君勞使、介，此聘禮「反命而君勞之」之事也。疏言君勞賓、介，此聘禮「私覿之後，賓出至大門內，而主君勞之」之事也。是勞之而再拜稽首，於己國及他國之君，皆有此禮矣。然君於其臣不迎拜，此云「君若迎拜」，則非見己君。聘禮主君迎拜，乃一定之禮，此云「君若迎拜」，則固有不迎拜者矣。且聘禮乃爲君奉使，不可云「見於國君」，以是知此所言乃私見之禮，而非聘禮也。

【朱氏訓纂】大夫、士見於國君，君若勞之，則還辟，再拜稽首，注：謂見君，既拜矣，而後見勞也。聘禮曰：「君勞使者及介，君皆答拜。」　正義：謂大夫、士出聘他國君之禮。勞，慰勞也。還辟，逡巡也。初至，行聘享，私覿禮畢，而主君又別慰勞己道路之勤，故己逡巡而退，辟君之答己也。**君若迎拜，則還辟，不敢答拜。**注：嫌與君亢賓主之禮。迎拜，謂君迎而先拜之。聘禮曰：「大夫入門再拜，君拜其辱。」　正義：此主君迎拜者，謂聘賓初至主國大門外，主君迎而拜之。故聘禮云「賓入門左，公再拜。賓辟，不答拜」是也。

【郭氏質疑】鄭注：謂見君，既拜矣，而後見勞也。聘禮曰：「君勞使者及介。」迎拜，謂君迎而先拜之。聘禮曰：「大夫入門再拜。」

嵩燾案：鄭意據聘禮享私覿禮畢，送賓，公勞賓及介。疏云：「聘禮無『還辟』之文者，文不備也。」疑聘禮自有常儀。經云「若勞之」「若迎拜」，無常儀。則此見於國君者，通詞也。聘禮：使者歸，反命，君勞之，再拜稽首，君答再拜，上介如上賓之禮，士介亦如之。是使歸反命，君勞之，與聘享同。公食大夫禮：賓朝服即位於大門外，如聘，公逆於大門內，賓入門左，公再拜，賓辟。是食禮，君迎拜，亦與聘禮同。案公食禮「賓辟」下云「再拜稽首」者，另文云「辟則非答拜也」。士相見禮有始見於君之儀，有燕見之儀，有外臣相見之儀，此於禮有事則勞，食則拜迎，其國之君及異邦皆然。鄭注一以聘禮證之，疑非經旨。案鄭注聘禮「勞之」，以道路勞苦，勞者辭也，賓至近郊，使卿勞，勞者奉幣入，東面致命，賓北面聽命，還，少退，再拜稽首，此云「還辟」，亦即受勞而還，少退之。意與「迎拜」「還辟」之文略異。記禮者連類言之，迎拜還辟，不敢當其拜。勞而還辟，不敢當其言，則舛矣。儀禮之文已詳於郊勞，疏言「文不備」者，亦誤。

曲禮注疏長編卷二十二

二·二二 **大夫、士相見，雖貴賤不敵，主人敬客則先拜客，客敬主人則先拜主人。** 尊賢。

【疏】「大夫、士相見」至「則先拜主人」。○正義曰：此謂使臣行禮受勞已竟，次見彼國卿大夫也。唯賢是敬，不計賓主貴賤，雖爲大夫而德劣，亦先拜有德之士也。謂異國則爾，同國則否，又士相見禮「若先生異爵者」，謂士則先拜之，此則不必同國也。

【衛氏集說】鄭氏曰：尊賢也。

孔氏曰：此謂使臣行禮受勞已竟，次見彼國卿大夫也。惟賢是敬，不計賓主貴賤，雖爲大夫而德劣，亦先拜有德之士也。謂異國則爾，同國則否。

藍田吕氏曰：尊賢之義，貴賤之勢，有不得奪之也。

馬氏曰：相見貴於相下，相下貴於相先。士相見禮「若先生異爵者，請見之則辭。辭不得命，則先見之。」然則拜之禮，蓋亦若此。故主人敬客，則先拜客。客敬主人，則先拜主人也。燕禮「賓升自西階，主人先拜」。至聘禮「賓入大門，主君先拜迎」。則先拜之禮，不特大夫、士而已，記之所言，亦一端也。

【吴氏纂言】鄭氏曰：尊賢也。

孔氏曰：此謂使臣行禮受勞已竟，次見彼國卿大夫也。唯賢是敬，不計賓主貴賤，雖爲大夫而德劣，亦先拜有德之士也。異國則爾，同國則否。

葉氏棣曰：用下敬上謂之貴貴，故大夫、士見於國，君不敢答拜。用上敬下謂之尊賢，故貴賤雖不敵，賓主相尊，則先拜貴。貴者，禮也。尊賢者，義也。

【陳氏集説】敬而先拜，謂大夫、士聘於他國而見其卿大夫、士也，同國則否。

【欽定義疏】**正義**　鄭氏康成曰：尊賢也。

孔氏穎達曰：惟賢是敬，不計賓主貴賤，雖爲大夫而德劣，亦先拜有德之士也。

通論　馬氏晞孟曰：相見貴於相下，相下貴於相先。士相見禮「若先生異爵者，請見之則辭。辭不得命，則先見之。」然則拜之禮，蓋亦若此，故主人敬客，則先拜客。客敬主人，則先拜主人也。燕禮「賓升自西階，主人先拜」。至聘禮「賓入大門，主君先拜迎」。則先拜之禮，不特大夫、士而已，記之所言，亦一端也。

案　先儒以聘、燕之禮言，究則凡相見之禮，當無不然者。朱子采入士相見禮。

存疑　孔氏穎達曰：此謂使臣行禮受勞已竟，次見彼國卿大夫也。異國則是，同國則否。

【辨正】朱子曰：此未有以見同國、異國之辨，更詳之，下放此。

【杭氏集説】朱子曰：此未有以見同國、異國之辨，更詳之，下放此。

姚氏際恒曰：此言大夫、士初相見之禮也。大夫、士互爲主客，各以相敬，而先拜不論主客，亦不論大夫、士也。鄭氏但曰尊賢，尤不分同國異國。孔氏乃以爲使臣受勞已竟，次見彼國卿大夫，異國則爾，同國則否。若然，尊卑之禮，不施于同國乎？按，士相見禮云：「先生異爵者，請見之則辭。辭不得命，先見之。」與此微不同。

朱氏軾曰：敬則先拜者，或敬其君及其臣，如小國之大國是也；或以事往來，如告糴乞師，許告許乞之類是也。敬賢，亦敬之一端，注疏專以敬賢，未是。拜是兩見而拜，馬氏以拜爲往見，非是。

姜氏兆錫曰：相見，亦承上，言出聘時也。貴賤不敵，謂士於大夫，及大夫、士各有上、中、下之三等，皆是也。

【孫氏集解】鄭氏曰：尊賢也。

愚謂士相見禮主人皆先拜客，而此乃有客先拜主人者，以下文「同國始相見」觀之，則此謂尋常相見，而非始相見者也。始相見者，主人必先拜辱，非始相見則無拜辱之禮，故惟所敬者則先拜之。特牲禮主人宿尸，尸出門左，「主人再拜，尸答拜」。少牢禮「宿尸，主人再拜稽首」，「尸拜，許諾」。此時主人來在尸家而先拜尸，即客先拜主人之事也。

【朱氏訓纂】注：尊賢。　正義：惟賢是敬，不計賓主貴賤。

【郭氏質疑】孔疏：使臣行禮受勞已竟，次見彼國卿大夫也。異國則爾，同國則否。

嵩燾案：朱子經説已疑此未有以見同國、異國之辨。士相見禮：「先生異爵者，請見之則辭。辭不得命，則先見之。」鄭注引此云：「主人敬賓，則先拜賓。」然儀禮之文，仍以貴賤、異等言之，自是士、大夫相見之常禮，此云「敬客」「敬主人」，皆通辭也。孟子曰：「用下敬上，謂之貴貴；用上敬下，謂之尊賢。」鄭注以尊賢釋此，最合經旨，記禮者通禮文之變，以達人所以交相爲敬之情，其義美矣。疏申鄭義，失之。

二·二二　**凡非弔喪，非見國君，無不答拜者。**禮尚往來，喪賓不答拜，不自賓客也。國君見士不答其拜，士賤。○非見，賢遍反，下「大夫見」「士見」、下注「拜見」同。

【疏】「凡非」至「拜者」。○正義曰：此明禮尚往來也。己雖賢德，而必皆相答拜也。凡拜而不答拜者，唯有弔喪也，士見己君[一]此二條耳。弔所以賓不答拜者，己本來

[一]　唯有弔喪也士見己君　惠棟校宋本同，閩本同，監、毛本「也」作「與」。○鍔按：「唯有」上，阮校有「凡非弔喪節」五字。

爲助執於喪事，非行賓主之禮，故主人雖拜己，己不答也。故士喪禮「有賓則拜之，賓不答拜」是也。君不答士者，謂士見己君，君尊，不答也。

○注「國君」至「拜士賤」。○正義曰：案聘禮，「士介四人」，君皆答拜者，以其他國之士故也。

【吴氏纂言】鄭氏曰：禮尚往來，喪賓不答拜，不自賓客也。國君見士不答其拜，士賤也。

孔氏曰：已雖賢德，必皆相答拜。凡拜而不答拜者，唯弔喪與士見己君二條爾。弔，賓本來助執喪事，非行賓主之禮。君尊，不答士拜。聘禮「士介四人」，君皆答拜者，以其它國之士故也。

吕氏曰：弔喪者，主人拜賓，賓不答。凡弔者，非以賓客來，獨主拜賓之辱而已，賓不可申其敬也。

張子曰：弔喪不答拜，主人拜伏以哭，弔者難答故辟之。君於士不答拜，於大夫亦有時而答，尊賢也。

【陳氏集説】弔喪而不答主人之拜者，以爲助執喪事之凡役而來，非行賓主之禮也，故士喪禮「有賓則拜之，賓不答拜」是也。士見本國之君，尊卑遠絶，故君不答拜。此二者之外，無不答拜也。

【方氏析疑】弔喪，不答主人之拜，所以體孝子哀敬之心，痛深事劇，不敢更與爲賓主之禮，以擾混之也。

【杭氏集説】姚氏際恒曰：此言答拜之禮，而舉不答拜者以見之也。見國君，即前文「大夫、士見于國君，君若迎拜，不敢答拜」之義，嫌與君亢賓之禮也。鄭氏謂國君見士不答拜，若然，當云國君見士，不當云見國君矣。又弔喪、見君皆一例，指往弔、往見之人，若于弔指往弔者，于見又指受見者，亦無此文理，且于下文「君于士不答拜」複。

陸氏奎勳曰：陳氏以弔喪爲助執喪役，非行賓主之禮，故不答主人之拜，非也。按，古人爲弔賓，于生者但有慰問之詞，於死者但有襚賻之物，及哭踊憑尸之節，而無拜祭于死者之禮。至主人拜賓，以謝其惠禮，拜送以重其來辱，亦惟自盡而已，賓皆無答拜之文。吴草廬于雜記中嘗辨之。

姜氏兆錫曰：弔喪而不答主人之拜者，蓋以助役，而非以行禮之義，士喪禮「有賓則拜之，賓不答拜」是也。見國君不答拜者，蓋不敢以抗禮之義，即上文「不敢答拜」是也。舊謂「士見本國之君，尊卑隔，故君不答拜」，然玩二條並列之義，乃言下不敢當禮而不答，非謂上自全其體而不答。況君於士不答拜之文，自在下條，而此則明言見國君乎？舊説之率，甚矣。二者之外，無不答拜者，迹無所嫌，而禮有當施也。

方氏苞曰：弔喪不答主人之拜，所以體孝子哀敬之心，痛深事劇，不敢更與爲賓主之禮，以擾混之也。

【孫氏集解】鄭氏曰：禮尚往來，喪賓不答拜，不自賓客也。國君見士不答其拜，士賤。

孔氏曰：凡拜而不答拜者，惟有弔喪與士見己君耳。弔，賓爲助執喪事，非行賓主之禮，故主人雖拜，己不答也。士見己君，君尊，不答。聘禮「士介四人」，君皆答拜者，以其爲他國之士故也。

【朱氏訓纂】注：禮尚往來，喪賓不答拜，不自賓客也。國君見士不答其拜，士賤。

正義：聘禮「士介四人」，君皆答拜者，以其他國之士故也。

【郭氏質疑】鄭注：國君見士不答其拜，士賤。

嵩燾案：鄭意即據下「君於士，不答拜也」爲義，疑經但言見國君，並不言士。士相見禮，始見於君，士、大夫奠摯，再拜稽首，君答壹拜。聘禮，使者反命，君勞之，再拜稽首，君答拜，勞上介、士介亦如之。是於士不答拜，亦惟燕見爲然，以事見，猶答拜也。經以「弔喪」「見國君」相連爲文，所云「不答拜」，當據見國君者言之。聘禮，賓入門左，公再拜，客辟，不答拜。公食大夫禮，賓入門左，公再拜，賓辟。其不敢答拜於其國之君，及異邦皆然。注於上下各節，多據聘使言之，惟此專屬其國之君，義亦未備。

二·二三　**大夫見於國君，國君拜其辱。士見於大夫，大夫拜其辱。同國始相見，主人拜其辱。**自外來而拜，拜見也。自内來而拜，拜辱也。**君於士，不答拜也；非其臣，則答拜之。**不臣人之臣。**大夫於其臣，雖賤，必答拜之。**辟正君。○辟，音避。**男女相答拜也。**嫌遠別不相答拜，以明之。○相答拜，一本作「不相答拜」，皇云後人加「不」字耳。別，彼列反。

【疏】「大夫」至「相答拜也」。○正義曰：辱[一]謂見他國君也。故聘禮云「公在門左拜」，是拜其辱也。

○「士見於大夫，大夫拜其辱」者，謂平常相答拜，非加敬也。故聘禮「賓朝服問卿，卿迎於廟門外再拜」，是主人必拜辱也。士相見禮：「士見大夫，於其入也，主人一拜。賓退，送，又再拜。」熊氏以爲「同國大夫見己君，君拜其辱者，以初爲大夫，敬之故也。若尋常則不拜也。」

○「同國始相見，主人拜其辱」者，前是異國，此明同國，同國則主人必先拜辱，不論有德也。

[一]　正義曰辱　惠棟校宋本無「正義曰」三字。○鍔按：「正義」上，阮校有「大夫見於國君節」七字。

○「君於士，不答拜也；非其臣，則答拜之」，君於己士，以其賤，故不答拜。然聘禮云：「聘使還，士介四人，君旅答拜」者，敬其奉使而還。士相見禮「士見國君，君答拜」者，以其初爲士，敬之故也。

○「非其臣，則答拜之」者，以其他國之士，非己尊所加，故答之也。

○「大夫於其臣，雖賤，必答拜之」者，大夫爲君，宜辟正君，故不辨己臣貴賤，皆答拜也。

○「男女相答拜也」者，男女宜別，或嫌其不相答，故明雖別，必宜答也。俗本云「男女不相答拜」[一]。禮，男女拜，悉相答拜，則有「不」梁爲非[二]，故鄭云：「嫌遠則不相答拜，以明之。」

【衛氏集説】凡非弔喪，非見國君，無不答拜者。大夫見於國君，國君拜其辱。士見於大夫，大夫拜其辱。同國始相見，主人拜其辱。君於士，不答拜也；非其臣，則答拜之。大夫於其臣，雖賤，必答拜之。男女相答拜也。

鄭氏曰：禮尚往來，喪，賓不答拜，不自賓客也。國君見士不答其拜，士賤也。自外來而拜，拜見也。自內來而拜，拜辱也。非其臣則答拜，不臣人之臣也。大夫答其臣之

[一] 俗本云男女不相答拜　閩、監、毛本同，惠棟校宋本「拜」作「也」。

[二] 則有不梁爲非　惠棟校宋本、閩本同。監、毛本「梁」作「字」，非也。

拜，辟正君也。男女嫌遠別不相答拜，以明之。

孔氏曰：禮尚往來，己雖賢德，而必皆相答拜。凡拜而不答拜者，唯「弔喪」與「士見己君」二條耳。弔，賓本來助執喪事，非行賓主之禮。士喪禮「有賓則拜之，賓不答拜」是也。君不答士拜。聘禮「士介四人」，君皆答拜者，以其他國之士故也。大夫見於國君，謂見他國君也。故聘禮云「公在門左拜」，是拜其辱也。「士見於大夫，大夫拜其辱」者，謂平常相答拜，非加敬也。故聘禮「賓朝服問卿，卿迎於廟門外再拜」是也。「同國始相見，主人拜其辱」者，前是異國，此明同國，同國則主人必先拜辱也。若君於己士，以其賤，故不答拜。他國之士，非己尊所加，故答之。然聘禮云：「聘使還，士介四人，君旅答拜」者，敬其奉使而還。士相見禮「士見國君，君答拜」者，以其初爲士，敬之故也。大夫爲君，宜辟正君，故不辨己臣貴賤，皆答拜也。男女宜別，或嫌其不相答，故明雖別，必宜答也。

橫渠張氏曰：弔喪不答拜，主人拜伏以哭，弔者難答。故辟之君於士不答拜，於大夫亦有時而答，尊賢也。

講義曰：「舉『弔喪』及『見國君』」二條，以明拜之皆答耳。

藍田呂氏曰：弔喪者，主人拜賓，賓不答。少儀曰：「適有喪者曰比，童子曰聽事。適公卿之喪，曰聽役於司徒。」諸侯使人相弔，辭云「寡君有宗廟之事，不得承事。」則凡弔者，非以賓客來，獨主拜賓之辱而已，賓不可申其敬也。

馬氏曰：士喪禮「弔者升自西階，主人進中庭，哭，拜稽顙。賓出，主人拜送於門外。三日成服，主人拜衆賓。」此弔喪所以無答拜之禮也。士之於君朝則不坐，燕則不與大享，則旅食而已。此君於士所以無答拜之禮也。君於他邦之人，使介者還其幣，則非其臣答拜之可知矣。大夫之臣不稽首於大夫，所以辟君也，則其臣雖賤，必答拜之可知矣。昏禮「主婦一拜，壻答再拜」，則男女相答拜可知矣。

廬陵胡氏曰：左傳哀十二年「仲尼弔季孫，放絰而拜。」則喪賓亦拜矣。

長樂劉氏曰：「大夫見於國君，國君拜其辱」者，古之士進以道，不以禄也。道可以固國康民者，非禮不足以安之，君而無禮，雖萬鍾之禄不顧也。是故以禄致者，不足以爲賢。又況其君慢之，而不顧者乎？子曰：「君使臣以禮，臣事君以忠。」孟子曰：「君視臣如草芥，臣視君如寇仇。」然則拜其辱，爲國以致其忠，非憚其屈己也，矧其下者乎？君於士不答拜者，始升於鄉，去民未遠也。大夫之於士，猶國君之於大夫焉。男女相答拜，人倫之義，以敬爲本。

【吴氏纂言】大夫見於國君，國君拜其辱。士見於大夫，大夫拜其辱。同國始相見，主人拜其辱。

鄭氏曰：自外來而拜，拜見也。自内來而拜，拜辱也。

孔氏曰：大夫見於國君，謂見它國君。聘禮云「在門左拜」，是拜其辱也。士見於大夫，平常相答拜，非加敬也。故聘禮「賓朝服問卿，卿迎於廟門外再拜」是也。同國始相見，前是異國，此明同國，則主人必先拜辱也。

君於士，不答拜也；非其臣，則答拜之。

馬氏曰：士之於君，朝則不坐，燕則不與，大享則旅食而已。此君於士所以無答拜之禮也。

孔氏曰：君於己士，以其賤，故不答拜。然聘禮云：「聘使還，士介四人，君旅答拜」，敬其奉使而還。士相見禮「士見國君，君答拜」者，以其初爲士，敬之故也。非其臣，則答拜者，以其它國之士，非己尊所加，故答之。

鄭氏曰：不臣人之臣也。

大夫於其臣，雖賤，必答拜之。

孔氏曰：大夫爲君，宜辟正君，故不辨己臣貴賤，皆答拜也。

男女相答拜也。

孔氏曰：男女宜别，或嫌其不相答，故明雖别，必宜答也。

【陳氏集説】大夫見於國君，國君拜其辱。士見於大夫，大夫拜其辱。同國始相見，主人拜其辱。君拜大夫之辱，大夫拜士之辱，皆謂初爲大夫，初爲士而來見也，此後朝見，則有常禮矣。士相見禮「士見國君，君答拜」者，亦以其初爲士而敬之也。主人拜辱，拜其先施也，此謂尊卑相等者。言同國，則異國亦當然矣。**君於士，不答拜也；非其臣，則答拜之。大夫於其臣，雖賤，必答拜之。**君於士雖不答拜，然不以施之他國之士者，以其非己之臣也。大夫答賤臣之拜，避國君之體也。**男女相答拜也。**男女嫌疑之避，亦多端矣。然拜而相答，所以爲禮，豈以行禮爲嫌哉，故記者明言之。

【郝氏通解】大夫、士見於國君，君若勞之，則還辟，再拜稽首；君若迎拜，則還辟，不敢答拜。大夫、士相見，雖貴賤不敵，主人敬客則先拜客，客敬主人則先拜主人。凡非弔喪，非見國君，無不答拜者。大夫見於國君，國君拜其辱。士見於大夫，大夫拜其辱。同國始相見，主人拜其辱。君於士，不答拜也；非其臣，則答拜之。大夫於其臣，雖賤，必答拜之。男女相答拜也。

此言相拜之禮。大夫出使他國，既相見而其國君若慰勞之，則逡巡還辟，再拜稽首，其反本國，君勞之，亦可知已。他國君若出迎，先拜使臣，則使臣還辟不敢答拜，嫌抗賓主，避先施也。自大夫以下相見，不論貴賤，如見賓之禮。主人敬客，則主人先拜，客敬主人，則客先拜。拜則必答。唯弔喪「主人拜」與「臣見國君拜」不答，蓋喪禮主人哀痛，拜稽顙，非專爲敬賓也。凶事尚質，故賓無答。臣見君拜，非爲賓主也，故君不答。非此二者，拜無不答。大夫見他國君拜，他國君答之。士見他國大夫拜，他國大夫亦答之。皆賓主也。同國之士、大夫，始受命相見，亦賓主也。賓拜見，則主拜辱，唯本國君於士，雖始相見，士拜不答，亦不拜辱，以士卑也。如非本國士拜，君亦答而拜之，以爲客也。大夫於家臣，雖非家老，拜亦答而拜之，避君也。之皆指拜者，男女有别，他事不妄答，惟拜亦相答也。

【江氏擇言】大夫見於國君，國君拜其辱。士見於大夫，大夫拜其辱。同國始相見，主人拜其辱。

孔疏云：辱，謂見他國君也。故聘禮云「公在門左拜」，是拜其辱也。

按：後言「同國始相見」，則前言「大夫見國君」，「士見大夫」，皆謂異國，孔説是。又「同國始相見，主人拜其辱」，亦謂士始見大夫。故士相見禮云「士見大夫，於其入也，主人一拜。賓退，送，又再拜」是也。若尊卑相等，則主人宜拜辱，不必言矣。

【欽定義疏】凡非弔喪，非見國君，無不答拜者。大夫見於國君，國君拜其辱。士見於大夫，大夫拜其辱。同國始相見，主人拜其辱。君於士，不答拜也；非其臣，則答拜之。大夫於其臣，雖賤，必答拜之。男女相答拜也。

正義　鄭氏康成曰：禮尚往來，喪賓不答拜，不自賓客也。國君見士，不答其拜，士賤也。自外來而拜，拜見也。自内來而拜，拜辱也。非其臣則答拜，不臣人之臣也。大夫答其臣之拜，辟正君也。男女嫌遠别不相答拜，故以明之。

孔氏穎達曰：此論君臣、男女相答拜之法。禮尚往來，己雖賢德，而必皆相答拜。凡拜而不答拜者，唯「弔喪」與「士見己君」二條耳。弔，賓本來助執喪事，非行賓主之禮，士喪禮「有賓則拜之，賓不答拜」是也。君不答士拜，謂士見己君，君尊，不答也。聘禮「士介四人」，君皆答拜者，以其他國之士故也。大夫見於國君，謂見他國君也，故聘禮云「公在門左拜」，是拜其辱也。「士見於大夫，大夫拜其辱」者，聘禮「賓朝服問卿，卿迎於廟門外再拜」是也。「同國始相見，主人拜其辱」者，前是異國，此明同國，則主人必先拜辱也。大夫爲君，宜辟正君，故不辨己臣貴賤，皆答拜也。男女宜別，或嫌其不相答，故明雖別，必宜答也。

通論 吕氏大臨曰：弔喪者，主人拜賓，賓不答。少儀曰：「適有喪者曰比，童子曰聽事。適公卿之喪，曰聽役於司徒。」諸侯使人相弔，辭云「寡君有宗廟之事，不得承事。」則凡弔者，非以賓客來，獨主拜賓之辱而已，賓不敢申其敬也。

存異 胡氏詮曰：左傳哀十二年「仲尼弔季孫，放絰而拜。」則喪賓亦拜矣。

案 孔子以季孫當服臣，爲小君之服，故以禮往弔。季氏既不服喪，孔子亦從主，釋服去絰而拜，明已非喪賓也。胡氏喪賓亦拜，非也。

【杭氏集説】大夫見於國君，國君拜其辱。士見於大夫，大夫拜其辱。同國始相見，主人拜其辱。

姚氏際恒曰：此言拜辱之禮也。「大夫見於國君」「士見於大夫」，言初爲大夫與士，見于君與大夫，君與大夫拜其辱，此指尊者之拜辱，禮賢也。同國始相見，言同在一國，初爲大夫見大夫，初爲士見士，主人拜其辱，此指敵者之拜辱，謝先施也。曰同國者，蓋以若云「大夫見大夫，大夫拜其辱；士見士，士拜其辱」，豈成文理？故曰同國。曰主人，所以包括之。此正文章善斷制處。孔氏泥「同國」字，便以爲上四句是異國，亦以聘禮釋上四句，誤矣。且因此「同國」字併上文數處，皆以爲異國，更誤矣。

姜氏兆錫曰：國君及大夫拜其辱，疏謂聘禮「見其國君、卿大夫，而各拜其辱」是也。主人拜其辱，蓋大夫、士始相見，雖同國，不敢褻，故有加禮與？熊氏以三條皆爲本國君、大夫、士初見之禮，疏不之取，而陳注從之。夫末一條乃稱同國，則上二條爲異國；末一條乃稱始見，則上二條非始見，易明也。且章内三稱「國君」，既以首節國君爲鄰國，而又以上節及本節國君爲本國，是自矛盾矣。今以同國大夫、士始相見者推之，則凡大夫始見本國君，士始見大夫，固有加禮，然用爲末條之補文可也，而亂爲首二條之正文，不已汰哉！

君於士，不答拜也；非其臣，則答拜之。大夫於其臣，雖賤，必答拜之。男女相答拜也。

姚氏際恒曰：此又言答拜、不答拜之禮也。按，拜辱與答拜，均是君之拜。上言君拜大夫辱，不言拜士辱，此言君于士不答拜，義正同。則上言拜大夫辱者，其指本國明矣。若爲異國，何不亦連言士乎？又此處始言非其臣，則上文數處皆指本國，更明矣。按，聘禮云「聘使還，士介，君皆答拜」，士相見禮云「士見國君，君答壹拜」，與此不同。孔氏曲解之，皆非。已上五節皆言大夫、士見國君，與大夫、士相見之禮，鄭、孔不察乎此，惟執聘禮爲説，所謂執禮解禮之謬如此，諸解皆從之，吁！禮之汩没於注疏者多矣。

姜氏兆錫曰：君于士禮無答拜，其答者，惟他國之士而已。若大夫，則雖賤臣，必答拜者，避正君也。又曰：男女別嫌，亦多端矣，然拜所以行禮，豈以行禮爲嫌哉？故相答也。又曰：此章歷言凡答拜之禮。

【孫氏集解】大夫見於國君，國君拜其辱。士見於大夫，大夫拜其辱。同國始相見，主人拜其辱。

鄭氏曰：自外來而拜，拜見也。自内來而拜，拜辱也。

愚謂此皆謂始相見者也。見於國君、見於大夫之説，已見於上。拜其辱者，拜其自屈辱至此，即上文云「君若迎拜」，是也。君於己臣不拜辱。士相見禮曰：「大夫、士則奠贄再拜，君答壹拜。」同國始相見，謂士自相見，或士見於大夫也。於此言「同國」，則上言「見於國君」「見於大夫」爲異國明矣。

○「大夫見於國君」四句，疏亦以聘禮言之。然大夫奉命出聘，既不可謂「見於國君」，且士見於大夫，大夫拜其辱，聘禮初無其事。賓問卿，大夫出迎於大門外，再拜，大夫與賓相與行禮，而士不與焉。至衆介私面，則入門奠幣再拜，而大夫不迎拜，然則其非聘禮又可知也。

君於士，不答拜也；非其臣，則答拜之。大夫於其臣，雖賤，必答拜之。

鄭氏曰：非其臣則答拜，不臣人之臣。大夫於臣必答拜，辟正君。

孔氏曰：君於己士不答拜。然聘禮云「聘使還，士介四人，君旅答拜」者，敬其奉使而還。士相見禮「士見國君，君答拜」者，以其初爲士敬之也。

男女相答拜也。

鄭氏曰：嫌遠別不相答拜，以明之。

○自「大夫、士見於國君」至此，明尊卑相拜之法。

【朱氏訓纂】大夫見於國君，國君拜其辱。士見於大夫，大夫拜其辱。同國始相見，主人拜其辱。注：自外來而拜，拜見也。自内來而拜，拜辱也。正義：聘禮云「公在門左拜」，是拜其辱也。大夫拜其辱者，謂平常相答拜，非加敬也。故聘禮「賓朝服問，卿迎於廟門外再拜」，是主人必拜辱也。

君於士，不答拜也；非其臣，則答拜之。注：不臣人之臣。正義：君於己士，以其賤，故不答拜。然聘禮云：「聘使還，士介四人，君旅答拜」者，敬其奉使而還。士相見禮「士見國君，君答拜」者，以其初爲士，敬之故也。

大夫於其臣，雖賤，必答拜之。注：辟正君。

男女相答拜也。注：嫌遠別不相答拜，故以明之。正義：男女宜別，或嫌其不相答，故明雖別必宜答也。

【郭氏質疑】大夫見於國君，國君拜其辱。士見於大夫，大夫拜其辱。

孔疏：「大夫見於國君」，謂見他國君也。聘禮「公在門左拜」，是拜其辱也。士見於大夫，大夫拜其辱，聘禮「賓朝服問卿，卿送於廟門外再拜」是也。

嵩燾案：疏意以下有「同國始相見」之文，故於此就異國言之，而以聘禮之賓當士，非所詳也。案「同國始相見」者，通辭也。以敵禮相見，則主人先拜其辱，同國而固有賓主之分，言「同國」以賅異國也。注家轉因之，而以上二句之文爲異國矣。又引熊氏云：「同國大夫見君，君拜其辱，以初見君，敬之，尋常則不拜也。」士相見禮明言始見於君，士、大夫奠摯，再拜稽首，君答一拜，不云拜辱也。士見於大夫，於其入也，一拜其辱。大夫拜辱之文，實見於儀禮，則固同國，非異國也。據玉藻，士於大夫不敢拜迎而拜送，是凡拜迎皆敵禮。士冠、士相見、鄉飲酒、鄉射，「主人迎於門外，再拜，賓答拜」是也。尊者迎拜，則辟。聘禮「賓入門左，公再拜，賓辟，不答拜」，公食大夫禮「逆賓於大門內，再拜，賓辟」是也。奉使不答拜，士昏禮「納采，主人迎於門外，再拜，賓不答拜」，覲禮「至於郊，王使人以璧勞，侯氏迎於帷門之外。再拜，使者不答拜」，聘禮「郊勞，賓迎於舍門之外，再拜，勞者不答拜」，「歸饔餼，賓迎於外門外，再拜，大夫不答拜」，「賓問卿，迎於外門外，再拜，賓不答拜」是也。凡言「拜其辱」者，迎賓之辭。而云「國君」、云「大夫」，明尊者可以拜辱，而卑者不敢以施之尊者，義不得行賓主之禮，以勞尊者之答拜也。此當與玉藻之文參看，玉藻於「不敢拜迎而拜送」下，又云「士於尊者先拜進，面答之，拜則走。」蓋變通其例言之，謂大夫見於士，士不拜迎，士見於大夫，大夫當拜迎，士則及其未出迎也，而先拜之，答拜則走，與此章文義，正互相備。舊注皆失之。

二・二四　**○國君春田不圍澤，大夫不掩羣，士不取麛卵。**生乳之時，重傷其類。○麛，音迷。卵，力管反。乳，如注反。

【疏】「國君」至「麛卵」[一]。○正義曰：此明貴賤田獵不同。國君，諸侯也。春時萬物産孕，不欲多傷殺[二]，故不合圍繞取也。夏亦當然。

○「大夫不掩羣」者，羣，謂禽獸共聚也。羣聚則多，不可掩取之。

[一]　國君至麛卵　惠棟校宋本無此五字。○鍔按：「國君」上，阮校有「國君春田不圍澤節」八字。

[二]　不欲多傷殺　監、毛本作「欲」，衛氏集説同。此本「欲」誤「殺」，閩本同。

○「士不取麛卵」者，麛乃是鹿子之稱，而凡獸子亦得通名也。卵，鳥卵也。春方乳長，故不得取也。

然國君春田不圍也，則天子春圍；大夫春不掩，則國君春掩也；士春不取麛卵，則大夫春取也。而王制云「天子不合圍，諸侯不掩羣」，則與此異者，彼上云「天子、諸侯無事則歲三田」，鄭云：「三田者，謂夏不田，謂夏時也。」案周禮四時田而云三田者，下因云「不合圍」，則知彼亦夏禮也。又史記湯立三面網，而天下歸仁，亦是不合圍也。此間所明，周制矣。

【衛氏集説】鄭氏曰：生乳之時，重傷其類。

孔氏曰：此明貴賤田獵不同。國君，諸侯也。春時萬物産孕，不欲多傷殺，故不合圍繞取也。夏亦當然。「不掩羣」者，羣，謂禽獸共聚也。羣聚則多，不可掩取之。麛，鹿子之稱，凡獸子亦得通稱。卵，鳥卵也。春方乳長，故不得取。王制言「諸侯不掩羣」者，夏禮也，此明周制。

藍田吕氏曰：古之田獵獻禽，以共祭祀之用，且因農隙以講事也。豺祭獸，然後田獵，則田必在秋冬矣。然周官有四時之田，王制云「天子、諸侯無事，則歲三田」，此亦云春田，則春雖亦有田，而非田獵之政，因時講事而已，故不尚多獲而暴天物也。言春田而不言夏田，夏不田也，故言三田，異於周官也。

長樂劉氏曰：蒐、苗、獮、狩，一則驅禽獸，不害稼穡；二則習戰陣，以備盜賊。然而春夏蟄蟲孳生，雛稚未成，雖保息之禮必行，而恤物之心猶在。王制，夏禮也。此經，周禮也。小有不同，同出於仁也。

長樂陳氏曰：春秋傳曰：「惟君用鮮衆給而已。」是天子、諸侯有四時田獵之禮，大夫、士不與焉，故鄭豐卷將祭，請田，而子産止之也。禮書。

嚴陵方氏曰：用大者取愈廣，位卑者禁愈嚴。圍澤、掩羣，固四時之田所同禁，特以春言之者，方乎乳之時，尤在所禁故也。以其從天子，故稱諸侯而已。以與其臣，故稱國君焉。

馬氏曰：王制曰：「禽獸不中殺，不粥於市。」穀梁曰：「不成禽不獻。」則士不取麛卵可知矣。王制又曰：「天子不合圍，諸侯不掩羣。」與此不同，何也？蓋諸侯在國，則南面以君道而與天子同；來朝，則北面以全臣道而與天子異。則天子不合圍，諸侯不掩羣，諸侯會王田獵之禮也。國君不合圍，大夫不掩羣，諸侯在國田獵之禮也。觀車攻，言會諸侯於東都，春秋傳言會王之東蒐，則諸侯會王田獵之禮可知矣。然則大夫不掩羣，士不取麛卵，則其從諸侯田獵又可知矣。

李氏曰：君子之於物也，愛之而弗仁，故春田不圍澤，不麛，不卵，是故物得其養，故春蒐有一發五豵之多，冬狩有辰牡孔碩之美，而人得以盡其奉上之誠於悉率左右之際，百姓聞之者樂其德之仁，見之者喜其儀之鬈，先王之田，蓋如此也。

【吴氏纂言】孔氏曰：春時萬物産孕，不多傷殺，故不合圍。夏亦當然。羣，謂禽獸共聚也。羣聚則多，不可掩取之。麛是鹿子，凡獸子亦得通稱。卵，鳥卵也。春方乳長，故不得取也。

馬氏曰：王制曰：「天子不合圍，諸侯不掩羣。」與此不同，何也？蓋諸侯在國，則南面以全君道而與天子同；來朝，則北面以存臣道而與天子異。天子不合圍，諸侯不掩羣，諸侯會王田獵之禮也。國君不合圍，大夫不掩羣，諸侯在國田獵之禮也。

【陳氏集説】春田，蒐獵也。澤廣故曰圍。羣聚故曰掩。麛，鹿子，凡獸子亦通名之。麛卵微，故曰取，君、大夫、士位有等降，故所取各有限制，此與王制文異。方氏曰：用大者取愈廣，位卑者禁愈嚴。

【納喇補正】集説 君、大夫位有等降，故所取各有限制。此與王制文異。方氏曰：「用大者取愈廣。」

竊案 黄氏日録云：此言春蒐之禮，隨分而嚴其制者，正以廣其仁也。司馬中春教振旅，遂以蒐。蒐，搜也。春時鳥獸字乳，搜取其不孕者，故不圍澤。羣聚則多，而有孕者存，故不掩羣。麛，獸子之通名。卵，鳥卵也。以方向生育，故不取。夫此三者，皆因其分之尊卑而定其取之限制，以義而制其仁也。故鄭注曰：「生乳之時，重傷其類。」

最爲得經之意矣。而陳氏特以位言之，且謂與王制文異，何也？至方氏曰「用大者取愈廣」，然則何爲而不圍澤也？其説謬矣。

【欽定義疏】正義 鄭氏康成曰：生乳之時，重傷其類。

孔氏穎達曰：此明貴賤田獵不同。國君，諸侯也。春時萬物産孕，不欲多傷殺，故不合圍繞取也。夏亦當然。「不掩羣」者，羣，謂禽獸共聚也。羣聚則多，不可掩取之。麛，鹿子，凡獸子亦得通稱。卵，鳥卵也，春方乳長，故不得取。

劉氏彝曰：春夏蟄蟲孳生，雛稚未成，雖保息之禮必行，而恤物之心猶在。

方氏慤曰：用大者取愈廣，位卑者禁愈嚴。圍澤、掩羣，固四時之田所同禁，特以春言之者，方孕乳之時，尤在所禁故也。以其從天子，故稱諸侯而已。以與其臣，故稱國君焉。

通論 馬氏晞孟曰：王制曰：「禽獸不中殺，不粥於市。」穀梁曰：「不成禽不獻。」則士不取麛卵可知矣。王制又曰：「天子不合圍，諸侯不掩羣。」與此不同，何也？蓋諸侯在國，則南面以全君道而與天子同；來朝，則北面以存臣道而與天子異。則天子不合圍，諸侯不掩羣，諸侯會王田獵之禮也。國君不合圍，大夫不掩羣，諸侯在國田獵之禮也。

李氏格非曰：君子之於物也，愛之而弗仁，故春田不圍澤，不麛，不卵。是故物得其養，故春蒐有一發五豵之多，冬狩有辰牡孔碩之美，而人得以盡其奉上之誠於悉率左右之際。先王之田，蓋如此也。

陳氏祥道曰：春秋傳曰：「惟君用鮮衆給而已。」是天子、諸侯有四時田獵之禮，大夫、士不與焉，故鄭豐卷將祭，請田，而子產止之也。

【杭氏集説】姚氏際恒曰：王制云「天子不合圍，諸侯不掩羣」，此云「國君春田不圍澤，大夫不掩羣」，不同者，蓋末世諸侯儗天子，大夫儗諸侯，故記者各舉所聞言之，其實無不同也。孔氏以與王制不同，而曰王制上文云「天子、諸侯無事則歲三田」。鄭謂夏不田，謂夏時也。周禮四時田，而云三田者，下因云「不合圍」，則知彼亦夏禮也。按，周禮田四時不可信，王制三田，自是周制。鄭因周禮四時田而疑王制三田爲夏制，孔又因鄭以三田爲夏制，而併疑王制「不合圍」爲夏制，所謂以訛傳訛者是矣。

姜氏兆錫曰：春田曰蒐。麛，鹿子也，或曰獸子之通稱也。澤廣故曰圍，羣聚故曰掩，麛卵微故曰取。君、大夫與士，其位有等降，故取有限制。方氏曰「用大者取愈廣，位卑者禁愈嚴也」，此與王制文異。又曰：此章言君、大夫、士田獵之禮。

【孫氏集解】鄭氏曰：生乳之時，重傷其類。

孔氏曰：國君，諸侯也。春時萬物産孕，不欲多傷殺，故不合圍繞取也。羣，謂禽獸共聚也。羣聚則多，不可掩取之。麛是鹿子，凡獸子亦得通名。卵，鳥卵也。春方乳長，故不得取也。

方氏慤曰：圍澤、掩羣，四時之田所同禁，特以春言之者，孕乳之時，尤在所禁故也。

馬氏晞孟曰：王制：「天子不合圍，諸侯不掩羣」，諸侯會王田獵之禮也。國君不圍澤，大夫不掩羣，諸侯在國田獵之禮也。

【朱氏訓纂】注：生乳之時，重傷其類。　正義：春時萬物産孕，不欲多傷殺，故不合圍繞取也。羣，謂禽獸共聚也。羣聚則多，不可掩取。麛，鹿子，凡獸子亦得通名也。卵，鳥卵也。春方乳長，故不得取也。

【郭氏質疑】孔疏：國君春田不圍，則天子春圍；大夫春不掩，則國君春掩；士春不取麛卵，則大夫春取。而引王制「天子不合圍，諸侯不掩羣」，謂夏禮。

嵩燾案：周禮，田役，六官之屬分掌其政，而總於大司馬。公侯以下，禮數不詳，蓋軍禮以田簡衆，惟天子、諸侯得行之。王制，天子諸侯，歲三田。陳氏禮書引左傳襄三十年，豐卷將祭，請田，子産弗許。以爲天子、諸侯有四時田獵之禮，大夫、士不與。周禮田僕：「凡田，王提馬而走，諸侯晉，大夫馳。」王制：「天子殺，下大綏。諸侯殺，下小綏。大夫殺，止佐車。」實爲諸侯、大夫從天子田獵之等，非大夫自行田獵也。疑陳氏之言得之，王制「天子不合圍，諸侯不掩羣」，專據天子、諸侯爲説，爲足徵信。其云「不合圍，不掩羣」，則固田獵之常儀也。周禮大司馬，四時田，惟冬狩爲詳，而虞人萊所田之野，爲四表二百五十步，車三發，徒三刺，皆及表而止，其左右和以旌爲門，出左右陳，前後有屯百步，設驅逆之車，蓋所田不出二百步之中。昭八年穀梁傳亦云：「蒐狩習武，艾蘭以爲防，置旃以爲轅門，過防弗逐。」蒐狩、大田役，皆無合圍之事，天子、諸侯，其禮略同，非但春田而已。穀梁傳又云「揜禽旅」，范甯注「揜，取衆禽也。」鄭注大司馬「徒幣，致禽」亦云：「冬田，主用衆，物多，衆得取。」則田獵以揜禽爲義。王制「諸侯不揜羣」與此「大夫不揜羣」語同而義稍别。王制「不揜群」蓋即不合圍之意，此云「不掩羣」，大夫不足以致車徒、行誅賞，則固不能揜禽以校獵也。疏據此經，遂謂諸侯不揜羣爲夏禮，甚誤。其大夫以下之有田獵，見於經傳者實繁。周禮迹人「掌邦田之地政，爲之厲禁」「凡田獵者受令焉，禁麛卵者」，鄭注：「邦田之地若今苑，令謂時與處也。」天子、諸侯之苑有禁，而凡田獵者各有其時與處，知士、大夫皆得以田獵取禽。月令：「山林藪澤，有能取田獵禽獸者，野虞教導之。」是教民田獵，自周盛時已然，又不獨士、大夫也。鄭風之叔于田，齊風之旋，皆言大夫以下田獵之事，鄭箋於旋言「子」、言「我」云：「皆士、大夫也。」豳風「一之日于貉，二之日其同」，箋云：「其同者，君臣與民俱出田。」孟子：「趙簡子使王良與嬖奚乘」，大夫家臣亦有田。「魯人獵較，孔子亦獵較」，列國風氣相習於田，又事之變也。天子諸侯有車徒、教令以軍實，大夫以下從禽而已，而大夫家臣之屬猶多，故以揜羣爲戒。士無家臣，則亦不能揜羣也。月令「毋麛毋卵」承「孟春」言之，王制「不麛不卵」承「豺祭獸然後田獵」以下文義言之，是不取麛卵，天子、諸侯四時之田並同。獨於士言者，士田取禽少，麛卵其易取者也。經文錯舉見義，孔疏舉一以例其餘，失之甚遠。方氏慤云：「用大者取愈廣，位卑者禁愈嚴。」附會疏義，大失經旨。

二·二五　○**歲凶，年穀不登，**登，成也。**君膳不祭肺，馬不食穀，馳道不除，祭事不縣，大夫不食粱**[一]**，士飲酒不樂。**皆自爲貶損，憂民也[二]。禮，食殺牲，則祭先，有虞氏以首，夏后氏以心，殷人以肝，周人以肺。不祭肺，則不殺也。天子食，日少牢，朔月大牢。諸侯食，日特牲，朔月少牢。除，治也，不治道，爲妨民取蔬食也。縣，樂器鍾磬之屬也[三]。粱，加食也。不樂，去琴瑟。○肺，音芳廢反。縣，音玄，下同。爲，如字，舊音于僞反。下「爲妨」，音于僞反。

[一] 大夫不食粱　石經作「粱」，閩、毛本同，岳本、嘉靖本同。此本誤「梁」，監本同。疏放此。○鍔按：「大夫」上，阮校有「歲凶節」三字。

[二] 皆自爲貶損憂民也　閩、監、毛本同，岳本同，嘉靖本同。考文引宋板「自爲」作「爲自」，古本、足利本同。案：衛氏集説作「皆爲歲凶自貶損憂民也」，「歲凶」二字是衛氏所增成，「自」字在「爲」字下，則與宋板合。正義亦言「自貶損」。

[三] 鍾磬之屬也　宋監本同，嘉靖本同。閩、監、毛本「鍾」作「鐘」，岳本同。疏放此。案：衛氏集説亦作「鐘」。五經文字云：「鐘，樂器；鍾，量名，又聚也。今經典通用『鍾』爲樂器。」

【疏】「歲凶」至「飲酒不樂」[一]。○正義曰：此下明凶荒，人君憂民自貶退禮也。

○「歲凶」者，謂水旱災害也。

「年穀不登」者，歲既凶荒，而年中穀稼不登。登，成也。然「年」「歲」雖通，其亦有異，鄭注太史職：「中數曰歲，朔數曰年。」釋者云，年是據有氣之初，歲是舉年中之稱，故云「朔數曰年，中數曰歲」也。

○「君膳不祭肺」者，膳，美食名。禮，天子食，日少牢，朔月太牢；諸侯食，日特牲，朔月少牢。夫盛食必祭，周人重肺，故食先祭肺。歲既凶饑，故不祭肺，則不殺牲也。

○「馬不食穀」者，年豐則馬食穀，今凶年，故不食也。

○「馳道不除」者，馳道，正道，如今御路也，是君馳走車馬之處，故曰「馳道」也。除，治也。不治，謂不除於草萊也。所以不除者，凶年，人各應採蔬食，今若使人治路，則廢取蔬食，故不除也。

「祭事不縣」者，樂有縣鍾磬，因曰縣也。凶年，雖祭，而不作樂也。自貶損，故先言膳，後言祭。

○「大夫不食粱」者，大夫食黍稷，以粱爲加，故凶年去之也。

[一] 歲凶至飲酒不樂　惠棟校宋本無此七字。

○「士飲酒不樂」者，士平常飲酒奏樂，今凶年猶許飲酒，但不奏樂也。

○「君膳不祭肺」以下及「士飲酒不樂」各舉一邊而言，其實互而相通。但君尊，故舉不殺牲及不縣之等大者而言，大夫、士卑，直舉飲酒之小者言耳。

○注「有虞」至「琴瑟」。○正義曰：此明堂位文，引之者，證不祭肺。「天子食，日少牢，朔月大牢。諸侯食，日特牲，朔月少牢。」此玉藻文，引之者，證天子、諸侯非凶年常食殺牲之事。案周禮膳夫云「王日一舉太牢。」不引膳夫而引玉藻者，以膳夫秪有王禮，玉藻兼載天子、諸侯。此經云「君膳不祭肺」，又連言大夫、士，是其文既廣，故引玉藻天子、諸侯爲證也。玉藻所以異膳夫者，膳夫是周之正禮，玉藻是衰世之法。故鄭志云：「作記之時，或諸侯同天子，或天子與諸侯同，作記者，亂之耳。」

云「粱，加食也」者，以其公食大夫禮設正饌之後，乃設稻粱，以其是加也。此歲凶者，案襄二十四年冬，大饑。穀梁傳曰：「五穀不升爲大饑，一穀不升謂之嗛，二穀不升謂之饑，三穀不升謂之饉，四穀不升謂之康，五穀不升謂之大侵。大侵之禮，君食不兼味，臺榭不塗，弛侯，廷道不除，百官布而不制，鬼神禱而不祀。」此云歲凶，與彼大侵同也。此膳而不祭肺[一]，則食不兼味也。此祭事不縣，謂祈禱之祭，則與大侵禱而不祀一也。

[一] 此膳而不祭肺　閩、監、毛本同，惠棟校宋本無「而」字。

白虎通云：「一穀不升徹鶉鷃，二穀不升徹鳧鴈，三穀不升徹雉兔，四穀不升損囿獸，五穀不升不備三牲。」其不備三牲，與此「君膳不祭肺」同也。

【衛氏集説】鄭氏曰：登，成也。君、大夫、士，皆爲歲凶自貶損，憂民也。禮，食殺牲，則祭先，有虞氏以首，夏后氏以心，殷人以肝，周人以肺。不祭肺，則不殺也。天子食，日少牢，朔月太牢。諸侯食，日特牲，朔月少牢。除，治也，不治道，爲妨民取蔬食也。縣，樂器鐘磬之屬。粱，加食也。不樂，去琴瑟。

孔氏曰：此一節明凶荒人君憂民自貶退禮也。歲凶，水旱災害也。鄭注太史職：「中數曰歲，朔數曰年。」釋者云，年是據有氣之初，歲是舉年中之稱，今謂歲既凶荒而年中穀稼不登也。膳，美食名。盛食必祭，周人重肺，故食先祭肺。歲凶饑，不殺牲也。年豐則馬食穀。馳道，如今御路，君馳走車馬之處。不除，謂不治其草萊也。凶年，雖祭而不作樂。樂有縣鍾磬，因曰縣也。大夫食黍稷，以粱爲加，故凶年去之。士平常飲酒奏樂，今凶年猶許飲酒，但不奏樂也。君、大夫、士各舉一邊而言，其實互而相通。君尊，舉大者而言，大夫、士卑，舉小者言耳。

藍田吕氏曰：仁者，以天下爲一身者也。疾痛疴癢，所以感吾憯怛怵惕之心，非有知力與乎其間也。以天下爲一身者，一民一物莫非吾體，故舉天下所以同吾愛也，故歲凶，年穀不登，民有饑色，國君、大夫、士均與其憂。君非不能玉食，大夫、士非無田禄，仁人之心與民同之，雖食不能飽也，馬不食穀，則芻秣而已。公明儀曰：「庖有肥肉，廄有肥馬，民有饑色，野有餓莩，此率獸而食人也，奪人食而食馬與牲，仁人所不爲也。」凡此，皆與民同憂，自貶之道也。及乎有九年之蓄，雖凶旱水溢，民無菜色，然後天子食日舉以樂，則與之同其憂者，無不同其樂也。

嚴陵方氏曰：「馬不食穀」者，雜記言：「凶年乘駑馬。」以駑馬之賤，不必秣之也。士之賤，必飲酒然後用樂，故以飲酒言之。曰「膳不祭肺」，則燕食可知；「馬不食穀」，則牲牢可知；「馳道不除」，則常行之道可知；「祭事不縣」，則賓客之事可知。凡此，皆舉重以明輕也。「大夫不食粱」，則不祭可知；「士飲酒不樂」，則不縣可知。凡此，皆舉小以見大也。然君之所以自貶者，其類爲多；臣之所以自貶者，其類爲少。豈非位有貴賤，故責有輕重歟？

馬氏曰：大司徒於荒政言弛力、眚禮、蕃樂。則馳道不除，弛力也。膳不祭肺，馬不食穀，大夫不食粱，眚禮也。祭事不縣，士飲酒不樂，蕃樂也。大司樂大凶令弛縣，則不縣，不特祭事而已。於祭事言不縣，則膳可知也。雜記凶年祀以下牲，則祭不特不縣而已。言縣，則牲可知也。司服言大荒則素服，玉藻言年不順成，君衣布，則君不特不祭肺而已。言膳，則衣可知也。大夫以粱爲加食，君膳不祭肺，故大夫不敢食粱。士無故不去琴瑟，君弛縣，故士不敢飲酒以樂。凡此皆去備也。先王之於凶荒也，有珍圭以恤之，有委積以待之，於關市則無征，於刑貶則有慮。大至於移民、通財、糾守，小至於舍禁、多昏、殺禮，猶以爲未也。故膳不祭肺，不食粱，不樂，而損於自養。馬不食穀，馳道不除，而損於自奉。凡欲與民同患而已。司徒「荒政索鬼神」，大祝「天烖，彌祀社稷，禱祠」，祭法「雩禜祭水旱」，詩之雲漢「靡神不舉」，則歲凶莫不祭也。司巫「大旱則舞雩」，女巫「大烖歌哭而請」，則祭莫不有樂也。然祭則有禱而無祀，樂則有歌舞而無縣，有禱而無祀，郊特牲所謂「年不順成，八蜡不通」，穀梁所謂「禱而不祀」是也。有歌舞而無縣，曲禮所謂「祭事不縣」，大司樂所謂「凡國之大憂，令弛縣」是也。樂者，所以薦鬼神也。凶年，君膳不祭肺可也。祭事不縣，以虧祭可乎？蓋樂雖所以薦鬼神，亦所以崇己之德也。凶年不祭，失德之效也。苟失其德，安取於樂乎？記曰：「五穀時熟，然後賞之以樂。」

長樂陳氏曰：君子以得爲在人，以失爲在己，故吉事則推先於神，凶事則責先於身，方其爲宫室，則先宗廟，後宫室；爲器則先祭器，後燕器，推先於神也。歲凶，則先膳不祭肺，而後祭事不縣，責先於身也。大蜡之禮，年之順成而通則曰報神，而不可以爲人；功年不順成而不通則曰謹民財，而不以爲神羞，亦此意也。

盱江李氏曰：掌客：「凡禮賓客，國新殺禮，凶荒殺禮，札喪殺禮，禍烖殺禮，在野在外殺禮。」由是觀之，非直以歲之凶則殺邦用。若新建國及札喪、禍烖、在野在外，皆殺禮也。禮許儉，不許無，安得重困於無聊之民求備乎？籩豆之事也，人主所宜動心矣。膳夫：「大荒則不舉，大札則不舉，天地有烖則不舉，邦有大故則不舉。」由是觀之，非直於外事殺禮，若王膳亦爲之貶也。譬如父母，其子之不哺而日飫膏粱可哉，人主所宜動心矣。如此經所云，皆自貶損憂民之道也。如此天下爲之感人，心爲之悦，用度不足，海内不安，未之前聞也。

【吴氏纂言】鄭氏曰：登，成也。皆自貶損，憂民也。禮，食殺牲，則祭先，有虞氏以首，夏后氏以心，殷人以肝，周人以肺。不祭肺，則不殺也。除，治也，不治道，爲妨民取蔬食也。縣，樂器鍾磬之屬也。粱，嘉食也。不樂，去琴瑟。

孔氏曰：歲凶者，水旱災害。年穀不登者，年終穀稼不成也。年豐則馬食穀。馳道，如今御路也，是君馳走車馬之處。不除，謂不治草萊。樂有縣鍾、縣磬，凶年雖祭而不作樂也。自貶損，故先言膳，後言祭。大夫食黍稷，以粱爲嘉，故凶年則去之。士平常飲酒奏樂，凶年猶許飲酒，但不奏樂也。「君膳不祭肺」以下及「士飲酒不樂」各舉一邊而言，其實互相通。但君尊，故舉大者言，大夫、士卑，直舉小者言爾。

【陳氏集説】膳者，美食之名。肺爲氣主，周人所重，故食必先祭肺。言不祭肺，示不殺牲爲盛饌也。馳道，人君驅馳車馬之路。不除，不埽除也。祭必有鍾磬之懸，今不懸，言不作樂也。大夫食黍稷，以粱爲加。公食大夫禮設正饌之後乃設稻粱，所謂加也。自君至士各舉一事，尊者舉其大者，卑者舉其小者，其實互相通耳。

【方氏析疑】士飲酒不樂。

國君祭事，尚不縣。則士不御琴瑟，不必言矣。士無故不去琴瑟，乃以絃歌、肄業及之，未聞。禮飲而以琴瑟，娱賓也。蓋歲凶爲時久長，或門内嘉慶，族姻招延，飲酒必不可禁，但不得以爲歡樂，而遂忘憂恤耳。

【欽定義疏】 **正義** 鄭氏康成曰：登，成也。君、大夫、士，皆自爲貶損，憂民也。禮，食殺牲，則祭先，有虞氏以首，夏后氏以心，殷人以肝，周人以肺。不祭肺，則不殺也。天子食，日少牢，朔月大牢。孔疏：周禮膳夫王日一舉大牢，鄭惟據玉藻言日少牢者，以此言君，兼諸侯也。諸侯食，日特牲，朔月少牢。除，治也，不治道，爲妨民取蔬食也。縣，樂器鐘磬之屬。粱，加食也。不樂，去琴瑟。

孔氏穎達曰：此一節明凶荒，人君憂民自貶退禮也。歲凶，水旱災害也。盛食必祭，周人重肺，故食必祭肺。歲凶饑，不殺牲也。年豐則馬食穀。馳道，如今御路，君馳走車馬之處。不除，謂不治其草萊也。凶年，雖祭，而不作樂。樂有縣鐘磬，因曰縣也。公食大夫禮設正饌後，乃設稻粱，是以粱爲加，故凶年去之。士平常飲酒奏樂，今凶年猶許飲酒，但不奏樂也。君、大夫、士各舉一邊而言，其實互而相通。君尊，舉大者而言，大夫、士卑，舉小者言耳。

通論 孔氏穎達曰：穀梁傳曰：「一穀不升謂之嗛，二穀不升爲饑，三穀不升爲饉，四穀不升爲糠，五穀不升爲大侵。君食不兼味，臺榭不塗，弛侯，廷道不除，百官布而不列，鬼神禱而不祀。」此歲凶大侵也。不祭肺，食不兼味也。不縣，禱而不祀也。白虎通：「一穀不升徹鶉鷃，二穀不升徹鳧雁，三穀不升徹雉兔，四穀不升損囿獸，五穀不升不備三牲。」

馬氏晞孟曰：大司徒於荒政言弛力、眚禮、蕃樂。則馳道不除，弛力也。膳不祭肺，馬不食穀，大夫不食粱，眚禮也。祭事不縣，士飲酒不樂，蕃樂也。大司樂大凶令弛縣，則不縣，不特祭事而已。於祭事言不縣，則膳可知也。雜記凶年祀以下牲，則祭不特不縣而已。言縣，則牲可知也。司服言大荒則素服，玉藻言年不順成君衣布，則君不特不祭肺而已。言膳，則衣可知也。大夫以粱爲加食，君膳不祭肺，故大夫不敢食粱。士無故不去琴瑟，君弛縣，故士不敢飲酒以樂。凡此皆去備也。先王之於凶荒也，有珍圭以恤之，有委積以待之，於關市則無征，於刑貶則有慮。大至於移民、通財、糾守，小至於舍禁、多昏、殺禮，猶以爲未也。故膳不祭肺，不食粱，不樂，而損於自養。馬不食穀，馳道不除，而損於自奉。凡欲與民同患而已。司徒「荒政索鬼神」，大祝「天災，彌祀社稷，禱祠」，祭法「雩禜祭水旱」，詩之雲漢「靡神不舉」，則歲凶莫不祭也。司巫「大旱則舞雩」，女巫「大災歌哭而請」，則祭莫不有樂也。然祭則有禱而無祀，樂則有歌舞而無縣，有禱而無祀，郊特牲所謂「年不順成，八蜡不通」，穀梁所謂「禱而不祀」是也。有歌舞而無縣，曲禮所謂「祭事不縣」，大司樂所謂「凡國之大憂，令弛縣」是也。蓋樂雖所以薦鬼神，亦所以崇己德。凶年不祭，失德之效也，安取於樂乎？記曰：「五穀時熟，然後賞之以樂。」

【杭氏集説】孔氏穎達曰：穀梁傳曰：「一穀不升謂之嗛，二穀不升爲饑，三穀不升爲饉，四穀不升爲糠，五穀不升爲大祲。君食不兼味，臺榭不塗，弛候、廷道不除，百官布而不列，鬼神禱而不祀。」此歲凶大祲也。不祭肺，食不兼味也。不縣，禱而不祀也。白虎通：「一穀不升徹鶉鷃，二穀不升徹鳧雁，三穀不升徹雉兔，四穀不升損囿獸，五穀不升不備三牲。」

姜氏兆錫曰：周人重肺，食必先祭。言不祭，示不殺牲爲盛饌也。不食穀，明芻具也。君行有馳驅之道，不清道，故不除。祭必有樂，不樂，故不宿縣。公食大夫禮正饌後乃加設稻粱，凡燕飲，無算爵，無算樂，乃爲樂。無加餐，故不食粱；無醋飲，故不樂也。

方氏苞曰：國君祭事尚不縣，則士不御琴瑟，不必言矣。士無故不去琴瑟，乃以弦歌肄業及之，未聞禮飲而以琴瑟娱賓也。蓋歲凶爲時久長，或門内嘉慶，族姻招延，飲酒必不可禁，但不得以爲歡樂，而遂忘憂恤耳。

【孫氏集解】鄭氏曰：登，成也。君、大夫、士，皆爲歲凶自貶損，憂民也。禮，食殺牲，則祭先，有虞氏以首，夏后氏以心，殷人以肝，周人以肺。不祭肺，則不殺也。天子食，日少牢，朔月大牢。諸侯食，日特牲，朔月少牢。除，治也，不治道，爲妨民取蔬食也。縣，樂器鐘磬之屬。粱，加食也。不樂，去琴瑟。

孔氏曰：此一節明凶荒，人君憂民自貶退禮也。歲凶，水旱災害也。鄭注太史職：「中數曰歲，朔數曰年。」釋者曰，年是據有氣之初，歲是舉年中之稱，今謂歲既凶荒而年中穀稼不登也。膳，美食名。盛食必祭，周人重肺，故食先祭肺。歲凶饑，故不祭肺，則不殺牲也。年豐則馬食穀，今凶年，故不食也。馳道，如今御路，君馳走車馬之處。不除，謂不治其草萊也。凶年，人應各採蔬食，若使民治道，則廢取蔬食，故不治也。凶年，雖祭，而不作樂。樂有縣鐘磬，因曰縣也。大夫食黍稷，以粱爲加，故凶年去之。士平常飲酒奏樂，今凶年猶許飲酒，但不奏樂也。「君膳不祭肺」以下及「士飲酒不樂」，各舉一邊而言，其實互而相通。君尊，舉大者而言；大夫、士卑，舉小者言耳。

愚謂周禮膳夫「大荒則不舉」，即不祭肺也。食以黍稷爲正，以稻粱爲加，故公食大夫禮設正饌後，乃設稻粱。不食粱者，去其加也。飲酒，謂與賓客燕也。士與賓客燕，得以樂樂賓，投壺禮言「又重以樂」是也。此於周禮大司徒荒政爲弛力、眚禮、蕃樂之事，而廩人所謂「食不能人二鬴，則詔王殺邦用」者，皆自貶以憂民，節費以足食也。

【朱氏訓纂】注：登，成也。皆爲自貶損，憂民也。禮，食殺牲，則祭先，有虞氏以首，夏后氏以心，殷人以肝，周人以肺。不祭肺，則不殺也。天子食，日少牢，朔月大牢。諸侯食，日特牲，朔月少牢。除，治也，不治道，爲妨民取蔬食也。縣，樂器鐘磬之屬也。粱，加食也。不樂，去琴瑟。　正義：馳道，正道，是君馳走車馬之處。不治，謂不除草萊也。樂有縣鐘磬，因曰縣。凶年，雖祭，而不作樂也。大夫食黍稷，以粱爲加，凶年去之。公食大夫禮設正饌之後，乃設稻粱，是加也。

【郭氏質疑】大夫不食粱，士飲酒不樂。

鄭注：「粱，加食也。不樂，去琴瑟。」孔疏：「士平常飲酒奏樂，今凶年猶許飲酒，但不奏樂。」

嵩燾案：公食大夫禮，正饌黍稷，加饌稻粱，而惟飯粱。公設於湇西，賓左擁簠粱，右執湇以降，公辭。鄭注降者，欲食於階下然也。似食禮，粱尤重。下云：賓三飯，以湇醬，卒食，取粱與醬以降。鄭注示親徹是所飯者也。大夫不食粱，謂禮食無加饌，若常食黍稷、稻粱，惟所宜，無加食，不應於粱獨異也。士禮，惟鄉飲酒用樂，歲凶則殺其禮，此與下「無故不去琴瑟」各爲一義。下云「無故」，蓋專據喪禮言之。此云「歲凶」，則周禮之凶禮、荒禮皆統於是。君言祭事舉其重者，大夫、士言禮食、禮飲亦舉其重者，其餘所以自奉之節，以君爲差，君子自制其義，於心可矣。

二·二六　**君無故玉不去身，大夫無故不徹縣，士無故不徹琴瑟。**憂樂不相干也。故謂災患喪病。○樂，音洛。

【疏】「君無」至「琴瑟」[一]。○正義曰：此明無災者也。君，諸侯也。玉謂佩也。君子於玉比德，故恒佩玉明身，恒有德也。且以玉爲容飾，無故則有容飾，故佩玉也。

○「大夫無故不徹縣」者，徹，亦去也。無災變則不去樂也。

○「士無故不徹琴瑟」者，此無災則亦不去也。故鄭前注「士不樂，去琴瑟」[二]，取此文琴瑟。此是不命之士爾，若其命士，則特縣也。自士以上，皆有玉佩。上云「君無故不去玉」，則知下通於士也[三]；下言「士不去琴瑟」，亦上通於君也。但比德爲重，故君上明之也。又大夫言「縣」，士言「琴瑟」，亦互言耳。但縣勝，故大夫言之也。

○注「憂樂」至「喪病」。○正義曰：災，水火也。熊氏云：「案春秋説題辭，樂無大夫、士制。鄭玄箴膏肓，從題辭之義，大夫、士無樂。小胥『大夫判縣，士特縣』者，小

[一] 君無至琴瑟　惠棟校宋本無此五字。○鍔按：「君無」上，阮校有「君無故玉不去身節」八字。

[二] 故鄭前注士不樂去琴瑟　惠棟校宋本作「注」，是也。此本「注」誤「央」，閩、監、毛本作「云」。

[三] 則知下通於士也　惠棟校宋本同，閩、監、毛本「士」誤「上」。

胥所云，娱身之樂及治人之樂，則有之也。故鄉飲酒有工歌之樂是也。縣題辭云[一]無樂者，謂無祭祀之樂，故特牲、少牢無樂。若然，此云「大夫不徹縣，士不徹琴瑟」者，謂娱身及治民之樂也。

【衛氏集説】鄭氏曰：憂樂不相干也。故謂災患喪病。

孔氏曰：此明無災者也。君，諸侯也。玉謂佩也。君子於玉比德，故恒佩玉。徹，去也。無災變則不去樂也。此士，謂不命之士，若命士，則特懸也。自士以上，皆有玉佩。上云「君無故不去玉」，則知下通於士也；下言「士不去琴瑟」，亦上通於君也。但比德爲重，故以君上明之。又大夫言「縣」，士言「琴瑟」，亦互言耳。但縣勝，故大夫言之。

藍田吕氏曰：君子致禮以治躬，致樂以治心。養其血氣志慮，無所不在於和，使放心邪氣不得接焉，此樂所以無故而不得舍也。災患喪病，方在所憂，故不可參以樂。古之君子必佩玉，右徵角，左宫羽，趨以采薺，行以肆夏，故不去身，非特爲飾，亦有玉聲鏘鳴，中於五音，近於樂也。

長樂陳氏曰：君無故玉不去身，禮也。大夫無故不徹縣，士無故不去琴瑟，樂也。鐘尚羽而象地，磬尚聲而象水，皆特縣之，以致用也。瑟亦琴類也，其所異者，特絲分而

[一] 故鄉飲酒有工歌之樂是地縣題辭云　閩本同。監、毛本「地」作「也」，是也。考文引宋板「縣」作「説」。

音細耳。樂之大者在鐘磬，大夫以智帥人之大者也，故不徹縣，其常御者在琴瑟，士則事人，有常心者也，故不徹琴瑟。禮書。

嚴陵方氏曰：故，猶事也。必謂之故，則以有所因焉。有吉事而謂之故者，有凶事而謂之故者，王制言諸侯無故不殺牛，蓋吉事故也，先儒謂祭饗之類是矣。此言君無故玉不去身，蓋凶事故也，先儒謂災喪之類是矣。雖或吉凶之不同，然有所因，則一而已，是以同謂之故也。夫公侯山玄，大夫水蒼，士瓀玟，則玉固上下之所通佩也。諸侯軒縣，大夫判縣，士特縣，則縣亦上下之所通用也。詩言「我有嘉賓，鼓瑟鼓琴」，又言「琴瑟擊鼓，以御田祖」，則琴瑟亦上下之所通御也。經之所言，亦隨其輕重而繫之耳。

【吴氏纂言】鄭氏曰：故謂災患喪病。

孔氏曰：此明無災者也。玉謂佩也。君子於玉比德，故恒佩玉，明身恒有德也。徹，亦去也。士以上皆有玉佩。君無故不去玉，則下通於士；士不去琴瑟，亦上通於君。大夫言「縣」，士言「琴瑟」，亦互言爾。命士則特縣，不徹琴瑟，是不命之士爾。

【陳氏集説】故，謂災變喪疾之類。

【郝氏通解】國君春田不圍澤，大夫不掩羣，士不取麛卵。歲凶，年穀不登，君膳不祭肺，馬不食穀，馳道不除，祭事不縣；大夫不食粱，士飲酒不樂。君無故玉不去身，大夫無故不徹縣，士無故不徹琴瑟。

春田曰蒐，鳥獸春生，故戒多殺。澤廣則禽多，故不圍。羣取則絶類，故不掩。獸子曰麛，鳥子曰卵，方生，故不取。五臟，肺爲金，周以火德王，祭用所克，殺牲爲膳，則祭肺。凶年無盛饌，不殺牲，故不祭肺也。馳道不除，不行幸也。祭事不縣，不懸鐘磬作樂也。粱，良也，米之精者不食，食粗糲也。飲酒不樂，不作樂也。貴賤不同，吉凶之禮，各以等變。玉爲貴，金石次之，絲又次之，尊者舉貴，卑者舉賤，非謂君不圍澤而猶掩羣，不祭肺而猶食粱，玉不去身而但徹縣也，餘可類推。

【欽定義疏】正義 鄭氏康成曰：憂樂不相干也。故謂災患喪病。

孔氏穎達曰：此明無災者也。君謂諸侯也。玉謂佩也。君子於玉比德，故恒佩玉。徹，去也。無災變則不去樂也。此士謂不命之士，若命士，則特縣也。自士以上，皆有玉佩。上云「君無故不去玉」，則知下通於士也；下言「士不徹琴瑟」，亦上通於君也。但比德爲重，故以君上明之。又大夫言「縣」，士言「琴瑟」，亦互言耳。但縣勝，故大夫言之。

通論 吕氏大臨曰：君子致禮以治躬，致樂以治心。養其血氣志慮，無所不在於和，使放心邪氣不得接焉，此樂所以無故而不舍也。災患喪病，方在所憂，故不可參以樂。古之君子必佩玉，右徵角，左宫羽，趨以采齊，行以肆夏，故不去身，非特爲飾，亦有玉聲鏘鳴，中於五音，近於樂也。

方氏慤曰：公侯山玄，大夫水蒼，士瓀玟，則玉固上下之所通佩也。諸侯軒縣，大夫判縣，士特縣，則縣亦上下之所通用也。詩言「我有嘉賓，鼓瑟鼓琴」，又言「琴瑟擊鼓，以御田祖」，則琴瑟亦上下之所通御也。經之所言，亦隨其輕重而繫之耳。

【杭氏集説】朱氏軾曰：徹縣，就祭祀言。

姜氏兆錫曰：故，謂災變喪疾之類。　又曰：此通上章，言君、大夫、士常變之異禮。

【孫氏集解】鄭氏曰：憂樂不相干也。故謂災患喪病。

孔氏曰：玉謂佩也。徹亦去也。自士以上，皆有玉佩。言「君無故不去玉」，則知下通於士也；言「士不去琴瑟」，亦上通於君。但玉以比德爲重，故於君明之。又大夫言「縣」，士言「琴瑟」，亦互言耳。但縣勝，故大夫言之。

愚謂琴瑟之樂，通乎上下。若大夫、士樂縣，則惟賜樂者乃有之，左傳「魏絳始有金石之樂」是也。賜樂出於特典，而不以爲常禮，雖大夫亦不必皆有縣，故特牲、少牢禮無樂。若公事得用樂者，則不係乎賜否，故鄉飲、鄉射禮皆有樂。小胥「大夫判縣，士特縣」，據已賜樂及公事用樂者言之也。但大夫位尊，賜樂者多，故言「無故不徹縣」；士卑，賜樂者少，故但言「琴瑟」也。

【朱氏訓纂】注：憂樂不相干也。故謂災患喪病。　正義：君子於玉比德，故恒佩玉。徹亦去也。不徹琴瑟者，不命之士。若命士，則特縣也。

起敬也。○

二·二七 士有獻於國君[一]，他日，君問之曰：「安取彼？」再拜稽首而后對。

【疏】「士有」至「后對」[二]。○正義曰：此一節論大夫、士饋獻之事，各依文解之。

○「士有獻」者，謂士有物奉貢於君也。

○「他日，君問之曰：安取彼」者，他日，謂别日也，非是獻物之日。安取彼，猶何處取彼物。别日君問士云：何處得前所獻之物？所以須問者，士卑德薄，嫌其無有也。不即問而待他日者，士有貢獻，當日乃自致於外而不敢容易見，恐君答己拜，故别日乃見君，君得問之也。

○「再拜稽首而后對」者，士聞君問，故先拜稽首，而後起對得物所由。

【吴氏纂言】孔氏曰：他日，謂别日，非獻物之日。安取彼，謂何處取彼物。士有物奉貢於君，别日君問士云：何處得前所獻之物？不即問而待他日者，士有貢獻，當日自致於外而不敢見，恐君答己拜，故别日乃見君，君得問之也。士聞君問，故先拜稽首，然後起對得物所由。

[一] 士有獻於國君節 惠棟云：「『士有獻』節、『大夫私行』節，宋本合爲一節。」

[二] 士有至后對 惠棟校宋本無此五字。

陳氏曰：尊者之賜，卑者不敢問，問則失於不恭。卑者之獻，尊者不可不問，不問則恐其取之不義。古之獻於君也，大夫使宰，士親，皆再拜稽首送之。所謂親者，非親進之，親致於將命者而已。

【陳氏集説】安取彼，猶言何所得彼物也。

【欽定義疏】正義 鄭氏康成曰：再拜稽首，起敬也。

孔氏穎達曰：此一節論大夫、士饋獻之事。有獻者，謂士有物奉貢於君。他日，别日也。安取彼，問何處得前所獻之物。士卑德薄，嫌其無有也。不即問而俟他日者，士有貢獻，乃自致於外而不敢見，恐君答己拜，故别日乃見君，君得問之也。對，謂對得物所由也。

吕氏大臨曰：君之於臣，雖名位有等，而所以上下相交，不間於貴賤。故雖士亦有獻於君焉，皆所以達臣子之誠心而不可却也。

陳氏祥道曰：尊者之賜，卑者不敢問，問則失於不恭。卑者之獻，尊者不可不問，不問則恐其取之不義。

【杭氏集説】姜氏兆錫曰：安取彼，言何所得彼物也。士卑，不必獻，故言「有獻」，而特明其禮。

【孫氏集解】鄭氏曰：再拜稽首，起敬也。

呂氏大臨曰：君臣上下之交，不問於貴賤。故雖士亦有獻於君，所以達臣子之誠心而不可却也。

愚謂他日君乃問之者，獻時不親見君也。安取彼者，士禄薄，故問其物之所從來，恐其致之之難，而有所不安，亦體羣臣之意也。

【朱氏訓纂】注：起敬也。　正義：不即問而待他日者，士有貢獻，自致於外不敢見，恐君答己拜，故別日乃見君，君得問之也。

二·二八　**大夫私行，出疆必請，反必有獻。士私行，出疆必請，反必告。**臣不敢自專也。私行，謂以己事也[一]。士言告者，不必有其獻也，告反而已。○疆，居良反，下同。**君勞之，則拜，問其行，拜而后對。**亦起敬也。問行，謂道中無恙[二]及所經過。○恙，音羊尚反。

【疏】「大夫私行」至「拜而后對」。○正義曰：私行，謂非爲君行也。疆，界也。既

[一] 私行謂以巳事也　閩、監、毛本同。惠棟校宋本「巳」作「己」，宋監本同，岳本同。按：作「己」是也。○鍔按：「私行」上，阮校有「大夫私行節」五字。

[二] 謂道中無恙　閩、監、毛本同，岳本同，嘉靖本同。釋文出「不恙」，與正義本異。

非公事，故宜必請也。然大夫無外交，而此有私行出界，或是新來大夫，姻婭猶在本國，故有私行往來，但不得執交於外耳。○「反必有獻」者，大夫有德，必能招人餉遺，故還必有獻。有獻由德，亦示君知賢，無異志。

○「士私行出疆，必請」者，出與大夫同也。

○「反必告」者，還與大夫異也。士德劣，故不必有獻，但必知還而已[一]。

○「君勞之則拜」者，大夫、士通如此，謂行還而君若慰勞己之勞苦，則己拜之也。或有本云士有「獻」字，非也[二]。

○「問其行，拜而後對」者[三]，君若問其行道中無恙及遊涉所至，則又拜，拜竟而起對也。先拜後答，急謝見問之恩也。

【衛氏集説】士有獻於國君，他日，君問之曰：「安取彼？」再拜稽首而后對。大夫私行，出疆必請，反必有獻。士私行，出疆必請，反必告。君勞之，則拜，問其行，拜而后對。

鄭氏曰：再拜稽首，起敬也。必請、必告，臣不敢自專也。私行，謂以己事也。士言

[一] 但必知還而已　閩本同，監、毛本「知」作「告」。

[二] 或有本云士有獻字非也　閩、監、毛本同，浦鏜校云：「十字當在上『反必告』疏之下。」

[三] 問其行拜而後對者　閩、監、毛本同，惠棟校宋本「後」作「后」。按：古書多假「后」爲「後」。

告者，不必有獻也，告反而已。君勞問必拜，亦起敬也。問行，謂道中無恙及所經過。

孔氏曰：此一節論大夫、士饋獻之事。有獻者，謂士有物奉貢於君。他日，别日也。安取彼，猶云何處取彼物。問何處得前所獻之物。士卑德薄，嫌其無有也。不即問而俟他日者，士有貢獻，乃自致於外而不敢見，恐君答己拜，故别日乃見君，君得問之也。對，謂對得物所由也。大夫私行，謂非爲君行也。疆，界也。既非公事，故宜必請也。然大夫無外交，而此有私行出界，或是新來大夫，姻婭猶在本國，故有私行往來，但不得執交於外耳。大夫還必有獻，士告反而已。行還而君若慰勞己之勞苦，則己拜之。若問其行，拜竟而起對。大夫、士通如此。先拜後答，急謝見問之恩也。

藍田吕氏曰：君之於臣，雖名位有等，而所以上下相交，不間於貴賤。故雖士亦有獻於君焉，皆所以達臣子若養君親之誠心而不可却也。

嚴陵方氏曰：夫臣之事君，猶子之事親。子之事親，出必告，反必面，故臣之事君，出必請，反必告焉。他日者，以今日爲正，故明日之後爲他。

石林葉氏曰：臣從君之朝聘，有私覿，則爲外交，以其貳命之事也；其在國，則有私行，而不爲外交，以其順己之事也，然而大夫成德之爵君，以賢而尊之，不有薦饗，則無以重君之答己，故反必獻。士則職位爲卑，君所以不答拜也，故反必告。然則士之出與大夫同，其反與大夫異者，尊卑而已矣。

長樂陳氏曰：尊者之賜，卑者不敢問，問則失於不恭。卑者之獻，尊者不可不問，不問則恐其取之不義。故士有獻於國君，問曰安取彼。古之獻於君也，大夫使宰，士親，皆再拜稽首送之。士親而君必問之者，蓋所謂親者，非親進之親，致於將命者而已。古之爲臣也，無私行出疆之禮，告於君而後可也。臣之於君，子之於親，一也。子之於親，出必告，反必面，或有賜焉，必獻，以示不敢有己，而無私蓄也，臣於君亦然。獻則必告，告則不必獻。於大夫言，有獻。於士言，告以大夫，德足以致人之儀物也。聘禮，使者歸，若有獻，則告曰「某君之賜也」。則大夫有獻，不特施於私行而已。聘禮，君使宰賜使者幣，則君於大夫之獻不特受之而已。聘禮君答拜，此不言者，君於大夫無所不答拜，於士爲介則答拜，於行則不答。

廬陵胡氏曰：春秋之義，臣無竟外交，此云私行、出疆，非正也。

【吴氏纂言】鄭氏曰：私行，謂以己事也。士言告者，不必有獻也，告反而已。問行，謂道中無恙及所經過。

孔氏曰：疆，界也。大夫無外交，而有私行出界，或是新來大夫，姻婭猶在本國，故有私行往來。大夫有德，必能招人餉遺，故還必有獻。士私行必請，出與大夫同也。士德劣，故反不必有獻，與大夫異也。必告反，使君知其還，君勞之則拜。大夫、士通，謂行還而君若慰勞己之勞苦，則己拜之。君若問其道中無恙及游涉所至，則又拜，拜竟而起對。先拜後答，急謝見問之恩也。

【陳氏集説】大夫、士以私事出疆皆請於君，其反也大夫有獻而士不獻，不以卑者之物瀆尊上也，故但告還而已。「勞之」者，慰勞其道路之勞苦。「問其行」者，詢其游歷之所至也。先拜後答，急謝見問之寵也。

【欽定義疏】正義 鄭氏康成曰：必請、必告，臣不敢自專也。私行，謂以己事也。士言告者，不必有獻也，告反而已。君勞問必拜，亦起敬也。問行，謂道中無恙及所經過。

孔氏穎達曰：大夫私行，謂非爲君行也。疆，界也。既非公事，故宜必請也。然大夫無外交，而此有私行出界，或是新來大夫，姻婭猶在本國，故有私行往來，但不得執交於外耳。大夫有德，必能招人餽遺，故還必有獻。士德劣，故不必有獻，但告反而已。行還而君若慰勞己之勞苦，則己拜之。若問其行，拜竟而起對。大夫、士通如此。先拜後答，急謝見問之恩也。

方氏慤曰：臣之事君，猶子之事親。子之事親，出必告，反必面。故臣之事君，出必請，反必告焉。

陳氏祥道曰：古之爲臣也，無私行出疆之禮，告於君而後可也。

案 大夫私行出疆，若季友如陳，葬原仲亦是。

通論 陳氏祥道曰：聘禮使者歸，若有獻，則告曰「某君之賜也」。則大夫有獻，不特施於私行而已。聘禮君使宰賜使者幣，則君於大夫之獻不特受之而已。聘禮君答拜，此不言者，君於大夫無所不答拜，於士爲介則答拜，於行則不答。

【杭氏集説】姚氏際恒曰：大夫、士有獻，又私行出疆，似皆衰世之禮。

姜氏兆錫曰：大夫、士私事出疆，皆請於君者，不敢專也。其反，士則不獻者，卑，不敢瀆，但告還而已。　又曰：勞者，慰道路之已勞。問者，詢遊歷之所至。此通謂大夫、士也。　又曰：此章言大夫、士出入請獻之禮。

【孫氏集解】鄭氏曰：必請者，臣不敢自專也。私行，謂以己事也。士言告者，不必有其獻也，告反而已。勞則拜，拜而后對，亦起敬也。問行，謂道中無恙及所經過也。

愚謂「君勞之」以下，大夫、士之禮皆然。○或曰：「爲人臣者無外交，而乃有私行出疆者，何也？」曰：「所謂外交者，謂若衛孫林父善晉大夫，晉范鞅私於季孫意如，自相交結，以行其私者耳。若慶、弔、昏、娶之禮，通於他邦者，輕則遣使，重則自行，固禮之所未嘗禁也。蘧伯玉使人於孔子，孔子問人於他邦，則束脩之問出竟矣。雜記有赴於他國君大夫之禮，則赴弔之使出竟矣。春秋，季友如陳葬原仲。士昏禮『若異邦，則贈丈夫送者以束錦』，是大夫、士有娶於異邦者。昏禮必親迎，此則又以情與禮之重而自行者也。先王之於臣子，待之以忠信，恤之以情誼，而爲之臣者，亦莫不盡忠以事其上。至於姻戚、朋友之好，或有在他國而與之往來者，乃人情之所不可已。且與所以忠其君者未嘗相妨，豈必欲一切禁絶而後爲忠於己哉！」「然則春秋之譏祭伯何也？」曰：「人臣私行出疆，必其事之不可已者，可已而不已，則非靖共之義矣，此祭伯之所以見譏與！」

【朱氏訓纂】大夫私行，出疆必請，反必有獻。士私行，出疆必請，反必告。注：臣不敢自專也。私行，謂以己事也。士言告者，不必有其獻也，告反而已。正義：大夫無外交，而此有私行出界，或是新來大夫，姻婭猶在本國，故有私行往來，但不得執交於外耳。**君勞之，則拜，問其行，拜而后對。**注：亦起敬也。問其行，謂問道中不恙及所經過。

【郭氏質疑】士有獻於國君，他日，君問之曰：「安取彼？」大夫私行，出疆必請，反必有獻。

孔疏：安取彼，猶何處取彼物。士卑德薄，嫌其無有也。反必有獻者，大夫有德，必能招人餽遺，故反必有獻。

嵩燾案：聘禮反命，執禮幣，以盡言賜禮，私幣不告。若有獻，則曰：「某君之賜也。」上介徒以公賜告。是禮幣，公賜以告君，君更賜之私幣，大夫以獻於君，介則否。經云：「大夫私行，出疆。」若莊二十七年「公子友如陳，葬原仲」，宣五年「齊高固來逆叔姬」，昭五年左氏傳「鄭罕虎如齊，娶於子尾氏」，昭九年「晉荀寅如齊逆女」，並當以幣交，受幣而歸，致之君，亦與聘禮同。凡獻於君，有禮辭。少儀：「君將適他，臣致金玉貨貝於君，曰『納甸於有司』。致隧於君，曰『致廢衣於賈人』。爲君喪，納貨貝於君，曰『納甸於有司』。爲人祭，曰『致福』。爲己祭，致膳於君子，曰『膳』。」皆禮辭也。此云「士有獻於國君」，則或私獻，無禮辭也。所以問者，餽獻宜有因，士獻於君，不親受，他日見君，乃詳其致獻之由也。孔疏疑失之陋。